HISTORICAL ATLAS SERIES 02

새로 쓴
아틀라스
세계사

HISTORICAL ATLAS SERIES — 02

새로 쓴

# 아틀라스 세계사

강창훈 지음

# 들어가며

'아틀라스 역사 시리즈'는 사계절출판사가 지난 25년간 이어온 대형 역사기획 프로젝트다. 중고등학교『역사부도』교과서 말고는 지도를 주인공으로 내세운 역사책이 국내에 거의 없던 시절에 나온, 최초의 '지도와 함께 읽는 역사책'이었다.

이 시리즈의 출발점은『타임스 세계사(*The Times History of the World*)』의 축쇄판(*The Times Complete History of the World*)이다. 이 책을 번역해『아틀라스 세계사』(초판 2004, 전면개정판 2009)를 출간하는 동시에 그 구성을 참조하여 국내 필진과 제작팀의 힘으로『아틀라스 한국사』(초판 2004, 전면개정판 2022)를 펴내고, 이어서『아틀라스 중국사』(초판 2007, 개정증보판 2015),『아틀라스 일본사』(2011),『아틀라스 중앙유라시아사』(2016)를 순서대로 내놓았다. 그리고 번역본『아틀라스 세계사』가 출간된 지 21년이 지난 지금, 그동안 사계절출판사가 축적한 역량을 최대한으로 집약해『새로 쓴 아틀라스 세계사』(2025)를 완성했다. 그 집필을 '아틀라스 역사 시리즈'의 편집자인 내가 맡았다는 사실에 무거운 책임감을 느끼며 지난 2년 동안 집필에 몰두했다.

기존의『아틀라스 세계사』는 200쪽 남짓한 분량에 문명의 기원에서 21세기 현재까지 역사의 주요 사건과 국면을 총망라하고 그것을 150여 장의 지도로 표현한, 국내에서는 보기 드문 '지도로 보는 세계사'였다. 그러나 이 책이 출판된 이후로 지도와 역사를 함께 보고 읽는 책들이 (대부분 번역서이긴 하지만) 여러 종 출간되면서, 어느덧 역사책을 즐기는 독자들에게는 글과 지도를 함께 보는 것이 익숙한 일이 되었다. 따라서 이제는 역사 읽기에서 지도의 필요성을 강조하는 것에서 한 걸음 더 나아가서, 독자들이 역사지도를 효과적으로 참고할 수 있도록 편집하는 일이 더욱 중요해졌다. 기존의 편집 방식은 전문적인 역사 연구자나 세계사의 흐름에 익숙한 이들에게는 간편한 역사 가이드가 될 수 있었지만, 설명을 꼼꼼하게 이해하면서 역사적 사건의 배경과 전개를 차근차근 따라가고 싶어 하는 독자들에게는 오히려 답답함을 안겨주었다. 새 책『새로 쓴 아틀라스 세계사』는 그와 같은 한계를 극복하려는 시도의 결과물이다.

이 책은 세계사 개설서, 즉 통사의 구성을 갖추었지만 기존의 통사들과는 결이 다르다. 무엇보다도 지도와 함께 읽기에 부합하는 주제와 소재를 최대한 선별해서 부각했다. 로마제국, 몽골제국, 오스만제국은 물론 근대 서구 제국주의 국가 등 역사의 중심에 있던 나라들의 건국과 팽창뿐 아니라, 그 영향력이 미친 지역 안에서 일어난 인적 이동과 물적 교류까지 지도 안에 표현했다. 이와 같은 방향성은 구판에서도 어느 정도 견지한 바였으나, 새 책에서는 더욱 직접적이고 효과적으로 이를 관철하려 했다. 한 나라가 아주 작은 지역의 중심 세력으로 등장한 뒤 광역과 다민족을 통솔하는 대제국으로 성장하는 모든 과정을 여러 단계로 구분하여 보여줄 뿐 아니라, 보통의 통사 서술에서는 간과하기 쉬운 쇠퇴와 멸망의 과정까지 지도로 구현했다. 아울러 제국과 그 주변에 지역적·시대적으로 중복·교차 존재했던 주변 국가와 세력의 관계까지 함께 표현했다.

때로는 텍스트 위주의 통사에서 흔히 다루는 내용을 과감하게 생략하기도 했다. 예를 들어 로마제국의 역사를 서술할 때 우리에게 익숙한 '왕정에서 공화정으로, 공화정에서 제정으로'의 통치체제의 변화와 법률, 건축, 도로 등 문화적 발전을 강조하기보다는 로마가 공화정 시기에 이탈리아반도를 통일하고 지중해 패권을 장악한 뒤, 제정시대의 군사활동을 통해 최대 영토에 이르는 과정에 집중하는 방식을 택했다. 프랑스혁명사도 '국민의회·입법의회·국민공회·총재정부·통령정부·제정'으로 변화하는 과정을 순서대로 설명하는 대신, 혁명의 와중에 프랑스가 다른 유럽 국가들을 상대로 펼친 '프랑스혁명전쟁'과 '나폴레옹전쟁'을 중심으로 서술했다.

지역적으로는『아틀라스 한국사』『아틀라스 중국사』『아틀라스 일본사』『아틀라스 중앙유라시아사』에서 다룬 내용은 최소화했고(그럼에도 이 책들로부터 많은 도움을 받았다. 장마다 스키타이와 흉노 등의 유목제국과 중국사 역대 왕조, 일본사의 주요한 변화상을 체계적으로 소개할 수 있었던 것은 모두 앞선 책들 덕분이다), 그 밖의 지역에 대해서는 서유럽 중심의 서술을 지양하려 했다. 그 결과 리시아와 동유럽, 스칸디나비아 3국과 발칸반도 등 유럽의 주변부에 속했던 지역의 서술 비중이 커졌으며, 아프리카와 아메리카, 오세아니아 지역의 역사도 세계사의 커다란 흐름과 연결시켜 서술했다. 때로 세계사의 주요 국면에서 등장한 중요한 사건들을 본문에서 다루지 못한 경우가 있는데, 이창연 편집자의 도움을 받아 21개의 특집을 편성하여 이를 보완했다.

흔히 역사 공부를 타임머신을 타고 과거로 가는 일에 비유하곤 한다. 역사를 전공한 뒤 역사책을 쓰고 편집하며 살아온 나에게는 역사지도가 바로 그 타임머신이었다. 이제 그 여행에 독자 여러분과 동행하고자 한다.

2025년 3월

강창훈

# 차례

일러두기

• 인명과 지명 등 고유명사의 표기는 국립국어원 외래어표기법 용례를 따랐다.
  일부 표기가 정해지지 않은 명사는 학계의 관용적 표기나 중고등 교과서의 표기를 따랐다.
• 중국의 인명과 지명은 4부(19세기)까지는 한국어 한자음, 5부(현대)는 중국어 발음으로 표기했다.
  단, 현재의 지명을 가리킬 때에는 시대에 상관없이 중국어 발음으로 표기했다. 예) 황허, 창장
• 본문에 사용한 사진과 그림의 출처 및 소장처는 책의 말미에 밝혔다.

실크로드 카라반

# 01

# 문명의 형성과 발전

700만 년 전 영장류의 한 갈래가 인류로 진화하기 시작했다. 초기 인류는 아프리카 대륙에서 기원했다. 그러다 180만 년 전쯤에 다른 대륙으로 뻗어나가기 시작했다. 돌로 도구를 만들고, 불을 사용하기 시작한 인류는 유럽과 아시아 전역에 정착했다. 그리고 약 30만 년에 현생인류의 직계 조상인 호모 사피엔스가 등장했다. 이들은 마지막 빙하기가 끝날 무렵인 2만~1만 5000년 전쯤에 아메리카 대륙으로 건너갔다. 그리고 약 1만 년 전 농경과 목축에 기반한 정착생활을 시작하더니 곧 각지에서 문명이 태동했다.

메소포타미아·이집트·인도·중국은 역사상 최초로 문명이 형성된 지역이다. 문명의 발상지 주변에 형성된 범람원의 농업 생산력을 바탕으로 발전했다. 청동기시대에서 철기시대로 넘어가는 동안 기술과 문화의 수준이 향상되었을 뿐 아니라, 그 영향이 미치는 지역도 점점 더 확대되었다. 시간이 흐를수록 문명과 국가 간의 교류가 늘어났고, 각지에서 강력한 고대국가가 출현했다. 기원후 2세기 무렵에는 서쪽의 로마와 동쪽의 장안이 육로(실크로드)와 해로(인도양 무역 네트워크)를 통해 이어졌으며, 그 길을 통해 크리스트교·불교 등의 종교와 다양한 사상, 비단과 유리잔 같은 상품들이 오고갔다.

# 현생인류의 확산

**약 700만 년 전**
사헬란트로푸스 차덴시스 출현

**약 390만 년 전**
오스트랄로피테쿠스 아파렌시스
등장

**약 200만 년 전**
호모 에렉투스 등장

**약 180만 년 전**
인류, 특히 호모 에렉투스가
아프리카 밖으로 이동

**약 30만 년 전**
아프리카에서 호모 사피엔스 출현

**약 12만 5000~4만 년 전**
호모 사피엔스의 확산

**약 1만 5000~1만 2000년 전**
호모 사피엔스가 남아메리카 남쪽
끝까지 이동

**약 1만 2000년 전**
호모 사피엔스를 제외한 다른
호모종은 모두 멸종. 이 시기 지구의
인구는 약 200만 명으로 추정

영장류는 3000만~2000만 년 전 동부 아프리카 삼림에서 처음 출현한 것으로 추정된다. 이후 크게 두 갈래로 진화하는데, 한쪽은 대형 유인원과 침팬지이고 다른 쪽은 인류다. 둘은 두 발로 걷는 '이족보행'을 기준으로 구분한다. 현재까지 밝혀진 가장 이른 시기의 인류는 약 700만 년 전의 사헬란트로푸스 차덴시스이다. 그리고 약 400만 년 전부터 200만 년 동안 에티오피아, 케냐, 남아프리카공화국 등지에서 오스트랄로피테쿠스속의 여러 종이 등장하는데, 그중 오스트랄로피테쿠스 아파렌시스가 현생인류가 속한 호모속의 조상이다.

인류는 약 180만 년 전 아프리카를 벗어나 지구 곳곳으로 퍼지기 시작했다. 호모 에르가스테르에서 갈라진 두 종 가운데 호모 에렉투스는

## 호모 사피엔스의 이동

▨ 호모 에렉투스와
　　호모 하이델베르겐시스의 분포
▧ 호모 네안데르탈렌시스의 분포
● 호모 사피엔스 유적
➡ 호모 사피엔스의 이동 경로

■ ❶~❾는 약 30만 년 전 아프리카에서 출현한 호모 사피엔스가 전 세계로 확산하는 과정을 보여준다. 한때 다양한 호모종이 세계 각지에 분포했다. 특히 호모 네안데르탈렌시스는 호모 사피엔스와 교배하고 기술을 교환하면서 약 3만 년 전까지 공존했다. 그 결과 현생인류에게도 1~4퍼센트의 호모 네안데르탈렌시스 DNA가 남아 있다.

약 150만 년 전 동남아시아와 동북아시아 중위도 지역에 도착했고, 호모 하이델베르겐시스는 약 80만 년 전에 유럽에 도달했다. 최근 연구에 따르면 호모 하이델베르겐시스가 호모 네안데르탈렌시스, 호모 데니소바, 호모 사피엔스로 진화했다.

호모 사피엔스는 약 30만 년 전 아프리카에서 출현했다. 에티오피아의 오모강에서 19만 5000년 전의 화석이 발견되었는데, 이것이 현재까지 알려진 최초의 호모 사피엔스다. 이들은 처음에는 모로코(서쪽)와 남아프리카공화국(남쪽) 방면으로 이동하다 약 12만 5000년 전에 '아웃 오브 아프리카'를 시작했다. 180만 년 전의 조상처럼 아시아와 유럽 두 방면으로 퍼졌는데, 아시아로 간 호모 사피엔스는 남아시아와 동남아시아에서 먼저 그곳에 정착한 호모 데니소바와 이종교배를 했다. 이후 빙하기에 인도네시아 대부분의 섬이 육지로 연결됐던 순다(Sunda)를 거쳐 뉴기니와 오스트레일리아가 연결된 사훌(Sahul)로 이동했다. 동시에 일부는 동아시아 방

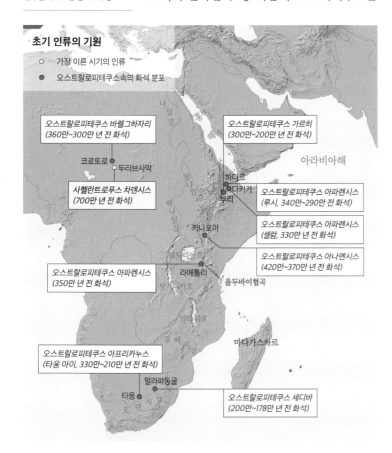

### 초기 인류의 기원
○ 가장 이른 시기의 인류
● 오스트랄로피테쿠스속의 화석 분포

오스트랄로피테쿠스 바렐그하자리
(360만~300만 년 전 화석)

오스트랄로피테쿠스 가르히
(300만~200만 년 전 화석)

아라비아해

코로토로　두라브사막

사헬란트로푸스 차덴시스
(700만 년 전 화석)

하다르
디키카
부리

오스트랄로피테쿠스 아파렌시스
(루시, 340만~290만 년 전 화석)

카나포이

오스트랄로피테쿠스 아파렌시스
(셀람, 330만 년 전 화석)

오스트랄로피테쿠스 아나멘시스
(420만~370만 년 전 화석)

오스트랄로피테쿠스 아파렌시스
(350만 년 전 화석)

라에톨리
올두바이협곡

오스트랄로피테쿠스 아프리카누스
(타웅 아이, 330만~210만 년 전 화석)

마다가스카르

말라파동굴

타웅

오스트랄로피테쿠스 세디바
(200만~178만 년 전 화석)

크로마뇽굴
알타미라동굴
❹
4만

스킬
시디목타르

대서양

30만 년

블룸보스동굴

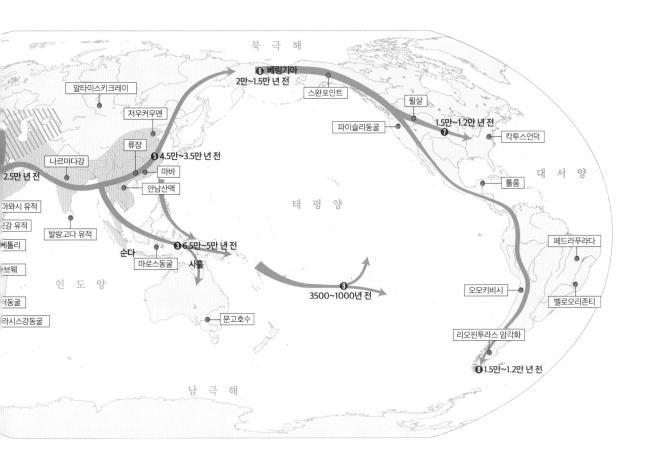

면으로 북상했다(4만 5000~3만 5000년 전).

약 4만 년 전에는 다른 갈래의 호모 사피엔스가 유럽으로 이동했다. 당시 유럽에는 호모 네안데르탈렌시스가 살고 있었다. 호모 사피엔스는 그들과 교배하고 기술을 교환하며 공존했다. 그러다 약 3만 년 전에 호모 네안데르탈렌시스가 모두 사라졌다. 호모 사피엔스가 사냥기술과 생존력이 더 뛰어났기 때문인지, 호모 네안데르탈렌시스를 멸종시켜서인지는 알 수 없다.

지구상 유일한 인류가 된 호모 사피엔스에게 최후의 도전이 남아 있었다. 바로 아메리카로의 이동이다. 지금은 유라시아 대륙과 아메리카 대륙이 바다로 갈라져 있지만, 마지막 빙하기 말기에는 해수면이 낮아져 육지로 연결되어 있었다. 그곳을 베링기아라고 부른다(빙하가 녹은 뒤 '베링해협'이 됐다). 아메리카에 도착한 호모 사피엔스는 한동안 거대한 빙하에 막혀 알래스카에 갇혀 있다가 1만 6000년 전 기온이 상승하자 빠른 속도로 남하했고, 불과 수천 년 만에(1

만 5000~1만 2000년 전) 남아메리카 대륙 남쪽 끝에 이르렀다.

마지막으로 아주 최근인 3500~1000년 전에 태평양과 인도양의 여러 섬에 정착하면서 호모 사피엔스의 확산은 일단락됐다. 호모 사피엔스가 마지막으로 도착한 곳은 1909년 북극점과 1911년 남극점이다.

**돌 도구의 발전** 180만 년 전 호모 에렉투스는 이전 시기의 인류보다 발달한 지능을 바탕으로 찍고 자르고 찍고 땅을 파는 등 기능이 다양한 주먹도끼(위)를 발명했다. 30만 년 전 호모 네안데르탈렌시스는 석기 제작 공정을 더욱 정교하게 발전시켜서 몸돌에서 석기를 떼어내는 르발루아기술(아래)을 개발했다. 이를 통해 한 번에 여러 개의 석기를 생산할 수 있게 되었다.

# 고대 서아시아

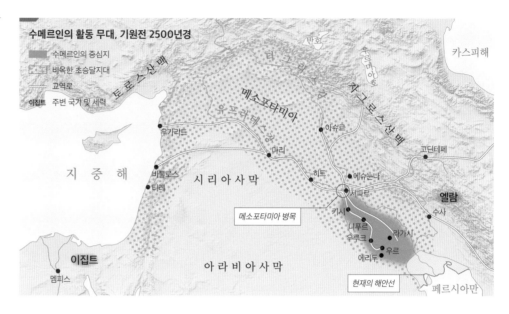

**수메르인의 활동 무대, 기원전 2500년경**
- 수메르인의 중심지
- 비옥한 초승달지대
- 교역로
- **이집트** 주변 국가 및 세력

서아시아 지역에는 동남쪽으로 흘러 페르시아만으로 빠져나가는 두 개의 큰 강이 있다. 티그리스강과 유프라테스강인데, 그 사이의 땅을 '메소포타미아'라고 한다. 이곳에서 인류 최초의 문명이 발생했다. 문명의 영향은 메소포타미아와 그 주변뿐 아니라 서쪽의 지중해 연안까지 확장되는데, 세력권의 모양에 착안해 이 일대를 '비옥한 초승달지대'라고 부른다.

인류는 약 1만 년 전부터 이곳의 산지에서 농경과 목축을 시작했다. 수천 년 뒤 더 나은 환경을 찾아 강 주변에 정착하는데, 특히 수메르인의 활동이 두드러졌다. 티그리스강과 유프라테스강이 30킬로미터 거리로 근접한 '메소포타미아 병목'에서 페르시아만까지가 수메르인의 영역이었다. 이 일대는 홍수와 그로 인한 전염병이 잦았지만, 강의 범람으로 생긴 충적토를 활용하면 산지보다 몇 배나 많은 곡식을 수확할 수 있었다. 이를 바탕으로 수메르인은 우루크, 우르, 키시 등 도시국가들을 건설했다. 수메르문명은 기원전 2900년경부터 기원전 2330년경까지 여러 도시국가가 경쟁하는 한편 두 강을

중심으로 외부 세계와 교역하며 발전했다.

기원전 2296년경 사르곤이라는 새로운 강자가 등장했다. 바그다드 인근으로 추정되는 아카드를 새로운 정치 중심지로 삼고 남하하여 수메르의 도시국가를 차례차례 정복한 데 이어, 서쪽으로 레반트의 알레포, 우가리트, 비블로스, 북쪽으로 아나톨리아 동부, 동쪽으로 엘람 서부를 차지했다. 이로써 아카드제국은 비옥한 초승달지대 전체를 장악한 최초의 제국이 되었다. 이후 아카드제국이 몰락하고 수메르인이 부흥하여 우르3왕조를 열었다.

그다음으로 등장한 것은 고대바빌론왕국이다. 아모리인이 엘람인을 몰아내고 건설한 고대바빌론왕국은 유프라테스강 유역의 바빌론을 중심으로 세력을 넓히며 강자로 부상했다. '함무라비 법전'으로 유명한 6대 왕 함무라비(재위 기원전 1792~1750)는 탁월한 정복 군주였다. 아시리아의 에슈눈나와 유프라테스강 중류의 마리에 이르기까지 메소포타미아 남부와 중부의 대부분을 차지했다. 그러나 왕국은 함무라비 사후 여러 민족의 침입에 시달리다가 기원전

1595년 아나톨리아반도에서 온 히타이트의 침입을 받고 멸망했다.

히타이트는 기원전 18세기 말 등장한 세력으로, 기원전 1750년까지 아나톨리아반도의 중앙부 대부분을 차지했다. 하투실리 1세(재위 기원전 1650~1620)는 수도를 네샤에서 하투샤로 옮기는 한편 레반트 북부로도 세력을 넓혔다. 무르실리 1세(재위 기원전 1620~1590)는 알랄라흐와 카르케미시를 점령하고 유프라테스강을 따라 이동하여 고대바빌론왕국을 멸망시켰다. 수필룰리우마 1세(재위 기원전 1358~1323)는 시리아 북부에서 발전하던 미탄니를 정복했고, 그의 아들 무르실리 2세(재위 기원전 1321~1295)는 이집트와 어깨를 나란히 했다. 그러나 히타이트는 에게해와 서아시아 전체를 휩쓴 '바다민족'의 침입을 극복하지 못하고, 결국 기원전 1180년에 멸망했다. 그 후 일부는 도시국가 형태로 기원전 700년경까지 존속했는데, 이들을 '신히타이트'라고 한다.

**히타이트제국의 전성기**
- 기원전 1350~1300년경의 영역
- 최대 세력권
- **미탄니** 주변 세력

흑해

천도(기원전 17세기 중반)

트로이
에게해
앙카라
하투샤
네샤
아나톨리아
코니아
말라티아
타르수스
카르케미시
하란
알랄라흐
힐랍
미탄니
우가리트
유프라테스강
카데시
고대바빌론왕국
비블로스
지중해

**함무라비 법전** 1901년 프랑스 탐험대가 페르시아 지역의 옛 도시 수사에서 발견했다. 현재 프랑스 루브르박물관에 소장되어 있다. 이 법은 "눈에는 눈, 이에는 이"라는 경구로 유명하다. 그러나 이것은 같은 강도의 처벌로 정의를 실현한다는 내용이 아니었다. 세부 조항을 보면 신분에 따라 처벌의 강도를 달리 했음을 알 수 있다. 다시 말해 이 법은 당시 메소포타미아 사회의 신분질서를 보여준다.
- 196조: 만약 한 귀족(아윌룸)이 귀족의 아들(마르 아윌룸)의 눈을 멀게 하였다면, 그의 눈도 멀게 할 것이다.
- 198조: 만약 그 귀족이 평민(무쉬케눔)의 눈을 멀게 하거나 뼈를 부러뜨렸다면, 그는 은 1마나를 내야 한다.
- 199조: 만약 그 귀족이 다른 귀족의 노예의 눈을 멀게 하였거나 뼈를 부러뜨렸다면, 그 노예 가격의 2분의 1을 내야 한다.

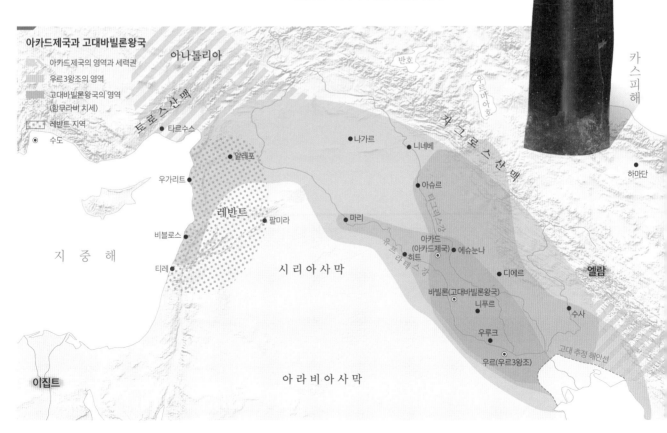

**아카드제국과 고대바빌론왕국**
- 아카드제국의 영역과 세력권
- 우르3왕조의 영역
- 고대바빌론왕국의 영역(함무라비 치세)
- 레반트 지역
- 수도

아나톨리아
반호
우르미아호
카스피해

토로스산맥
자그로스산맥

타르수스
나가르
니네베
하마단

알레포
아슈르
우가리트
레반트
마리
아카드(아카드제국)
에슈눈나
비블로스
팔미라
히트
디에르
엘람
티레
시리아사막
바빌론(고대바빌론왕국)
니푸르
수사
우루크
우르(우르3왕조)
고대 추정 해안선

지중해
이집트
아라비아사막

# 고대 이집트

**기원전 3000년경**
메네스왕국이 이집트를 최초로 통일

**기원전 2686년경**
제3왕조 출현하며 고왕국시대 시작

**기원전 1650년**
힉소스의 침입으로 중왕국 파괴

**기원전 1477년**
투트모세 3세 즉위

**기원전 1275년**
카데시전투

**기원전 1120년**
이집트의 위대한 파라오
람세스 3세 사망

**기원전 666년**
아시리아에 패배

**기원전 525년**
아케메네스왕조 페르시아가 이집트
정복

**기원전 332년**
알렉산드로스가 이집트 병합

**기원전 30년**
로마제국의 아이깁토스 속주가 됨

**이집트의 농경** 테베의 네크로폴리스(귀족들의 무덤)에서 나온 벽화에 나일강의 범람 주기에 따른 고대 이집트인의 농경생활이 잘 표현되어 있다.

"이집트는 나일강이 흐르는 곳이고, 이집트인은 이 강물을 마시는 사람"이라는 말이 있다. 이집트인은 태양신이 나일강 하류의 이우누(헬리오폴리스)에서 세계를 창조했다고 믿었다. 일찍부터 강을 따라 도시가 등장했고, 강을 통해 사람과 상품이 이동하며 무역이 시작되었다. 나일강 유역을 벗어나면 대부분이 사막이라서 이곳에 한번 정착하면 떠나는 것이 거의 불가능했는데, 이것이 정부의 법 집행을 용이하게 하고 강력한 국가의 출현을 가능케 했다.

고대 이집트의 역사는 크게 왕국 시기와 중간기로 나뉜다. 왕국 시기는 하나의 왕조가 다스린 시기로 바로 고왕국, 중왕국, 신왕국으로 구분한다. 왕국과 왕국 사이에 여러 왕조가 공존한 시기가 있었는데 이를 제1중간기, 제2중간기, 제3중간기라 부른다.

초기의 고대 이집트는 상이집트와 하이집트로 갈라져 있었다. 기원전 3000년경 상이집트의 파라오가 하이집트의 나일강 삼각주를 점령한 뒤 새 수도 멤피스를 건설했다. 나일강의 관개사업을 하나로 통합할 필요성이 통일의 원동력이었다. 태양신을 모신 중심 사원은 헬리오폴리스에 있었다.

이집트를 "사방이 막힌 폐쇄적 지형"이라고 설명한다. 그래서 히타이트나 아시리아 같은 주변 강대국의 침입으로부터 국가를 지킬 수 있었다는 것이다. 그러나 육로가 완전히 막힌 것은 아니다. 북동쪽은 시나이반도와 연결되고 레반트로도 통하여 고대 이집트인은 이 두 지역과 직접 교통했다. 힉소스인과 훗날의 신아시리아 및 남쪽의 쿠시왕국도 육로를 통해 이집트와 접촉하고 경쟁했다. 이집트 북쪽의 지중해도 지리적 장벽인 동시에 교역로이자 침입로였다. 기원전 13~12세기에는 '바다민족'이 지중해를 통해 이집트를 침입했다.

기원전 2686년경 제3왕조가 출현했는데, 이때부터를 고왕국시대로 분류한다. 수도 멤피스를 중심으로 헬리오폴리스, 아비도스 같은 도시의 인구가 증가했다. 당시 건설한 거대한 피라미드와 기념물이 많이 남아 있어서 "피라미드 시대"라고 부른다. 이후 제1중간기가 이어지다가 멘투호테프 2세(재위 기원전 2060~2010)가 중왕국시대를 열었다. 전성기는 제12왕조로, 남쪽으로 누비아까지 진출하여 나일강 제2폭포에 요새를 건설했다. 기원전 1650년 서아시아에서 온 힉소스인('외국에서 온 지배자'라는 뜻)이 중왕국을 파괴하며 제2중간기로 넘어갔다.

아흐모세 1세(재위 기원전 1550~1525)는 힉소스인을 몰아내고 하이집트를 탈환하여 신왕국시대(제18~20왕조)를 열었다. 제18왕조의 전성기를 이끈 투트모세 3세(재위 기원전 1477~1423)는 이집트 역사상 가장 넓은 영토를 정복하여 훗날 "이집트의 나폴레옹"으로 불렸다. 남쪽으로 누비아, 동쪽으로는 지중해 동부 연안을 점령하고 시리아 북부까지 나아갔다가 회군했다. 신왕국시대의 가장 위대한 파라오는 제19왕조의 람세스 2세(재위 기원전

## 고왕국과 중왕국

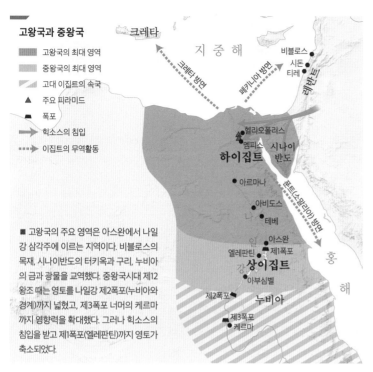

범례:
- 고왕국의 최대 영역
- 중왕국의 최대 영역
- 고대 이집트의 속국
- ▲ 주요 피라미드
- ▬ 폭포
- → 힉소스의 침입
- ⇢ 이집트의 무역활동

■ 고왕국의 주요 영역은 아스완에서 나일강 삼각주에 이르는 지역이다. 비블로스의 목재, 시나이반도의 터키옥과 구리, 누비아의 금과 광물을 교역했다. 중왕국시대 제12왕조 때는 영토를 나일강 제2폭포(누비아와 경계)까지 넓혔고, 제3폭포 너머의 케르마까지 영향력을 확대했다. 그러나 힉소스의 침입을 받고 제1폭포(엘레판틴)까지 영토가 축소되었다.

## 신왕국의 최대 영역

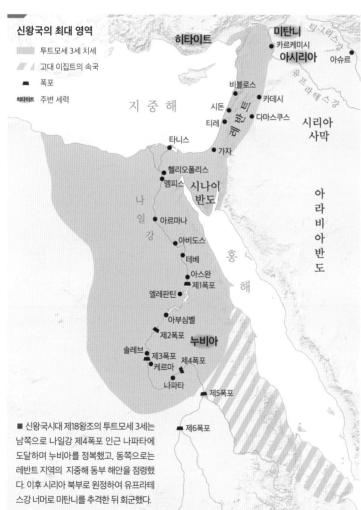

범례:
- 투트모세 3세 치세
- 고대 이집트의 속국
- ▬ 폭포
- 히타이트 주변 세력

■ 신왕국시대 제18왕조의 투트모세 3세는 남쪽으로 나일강 제4폭포 인근 나파타에 도달하며 누비아를 정복했고, 동쪽으로는 레반트 지역의 지중해 동부 해안을 점령했다. 이후 시리아 북부로 원정하여 유프라테스강 너머로 미탄니를 추격한 뒤 회군했다.

테베의 룩소르신전 기원전 1400년경 신왕국 제18왕조의 아멘호테프 3세가 건립하고 제19왕조의 람세스 2세가 증축했다. 1979년 테베의 다른 건축물과 함께 유네스코 세계문화유산에 등재됐다.

1290~1223)다. 그는 기원전 1275년 카데시에서 히타이트의 무와탈리 2세와 싸워 거의 패할 뻔한 전쟁을 무승부로 끝내고 1258년 평화협정을 맺었다.

신왕국시대의 이집트는 '바다민족'의 침입을 받고, 기원전 11세기에 제3중간기를 맞이했다. 이 무렵 서쪽에서 온 리비아인, 남쪽에 쿠시왕국을 세운 누비아인 등과 공존하면서 경쟁했다. 기원전 666년 아시리아에 패배했고, 기원전 525년 아케메네스왕조 페르시아, 기원전 332년 알렉산드로스제국에게 정복당했다. 알렉산드로스 사후 그의 후계왕국인 프톨레마이오스왕조의 지배를 받다가, 기원전 30년 로마제국의 일부가 되었다.

## | 고대 이집트

| 시기 | 왕조 | 연대(기원전) | 비고 |
|---|---|---|---|
| 원왕조 | | ~3100년경 | |
| 초기 왕조 | 1~2왕조 | 3011~2686년경 | |
| 고왕국 | 3~6왕조 | 2686~2181년경 | 피라미드시대 |
| 제1중간기 | 7~11왕조 | 2180~2040년경 | |
| 중왕국 | 11왕조 후기~13왕조 초기 | 2040~1782년경 | |
| 제2중간기 | 13왕조 후기~17왕조 | 1782~1550년경 | 힉소스왕조 포함 |
| 신왕국 | 18~20왕조 | 1550~1080년경 | |
| 제3중간기 | 21~25왕조 | 1080년경~664년 | 신아시리아제국의 침입과 지배 |
| 사이스 | 26왕조 | 664~525년 | |
| 후기 왕조 | 27~31왕조 | 525~332년 | 제1·2페르시아 통치 포함 |

# 문자의 탄생

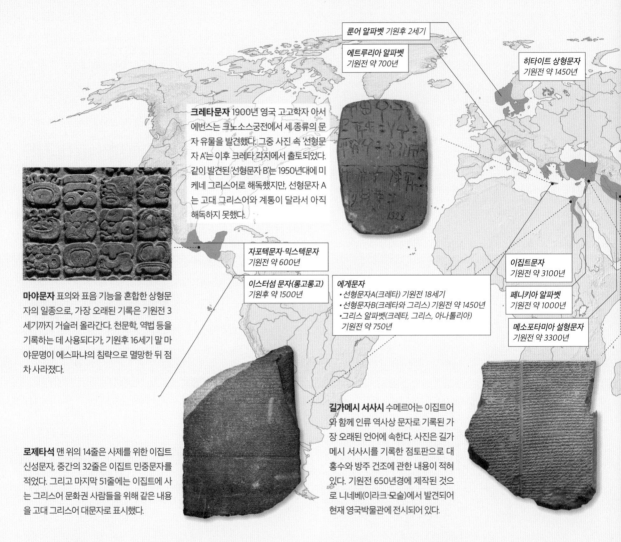

**룬어 알파벳** 기원후 2세기

**에트루리아 알파벳** 기원전 약 700년

**히타이트 상형문자** 기원전 약 1450년

**크레타문자** 1900년 영국 고고학자 아서 에번스는 크노소스궁전에서 세 종류의 문자 유물을 발견했다. 그중 사진 속 '선형문자 A'는 이후 크레타 각지에서 출토되었다. 같이 발견된 '선형문자 B'는 1950년대에 미케네 그리스어로 해독했지만, 선형문자 A는 고대 그리스어와 계통이 달라서 아직 해독하지 못했다.

**마야문자** 표의와 표음 기능을 혼합한 상형문자의 일종으로, 가장 오래된 기록은 기원전 3세기까지 거슬러 올라간다. 천문학, 역법 등을 기록하는 데 사용되다가, 기원후 16세기 말 마야문명이 에스파냐의 침략으로 멸망한 뒤 점차 사라졌다.

**자포텍문자·믹스텍문자** 기원전 약 600년

**이스터섬 문자(롱고롱고)** 기원후 약 1500년

**에게문자**
· 선형문자A(크레타) 기원전 18세기
· 선형문자B(크레타와 그리스) 기원전 약 1450년
· 그리스 알파벳(크레타, 그리스, 아나톨리아) 기원전 약 750년

**이집트문자** 기원전 약 3100년

**페니키아 알파벳** 기원전 약 1000년

**메소포타미아 설형문자** 기원전 약 3300년

**로제타석** 맨 위의 14줄은 사제를 위한 이집트 신성문자, 중간의 32줄은 이집트 민중문자를 적었다. 그리고 마지막 51줄에는 이집트에 사는 그리스어 문화권 사람들을 위해 같은 내용을 고대 그리스어 대문자로 표시했다.

**길가메시 서사시** 수메르어는 이집트어와 함께 인류 역사상 문자로 기록된 가장 오래된 언어에 속한다. 사진은 길가메시 서사시를 기록한 점토판으로 대홍수와 방주 건조에 관한 내용이 적혀 있다. 기원전 650년경에 제작된 것으로 니네베(이라크 모술)에서 발견되어 현재 영국박물관에 전시되어 있다.

많은 학자들이 문자는 회계와 더불어 시작되었다고 추정한다. 한 수메르문자 연구자는 "경제 성장에 따른 강력한 소유욕의 직접적 결과로서" 문자가 발생했다고 설명했다. 기원전 4000년경 메소포타미아의 초기 도시에서는 교역과 행정이 복잡해지면서 지배 엘리트의 기억력만으로는 셈을 감당할 수 없게 되었다. 이렇게 해서 등장한 문자는 기원전 3300년경 수메르에서 완전한 체계로 완성되었고, 이후 상인과 관료는 자신들이 사고판 물건과 그날 처리한 업무를 상세히 기록할 수 있게 되었다.

이후 기원전 3100년경 이집트, 기원전 2500년경 인더스강 유역, 기원전 1900년경 크레타섬, 기원전 1200년경 중국, 그리고 기원전 600년경 중앙아메리카에서 문자를 사용하기 시작했다. 문자의 역사를 탐구하는 학자들은 문자의 확산을 문명 간 교류와 문화 전파의 영향으로 해석하기보다는 각 문명이 독립적으로 발명하고 발전시켰을 것이라고 해석한다.

세계 최초의 문자 기록은 메소포타미아의 고대도시 우루크 유적에서 발견된 점토판이다(기원전 3300년경). 초기의 수메르문자는 점토판에 갈대 첨필로 그린 상형문자의 형태로서,

**인더스문자** 하라파문명의 대도시 중심지에서 수백 개의 정사각형 스탬프 인장이 발굴되었다. 인더스문자는 야생동물이나 가축, 신 등의 이미지와 함께 기원전 2500년경부터 사용된 것으로 추정된다.

일본문자 기원후 5세기

훈민정음 기원후 1443년

한자 기원전 약 1200년

**갑골문자** 1899년에 안양현 소둔촌, 상의 수도였던 은허(殷墟) 유적에서 최초로 발견된 이후 중국 각지에서 다량의 유물이 나왔다. 주로 거북이 배딱지와 짐승 견갑골에 왕의 제사와 사냥 등에 대한 내용을 상형문자로 기록했다.

브라흐미문자
기원전 약 250년

인더스강 유역 문자
기원전 약 2500년

**히타이트와 이집트의 평화조약**
히타이트와 이집트의 주도권 다툼은 기원전 1275년경 카데시전투에서 절정에 달했다. 이후 기원전 1258년에 두 나라는 상호 불가침과 상호 군사원조를 명시한 평화조약을 체결했다. 람세스 2세는 아비도스의 람세스 2세 신전, 테베의 카르나크신전, 룩소르신전, 라메세움(람세스 2세 장례신전), 아부심벨신전 등 모두 다섯 곳에 카데시전투의 승전 장면을 조각하고 조약의 내용을 두 나라의 문자로 기록했다. 사진은 카르나크신전 벽에 새긴 평화조약.

단순히 수를 기록하는 수단이었다. 그러나 점차 음절을 표시하는 설형(쐐기)문자로 발전하면서 『길가메시 서사시』나 『수메르 왕명록』 같은 문학과 역사도 기록하기 시작했다.

비슷한 시기에, 이집트에서도 왕조가 시작되기 바로 직전인 3100년경 갑자기 거의 완전한 형태의 상형문자가 출현했다. 고대 이집트인 가운데 어느 정도가 이 문자를 사용할 수 있었는지 정확히 알기는 어려우나, 오늘날의 학자들은 대략 인구의 1퍼센트가 사용했을 것이라고 추정한다. 이처럼 문자의 사용이 인구의 일부에게 제한되어 있을 때는 글을 쓰고 읽을 수 있는 '서기관'이 특별한 대우를 받았을 것이다. 실제로 이집트 파피루스 유물에는 다음과 같은 기록이 남아 있다. "서기관이라는 직업은 왕자 같은 직업이다. 필기도구들과 두루마리 책들이 그에게 유쾌함과 부를 준다."

이집트 상형문자와 관련된 가장 유명한 인물은 의외로 프랑스의 나폴레옹이다. 1799년 7월 나폴레옹의 이집트 원정군이 나일강 삼각주의 라시드(로제타)에서 높이 114.4센티미터, 너비 72.3센티미터, 두께 27.3센티미터, 무게 760킬로그램의 거대한 비석을 발견했다. 비석에 이집트어와 고대 그리스어가 나란히 적혀 있었다. 이후 이 비석을 연구한 토머스 영과 장프랑수아 샹폴리옹은 이집트 상형문자가 개념뿐 아니라 발음도 표시하고 있음을 밝혔다.

중국에서 발생한 한자는 기원전 4500년경 반파 유적에서 나온 인면어문과 기원전 3000년경 대문구문화에서 나온 원시한자를 거친 뒤, 기원전 1400~1200년 상왕조 시기에 갑골문의 형태로 정리됐다. 초기는 주로 회화문자 형태였으나 이후 여러 왕조가 명멸하는 동안 추상화하면서 중국의 정치·행정·문화를 기록하는 주요 도구로서 계속 발전했다. 또한 중국과 그 주변의 한자문화권에서는 문자를 학문 수준과 예술적 개성을 표현하는 수단으로 확장시킨 서예가 고도로 발달했다.

# 오리엔트 통일과 페르시아제국

**기원전 3000년경**
아시리아가 역사 무대에 등장

**기원전 745년**
신아시리아의 부흥을 일군
티글라트필레세르 3세 즉위

**기원전 664년**
아슈르바니팔 테베 정벌

**기원전 609년**
신아시리아 멸망

**기원전 587년**
신바빌론의 네부카드네자르 2세가
유다왕국 정벌(바빌론유수)

**기원전 557~530년**
페르시아제국의 건설자 키루스 대왕
치세

**기원전 530~522년**
캄비세스 2세 치세

**기원전 522~486년**
다리우스 1세 치세

아시리아는 기원전 3000년경 티그리스강 중상류에서 등장했다. 기원전 2600년경 수도 아슈르를 건설하고 수메르, 아카드, 고대바빌론과 접촉하며 성장했다. 기원전 2025년경 메소포타미아 일대를 차지했으나, 기원전 1760년경부터 고대바빌론과 미탄니의 지배를 받았다. 기원전 14세기 초에 다시 부상하여 기원전 1100년에 흑해 연안까지 진출했으나 이후 붕괴했다. 200년 후 메소포타미아를 정복한 신아시리아(기원전 911~609)는 수도 니네베를 중심으로 팽창했다. 티글라트필레세르 3세(재위 기원전 745~727) 때 바빌로니아를 병합하고 페니키아 지역을 정복했다. 에사르하돈(재위 기원전 681~669)은 이집트 원정을 단행하여 수도 멤피스를 점령했고 그의 아들 아슈르바니팔(재위 기원전 668~627)은 테베까지 점령했다. 이로써 고대 오리엔트 세계가 하나로 통합됐다.

신아시리아의 동쪽 변경에 메디아인이 정착하고 있었는데, 기원전 626년 신바빌론을 건국한 나보폴라사르(재위 기원전 625~605)가 이들과 동맹을 맺고 기원전 609년 신아시리아를 멸망시켰다. 이 틈에 이집트가 확장을 꾀하자, 레반트로 진격해 이들을 몰아냈다. 네부카드네자르 2세(재위 기원전 604~562)는 레반트를 차지하고, 기원전 587년 유다왕국의 예루살렘을 파괴했다(바빌론유수).

얼마 후 현재 이란의 파르스 지방에서 키루스 2세(재위 기원전 557~530)가 반란을 일으켰다. 파사르가다에전투에서 메디아군을 물리친 그는 기원전 550년 메디아 수도 엑바타나를 점령하고 아케메네스왕조 페르시아를 세웠다. 현재 튀르키예의 서쪽 절반을 차지하고 있던 리디아가 할리스강을 건너와 아케메네스왕조를 공격하자, 키루스 2세는 반격하여 리디아의 수도

**기원전 728년에 제작된
티글라트필레세르 3세 부조**

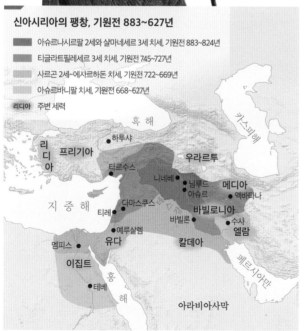

## 신아시리아의 팽창, 기원전 883~627년

- 아슈르나시르팔 2세와 샬마네세르 3세 치세, 기원전 883~824년
- 티글라트필레세르 3세 치세, 기원전 745~727년
- 사르곤 2세~에사르하돈 치세, 기원전 722~669년
- 아슈르바니팔 치세, 기원전 668~627년

리디아 주변 세력

흑 해
카스피해
리디아
프리기아
하투샤
우라르투
타르수스
니네베
님루드
아슈르
메디아
엑바타나
지중해
다마스쿠스
티레
바빌로니아
바빌론
수사
예루살렘
칼데아
엘람
멤피스
유다
이집트
테베
홍 해
페르시아만
아라비아사막

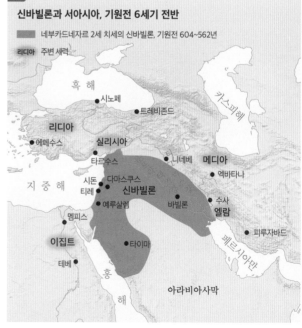

## 신바빌론과 서아시아, 기원전 6세기 전반

- 네부카드네자르 2세 치세의 신바빌론, 기원전 604~562년

리디아 주변 세력

흑 해
카스피해
시노페
트레비존드
리디아
에페소스
실리시아
니네베
메디아
타르수스
엑바타나
지중해
시돈
다마스쿠스
티레
신바빌론
수사
예루살렘
바빌론
엘람
멤피스
피루자바드
이집트
타이마
테베
홍 해
페르시아만
아라비아사막

## 아케메네스왕조 페르시아의 발전

- 발상지, 기원전 559년
- 키루스 2세, 기원전 557~530년
- 캄비세스 2세, 기원전 530~522년
- 다리우스 1세, 기원전 522~486년

콜키스 (기원전 513) 정복지와 정복 시기 ——— 왕의 길

■ 키루스 2세가 터를 잡고 다리우스 1세가 설립하고 후계자들이 완성한 페르세폴리스는 지리적 조건상 외부로 진출이 어려웠다(주요 역할은 왕실 의식). 그래서 엘람의 수도이자 장거리 교역에 유리한 수사가 행정수도 역할을 했다. 몇몇 왕은 메소포타미아의 바빌론에서 제국을 통치하기도 했다.

사르디스를 함락시켰다. 기원전 539년에는 신바빌론을 정복하고 바빌론으로 끌려온 유대인을 예루살렘으로 돌려보냈는데, 이 지역을 자국과 이집트의 완충지대로 삼으려는 의도였다. 기원전 530년경 키루스 2세가 죽고 아들 캄비세스 2세(재위 기원전 530~522)가 즉위했다. 그는 펠루시움전투에서 승리하며 아라비아와 이집트를 정복한 뒤 쿠시왕국과의 경계 지역인 나일강 제2폭포에 도달했다.

아케메네스왕조는 다리우스 1세(재위 기원전 522~486) 때 최대 영토에 도달했다. 기원전 514~512년에는 다뉴브강을 건너 흑해 북방의 스키타이를 공격했다가 실패했으나, 그 과정에서 마케도니아와 동맹을 맺었다. 이후 에게해 연안의 트라키아 및 흑해와 카스피해 연안까지 손에 넣었다. 이로써 아케메네스왕조는 현재 이란을 중심으로 동쪽으로 아프가니스탄과 파키스탄, 중국 서북 국경과 거의 맞닿았고, 서쪽으로 아나톨리아와 발칸반도 일부, 남쪽으로 이집트, 북쪽으로 흑해와 카스피해에 이르렀다.

### 키루스의 원통

기원전 539년 신바빌론 정복 이후 키루스 2세의 업적을 기록한 원통으로, 1879년 바빌론 유적에서 발견되었다. 일부 학자들은 노예 폐지와 이교도 및 이민족 존중을 담은 이 문서를 "세계 최초의 인권선언"으로 해석하기도 한다.

키루스 2세는 메소포타미아 지역의 오랜 예언에 등장한 메시아로 받아들여졌다. 그에 대한 기록이 『성경』에 고레스라는 이름으로 남아 있다. 피정복국 엘리트 집단의 상당수는 키루스 2세의 정복에 협력했다. 그 배경에는 기원전 8세기부터 메소포타미아 세계에 전파된 '신의 기름 부음을 받은 종'이 다스리는 해방과 회복의 시대가 올 것이라는 예언이 있었다. 하느님께 선택된 선한 도구로서 키루스 2세가 등장하는 최초의 예언은 기원전 739~680년경에 기록된 이스라엘의 선지자 이사야의 말(이사야서 45장 1~4절)에 나온다.

# 고대 그리스와 페니키아

**기원전 3000~1500년**
크레타섬에서 미노아문명 발달

**기원전 2000년경**
아카이아인이 발칸반도 남부로
진출하여 미케네문명 발전

**기원전 1400년경**
미케네가 크레타 정복

**기원전 1250년경**
트로이전쟁

**기원전 1200년경**
미케네궁전 파괴 이후 300년간
'암흑시대' 도래
페니키아가 지중해 식민지 건설

**기원전 900년경**
이오니아를 중심으로 그리스문명
확대

**미노아문명과 미케네문명,
기원전 1500년경**

▨ 미노아문명의 영역
▨ 미케네문명의 영역
➡ 미노아의 교역로

지중해

발칸반도 · 이올코스 · 에게해 · 트로이
아나톨리아반도
오르코메노스 · 테베
미케네 · 아테네
아르고스 · 티린스 · 밀레투스
펠로폰네소스반도 · 델로스섬 · 키클라데스제도
필로스 · 멜로스섬 · 아크로티라 · 로도스섬
이탈리아 방면 · 카스트리 · 크노소스 · 키프로스 방면
크레타섬 · 이집트 방면

■ 미노아문명과 미케네문명을 통틀어 '에게문명'이라고 부른다. 미노아인은 에게해와 그리스 본토뿐 아니라 아나톨리아, 서아시아, 이집트까지 진출했다. 멜로스섬에서 크레타 양식의 건축 유적과 도자기, 프레스코화 등이 발견되었고, 로도스섬에서 미노아인의 도자기가 발견되었다. 밀레투스에서는 미노아 유물과 요리 도구들이 발견되었다. 미케네인 역시 지중해 동부 연안을 따라 광범위한 교역을 주도했다.

**크노소스궁전에서 발견된 뱀의 여신상** 미노아인은 교역으로 축적한 부를 바탕으로 수도 크노소스에 화려한 궁전을 건설했다. 사진은 기원전 1600년경 제작한 조각품.

서아시아와 이집트에서 문명이 번성할 무렵, 동지중해 크레타섬을 중심으로 새로운 문명이 등장했다. 크레타 왕 미노스의 이름을 따서 미노아문명(기원전 3000~1500)이라고 부른다. 크레타는 북으로 에게해와 아나톨리아, 남으로 이집트, 동으로 키프로스와 레반트 해안의 섬으로 세력을 넓히며 지중해 무역의 교차로 역할을 했다. 미노아인은 그리스 본토와도 교역했는데, 주요 품목은 청동의 재료인 구리와 주석이었다. 키프로스(그리스어로 '구리')의 구리와 에트루리아, 이베리아반도, 지금의 영국 콘월에서 생산된 주석이 크레타로 왔다.

기원전 2000년경 '아카이아인'이 발칸반도 남부로 진출하여 각지에 여러 작은 왕국을 세웠다. 그중 미케네가 가장 번성했기 때문에 이들이 일군 문명을 미케네문명이라고 부른다. 미노아문명과 접촉하며 성장하던 미케네인은 기원전 1400년경 크레타를 정복하고 에게해와 동지중해를 연결하는 광범위한 교역을 주도했다.

기원전 1200년 이후 서아시아와 이집트를 휩쓴 '바다민족'의 광풍이 미케네도 덮쳐 그리스 본토는 약 300년간 '암흑시대'에 접어들었다. 그사이 페니키아인이 지중해의 주도권을 장악하고 지중해 동부 해안에 여러 도시국가를 세웠다. 초기에는 우가리트가 강세였으나 '바다민족'의 침입으로 쇠퇴했고, 비블로스, 시돈, 티레가 그 뒤를 이었다. 이들은 지중해 전역에 식민지를 건설했다. 처음에는 가까운 키프로스와 에게해의 섬을 정복했고, 이후 더 서쪽으로 나아가 시칠리아, 발레아레스제도를 거쳐 이베리아반도에 이르렀다. 북아프리카에도 카르타고를 비롯한 식민도시를 건설했다. 그 결과 페니키아는 지중해 세계의 무역을 장악했다. 심지어는 카데스를 거점 삼아 북쪽으로는 잉글랜드의 콘월 지역으로 가서 주석을 수입하고, 남쪽으로는 아프리카 서해안을 따라 내려가서 지역 특산물을 실어 오기도 했다. 동쪽으로는 메소포타미아를 넘어 인도까지 교역의 범위를 확장했다. 이들은 육상 교역도 마다하지 않았다. 그러나 기원전 9세기 초 이후 서아시아에서 성장한 신아시리아, 신바빌론의 군사적 위협을 받고 교역이 위축되었다.

페니키아의 쇠퇴로 생긴 무역 공백을 그리스인이 다시 파고들었다. 암흑시대 말 그리스인들은 발칸반도 남부에 폴리스를 건설하기 시작했다. 중심부의 도시와 주변부의 촌락으로 이루어진 수백 개의 폴리스가 하나의 국가로 통합되지 않고 독립적으로 존재했다. 그리스 본토가 크고 작은 산으로 지리적으로 분리된 탓이 큰데, 에게해의 섬들도 조건이 비슷했다. 농경지는 20~30퍼센트밖에 되지 않고, 그나마도 테살리아 지방을 제외하면 비옥한 경작지가 없다. 이런 조건에서 인구가 늘어나자 해외로 눈을 돌릴 수밖에 없었다.

1차 식민활동은 기원전 9세기 말~8세기 초에 아나톨리아 서해안에 집중되었다. 그래서 이오니아가 아테네보다 먼저 그리스문명의 중심이 되었다. 2차 식민활동은 기원전 8세기 중엽에 이루어졌다. 이때 세력 범위가 서쪽으로 확대되면서 지중해 전역에 약 500개의 그리스 식민지가 건설됐다. 그리스인은 페니키아인과 경쟁하는 한편, 식민지 건설과 교역을 확대하며 다른 세력과 접촉했다.

## 바다민족(Sea Peoples)

청동기시대 말기에 지중해를 무대로 활동하며 그리스, 아나톨리아, 시리아, 레반트, 이집트 지역을 광범위하게 침략한 세력이 있었다. 특히 기원전 1175년을 전후로 진행된 히타이트제국, 미케네 및 미탄니왕국의 쇠퇴 과정에 '바다민족'의 활동이 영향을 미쳤다는 학설이 제기되었다. 이집트 룩소르에 있는 메디나트 하부신전의 명문(사진)에는 람세스 3세가 세 차례에 걸쳐 바다에서 온 침입자를 물리쳤다는 기록이 있다. 다만 이것이 한 세력에 의한 침입이었는지, 아니면 로마제국 후기 '게르만의 이동'처럼 어떤 사건에 의한 연쇄반응이었는지는 사료의 부족으로 정확하게 판단하기 어렵다.

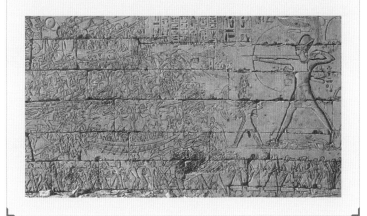

**고대 그리스와 페니키아의 팽창, 기원전 12~8세기**

- 그리스 중심지
- 그리스 식민지
- 페키니야 중심지
- 페키니아 식민지

■ 지중해 연안과 섬들에 분포한 그리스인과 페니키아인의 주요 도시와 식민지를 나타낸 지도다. 페니키아인은 북아프리카와 서지중해, 그리스인은 이탈리아와 흑해 연안에 집중했다. 시칠리아의 경우 섬의 서부에 페니키아인이, 동부에 그리스인이 정착했다. 시라쿠사는 그리스 최대의 교역항이었고, 카르타고는 추후 페니키아인의 가장 중요한 식민지가 되었다.

# 그리스페르시아전쟁

**고대 그리스 병사의 투구** 기원전 6세기 그리스의 도시 국가 코린토스에서 제작한 것으로, 고대 그리스 올림피아제전에서 승리를 기원하면서 신에게 바치는 용도로 만들었다. 사진 속 유물은 1936년 베를린올림픽 마라톤 우승(손기정) 트로피로 사용되었으며, 대한민국 보물로 지정되었다.

그리스페르시아전쟁은 기원전 5세기 초 아케메네스왕조 페르시아가 그리스 지역을 침략하며 시작되었다. 페르시아와 그리스는 아나톨리아 서쪽 연안의 이오니아 지방에서 처음 충돌했다. 페르시아의 지배를 받던 그리스 정착민들이 기원전 499년 반란을 일으킨 것이다. 여러 그리스 식민지로 확산된 반란을 6년 만에 진압한 다리우스 1세는 반란을 도운 아테네와 에레트리아 등을 응징하기 위해 492년 그리스를 공격했다. 페르시아 육군은 에게해 북부의 트라키아와 마케도니아를 점령했지만, 보급 함대가 아토스곶 부근에서 폭풍우에 난파하는 바람에 더는 남진하지 못하고 철수했다. 다리우스 1세는 전열을 정비하고 기원전 490년 그리스를 재침했다. 이번에는 에게해 남부를 가로질러 에우보이아에 도착해 에레트리아를 파괴하고 아티케 지방에 상륙했지만 마라톤전투에서 아테네에 패하

며 다시 퇴각할 수밖에 없었다.

다리우스 1세의 아들 크세르크세스는 기원전 480년 그리스에 대한 세 번째 공격을 시도했다. 아버지와 달리 친정에 나선 그는 육군을 이끌고 헬레스폰트해협을 배다리로 건너 발칸반도로 진격했고, 해군은 에게해 연안을 따라 남하해 아르테미시온해전에서 승리했다. 얼마 뒤 그리스와 페르시아 군대가 테르모필레에서 만났다. 테르모필레는 '뜨거운 통로'라는 뜻의 협곡으로, 좁은 곳은 폭이 15미터밖에 되지 않는다. 스파르타를 주축으로 한 그리스군은 지리적 이점을 이용하여 완강히 저항했다. 페르시아군은 큰 손실을 입었지만 사흘 만에 이곳을 돌파하고 아테네로 향했다.

페르시아군이 도착했을 때 아테네는 텅 비어 있었다. 시민들이 인근의 살라미스섬으로 대피했기 때문이다. 크세르크세스는 아테네를 불태

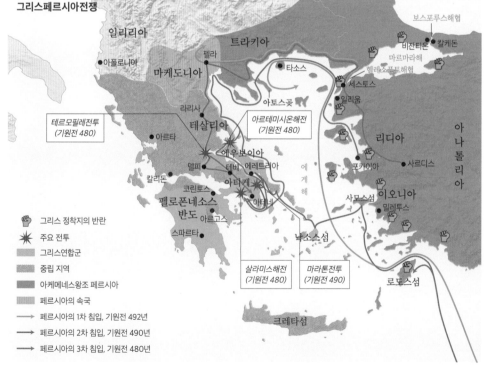

**그리스페르시아전쟁**

일리리아
아폴로니아
마케도니아
펠라
트라키아
타소스
라리사
테살리아
아르타
아토스곶
보스포루스해협
비잔티온 칼케돈
마르마라해
헬레스폰트해협
세스토스
일리움
리디아
사르디스
아
나
톨
리
아

**테르모필레전투**
(기원전 480)

**아르테미시온해전**
(기원전 480)

델피
테베 에레트리아
에우보이아
칼리돈
코린토스
펠로폰네소스
반도
아르고스
스파르타
아티케
아테네
포카이아
사모스섬
이오니아
밀레투스
낙소스섬
로도스섬

에
게
해

**살라미스해전**
(기원전 480)

**마라톤전투**
(기원전 490)

크레타섬

🖐 그리스 정착지의 반란
✴ 주요 전투
▬ 그리스연합군
▬ 중립 지역
▬ 아케메네스왕조 페르시아
▬ 페르시아의 속국
→ 페르시아의 1차 침입, 기원전 492년
→ 페르시아의 2차 침입, 기원전 490년
→ 페르시아의 3차 침입, 기원전 480년

## 펠로폰네소스전쟁

- 아테네와 델로스동맹국
- 스파르타와 펠로폰네소스동맹국
- 추가된 스파르타의 동맹국
- 중립 지역
- 페르시아

[지도 지명]
흑해
보스포루스해협
칼케돈
마르마라해
마케도니아
트라키아
아폴로니아
펠라
타소스
아칸토스
아나톨리아
라리사
테살리아
에게 해
레스보스섬
페르가몬
아르고스
트라키스
사르디스
칼리돈 나프파크토스
테베
에레트리아
레욱트라 아티케
키오스섬
에페수스
코린토스
아테네
사모스섬
밀레투스
만티네아
아르고스
펠로폰네소스 반도
델로스섬
필로스
스파르타
멜로스섬
낙소스섬
린도스
테라섬
키도니아
크레타섬

운 뒤 살라미스섬 앞에서 승부를 벌였으나, 그리스연합군이 승리했다. 크세르크세스는 먼저 회군하고 마르도니우스의 부대가 남아서 그리스 공략을 계속했으나, 이마저도 기원전 479년 격파당했다. 이후에도 지중해 동부의 이집트, 아나톨리아, 에게해 등지에서 크고 작은 전투가 계속되었지만, 결과는 그리스의 승리였다. 기원전 449년 칼리아스평화조약을 맺고 페르시아는 완전 철수했다.

기원전 477년 아테네는 페르시아의 재침에 공동으로 대비하기 위해 델로스동맹을 창설하고 맹주가 되었다. 하지만 10년이 흘러도 페르시아가 재침의 움직임을 보이지 않자 동맹에서 이탈하는 국가들이 생겼다. 아테네는 동맹을 해체하는 대신 탈퇴국을 속국으로 삼고 제국주의적 팽창을 시작했다. 그 과정에서 아테네가 펠로폰네소스동맹(스파르타를 중심으로 기원전 550년경 결성) 회원국까지 침략하자 스파르타가 기원전 431년 아테네가 있는 아티케 지방으로 출정하면서 펠로폰네소스전쟁이 시작됐다. 기원전 421년 니키아스화약을 맺으며 평화가 찾아오는 듯했지만, 기원전 415년 아테네가 서방으로 원정대를 파병하면서 전쟁이 재개되었

■ 펠로폰네소스전쟁은 크게 세 단계로 나누어 살펴보는 것이 좋다. 1단계(기원전 431~421)는 스파르타가 펠로폰네소스동맹군과 함께 아티케 지방을 침공한 시기다. 그러자 아테네가 해군을 동원하여 펠로폰네소스반도를 습격했다. 2단계(기원전 421~413)에서는 니키아스화약으로 잠깐의 평화가 지나간 뒤 펠로폰네소스반도의 만티네아전투(기원전 418), 아테네의 시칠리아 시라쿠사 공격(기원전 415)에서 모두 스파르타가 승리했다. 3단계(기원전 413~404년)는 페르시아의 원조를 받은 스파르타가 아테네의 항복을 받아냈다.

다. 결국 펠로폰네소스전쟁은 404년 페르시아의 원조를 받은 스파르타의 승리로 끝났다.

이로써 아테네가 쇠퇴했고, 전 그리스를 지배하게 된 스파르타의 운명도 크게 다르지 않았다. 스파르타는 기원전 371년 레욱트라전투에서 패하며 테베에 주도권을 넘겼고, 테베는 마케도니아왕국에 패하면서 그리스 세계의 주도권은 마케도니아로 넘어갔다.

**네 왕의 무덤** 이란 페르세폴리스 인근 나크시에로스탐에 다리우스 1세, 크세르크세스 1세, 아르타크세르크세스 1세, 다리우스 2세의 무덤이 조성되어 있다. 자연 암벽을 깎아서 묘지를 만들고 거기에 페르시아 설형문자로 비문을 새겼다.

다리우스 2세
재위 기원전 422~404년

아르타크세르크세스 1세
재위 기원전 465~424년

다리우스 1세
재위 기원전 522~486년

크세르크세스 1세
재위 기원전 486~465년

# 알렉산드로스제국

기원전 338년 — 기원전 301년

**기원전 356년**
펠라에서 알렉산드로스 출생

**기원전 338년**
필리포스 2세가
카이로네이아전투에서
그리스연합군 격파

**기원전 336년**
알렉산드로스 즉위

**기원전 332~330년**
동방 원정으로 이집트와 페르시아
병합

**기원전 326년**
인도 공략 후 포루스를 총독으로 임명

**기원전 323년**
알렉산드로스 바빌론에서 사망

**기원전 321~301년**
디아도코이전쟁

**기원전 276년**
마케도니아가 크게 세 개의
후계왕국으로 재편

---

### 필리포스 2세의 정복

- ■ 마케도니아의 초기 영토
- ■ 테살리아 원정으로 획득한 영토
- ■ 몰로시아 원정으로 획득한 영토
- ■ 트라키아 원정으로 획득한 영토
- ■ 그리스 원정으로 획득한 영토

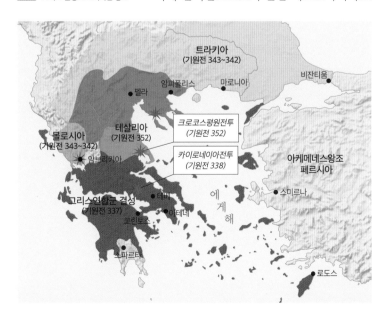

기원전 359년 마케도니아의 필리포스 2세는 영토 확장에 나섰다. 위기감을 느낀 아테네가 테베 등 여러 폴리스와 연합군을 결성해 맞섰지만, 기원전 338년 카이로네이아전투에서 이들을 격파하고 스파르타를 제외한 그리스 대부분을 장악했다. 그러나 코린토스에서 그리스연합군을 결성하여 페르시아 원정에 나섰다가 기원전 336년에 사망했다. 그의 뒤를 이은 알렉산드로스 3세는 기원전 334년 마케도니아군과 그리스연합군을 이끌고 페르시아 원정을 시작했다.

기원전 334년 봄, 알렉산드로스는 헬레스폰트(다르다넬스)해협을 건너 아나톨리아로 진격했다. 그라니코스강전투에서 다리우스 3세에게 첫 승리를 거두고 사르디스로 가는 길을 확보했다. 이후 현재 튀르키예의 수도 앙카라를 정복하고 시리아 북부에 이르러 이수스에서 페르시아군에 승리했다(기원전 333). 이어서 레반트와 이집트 지역을 정복하고 자신의 이름을 딴 도시 알렉산드리아를 건설했다. 이 밖에도 정복 지역에 여러 도시를 건설했다.

이제 알렉산드로스의 눈은 메소포타미아로

향했다. 기원전 331년 여름, 그는 유프라테스강과 티그리스강을 건너 가우가멜라에서 대승을 거두었고, 패배한 다리우스는 엑바타나로 도주했다. 이후에도 페르시아의 중심 도시를 차례로 격파했다. 고대문명의 도시 바빌론과 페르시아의 수도 수사를 정복한 데 이어, 기원전 330년 자그로스산맥의 페르시아 관문(Persian Gate)을 통과해 페르세폴리스(여름 수도)에 도착했다. 그곳에서 5개월간 머문 뒤 다리우스 3세를 쫓아 엑바타나로 향했다. 도중에 박트리아로 도주한 다리우스 3세가 부하 베수스에게 암살당했다는 소식을 듣고 박트리아로 가서 베수스를 처형했다. 이후 아무다리야강을 건너 마라칸다(사마르칸트)를 정복한 뒤, 키로폴리스와 시르다리야강에서 소그드인과 스키타이인을 물리쳤다.

알렉산드로스의 다음 목표는 인도였다. 기원전 326년 봄, 그는 인더스강으로 진격해 포루스 왕과 코끼리 부대를 물리쳤다(히다스페스전투). 그러나 병사들이 진군을 거부했고 결국 귀

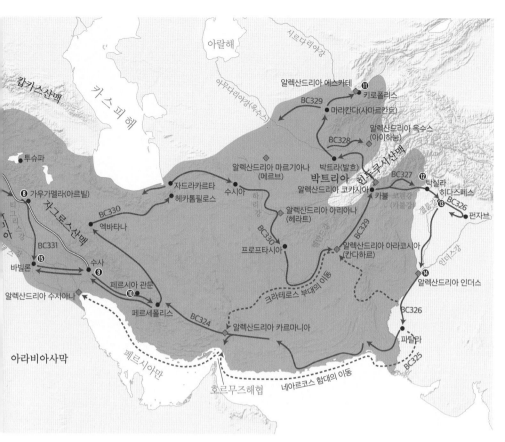

환해야 했다. 기원전 324년 수사에 도착한 알렉산드로스는 새로운 원정을 구상했다. 아프리카를 동에서 서로 가로지른 뒤 지브롤터해협을 통과해 지중해로 돌아오는 것이었다. 그러나 이 계획을 실행에 옮기지 못한 채 기원전 323년 바빌론에서 사망했다.

알렉산드로스의 후계자가 없었기 때문에 마케도니아 장군들이 알렉산드로스가 건설한 제국을 나누어 가졌다. 이들을 디아도코이(계승자)라 부르며, 이후 20년간 총 네 차례에 걸쳐 디아도코이전쟁(기원전 321~301)이 이어졌다. 기원전 301년 입소스전투를 끝으로 제국은 네 나라로 재편되고, 기원전 276년 다시 크게 세 나라(안티고노스왕조의 마케도니아, 셀레우코스왕조의 아시아, 프톨레마이오스왕조의 이집트)가 공존하게 되었다.

**알렉산드로스의 무덤 이스탄불**
고고학박물관에 전시된 관으로 실제 무덤은 아니지만 네 면에 그의 활약상이 조각되어 있다.

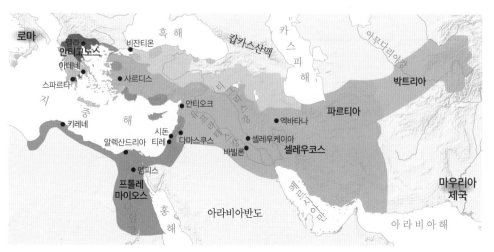

# 간다라미술의
# 기원과 발전

기원전 327년 초여름, 스물아홉 살의 알렉산드로스가 인도 서북부에 도착했다. 마케도니아를 출발한 지 어느덧 7년이 지났고, 그동안 그의 군대는 무려 2만 5000킬로미터를 행군했다. 그사이 아나톨리아와 이집트를 평정하고 아케메네스왕조 페르시아도 무너뜨렸다. 아리아나(헤라트)와 아라코시아(칸다하르)를 정벌하고 박트리아와 소그디아나를 제압한 뒤, 힌두쿠시산맥을 넘어 카불분지까지 진출했다. 이제 세계 정복의 마지막 종착점인 인도가 그의 눈앞에 있었다. 인더스강만 건너면 그리스신화 속에서 디오니소스와 헤라클레스가 이룩한 것에 버금가는 위업을 실현할 터였다.

그러나 결과는 우리가 이미 알고 있는 대로다. 알렉산드로스는 인더스강 지류에서 포루스왕국과 힘겨운 전투를 벌였고, 그 결과 병사들 사이에 동요가 생겼다. 사기가 꺾인 군대는 회군할 수밖에 없었고, 얼마 후 알렉산드로스는 바빌론에서 영원히 잠들었다.

미완의 동방 원정은 세계사에 거대한 영향을 미쳤다. 알렉산드로스의 발걸음이 닿은 곳마다 그에 관한 전설과 그의 이름을 딴 도시들이 남았고, 더불어 그리스문화가 각인되었다. 또한 그의 원정길을 따라 여러 지역과 국가와 민족들이 활발히 교류하기 시작했다. 그리스인들이 아시아 각지에 세운 식민도시를 중심으로 헬레니즘문화가 광범위하게 퍼졌다. 그 과정에서 인도아대륙 서북쪽 변방 간다라에서 그리스·로마 계통의 예술이 태동했다.

간다라의 중심지는 오늘날 파키스탄의 카이베르파크툰크와주의 주도 페샤와르의 분지(남북 약 70킬로미터, 동서 약 40킬로미터)였다. 그러나 '간다라미술'이라고 부를 때는 그 범위가 그리스·로마 양식의 조각이 출토된 서쪽의 카불 일대와 잘랄라바드, 북쪽의 스와트, 동남쪽 탁실라 일대를 모두 포괄한다. 때로는 옥수스강(지금의 아무다리야강) 북쪽의 초원지대까지 확장되기도 한다.

**1896년 로리얀탕가이에서 발굴된 불상**

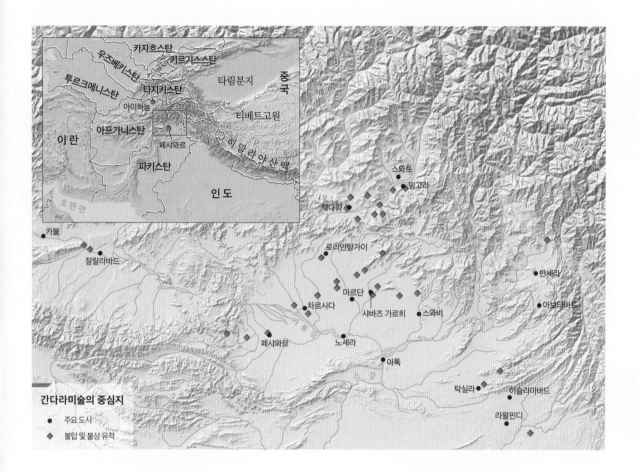

지도 내 지명:
카자흐스탄
우즈베키스탄
키르기스스탄
투르크메니스탄
타지키스탄
타림분지
중국
아이하눔
티베트고원
이란
아프가니스탄
페샤와르
히말라야산맥
파키스탄
인도
오만 만

카불
잘랄라바드
스와트
밍고라
착다라
만세라
로리얀탕가이
마르단
아보타바드
차르사다
샤바즈 가르히
스와비
페샤와르
노세라
아톡
탁실라
이슬라마바드
라왈핀디

간다라미술의 중심지
● 주요 도시
◆ 불탑 및 불상 유적

간다라는 기원전 3세기 이래 인도와 밀접하게 연결되었다. 동시에 문화, 풍토, 종족 등 여러 면에서 서아시아와 남아시아, 중앙아시아적 요소가 혼합되었다. 일찍이 기원전 1500년경 인도로 온 아리아인을 필두로 페르시아인, 그리스인, 인도인, 그리고 중앙아시아 출신의 샤카, 쿠샨, 훈, 돌궐의 지배를 번갈아 받았다.

1964년 아프가니스탄과 타지키스탄의 국경이 아무다리야강과 만나는 지역에서 고대도시 아이하눔이 발견되면서, 박트리아의 그리스인 식민도시의 모습이 드러났다. 도시의 동남쪽 끝에는 평지보다 60미터가량 높은 아크로폴리스가 있고, 아무다리야강 쪽으로 궁전과 신전이 있었다. 신전은 그리스풍이라기보다는 메소포타미아 지방 셀레우코스왕조의 건축양식과 유사했다. 그러나 그 안에서 발견된 석조상 단편들은 헬레니즘풍이 여실했다. 이 도시는 기원전 145년경 월지의 침입으로 파괴된 것으로 추정된다.

이후 기원전 1세기 전반 인도의 서북부로 진출한 샤카인과 파르티아인도 헬레니즘문화를 수용하였다. 이 시기에 건설

한 스투파(불탑)에 불상처럼 보이는 인물상이 등장하기 시작했다. 그리고 기원후 2세기 전반 쿠샨왕조의 전성기를 구가한 카니슈카(재위 140~170) 때 '붓다상'이 등장했다. 그 전까지만 해도 불교예술에서는 붓다를 보리수, 빈 대좌, 발자국 등의 상징으로 표현했다(무불상 표현).

이후 간다라의 불교사원에 많은 불상과 보살상이 봉헌되었는데, 옷 주름의 입체감을 한껏 강조한 것이 특징이다. 그러나 로마의 아우구스투스상처럼 과장되지 않고, 헬레니즘시대 조각상처럼 자유분방하지도 않았다. 그리스 고전양식에 비하면 훨씬 경직되어 있으면서도 마치 로마의 황제상처럼 엄숙하고 위엄 있는 모습으로 표현했다. 이를 통해 초기 불상에 군주의 이미지가 투영되었다고 짐작할 수 있다.

간다라미술은 4~5세기 굽타왕조 시기에도 계속 발전하다가, 이후 헤프탈과 돌궐의 지배를 받으면서 점차 쇠퇴했다. 그러나 그 영향력은 타림분지 남북으로 난 길을 따라서 동아시아로 전파되었다.

# 초기 로마, 왕정에서 공화정까지

**기원전 753년**
로물루스와 레무스의 건국신화

**기원전 493년**
라티움동맹과 동맹

**기원전 509년**
왕정에서 공화정으로 전환

**기원전 390년경**
켈트인이 로마를 침입하여 약탈

**기원전 343~290년**
세 차례의 삼니움전쟁에서 승리하며
이탈리아 중부 제패

**기원전 270년경**
이탈리아 남부 장악

**기원전 264년**
1차 로마카르타고전쟁 발발

**기원전 202년**
자마전투에서 스키피오가 한니발을
상대로 승리

**기원전 146년**
카르타고 멸망

**기원전 27년**
옥타비아누스, 초대 황제 즉위

**오스티아 안티카** 기원전 7세기에 건설된 고대 로마의 첫 번째 식민도시로 추정된다. 로마에서 17킬로미터 떨어져 있다. 로마는 테베레강의 고대도시 피카나를 파괴하고, 그곳에서 서쪽으로 10킬로미터 떨어진 해안가에 식민지를 건설했다.

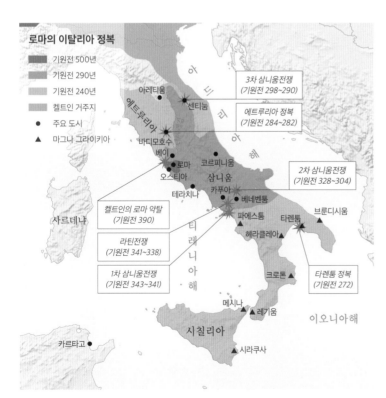

로마는 이탈리아 중부를 흐르는 테베레강 유역에서 탄생했다. 강 남쪽의 라티움평야는 농업이 발달했고, 티레니아해를 따라 반도 남북으로 교통도 편리했다. 로마는 좋은 지리 조건을 바탕으로 성장했지만, 기원전 6세기까지 이탈리아 반도에 있었던 다른 세력에 비해 미약했고, 오랫동안 북쪽 가까이에 있던 에트루리아의 지배와 간섭을 받았다.

기원전 509년 로마는 왕정에서 공화정으로 전환하고 군사 정복, 식민도시 건설, 전략적 동맹 등 다양한 방식으로 세력 확장을 시도했다. 우선 주변의 라틴부족들과 경쟁해서 라틴의 맹주가 되었다. 기원전 396년에는 에트루리아의 요새도시 베이를 점령하며 그들의 영향에서 벗어났다. 그러나 뜻밖의 위기가 찾아왔다. 기원전 390년 알프스 북쪽에 있던 켈트인이 로마를 침입해 약탈한 것이다. 곧 안정을 되찾은 로마는 기원전 343~290년 삼니움과 세 차례 전쟁에서 모두 승리하고 이탈리아 중부를 장악했다. 기원전 272년에는 마그나 그라이키아(이탈리아 남부와 시칠리아의 그리스 식민지들)의 맹주 타렌툼을 정복하고 나머지 마그나 그라이키아도 복종시켰다. 이로써 로마는 켈트인이 차지하고 있

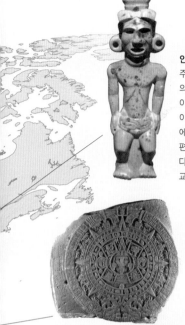

**인간 모양 담배 파이프** 미국 오하이오주 칠리코시 근처 아데나·호프웰 시기의 무덤에서 발견된 인간 모양 담배 파이프. 아데나문명은 호프웰문명으로 이어졌고, 7세기경에는 미국 중부 일대에서 크게 번성했던 미시시피문명권에 편입되었다. 이들 문화권에서 출토된 다양한 부장품을 통해 문명의 발달과 교역의 확장을 알 수 있다.

**아스테카의 태양석** 16세기 초에 스파냐의 정복 직전에 아스테카의 통치자 목테수마 2세의 업적을 기리며 돌에 조각한 약 4미터에 달하는 거대한 기념물이다. 아스테카의 창조 신화와 1년(18개월) 중 중요한 20일의 기호 등을 담고 있다.

**마야의 피라미드** 온두라스 코판 유적에는 다수의 마야 피라미드가 남아 있다. 마야인은 지구의 자전과 공전을 이해했고, 위도와 경도 개념, 일식과 월식의 원리를 알고 있었다. 또한 이들은 세계에서 처음으로 숫자 0의 개념을 이해하고 사용했으며, 한 달을 20일, 1년을 18개월로 구성하고 연말에 5일의 휴일을 두어 1년 365일을 계산했다.

**잉카의 수도 마추픽추** 잉카의 전성기에는 마추픽추 중심부에만 200여 호의 주택에 약 2000명이 거주했으며, 주변부를 합하면 인구가 약 1만 명에 달했을 것으로 추정된다. 주변 경사면에 '안데네스'라는 계단식 경작지를 만들어서 농작물을 재배했다.

티틀란은 인구가 15만 명에 이를 정도였다.

　남아메리카에서는 기원전 900년경 페루 고산지대에 차빈문명이 등장했다. 이후 모체문명과 나스카문명에 이어 와리제국과 티와나쿠제국이 번성하고, 북태평양 연안에서는 치무제국이 등장해 남아메리카 남부 해안 지역 전체로 세력을 확장했다.

　한편 1438년경에 이르러 중앙집권국가가 된 잉카는 안데스산맥의 티티카카호 지역을 중심으로 북으로 에콰도르, 남으로 칠레 중부, 동서로 아마존 상류에서 태평양 연안에 이르는 대제국을 건설했다. 특히 건축술이 발달하여 제국 안에 무려 4만 킬로미터에 달하는 도로를 놓았다. 그러나 유럽의 '신대륙' 진출이 시작된 뒤 아메리카 대륙의 여러 문명과 문화들은 차례로 쓰러지고 말았다.

　마야 멸망 후 300여 년이 지난 1839년, 미국인 존 로이드 스티븐스와 영국인 프레더릭 캐서우드가 중앙아메리카 지역을 여행하고 있었다. 두 사람은 정글 안에 마야의 고대도시가 잠들어 있다는 전설을 듣고 탐험을 시작했다. 이윽고 현재 온두라스의 코판 부근의 선주민 마을 근처에서 그리스와 로마 그리고 이집트 양식을 섞은 듯한, 이국적이고도 거대한 석조 건물들을 발견했다. 그리고 얼마 후 현재 멕시코 치아파스주에서 팔렝케 유적을 발견하고 유카탄반도로 가서 욱스말 유적도 찾았다.

　1840년 두 사람은 탐사를 재개하여 40여 개의 도시를 더 확인했다. 이후 50여 년간 수많은 고고학자들이 새로운 문명을 탐사하기 위해 중앙아메리카로 향했다. 1911년에는 16세기 에스파냐의 침입으로 몰락한 잉카의 수도 마추픽추가 다시 모습을 드러냈다.

# 수·당 제국과 유목국가들

중국 북부에서 북제(550~577)와 북주(557~581)가 나란히 존재하고 있을 때, 북방 초원에서는 '돌궐'이라는 튀르크계 유목국가가 등장했다. 이들이 흉노·선비·유연에 이어, 552년 북방 초원의 주인이 되었다. 돌궐은 3대 무한 카간(재위 553~572)의 치세에 동쪽은 싱안링산맥, 서쪽은 카스피해에 이르렀다. 그 결과 사산왕조 페르시아와 국경을 마주했으며, 이들과 갈등이 생기자 더 서쪽의 비잔티움제국과 사신을 교환하기도 했다. 무한 카간은 제국을 효율적으로 다스리기 위해 동서로 나누어 일족에게 맡겼는데, 이 둘이 대립하더니 582년 서돌궐과 동돌궐로 분열했다.

중국에서는 589년 수 문제가 300년 넘는 분열의 시대를 끝내고 통일제국을 세웠다. 수는 중국사에 중요한 족적을 남겼으니, 바로 대운하다. 이것은 약 3000킬로미터에 달하는 남북의 동맥으로, 중국의 5대 수계를 연결했다. 건설의 주요 목적은 위진남북조시대에 진행된 남방의 경제개발 성과를 북방으로 흡수하고, 고구려 원

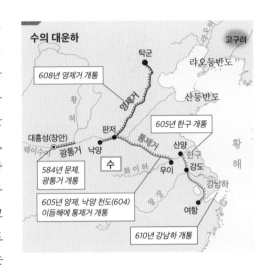

**수의 대운하**

- 608년 영제거 개통
- 605년 한구 개통
- 584년 문제, 광통거 개통
- 605년 양제, 낙양 천도(604) 이듬해에 통제거 개통
- 610년 강남하 개통

정을 위해 탁군과 강남을 연결하는 병참선을 만드는 것이었다. 618년 수가 멸망하고 당이 뒤를 이었다. 630년 당 태종(재위 626~649)은 동돌궐을 멸망시키고, 주변 민족들부터 '천가한(天可汗)' 칭호를 얻었다. 당은 동돌궐 지역에 선우도호부를 설치하고 관료를 파견하되, 하위 행정단위에는 토착민을 수령으로 임명했다. 이를 '기미정책'이라고 하는데, 돌궐뿐 아니라 다른 유목민들에게도 확대 적용하여 전국에 여섯 개

**돌궐제국, 570년경**

- 돌궐제국의 최대 영역
- 북주 카를룩 주변 국가와 부족
- 돌궐과 비잔티움의 교통로(추정)

■ 3대 무한 카간이 집권하던 570년경 돌궐을 비롯한 주변 여러 나라들의 모습이다. 당시 돌궐은 위구르, 바스밀, 카를룩, 키르기스 등 여러 부족을 아우르면서 동쪽의 싱안링산맥에서 서쪽의 카스피해에 이르렀다. 서쪽으로 파미르고원을 넘지 못한 흉노와 유연보다 영역을 더욱 넓힌 셈이다. 돌궐의 남쪽에서는 중국의 남북조시대가 막바지로 접어들었다.

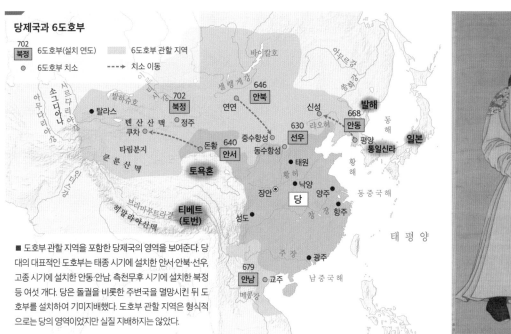

**당제국과 6도호부**

702 복정 6도호부(설치 연도)  6도호부 관할 지역
● 6도호부 치소  - - → 치소 이동

■ 도호부 관할 지역을 포함한 당제국의 영역을 보여준다. 당
대의 대표적인 도호부는 태종 시기에 설치한 안서·안북·선우,
고종 시기에 설치한 안동·안남, 측천무후 시기에 설치한 북정
등 여섯 개다. 당은 돌궐을 비롯한 주변국을 멸망시킨 뒤 도
호부를 설치하여 기미지배했다. 도호부 관할 지역은 형식적
으로는 당의 영역이었지만 실질 지배하지는 않았다.

당 태종 이세민 명대에 제작한 초
상으로 타이완 타이베이 국립고
궁박물원에 소장되어 있다. 당 태
종은 630년 서북 지역 유목 군장
들에게 '천가한' 칭호를 받았다.
이는 유목 세계가 중원 왕조의 황
제를 자신들을 아우르는 지배자
로 인정한 최초의 사건이다.

의 도호부를 두었다.

682년 돌궐은 당의 지배에서 벗어나 부흥에 성공했다. 돌궐 제2제국은 카파칸 카간(재위 691~716) 때 전성기를 맞이했다. 동쪽으로 거란을 격파하여 싱안링산맥까지 영역을 확대하고, 북쪽으로는 바이칼호 부근의 바야르쿠를 복속시켰으며, 서북방으로는 예니세이강 유역의 키르기스를 격파하고, 서쪽으로는 시르다리야강 건너에 도달하여 제1제국의 강역을 회복했다. 744년 위구르·바스밀·카를룩의 연합 공격으로 돌궐 제2제국이 붕괴하고 위구르제국이 그 뒤를 이었다. 튀르크계 유목국가인 위구르는 과거 동돌궐의 영역을 지배하는 한편, 당과 가까이 지냈다.

당은 탈라스전투(751)에서 이슬람 세력에 패한 뒤 안사의 난을 겪었는데, 위구르에 구원을 요청하여 위기에서 벗어났다. 위구르는 기존 유목국가와 달리 초원에 오르두발릭(현재 카라발가순), 바이발릭 같은 성곽도시를 건설했는데, 정주문화와 접촉 및 교역한 결과였다. 그러나 위구르는 100여 년 뒤 키르기스에게 패하여 붕괴했다. 이후 유민들이 서쪽의 하서회랑, 타림분지, 톈산산맥으로 이동하여 하서위구르와 천산위구르를 세웠다.

티베트왕국은 7세기 초 라싸를 중심으로 탄생했다. 송첸감포(재위 617?~649) 때 당 왕실과 혼인관계를 맺고 각종 제도를 정비하는 등 국내의 발전을 이루었다. 그가 죽자 티베트는 당과 전쟁을 시작해서 안사의 난 때는 잠시 장안을 점령하기도 했다. 821~822년 장안에서 맹약(장경의 회맹)을 맺을 때까지 끊임없이 당을 공격했다. 당은 황소의 난(874~883)을 겪으며 급격히 몰락했고 결국 907년에 멸망했다.

**위구르제국과 티베트왕국, 8세기 중엽**

# 이슬람 세력의 확산

**622년**
무함마드가 박해를 피해 메카에서 메디나로 이주(헤지라)

**632~661년**
정통칼리프시대. 아라비아와 메소포타미아, 페르시아 지역으로 확장. 638년에는 예루살렘 점령

**661년**
우마이야왕조 탄생

**711년**
지브롤터해협을 건너 이베리아 정복

**732년**
투르푸아티에전투 패배

**750년**
우마이야왕조 멸망. 아바스왕조 성립

**751년**
탈라스전투에서 당에 승리

**764년**
다마스쿠스에서 바그다드로 천도

**813년**
시칠리아 팔레르모 점령

서아시아의 아라비아반도는 대부분 사막지대다. 기원전 3000년경 시작된 메소포타미아문명부터 사산왕조 페르시아에 이르기까지 수많은 제국이 서아시아에서 명멸했음에도 이 지역은 항상 주변부에 불과했다. 그런데 6세기부터 사산왕조 페르시아와 비잔티움제국의 대립이 격화하면서 기존 실크로드를 통한 무역이 주춤하자 메카, 메디나 등 아라비아반도의 해안도시들이 번영하기 시작했다. 이슬람교는 이런 배경에서 등장했다. 610년 알라의 계시를 받고 스스로 선지자임을 선언한 무함마드와 그 추종자들은 622년 박해를 피해 메카에서 400킬로미터 떨어진 메디나로 이주했다(헤지라). 이후 이슬람교를 더욱 확산시키며 메카를 탈환하고(630) 아라비아반도의 서부 지역을 통합했다.

632년 무함마드가 죽자 그의 동료 아부 바크르가 뒤를 이었다. 이때부터를 정통칼리프(계

승자)시대라고 한다. 1대 칼리프인 그는 634년 아라비아반도를 통일하고 이듬해 비잔티움제국과 전쟁을 시작해 메소포타미아와 레반트의 턱밑까지 치고 올라갔다. 그리고 2~4대 칼리프 때 아라비아반도 밖으로 팽창하여 다마스쿠스와 예루살렘, 이집트를 정복한 데 이어 리비아

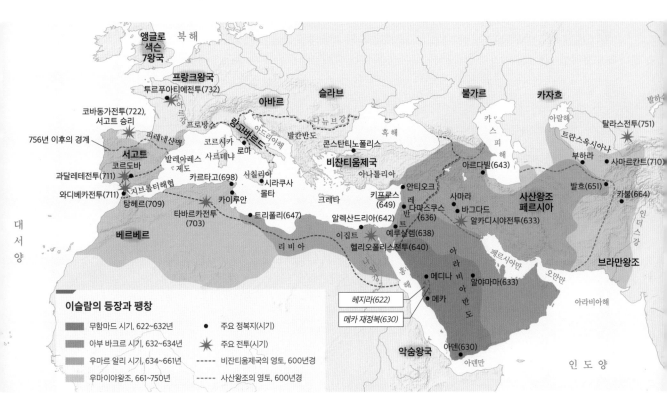

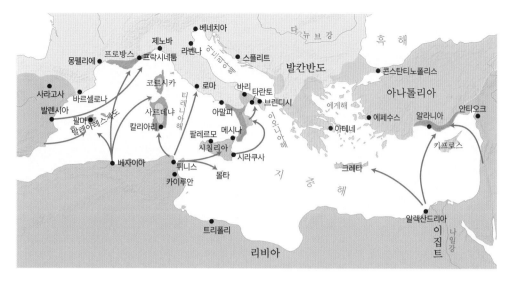

이슬람의 세력권
비잔티움제국
비잔티움/이슬람 공동통치
로마가톨릭 국가들
이슬람의 침공 지역
이슬람의 공격로
(825) 점령시기

■ 9세기 후반 이슬람 세력이 이탈리아반도를 비롯한 지중해 도서 지역을 공격하여 점령한 모습을 보여준다. 이슬람 세력은 몰타(824)와 크레타(825)를 차지한 데 이어 시칠리아의 팔레르모(831)와 시라쿠사를 점령하고, 이를 거점 삼아 브린디시, 타란토(840), 바리(847) 등 이탈리아반도 남부의 비잔티움 영토를 점령했다. 지중해 서부 방면으로도 사르데냐(827)와 코르시카(850) 연안을 점령하고 계속 북상, 프로방스 해안으로 진출하여 프락시네툼(890)을 손에 넣고 973년까지 통제했다. 902에는 발레아레스제도를 정복했다.

를 장악했다. 지금의 이란 방면으로도 진출하여 651년 사산왕조 페르시아를 멸망시키고 아프가니스탄까지 나아갔다.

이어서 등장한 우마이야왕조(661~750)는 북아프리카와 유럽, 아시아 방면으로 팽창했다. 670년 북아프리카 최초의 아랍인 도시인 카이루안을 건설하고, 이를 전진 기지 삼아 698년 카르타고를 함락했다. 계속 서진하여 709년 탕헤르를 장악한 뒤 711년 지브롤터해협을 건너 이베리아반도를 침공, 서고트왕국까지 멸망시켰다.

이후 유럽을 향해 두 방향으로 다가갔다. 동유럽 방면에서는 674년에 이어 717년 비잔티움제국의 심장부 콘스탄티노폴리스를 포위했지만, '테오도시우스 성벽'과 '그리스의 불'에 막혔다. 서유럽 방면에서는 718년 피레네산맥을 넘어 프랑크왕국으로 진입했지만 732년 투르푸아티에전투에서 패해 진격을 멈추었다. 유럽의 입장에서 보면, 비잔티움제국과 프랑크왕국이 이슬람의 파도를 겨우 막아낸 것이다. 한편 우마이야왕조는 동쪽으로도 계속 팽창했다. 706~712년 부하라와 사마르칸트를 정복하는 한편, 711년 인도 신드 지역의 브라만왕조를 정복하고 3년 뒤 인더스강 하류를 장악했다. 751년에는 탈라스전투에서 당제국을 상대로 승리했다.

이슬람 세력은 9세기부터는 지중해 지역으로 눈을 돌렸다. 이때는 우마이야왕조에서 아바스 왕조로 정권이 교체된 이후다. 831년 시칠리아의 팔레르모를 점령한 데 이어 이곳을 거점 삼아 이탈리아반도 남부의 비잔티움 영토를 점령했다. 지중해 서부 방면으로도 사르데냐, 코르시카를 거쳐 프로방스 해안에 거점을 세우고 발레아레스제도를 손에 넣었다. 이로써 지중해는 거의 '이슬람의 호수'가 되었다.

이슬람 세력은 아라비아반도에서 태동한 지약 200년 만에 트란스옥시아나와 인더스강 유역에서 페르시아, 메소포타미아, 북아프리카, 이베리아반도, 그리고 이탈리아반도와 지중해의 섬들을 포괄하는 대제국을 형성했다. 특히 당시 번영했던 사산왕조 페르시아와 비잔티움제국의 주요 거점들을 통합함으로써 막대한 부를 축적했고, 무역과 문화 교류를 늘릴 수 있었다.

**과달레테전투** 1852년에 마드리드와 바르셀로나에서 출간된 『국가의 영광Las Glorias Nacionales』속 과달레테전투 삽화다. 이 전투에서 서고트의 왕 로데릭이 전사했다. 이후 이슬람 세력이 이베리아반도에서 주도권을 잡았다.

# 이슬람교의
# 아프리카 전파

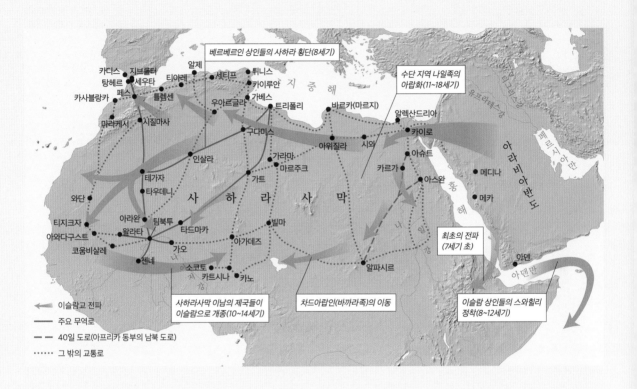

베르베르인 상인들의 사하라 횡단(8세기)

수단 지역 나일족의 아랍화(11~18세기)

카디스 지브롤터 알제 세티프 튀니스
탕헤르 세우타 티아레 카이루안 지 중 해
카사블랑카 페스 틀렘센 우아르글라 가베스
마라케시 시질마사 트리폴리 바르카(마르지)
아위질라 시와 알렉산드리아
구다미스 카이로
인살라 가라마 아슈트
테가자 마르주크 카르가
타우데니 가트 아스완
와단 아 라 비 아 반 도
페 르 시 아 만
유 프 라 테 스 강
티 그 리 스 강
홍 해
메디나
메카
아덴
아덴만
티지크자 아라완 팀북투
아와다구스트 왈라타 타드마카 빌마
코움비살레 가오 아가데즈
젠네 소코토 알파시르
카트시나 카노

사하라 사막

최초의 전파
(7세기 초)

사하라사막 이남의 제국들이
이슬람으로 개종(10~14세기)

차드아랍인(바까라족)의 이동

이슬람 상인들의 스와힐리
정착(8~12세기)

◀— 이슬람교 전파
—— 주요 무역로
－ － 40일 도로(아프리카 동부의 남북 도로)
‥‥‥ 그 밖의 교통로

오늘날 13억 5000만 명의 아프리카 인구 가운데 약 2분의 1이 무슬림이다. 이는 전 세계 무슬림 인구의 3분의 1에 해당한다. 이 가운데 다수가 사하라사막 근처에 집중적으로 거주하고 있으며, 나이지리아(약 1억 명), 이집트(약 8800만 명), 알제리(약 4130만 명) 순으로 무슬림이 많다.

7세기 전반 아라비아반도에서 출현한 이슬람은 유라시아와 아프리카에 광범위한 세력권을 형성하면서 전 세계로 확산되었다. 특히 이슬람은 하나의 종교인 동시에 그것을 바탕으로 한 복합적 문화의 총체로서 전파되었다.

이슬람이 아프리카에 전해진 시기는 622년 예언자 무함마드가 박해를 피해 추종자들과 메카에서 메디나로 이주한 헤지라(이슬람 원년) 이전으로 추정된다. 무함마드를 따르던 이들 가운데 일부가 613년과 615년 두 차례에 걸쳐 홍해를 건

너 에티오피아로 이주하면서 이슬람이 처음으로 아프리카 대륙에 소개되었다. 무함마드 사후 400년간 지속된 아랍 세력과 이슬람의 확산은 세계 각지에서 발전과 변화를 추동했다. 또한 같은 기간에 이슬람은 북아프리카 전역에서 지배 신앙이 되었고 동아프리카와 서아프리카로도 전파되었다. 이를 통해서 북아프리카와 사하라사막 이남 아프리카의 역사가 통합되었다고 평가할 수 있다.

북아프리카에서는 이슬람 역사상 가장 창조적인 몇 개의 왕조가 탄생했다. 무함마드의 딸인 파티마의 후손(시아파)들이 세운 파티마왕조는 910년 카이루안에서 정권을 장악한 후 북아프리카 거의 전역으로 세력을 넓혔다. 934~935년에는 파티마의 함대가 이탈리아반도의 제노바를 제압하고 지중해 무역의 패권을 장악했으며, 969년에는 이집트를 점령하고 수

**말리의 젠네모스크** 세계에서 가장 큰 진흙벽돌 건물로 이슬람문화의 영향을 받은 수단-사하라 양식의 정수로 평가받는다. 1240년에 건축을 시작하였다. 이후 몇 번에 걸쳐 파괴와 중건을 반복하다가 1907년에 현재의 모습으로 재건축되었다. 중세에는 아프리카에서 가장 중요한 이슬람 교육기관이 이곳에 있었다.

도를 카이로로 옮겼다.

서아프리카에 이슬람이 전파된 시기는 8세기 무렵으로 거슬러 올라간다. 이 과정에서 북아프리카 베르베르인 무역상들이 중요한 역할을 했다. 북아프리카 선주민인 베르베르는 스스로 지중해문화의 상속자라고 여겼다. 일찍이 사산왕조 페르시아가 멸망한 뒤 이슬람 세력이 예루살렘을 비롯하여 튀니지, 카르타고, 알제리를 차지했고, 8세기 초에는 이베리아반도 남단을 포함하는 북아프리카 전체가 이슬람에 항복했다. 이 전쟁으로 베르베르인 반군 30만 명이 아랍 군대의 포로가 되었다. 이때 기독교인들은 이탈리아로 피신했으나, 베르베르인들은 이슬람교로 개종하고 그곳에 남았다. 이후 베르베르인 무역상이 주도하는 사하라 횡단이 폭발적으로 늘어났고, 이것이 서아프리카 내부 교역, 도시화 및 지역의 성장에

영향을 미쳤다. 이슬람 세력은 서아프리카 일대의 포교를 위해 969년 이집트 카이로에 알아자르대학을 세워 수니파 전통을 확립했다. 이어서 튀니지의 카이루안, 알제리의 틀렘센, 모로코의 페스, 서아프리카 말리의 팀북투와 젠네를 이슬람 학문의 중심지로 발전시켰다. 또한 상인과 장인, 이슬람 선교사가 서사하라 무역로를 이용하여 아프리카 각지로 그들의 종교와 문화를 전파했다.

북아프리카와 서아프리카의 무슬림 사회는 그 지역의 토착 민속신앙과 결합하며 점차 수피이슬람으로 발전했다. 수피즘은 성인 숭배, 황홀경, 주술성을 특징으로 하는데, 아프리카의 무슬림 역시 성인 숭배 사상이 강하여 수피 지도자를 신격화하고, 그들을 신성한 사람 혹은 영적 능력을 가진 사람으로 여겼다.

# 바이킹의 활동

**노르망디인의 시조 롤로** 노르망디공국의 전신인 루앙백국 및 노르만인의 시조다. 롤로가 노르망디에 정착한 후 많은 바이킹이 프랑스 서북방으로 이동하여 프랑크왕국의 언어와 문화를 받아들였다. 사진은 팔레즈시청 앞 정복왕윌리엄광장에 있는 롤로의 동상.

바이킹은 지금의 덴마크, 노르웨이, 스웨덴 등 스칸디나비아 지역이 고향이다. 기원후 793년 영국 북동부 노섬브리아주 린디스판섬에 있던 수도원을 약탈하면서 유럽 무대에 본격적으로 등장했다. 이후 수십 년간 영국과 아일랜드 해안 지역을 약탈하다가 뱃머리를 프랑크왕국으로 돌렸다. 카롤루스 사망 이후 프랑크의 국력이 약해졌기 때문이다. 특히 통치자들은 권력투쟁 과정에서 바이킹을 용병으로 삼았고, 바이킹은 이를 계기로 프랑크왕국의 지리정보를 체득하면서 침략의 빈도를 더욱 높였다. 이들은 바이킹 중에서도 특히 '노르만(북쪽 사람들)'이라 불렸다. 841년 노르만인의 대규모 함대가 센강 하구를 통해 내륙으로 들어와 도시를 약탈했다. 프랑크왕국은 막대한 비용을 지불하고 이들을 물러나게 했으나, 그것으로 끝이 아니었다. 노르만 지도자 롤로는 885~887년에 파리를 포위했다. 결국 911년 서프랑크의 샤를 3세가 제시한 타협책에 따라 롤로는 센강 어귀의 토지를 하사받는 대신 가톨릭으로 개종하고 명목상 서프랑크 왕의 봉신이 되었다. 이후 이 토지가 점차 넓어져 '노르망디(북쪽 사람들의 땅)'라 불렸다.

바이킹은 잉글랜드에 대해서는 약탈이 아니라 정복을 시도했다. 865년 덴마크의 바이킹 데인인이 그레이트 브리튼섬을 정복하기 위해 대대적으로 침공했다. 긴 공방전 끝에 웨드모어조약(878)을 맺고, 데인인은 웨식스를 인정하는 대신 가톨릭을 받아들이고 '데인로'라 부르는 지역을 차

지했다. 이후 데인로는 웨식스가 앵글로색슨 왕국들을 통일하는 과정에서 흡수되지만, 11세기 초 데인인은 잉글랜드를 다시 침입했다. 1016년 이번에도 양측은 평화조약을 맺었는데, 잉글랜드 왕 에드먼드가 죽자 조약에 따라 크누트가 전 잉글랜드의 왕이 되고 잉글랜드를 비롯해 지금의 노르웨이, 스웨덴 남부, 덴마크까지 포괄하는 '북해제국'을 건설했다. 크누트가 죽은 뒤 북해제국은 소멸했지만 잉글랜드에 대한 바이킹의 영향력은 계속 이어졌다. 1035년 노르망디 공작이 된 윌리엄 1세가 1066년 잉글랜드를 침

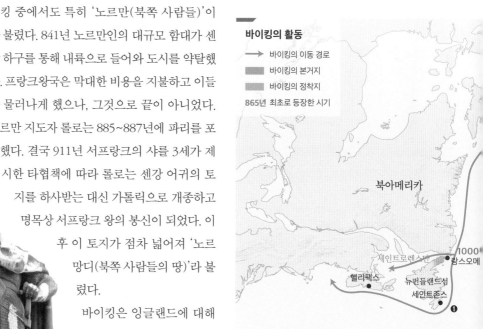

**바이킹의 활동**

→ 바이킹의 이동 경로
■ 바이킹의 본거지
■ 바이킹의 정착지
865년 최초로 등장한 시기

북아메리카

세인트로렌스만
헬리팩스
뉴펀들랜드섬
세인트존스
1000
랑스오메

❶

**❶ 바이킹의 북대서양 활동**
주로 노르웨이에 살던 바이킹이 북대서양으로 진출하여 아이슬란드와 그린란드에 차례로 정착했다. 1000년경에는 북아메리카의 뉴펀들랜드섬에도 도착했지만 영구 정착하지는 않았다.

**❷ 프랑스 해안에서 노르만인의 활동**
노르만인은 카롤루스가 죽은 뒤 센강 하구로 활동무대를 옮겼다. 841년 대규모 함대로 루앙을 약탈했고, 2년 뒤 루아르강을 거슬러 올라가 낭트를 공격했다. 844년에는 이베리아반도 해안을 따라 남진하여 세비야에 도달했다. 911년 바이킹 지도자 롤로가 파리를 습격해 포위하자 서프랑크의 샤를 3세는 롤로에게 센강 어귀의 토지를 하사했다. 이것이 루앙백국이며, 노르망디공국의 전신이다. 그 대가로 롤로는 가톨릭으로 개종하고 명목상 왕의 봉신이 됐다.

입해 노르만왕조를 개창했다.

한편, 영국과 아일랜드 해안을 약탈하던 바이킹의 일부가 북대서양의 아이슬란드(874)에 이어 그린란드(986)에 정착했다. 그 가운데 일부는 서쪽으로 더 항해하여 지금의 캐나다 뉴펀들랜드섬에 도착했다. 콜럼버스가 아메리카 대륙에 상륙하기 약 500년 전의 일이다. 반면 스웨덴 출신의 바이킹은 9세기 중엽 동쪽으로 항해하여 핀란드만 남동쪽에 있는 노브고로드에 거점을 마련했다. '루스'라 불린 이들은 드네프르강을 따라 남하하여 키예프를 건설하고 슬라브인과 함께 키예프루스를 세웠다.

한편 노르망디의 바이킹(노르만인)은 대서양 연안을 따라 내려가다가 지브롤터해협을 통해 지중해로 진출하고 1053년 이탈리아 남부를 침략했다. 지도자 로베르 기스카르는 교황을 사로잡은 뒤 타협했다. 이후 그는 1071년 이탈리아반도에 있던 비잔티움제국 최후의 거점 바리를 정복한 데 이어 1076년 살레르노를 점령하며 이탈리아반도 전역을 장악했다. 로베르의 동생 루제루 1세는 1072년 팔레르모를 점령하고 시칠리아에서 이슬람 세력을 모두 몰아냈으며, 루제루 2세(재위 1130~1154)는 시칠리아와 이탈리아 남부를 포괄하는 시칠리아왕국을 선포했다. 당시 시칠리아에는 무슬림이 많이 살고 있었는데, 그는 종교적 관용정책으로 가톨릭, 이슬람, 비잔티움의 문화가 공존할 수 있게 했다.

**바이킹의 '최후의 날(Doomsday)' 비석** 영국 노섬브리아 린디스판섬, 일명 '홀리아일랜드'를 발굴하는 과정에서 발견한 9세기 무덤에서 나온 돌이다. 793년 린디스판수도원을 약탈한 바이킹의 모습이 남아 있다.

**❺ 노르만인의 지중해 공격**
1053년 로베르 기스카르는 이탈리아 남부를 침략하여 교황을 사로잡았다. 1059년 교황과 타협하여 아풀리아, 칼라브리아, 시칠리아의 공작 작위를 받았다. 단 이슬람 세력을 몰아내는 조건이었다. 1071년 바리를 정복한 데 이어, 1076년 살레르노를 차지함으로써 이탈리아반도 전역을 장악했다. 이슬람 세력 축출은 동생 루제루 1세의 몫이었다. 1072년 그는 팔레르모를 점령하고 시칠리아에서 이슬람 세력을 몰아냈다. 루제루 2세는 세 개의 공작령을 하나로 통합하고 시칠리아왕국의 왕이 되었다.

**❸ 잉글랜드에서 데인인의 활동**
데인인은 850년 머시아를 공략해 런던을 차지했다. 865년에는 사상 최대의 침공을 감행했다. 더블린을 떠나 이스트앵글리아에 당도한 뒤 노섬브리아를 공략했다. 866년 지정학적으로 중요한 요크를 장악하고 867년 머시아의 노팅엄, 869년 이스트앵글리아의 셋퍼드를 점령했다. 그러자 앵글로색슨은 웨식스 국왕 앨프레드를 중심으로 맞섰고, 긴 공방전 끝에 885년 평화조약을 맺었다. 그 결과 데인인은 '데인로'라 불리는 땅을 획득했다.

**❹ 루스인의 러시아 진출**
9세기 스웨덴 지역에 살고 있던 바이킹이 핀란드만 남동쪽으로 진출했다. '루스'라고 불린 이들은 노브고로드에 거점을 마련하고 슬라브인을 통치하기 시작했다. 이후 더 남쪽으로 진출하여 822년 키예프루스를 건설했다. 이들은 흑해, 더 나아가 비잔티움제국의 수도 콘스탄티노폴리스까지 진출해 교역에 종사했다.

# 중세 이탈리아

493년 비잔티움 황제로부터 군권을 받은 동고트가 이탈리아에서 오도아케르를 몰아내고 동고트왕국을 건설한 데 이어, 유스티니아누스 황제가 동고트왕국의 수도 라벤나를 점령함으로써 비잔티움이 이탈리아 전체를 차지했다. 유스티니아누스가 죽은 뒤, 이번에는 랑고바르드인이 내려와 568년 랑고바르드왕국을 세우고 남쪽에 스폴레토공국(570), 베네벤토공국(571)을 설치함으로써 비잔티움의 이탈리아 영역은 남부 일부와 시칠리아, 사르데냐로 축소됐다.

한편 로마교회는 서로마제국 멸망으로 세속적 보호자가 사라지면서 위기에 빠졌다. 동고트왕국과 랑고바르드왕국은 모두 로마교회가 이단시하는 아리우스파였다. 로마교회는 496년 아타나시우스파로 개종한 메로빙거왕조에게 기대를 걸었지만 그들은 내부 문제로 바빴고, 비잔티움제국도 사산왕조, 이슬람 세력과 힘겨운 싸움을 하고 있었다. 그런데 8세기 중반 프랑크왕국이 구원의 손길을 내밀었다. 756년 카

**교황령의 변화**

- 756년 이전의 교황령
- 756년 피핀 3세가 기증한 영토
- 774년 카롤루스가 기증한 영토

롤루스왕조의 피핀 3세가 랑고바르드의 영토를 빼앗아 그중 일부를 로마교회에 기증한 것이다. 이후 카롤루스 대제가 773년 랑고바르드를 멸망시키고 이탈리아 북부의 주인이 된 뒤 800년 로마에서 대관식을 치르고 서로마제국 황제 칭

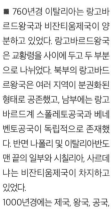

■ 760년경 이탈리아는 랑고바르드왕국과 비잔티움제국이 양분하고 있었다. 랑고바르드왕국은 교황령을 사이에 두고 두 부분으로 나뉘었다. 북부의 랑고바르드왕국은 여러 지역이 분권화된 형태로 공존했고, 남부에는 랑고바르드계 스폴레토공국과 베네벤토공국이 독립적으로 존재했다. 반면 나폴리 및 이탈리아반도 맨 끝의 일부와 시칠리아, 사르데냐는 비잔티움제국이 차지하고 있었다.

1000년경에는 제국, 왕국, 공국, 백국 등 여러 정치 세력이 공존했다. 북부는 오토 1세 이후 신성로마제국의 영역이 되어, 그 안에 여러 나라가 혼재했다. 남부에서는 시칠리아를 점령한 노르만인이 점차 비잔티움제국을 비롯한 여러 세력을 제압한 뒤 1130년 시칠리아왕국을 세웠다.

**이탈리아, 760년경**

- 랑고바르드왕국
- 교황령
- 비잔티움제국

**이탈리아, 1000년경**

- 신성로마제국
- 노르만의 시칠리아왕국, 1130년

호를 받았는데, 이 과정에서 교황령 국가의 영역이 확대되었다.

이후 이탈리아 북부는 차례로 중프랑크, 동프랑크에게 넘어갔다가 작센왕조의 오토 1세가 962년 신성로마제국의 황제가 됨으로써 신성로마제국의 영역이 되었다. 그사이에 이탈리아 남부에는 랑고바르드계 공국들과 비잔티움제국, 시칠리아에는 이슬람 세력의 시칠리아토후국(831~1091)이 자리 잡았다. 그리고 11세기 중반 노르만인이 침입하여 이탈리아반도 남부 전역을 차지하고 시칠리아의 이슬람 세력을 몰아낸 뒤 1130년 시칠리아왕국을 세웠다.

한편 이슬람의 침입에 맞서 싸우는 과정에서 이탈리아반도 곳곳에서 독자적인 힘을 기른 해상공화국들이 등장했다. 가장 먼저 두각을 나타낸 것은 아말피인데, 노르만의 공격과 피사의 약탈로 활기를 잃었다. 노르만이 이탈리아 남부를 통제한 뒤 지중해 무역의 중심은 북부로 이동했다. 십자군전쟁이 시작되면서 지중해 서부에서는 피사, 아드리아해에서는 베네치아가 두각을 나타냈다. 피사는 1차 십자군전쟁 당시 배 120척을 파견해 예루살렘 점령에 기여했다. 이

를 계기로 활동무대를 지중해 서부에서 동부로 넓히고 십자군 국가의 주요 도시에 무역거점을 건설했으며, 비잔티움제국으로부터 상업적 특권도 획득했다. 그러나 1284년 멜로리아해전에서 제노바에게 패하면서 쇠퇴했다. 베네치아는 11세기 말 노르만인이 지중해로 침입했을 때 비잔티움제국을 도운 대가로 상업적 특혜를 얻고 성장하기 시작했다. 4차 십자군전쟁 때 십자군이 콘스탄티노폴리스를 점령하고 라틴제국을 세울 때 아드리아해 동부와 에게해 지역에 많은 영토를 획득했다. 이후 베네치아 최대의 적수는 제노바였다. 제노바는 1261년 비잔티움의 후계국 니케아제국의 콘스탄티노폴리스 탈환을 도와 상업적 특혜와 함께 에게해의 섬들을 얻었고 크림반도 카파에 상관을 설치했다.

1453년 오스만제국이 비잔티움제국을 멸망시키면서 베네치아와 제노바의 활동은 점차 위축되고 피렌체가 부상했다. 이후 제노바는 지중해 서부에 집중하여 에스파냐와 포르투갈에 인적, 물적 자원을 제공했다. 이 시기의 대표적 인물이 콜럼버스다. 이후 세계 교역의 중심이 지중해에서 대서양과 인도양으로 이동했다.

**이탈리아 해군 군기** 현재 이탈리아의 해군 군기를 보면 네 개의 문장이 새겨져 있다. 왼쪽 위부터 시계 방향으로 베네치아, 제노바, 피사, 아말피의 문장.

**베네치아와 제노바의 무역**

● 베네치아 거점
— 베네치아 주요 무역로
● 제노바 거점
— 제노바 주요 무역로
● 주요 도시

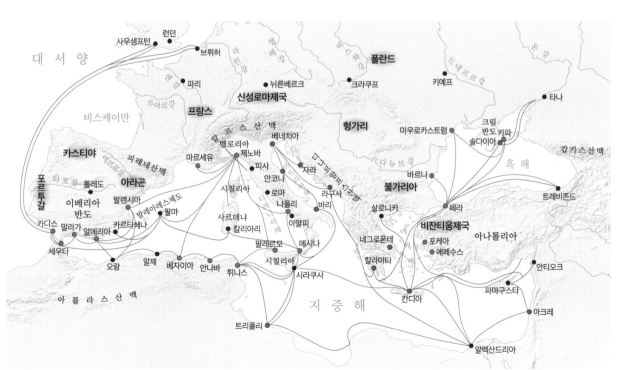

# 독일왕국과 신성로마제국

**843년**
베르됭조약으로 프랑크왕국 삼분할

**911년**
프랑켄공작 콘라트 1세가
'독일왕국' 왕으로 선출

**962년**
로마에서 오토 1세의 신성로마제국
황제 대관식

**1024년**
잘리어왕조 시작

**1176년**
프리드리히 1세의 황제파가
레냐노전투에서 교황파에 패배

**1225~1228년**
프리드리히 2세가 예루살렘 국왕
겸임

**1452년**
프리드리히 3세 즉위
합스부르크가의 시대 시작

프랑크왕국은 베르됭조약 이후 셋으로 분할됐다. 라인강 동쪽을 차지한 동프랑크는 메르센조약(870)을 통해 서프랑크와 각각 알자스와 로렌 지방을 나누어 가졌다. 동프랑크는 왕권이 약해서 프랑켄, 작센, 바이에른, 슈바벤, 로렌 등 공작령들의 힘이 중앙을 압도했다. 911년 카롤루스왕조가 단절되자 공작령들은 프랑켄공작 콘라트 1세(재위 911~918)를 왕으로 선출했다. 이때부터 동프랑크의 공작령들을 통칭해 '독일왕국'이라 부른다. 콘라트 1세가 다른 공작령들을 탄압해 정치적 혼란을 초래하고 7년 만에 죽자 이번에는 작센공작 하인리히가 왕으로 선출됐다. 하인리히 1세(재위 919~936)는 로렌과 보헤미아 일부 및 엘베강 유역의 슬라브인 지역을 독일왕국에 편입시켰다.

그의 아들 오토 1세(재위 936~973)는 보헤미아를 굴복시키고 동쪽의 마자르인이 유럽 방면으로 지속적으로 침입해 오자, 955년 레히펠트에서 이들을 격파했다. 961년에는 이탈리아반도로 진출하여 이탈리아의 왕이 되었다. 그러자 962년 교황 요한 12세는 오토 1세와 정치적 타협을 했다. 오토 1세는 로마의 대관식에 참석해 신성로마제국의 황제가 되었고, 교황은 교황령국가의 지배자로 인정받았다. 이후 한동안 독일국왕이 신성로마제국 황제를 겸했다.

하인리히 2세(재위 1002~1024)가 후사 없이 죽어 작센왕조가 끝나고 잘리어왕조가 뒤를 이었다. 초대 군주 콘라트 2세(재위 1024~1039)는

## 신성로마제국의 확장

▨ 독일왕국
▨ 오토 1세의 치세, 972년
▨ 콘라트 2세 치세, 1034년
▨ 교황령

**오토 1세** 962년 교황 요한 12세와 오토 1세가 정치적 타협을 이루었다. 오토 1세는 로마에서 대관식을 열고 신성로마제국 황제가 되는 대신 교황은 교황령국가의 지배권을 확보했다. 사진은 스트라스부르성당의 스테인드글라스.

1033~1034년 중프랑크의 부르군트왕국을 병합했다. 이로써 신성로마제국의 범위는 독일을 넘어 이탈리아 북부, 보헤미아, 부르군트를 포괄하게 되었다.

프랑켄공작 콘라트 3세가 즉위하면서 호엔슈타우펜왕조(1138~1254)가 시작됐다. 그는 1142년 보헤미아 원정에 성공했다. 그의 조카 프리드리히 1세(재위 1152~1190)는 수염이 붉어서 '바르바로사'라고 불렸다. 독일 국왕(1152)과 이탈리아 국왕(1155)으로 즉위한 데 이어, 1156 부르군트의 베아트리체와 결혼하여 부르군트왕국도 차지했다. 바르바로사는 밀라노가 자신의 종주권을 인정하지 않자 랑고바르드 원정을 시작했다. 1162년 그가 밀라노를 함락시키자 1167년 랑고바르드동맹(교황파)이 결성되었다. 1176년 황제파가 교황파를 공격했으나 레냐노전투에서 참패했다.

바르바로사의 아들 하인리히 6세는 시칠리아왕국의 콘스탄츠와 결혼해 1194년 시칠리아왕국을 병합했다. 1197년 두 사람의 아들 프리드리히 2세가 시칠리아 왕으로 즉위했다. 그는 1212년 독일 국왕의 자리를 물려받고, 1220년 이탈리아 왕에 이어 신성로마제국 황제가 되었다. 6차 십자군전쟁(1227~1229)을 전후한 시기에 외교를 통해 예루살렘을 차지한 뒤 잠시 예루살렘 국왕을 겸했다. 그의 치세에 신성로마제국의 관할 범위는 최대에 이르렀다.

1250년 프리드리히 2세가 죽으면서 호엔슈

타우펜왕조가 끝났다. 이후 신성로마제국은 황제가 없는 대공위시대(1254~1273)와 왕가의 교체가 잦은 시기(1273~1437)를 거친 뒤 1452년 프리드리히 3세가 즉위하면서 합스부르크가가 바통을 이어받았다.

**예루살렘에 입성하는 프리드리히 2세** 신성로마제국의 황제로 독일 국왕과 예루살렘 국왕도 겸했다. 확장된 제국의 강역을 통치하기 위해 로마, 그리스, 노르만, 이슬람 문화의 장점을 행정과 통치에 도입했다.

프리드리히 2세 치세의 유럽, 1230년경

▨ 프리드리히 2세의 영역 (괄호는 재위 연도)
▭ 신성로마제국의 국경

노르웨이
스웨덴
노브고로드
블라디미르수즈달
튜턴 기사단
스코틀랜드
북 해
덴마크
발트해
리투아니아
스몰렌스크
랴잔
체르니고프
프로이센
키예프
웨일스
잉글랜드
폴란드왕국
볼히니아
갈리치아
보헤미아 공국
독일왕국 (1212~1220)
헝가리왕국
조지아
프랑스왕국
베네치아 공화국
부르군트왕국 (1220~1225)
보스니아
흑 해
트레비존드제국
갈리시아 레온왕국
나바라
세르비아왕국
불가리아제국
카스피해
포르투갈 왕국
카스티야 왕국
아라곤왕국
피사공화국
교황령
룸술탄국
호라즘
알모하드왕조
시칠리아왕국 (1198~1250)
살로니카제국
니케아제국
아르메니아
라틴제국
아이유브 왕조
아바스왕조
지 중 해
아크레 예루살렘왕국 (1225~1228)

# 중세 이베리아

**■ 1036년**
이슬람이 이베리아반도의 약 4분의 3를 차지했는데, 자세히 보면 후우마이야왕국 몰락 이후 '타이파'라는 여러 이슬람 소왕국이 공존하고 있었다. 북부에는 다섯 개의 가톨릭왕국이 병존했다. 왼쪽부터 차례로, 아스투리아스 출신이 건설한 레온, 레온의 백작령에서 성장한 카스티야와 나바라, 나바라의 백작령이었다가 독립한 아라곤, 801년 카롤루스가 설치한 바르셀로나백작령.

**■ 1162년**
아라곤은 레콘키스타를 전개하여 우에스카(1096), 사라고사(1118) 등을 차지한 데 이어 1160년 바르셀로나백작령과 연합하여 아라곤연합왕국을 형성했다. 그사이 레온의 백작령이었던 포르투갈이 독립했다(1139).

**■ 1265년**
나바스데톨로사전투 이후 레콘키스타가 계속 진행되면서 이베리아반도 남쪽으로 밀려난 이슬람 세력이 나스르왕조(1232~1492)를 세우고 저항했다.

## 이베리아반도의 국가들, 11~13세기

- 레온
- 카스티야
- 카스티야레온왕국
- 나바라
- 아라곤
- 카탈루냐
- 아라곤연합왕국
- 포르투갈
- ● 가톨릭왕국들의 수도
- ● 가톨릭 주요 도시
- ● 타이파 소왕국들의 수도
- ● 이슬람 주요 도시
- ─── 가톨릭과 이슬람 세계의 경계

지금의 에스파냐와 포르투갈이 자리한 이베리아반도는 원래 이베리아인의 땅이었다. 고대 그리스인과 페니키아인이 들어와 동부와 남부 해안에 식민도시를 건설한 데 이어, 기원전 197년부터 로마가 대부분 지역을 차지했고, 서로마제국 말기부터는 서고트왕국이 지배했다.

711년 타리크 이븐 지야드를 필두로 지브롤터해협을 건너온 이슬람 세력이 서고트왕국을 멸망시켰다. 755년 우마이야왕조 마지막 군주의 손자인 아브드 알라흐만 1세(재위 756~788)가 이베리아반도 대부분을 정복하고 후우마이야왕국(알안달루스국)을 건설했다. 10세기 압둘 라흐만 3세(재위 912~961)가 전성기를 이끌었고, 그가 건설한 수도 코르도바는 당시 콘스탄티노폴리스와 바그다드에 버금갈 정도로 번영했다. 1031년 후우마이야왕국이 와해되고 25개 이슬람 왕국이 병존하는 타이파(소왕국)시대(1031~1086)로 접어들었다. 한편 가톨릭 세력은 718년 이베리아반도 북부로 밀려나 아스투리아스왕국을 세웠는데, 200년 뒤 이를 계승한 레온, 카스티야, 나바라, 아라곤, 카탈루냐 등이 남쪽의 이슬람 세력을 상대로 레콘키스타(국토회복운동)를 시작했다.

가톨릭 세력의 공세에 밀린 타이파왕국들은 북서아프리카의 알모라비드왕조(1040~1147)에 도움을 청했고, 이들이 이베리아반도로 건너

아라곤연합왕국의 탄생과 확장

프로방스
(1112~1246년 점령)

몽펠리에
(1204~1359년 점령)

아라곤왕국
(1035~1707)

바르셀로나백작령
(1162년 아라곤연합왕국 성립)

발렌시아
(1238년 점령)

마요르카  메노르카

사르데냐왕국
(1324~1412년 점령)

아드리아해

나폴리왕국
(1442년 점령)

네오파트리아공국
(1311~1390년 점령)

티레니아해

이오니아해

야테네오공국
(1311~1388년 점령)

마요르카왕국
(1229~1287년 점령)

지 중 해

시칠리아왕국
(1282년부터 점령)

몰타

와 레콘키스타를 일시 저지하고 그라나다를 중심으로 타이파왕국들을 통합했다. 이어서 알모하드왕조(1121~1269)가 이베리아반도로 들어와 알모라비드왕조를 몰아내고 세비야를 중심으로 가톨릭왕국들에 대항했다.

가톨릭왕국들은 레콘키스타를 지속하는 한편 서로 전쟁과 상속을 통해 통합과 분열을 반복했다. 카스티야와 레온은 두 차례의 통합과 분열을 거쳐 페르난도 3세(재위 1217~1250)에 이르러 최종 통합됐다(카스티야레온왕국). 레온왕국의 백작령이었던 포르투갈의 아폰수 1세는 1139년 독립하여 포르투갈왕국을 세우고 1147년 리스본을 차지했다. 나바라는 안초 3세(재위 1004~1035) 때 강성했으나, 그의 사후 영토 분할과 내부 갈등을 겪으며 쇠퇴했다. 아라곤은 카스티야에 맞서기 위해 동쪽의 바르셀로나백작령(카탈루냐)과 통합하여 1162년 아라곤연합왕국을 건설했다. 이후 지중해로 진출하여 마요르카, 시칠리아, 몰타, 사르데냐 등에 교두보를 마련했고, 이를 기반으로 바르셀로나 상인들은 제노바, 베네치아 등과 경쟁하며 성장할 수 있었다.

가톨릭과 이슬람 세력은 1212년 나바스데톨로사에서 건곤일척의 대결을 벌였다. 이 전투에서 가톨릭군이 승리했고, 알모하드왕조는 포르

투갈, 카스티야, 아라곤에게 이베리아반도 남쪽과 발레아레스제도를 양도했다. 카스티야는 여세를 몰아 코르도바(1236), 무르시아(1243), 세비야(1248), 카디스(1262)를 되찾았다. 아라곤연합왕국은 차히메 1세(재위 1213~1276) 때 마요르카와 메노르카를 정복하고, 1238년 발렌시아를 장악했다. 남쪽으로 밀려 내려온 이슬람 세력은 그라나다를 중심지로 삼아 나스르왕조(1232~1492)를 열었다. 1479년 아라곤의 페르난도와 카스티야의 이사벨 1세가 결혼하며 양국이 하나가 된 뒤 1492년 1월 2일 나스르왕조를 멸망시킴으로써 레콘키스타가 종료되었다.

■ 아라곤연합왕국이 탄생하여 지중해 방면으로 팽창하는 모습을 보여준다. 우선 서지중해의 프로방스와 몽펠리에, 마요르카를 차지한 데 이어 1282년 시칠리아 만종사건을 일으킨 시민들의 제안에 따라 페드로 3세는 그곳을 차지하고 시칠리아의 왕이 됐다. 1323~1412년에는 사르데냐왕국을 차지했다. 그리스 방면으로도 진출하여 아테네공국과 네오파트리아공국을 영향권 아래에 두었다. 그리고 이탈리아 본토로 영역을 확장하여 1442년 나폴리왕국을 차지했다.

**투마르수도원의 성채** 1160년에 템플기사단의 초대 단장인 구알딩 파이스(Gualdim pais)가 포르투갈에 온 가톨릭 순례자들을 보호하는 기사단을 위해 건설했다.

# 슬라브인의 이동과 동유럽 국가들

슬라브인은 처음에 드네프르강과 오데르강, 카르파티아산맥과 프리파르트강으로 둘러싸인 지역에 거주했다고 전한다. 훈에 의한 게르만 대이동처럼, 6세기경 동쪽에서 아바르인이 서진하자 슬라브인도 사방으로 흩어졌다. 그중 동쪽으로 이동한 '동슬라브인'은 바이킹과 키예프루스를 형성하고 러시아인, 우크라이나인, 벨라루스인의 선조가 되었다.

발칸반도로 이주한 '남슬라브인'은 크게 두 계통이다. 하나는 카르파티아산맥을 넘고 판노니아평원을 지나 발칸반도 서부에 이른 현재의 세르비아인과 크로아티아인이다. 세르비아인은 640년 세르비아왕국을 건설하고 비잔티움문화의 영향을 받은 반면, 크로아티아인은 달마티아공국을 형성해 로마가톨릭과 라틴어를 받아들이면서 양자는 분화의 과정을 겪었다. 또 하나의 남슬라브 계통은 흑해 서쪽 연안을 따라 남

**동유럽의 슬라브 국가들, 900년경**

하하다가 다뉴브강을 건너 발칸반도 동부에 정착했다. 이후 우크라이나초원에서 하자르인에게 쫓겨난 불가르인이 다뉴브강을 건너 모에시아로 가서 681년 제1불가리아제국을 세우고 앞서 정착한 슬라브인을 지배했다(향후 슬라브에 동화됨). '서슬라브인'은 6세기경 아바르인의 침입 때 서쪽으로 대거 이동했는데 현재 동유럽에 살고 있는 체코인, 슬로바키아인, 폴란드인 등이 그들이며, 엘베강 유역의 루사티아에 정착한 소르브인은 향후 독일인으로 동화된다.

보헤미아와 서부 모라비아에 정착한 체코인과 동부 모라비아에 정착한 슬로바키아인은 모라비아왕국을 세운 데 이어 니트라왕국을 통일하여 '대모라비아왕국'을 건설했다. 대모라비아는 스바토플루크(재위 870~895)가 왕위에 오르면서 전성기를 맞이하고 서슬라브 대부분을 통일했지만, 907년경 마자르의 침입으로 멸망했다. 이후 보헤미아 지역에서는 1198년 프르셰미슬왕조에 의해 보헤미아왕국이 탄생했다. 이후 보헤미아왕국은 신성로마제국, 합스부르크제국의 일원이 되었고, 슬로바키아인은 헝가리의 지배를 받았다.

서슬라브인 가운데 발트해 연안으로 이동한 이들은 폴란드인의 조상이다. 960년 피아스트

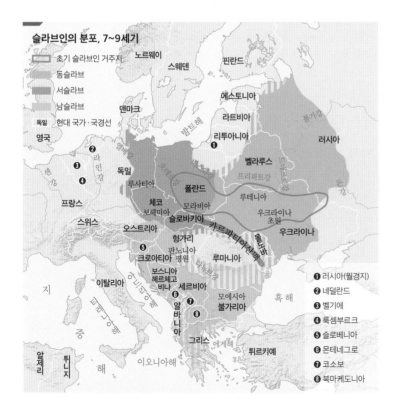

**슬라브인의 분포, 7~9세기**

□ 초기 슬라브인 거주지
■ 동슬라브
■ 서슬라브
■ 남슬라브
독일 현대 국가·국경선
영국

노르웨이
스웨덴
핀란드
덴마크
에스토니아
라트비아
리투아니아 ❶
러시아
❷ ❸
❹
라인강
독일
루사티아
벨라루스
프리파르트강
폴란드
프랑스
체코
보헤미아
모라비아
루테니아
슬로바키아
스위스
오스트리아
우크라이나
초원
우크라이나
헝가리
카르파티아산맥
몰도바
❺
판노니아 평원
루마니아
크로아티아
이탈리아
보스니아
헤르체고
비나
세르비아
❻
지 ❼
알 바 니 아
❽
모에시아
불가리아
이탈리아
흑 해
그리스
에게해
튀르키예
이오니아해
알제리
튀니지
지중해

❶ 러시아(월경지)
❷ 네덜란드
❸ 벨기에
❹ 룩셈부르크
❺ 슬로베니아
❻ 몬테네그로
❼ 코소보
❽ 북마케도니아

가문의 미에슈코 1세가 폴란드 북부의 부족들을 통합하고 가톨릭으로 개종한 데 이어 그의 아들 볼레스와프 1세(재위 992~1025)가 폴란드 남부로 지배 영역을 확대하고 1025년 폴란드왕국을 세웠다. 그와 후계자들은 모라비아, 루사티아, 보헤미아 등 신성로마제국 영토를 점령했고, 피아스트왕조의 마지막 군주 카지미에시 3세(재위 1333~1370) 때 루테니아의 상당 부분을 점령하는 등 영토를 더욱 넓혔다. 한편 폴란드 동부에는 리투아니아왕국이 존재하고 있었다. 이들은 발트해 연안을 중심으로 세력을 확장하다가 키예프루스가 몽골의 침입을 받는 사이 지금의 벨라루스까지 영토를 확장했고, 15세기 중반에는 한때 흑해 연안에 이르기도 했다. 폴란드와 리투아니아는 1386년에는 폴란드왕국의 야기에우워왕조가 리투아니아 대공을 겸하는 동군연합을 이루고 15세기 들어 최전성기를 누리며 보헤미아와 헝가리의 왕위까지 차지했다. 그리고 1569년 루블린연합으로 폴란드리투아니아연합이라는 하나의 국가가 됨으로써 유럽의 핵심 강대국으로 부상했다.

헝가리인의 조상은 슬라브인이 아니라 마자르인이다. 9세기 말 동쪽에서 판노니아평원으로 이주하여 헝가리대공국을 세웠다. 슬라브인 국가들에 둘러싸여 있었지만 대모라비아를 멸망시키고 발칸반도와 이탈리아를 약탈하는 등 유럽을 뒤흔들었다. 나아가 동프랑크뿐 아니라 더 멀리 서프랑크까지 공격했다. 그러나 955년 레히펠트전투에서 오토 1세에게 패하고 동쪽에서도 비잔티움제국과 키예프루스에게 저지당해 기세가 한풀 꺾였다. 이후 오토 1세와 타협했고, 1000년에 이슈트반 1세(재위 1000~1038)가 헝가리왕국을 건국했다. 헝가리는 14세기에 폴란드에서 아드리아해에 이르는 거대한 영토를 차지하고 르네상스문화를 도입하는 등 황금시대를 열었지만 16세기 들어 오스만제국에게 패한 뒤, 1526년부터 합스부르크 가문에게 헝가리왕국의 왕위를 내주었다.

**미에슈코 1세** 가톨릭을 믿는 보헤미아왕국의 공주를 왕비로 맞이하고 966년 세례를 받으며 폴란드 최초의 기독교인 통치자가 되었다. 사진은 19세기에 제작한 삽화이다.

헝가리왕국, 14세기 중반

폴란드리투아니아연합왕국, 1569~1634년

- 폴란드왕국
- 리투아니아대공국
- 폴란드 국왕의 봉토
- 루블린연합 이후 폴란드리투아니아연합왕국

# 초기 러시아

**바랑기아 친위대** 비잔티움제국 바실리오스 2세 황제는 아나톨리아 귀족들이 반란을 일으키자 키예프루스 대공 블라디미르에게 6000명의 바랑기아인 군대를 지원받았다. 이후 바랑기아 친위대를 조직, 동로마를 수호했다. 그림은 11세기에 제작한 연대기 속 바랑기아 친위대.

지금의 러시아 서부, 벨라루스, 우크라이나가 만나는 지역에는 오래전부터 동슬라브인이 살고 있었다. 그들은 하천 유역에 정착해 농업, 사냥, 모피 무역에 종사했고, 수로의 요충지마다 도시를 건설했다. 그런데 9세기경 큰 변수가 생겼다. 자신을 '루스'라 부르는 바이킹이 나타난 것이다. 이들은 핀란드만에서 시작해 네바강, 라도가호를 건너 볼호프강에 이르고, 육로로 드네프르강에 닿은 뒤 이 강을 타고 계속 남하했다. 흑해를 따라 비잔티움제국의 수도 콘스탄티노폴리스까지 가기도 했다. 바이킹의 수장 류리크는 노브고로드에 도착하여 862년 노브고로드공이 되고, 그가 파견한 이들이 드네프르강을 따라 남하해 키예프(현재 우크라이나 수도 '키이우')를 정복했다. 882년 키예프공이 된 올레흐는 수도를 노브고로드에서 키예프로 옮기고 '키예프루스'(882~1240)를 개창했다. 블라디미르(재위 972~1015)와 야로슬로프(재위 1019~1054) 통치 시기를 거치며 확장을 거듭해 1054년경 북쪽의 발트해에서 남쪽의 흑해, 서쪽의 비슬라강(현재 비스와강)에서 동쪽의 볼가강 상류에 이르는 광활한 영토를 차지했다.

키예프루스는 야로슬로프가 죽은 뒤 영토가 분할되고 아시아 유목민족에게 키예프를 점령

**키예프루스의 탄생과 영토 확장**
- 880년경 키예프 루스
- 900년의 영토
- 1054년까지 확장한 영토
- 바이킹의 교역로

당하는 등 잠시 위기를 겪지만, 좀 더 안전한 오카강과 볼가강 사이 지역으로 탈출해 새 도시를 건설하는 과정에서 블라디미르수즈달 등 여러 공국이 탄생했다.

13세기 전반 여러 공국이 반목하는 가운데 몽골제국이 키예프루스로 침입했다. 이때부터 키예프루스는 칭기스 칸의 손자이자 주치의 아들인 바투가 세운 주치울루스(킵차크칸국)의 지배를 받았다. 몽골에 복속한 여러 공국 가운데 모스크바대공국이 두각을 나타냈다. 주치울루스와 다른 공국의 중재자 역할을 하면서 전 러시아에 대한 징세권을 확보해 성장하는 한편, 1325년 러시아정교회의 수장을 모스크바로 데려와서 러시아의 중심으로 부상했다. 반면 주치울루스는 14세기 후반 티무르의 공격을 받고 내리막길을 걸었고, 모스크바대공국의 대공 드미트리 돈스코이가 몽골군을 상대로 최초의 승리를 거두었다. 주치울루스가 여러 칸국으로 분리되자 모스크바대공국은 1450년까지 오카강 북쪽의 영토 대부분을 장악했다.

이반 3세(재위 1462~1505)는 모스크바대공국을 질적으로 한층 발전시켰다. 1453년 비잔티움제국이 오스만제국에게 멸망하자 모스크바를 로마, 콘스탄티노폴리스의 뒤를 잇는 제3의 로마라고 칭하면서 로마제국의 후계자를 자처했다. 그는 노브고로드를 굴복시키고(1478), 폴란드리투아니아로부터 많은 영토를 획득하는 한편(1493~1503), 1480년 주치울루스에서 독립했다. 러시아는 키예프루스 시기에는 느슨한 연합체 성격의 국가였지만, 몽골의 지배 아래 모스크바대공국을 중심으로 성장하다가 이반 3세의 치세에 이르러 외세의 지배에서 벗어나 민족국가로 발돋움했다.

러시아는 이반 4세(재위 1533~1584)에 이르러 또 한 차례 도약했다. 1547년 친정을 시작한 그는 '차르'(황제를 뜻하는 '카이사르'의 러시아어 표현)를 군주의 칭호로 사용하는 루스차르국(1547~1721)을 세웠다. 이어서 1552년 카잔칸

국, 1556년 아스트라한칸국을 병합하고 1580년 예르막을 파견해 시베리아 정복을 시작했다. 이로써 러시아는 동쪽으로 우랄산맥, 남쪽으로 카스피해, 북쪽으로 북극해 연안에 이르는 거대한 영토를 차지했다. 러시아의 팽창은 그 이후에도 계속됐다.

**주치울루스의 지배, 1300년경**

■ 주치울루스의 영역
■ 복속국

**러시아의 팽창, 14~16세기**

■ 모스크바대공국, 1300년경
■ 이반 3세 즉위 직전의 영역, 1462년
■ 이반 3세의 확장, 1462~1505년
■ 바실리 3세의 확장, 1505~1533년
■ 이반 4세의 확장, 1533~1584년

■ 키예프루스가 몽골제국에 복속된 이후 모스크바대공국을 중심으로 하는 러시아의 성장과 팽창 과정을 보여준다. 모스크바대공국은 주치울루스의 통치가 이완되자 주변 공국들을 통합하기 시작했다. 이반 3세 때 주치울루스로부터 독립(1480)하며 팽창했다. 야로슬라블공국(1463), 로스토프공국(1474), 노브고로드공국(1478), 트베리대공국(1485)을 복속하고 서쪽으로 더 나아가 폴란드리투아니아로부터 많은 영토를 획득했다. 동쪽으로는 북극해에서 우랄산맥에 이르는 지역을 손에 넣었다. 바실리 3세 때 프스코프(1510), 스몰렌스크(1514), 랴잔공국(1521), 노브고로드세베르스키공국(1522)을 합병했고, 이반 4세 치세에 카잔칸국(1552), 아스트라한칸국(1556)을 정복한 뒤, 1580년 시베리아로 진출했다.

# 아바스왕조와 셀주크튀르크

우마이야왕조는 100년도 안 되는 시간 동안 급속히 팽창했지만, 아랍계가 특권을 독점하면서 내부 갈등이 심해졌다. 결국 호라산을 근거지로 삼은 아바스 일가가 비아랍계, 시아파와 함께 우마이야왕조를 무너트리고 아바스왕조(750~1258)를 세웠다. 756년 우마이야왕조 마지막 군주의 손자 아브드 알라흐만 1세는 이베리아로 건너가서 후우마이야왕조를 세웠다. 아바스왕조는 "이슬람교를 믿는 모든 이들을 위한 국가"를 표방했다. 2대 칼리프 알만수르가 수도를 다마스쿠스에서 바그다드로 옮긴 것도 그런 맥락으로 이해할 수 있다. 바그다드는 군사적 요충일 뿐 아니라 해상로를 통해 인도, 중국과 연결되고, 실크로드와 가까워 메디나와 메카로 향하는 성지순례의 거점 역할도 할 수 있었다.

아바스왕조는 알라시드(재위 786~809) 시대에 전성기를 맞았다. 이후 실권을 가진 지방 총독들이 독립왕조를 세우며 난립했지만 아바스왕조 칼리프의 종주권은 인정했다. 그러나 909년 북아프리카 서부에서 파티마왕조가 등장하면서 상황이 달라졌다. 동쪽으로 이집트까지 영역을 확장하여 새로운 수도 카이로를 건설한 파티마왕조가 아바스왕조의 칼리프를 부정하고 스스로 칼리프라 칭한 데 이어 후우마이야왕조의 군주 알라흐만 3세(재위 912~961)도 929년 칼리프를 칭하면서 이슬람 세계에 세 명의 칼리프가 난립했다. 한편 아바스왕조 동부의 중앙아시아에서도 사만왕조, 부와이왕조, 가즈니왕조 등 여러 독립왕조가 출현했다. 이들 중 페르시아계 부와이왕조(934~1062)가 945년 바그다드를 점령함으로써 아바스왕조의 칼리프는 종교적 권위만 남은 신세로 전락했다.

부와이왕조의 뒤를 이어 중앙아시아 튀르크계 유목민 출신인 투그릴 베그가 세운 셀주크튀르크가 강력한 세력으로 성장했다. 그는 여러 이슬람왕조의 용병으로 활약하며 힘을 키우다가, 1055년 아바스왕조의 칼리프를 부와이왕조의 위협으로부터 구원한다는 명분으로 바그다드로 입성하여 '술탄' 칭호를 받았다.

셀주크튀르크는 비잔티움제국 공격을 시도했다. 2대 술탄 알프 아르슬란(재위 1064~1072)이 1071년 만지케르트전투에서 승리하

## 아바스왕조의 분열, 970년경

- 이슬람국가
- 기독교국가

■ 970년경 아바스왕조 내부에서는 사만왕조(819~999), 부와이왕조(932~1062), 가즈니왕조(963~1186) 등 여러 독립왕조가 분립하고 있었다. 이 가운데 아바스왕조의 수도 바그다드를 장악한 부와이왕조가 주도권을 잡았다. 이 시기에 서쪽에서는 비잔티움제국이 바실리오스 2세 치세의 부흥기를 맞고 있었다.

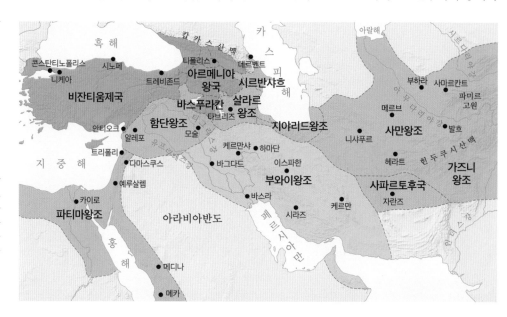

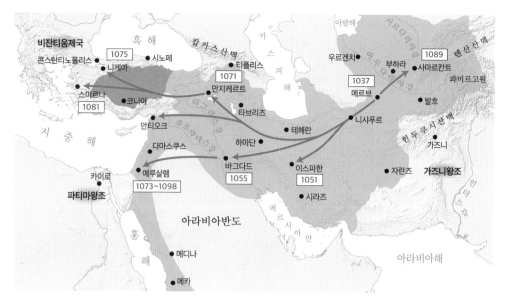

셀주크튀르크의 최대 영역

→ 셀주크튀르크의 팽창
1037 점령 시기
대셀주크제국
룸술탄국 영역

고 비잔티움 황제 로마누스 4세를 생포한 사건을 계기로 아나톨리아가 이슬람화했다. 3대 술탄 말리크샤 1세(재위 1072~1092)는 1077년 파티마왕조의 다마스쿠스와 예루살렘을 정복했다. 이로써 셀주크튀르크의 영토는 서쪽으로 지중해, 동쪽으로 텐산산맥에 이르렀다. 이들의 팽창은 기독교 세계를 공포로 몰아넣었고, 결국 1차 십자군전쟁을 촉발했다.

1092년 말리크샤 1세가 죽자 계승 분쟁이 발생하여 셀주크튀르크는 대셀주크제국과 여러 술탄국으로 분열했다. 그중 가장 오랫동안 강력하게 존속한 나라는 룸술탄국(아나톨리아셀주크, 1077~1308)이었다. 만지케르트전투 이후 많은 튀르크인이 아나톨리아로 들어왔는데, 그중 쉴레이만이라는 인물이 룸술탄국을 세우고

1081년 니케아(이즈니크)를 수도로 삼았다. 그러나 1096년 1차 십자군전쟁에서 패한 룸술탄국은 니케아를 포기하고 아나톨리아 중심부의 코니아(옛 이름 이코니움)로 수도를 옮겼다. 80여 년 뒤인 1176년 미리오케팔론전투에서 비잔티움제국에게 승리하는데, 이는 비잔티움제국에 큰 타격을 가했다.

1192년 대셀주크제국이 멸망하면서 셀주크튀르크 계열의 나라는 룸술탄국만 남았다. 6차 십자군전쟁이 끝나고 얼마 뒤 몽골제국이 서아시아로 쳐들어왔고, 룸술탄국은 1243년 쾨세다그에서 몽골군에게 패했다. 1258년 아바스왕조의 수도 바그다드가 몽골군에게 점령당하고 50년이 지난 1308년 룸술탄국도 몽골에 의해 멸망했다.

룸술탄국의 확장

1100년경
1174년에 합병한 영토
1182년에 비잔티움으로부터 병합한 영토
1240년의 정복
✳ 주요 전투(시기)

**룸술탄국 시기의 해안 성채 '키즐 툴레(붉은 탑)'** 1226년에 건설한 높이 33미터, 너비 12.5미터의 탑. 튀르키예 안탈리아주 알라니아 소재.

# 십자군전쟁

비잔티움제국은 바실리오스 2세의 치세에 부흥에 성공하지만 11세기 후반 동쪽에서 새로운 위기가 찾아왔다. 셀주크튀르크가 1071년 만지케르트전투에서 승리하고 비잔티움제국을 잠식하며 압박해온 것이다. 위기를 느낀 비잔티움 황제 알렉시우스 1세는 로마 교황 우르바누스 2세에게 셀주크튀르크 공격에 대한 지원을 요청했다. 알렉시우스가 부탁한 것은 자국 영토의 회복이었지만, 교황은 가톨릭 성지 탈환에 더 매력을 느꼈다.

1095년 우르바누스 2세는 클레르몽회의를 열고 유럽인들의 참여를 독려하여 1차 십자군 전쟁을 일으켰다. 이듬해 유럽 각지에서 세 갈래로 진군한 십자군은 콘스탄티노폴리스를 거쳐 팔레스타인으로 진격했다. 1098년 십자군의 일부 세력이 정착하여 에데사백국과 안티오크공국을 세웠고, 그 밖의 십자군도 계속 남하하여 1099년 예루살렘을 정복하고 예루살렘왕국을 세웠다. 이렇게 해서 1차 십자군전쟁이 끝났는데, 3년 뒤 예루살렘왕국의 북쪽에 트리폴리

백국이 들어서면서 모두 네 개의 십자군국가가 팔레스타인과 시리아 지역을 지배하는 형국이 되었다.

1144년 에데사백국이 장기왕조의 창시자 장기에게 위협을 받자 유럽은 다시 십자군을 결성하지만, 2차 십자군전쟁에서는 성과를 거두지

■ 1~4차 십자군의 주요 이동 경로를 한 지도에 담았다. 프랑스와 독일에서 출발한 1~2차 십자군은 주로 육로를 이용해서 비잔티움제국의 수도 콘스탄티노폴리스를 거친 뒤 아나톨리아를 통과해 시리아와 레반트로 향했다. 3차 십자군에 참전한 잉글랜드의 리처드 1세는 해로를 통해 레반트에 도착한 점에 눈에 띈다. 4차 십자군의 경우, 베네치아에 집결한 뒤 출발했지만 콘스탄티노폴리스 약탈과 라틴제국의 형성이라는 결과를 초래했다.

못했다. 20여 년 뒤에는 다른 십자군국가에도 위기가 닥쳤다. 파티마왕조를 멸망시키고 셀주크튀르크마저 물리친 뒤 1171년 아이유브왕조를 세운 살라딘(재위 1174~1193)이 1187년 하틴전투에서 승리하며 예루살렘을 포함한 팔레스타인 일대를 장악했다. 십자군국가는 레반트의 몇몇 해안도시로 영역이 확 줄어든 채 살라딘에게 포위된 형국으로 몰렸다. 1189년 일어난 3차 십자군은 레반트에 상륙해 일부 전투에서 살라딘에 승리하지만 예루살렘 정복에는 이르지 못했고, 살라딘과 협상을 통해 가톨릭 순례자들의 안전을 보장받는 데 만족해야 했다.

4차 십자군은 예루살렘이 아니라 아이유브왕조가 지배하는 이집트를 목표로 삼았다. 1202년 10월, 십자군은 수송과 보급을 맡은 베네치아에 집결해 항해 준비를 마쳤지만 비용을 지불할 수 없게 되자, 베네치아의 요구대로 진로를 변경하여 달마티아의 자라를 정복하고 그 절반을 베네치아에 제공했다. 그 무렵 비잔티움제국 내에서 제위 승계를 둘러싸고 내분이 일어났다. 십자군은 이집트 원정에 필요한 군사를 지원받는다는 조건으로 개입하여 문제를 해결해주었지만, 약속이 지켜지지 않자 1204년 4월 콘스탄티노폴리스를 약탈하고 비잔티움의 주요 지역에 라틴제국(1204~1261)을 세웠다.

5차 십자군과 7차 십자군은 이집트를 우선 정복하고 나서 예루살렘을 점령하는 것을 목표로 삼았다. 다미에타 정복에는 성공했지만 거기까지였다. 신성로마제국 황제 프리드리히 2세가 이끈 6차 십자군은 전투가 아닌 외교를 통해 예루살렘을 되찾고, 아이유브왕조와 10년 동안 평화를 유지하기로 약속했다. 이후 아이유브왕조는 이집트 아이유브와 시리아 아이유브로 분열되었는데, 1244년 이집트 아이유브가 예루살렘을 점령했다. 8차 십자군전쟁은 1268년 맘루크왕조가 안티오크공국을 점령한 것에 대한 대응이었지만, 7차에 이어 십자군을 이끌었던 루이 9세가 병으로 죽으면서 시작하기도 전에 끝났다. 이로써 여덟 차례에 걸친 십자군전쟁이 모두 막을 내렸다.

**라틴제국과 비잔티움 후계국, 1204~1261년**
- 라틴제국과 봉신국
- 비잔티움 후계국
- 베네치아공화국령

**5~8차 십자군전쟁**
- 5차 십자군, 1217~1221년
- 6차 십자군, 1227~1229년
- 7차 십자군, 1248~1254년
- 8차 십자군, 1270년
- 로마가톨릭 세력권
- 동방정교회 세력권
- 아르메니아정교 세력권
- 이슬람 세력권

**4차 십자군의 콘스탄티노폴리스 약탈** 1204년 4월 9일 십자군은 콘스탄티노폴리스 성벽을 향해 전면공격을 개시했다. 4월 12일 두 개의 탑을 돌파하며 비잔티움의 방어선을 무너뜨리고 도시로 진입한 십자군은 수비군과 주민을 학살하고 건물들을 불태운 뒤 사흘간 도시를 약탈했다.

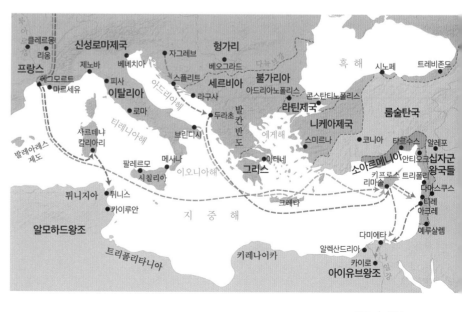

# 세 종교의 성전,
# 예루살렘

거대한 세 종교가 탄생한 도시이자 문명의 역사와 정치가 충돌한 혼돈의 도시, 그곳의 이름은 예루살렘이다. 도시의 동쪽에는 올리브산이 있다. 유일신 전통에 따르면 최후의 심판이 이곳에서 열린다. 중앙에는 오펠언덕이 있다. 오늘날 사람들은 이곳을 '성전산(하람 알샤리프)'이라고 부른다. 남쪽에는 시온언덕이 있다. 유대민족의 국가 건설을 뜻하는 '시온주의'의 이름이 여기에서 나왔다.

기원전 20~19세기 무렵에 메소포타미아 출신의 아브라함이 신의 부름을 받고 사막을 가로질러 가나안 땅 헤브론으로 왔다. 그는 아들 '이삭'(이슬람 전통에서는 '이스마엘')을 희생제물로 바치기 위해 오펠언덕 꼭대기로 갔다. 그런데 마지막 순간에 천사가 나타나 아들 대신 '숫양'을 바치라고 명령했다. 이후 아브라함이 제사를 지낸 바위에서 유대교, 크리스트교, 이슬람교가 시작됐다.

시작은 유대교다. 아브라함의 또 다른 아들 '야곱'에서 유대의 역사가 시작되면서 그는 이스라엘 열두 지파의 시조가 되었다. 이스라엘왕국의 다윗과 솔로몬 왕 시기(기원전 11~10세기)에 이 도시에 요새와 궁전을 짓고, 오펠언덕에 성전을 건설했다. 솔로몬은 모세가 신에게 받은 율법(십계명)을 적은 계약궤를 성전 지성소에 봉헌했다.

기원전 586년, 신바빌론의 네부카드네자르 왕이 유다왕국의 수도 예루살렘을 점령했다. 그는 도시를 약탈하고 왕궁과 신전을 파괴했으며, 예루살렘 사람들을 포로로 끌고 갔다(바빌론유수). 바빌론 포로 생활의 참상은 역설적으로 유대인의 기억 속에서 예루살렘을 더욱 거룩한 도시로 만들었다. 이 시기에 유대인은 경전(구약성경)을 만들고 민족 정체성을 강화했다. 한편, 훗날 무함마드는 네부카드네자르의 예루살렘 파괴를 계기로 신의 뜻이 유대인을 떠나 자신에게 왔다고 주장했다.

아케메네스왕조 페르시아의 키루스 2세가 도시 재건을 허락한 이후 알렉산드로스제국, 프톨레마이오스왕조, 셀레우코스왕조의 지배를 차례로 받았다. 그러다 기원전 164년 '유다 마카베오'가 예루살렘의 통치권을 되찾고 성소를 정화했다.

헤롯왕조(기원전 40년경~기원후 10년경)가 유대민족을 통치하던 시기에 이스라엘 지역에서는 로마의 세력이 날로 강해졌다. 당시 유대인 삶의 토대는 예언에 대한 연구와 율법 준수, 그리고 예루살렘 순례였다. 이때 예수가 등장하여 사제들의 권력과 사원의 부패를 고발했다. 그는 스스로를 '사람의 아들'이라 말하며 복음을 전파하고 "회개하라. 하늘나라가 가까이 왔다"라고 심판의 날을 경고했다. 기원후 30년경 유월절(모세의 이집트 탈출을 기념하는 유대 명절)에 예수는 예루살렘에서 체포되었고, 로마 총독에게 십자가형을 선고받았다. 그러나 사흘 만에 부활하여 올리브산에서 하늘로 올라갔다고 전해진다. 이후 예수의 복음과 그 제자들의 선교로부터 '신약성경'과 '크리스트교'가 발전했다. 예수의 무덤에는 성묘교회가 건설되었다.

7세기 초, 천사의 목소리가 또 한 사람을 찾아갔다. 신의 계시를 받고 신의 사자가 된 무함마드는 이슬람교를 일으켰다. 그는 622년 이슬람력 원년에 예루살렘성전을 첫 번째 키블라, 즉 예배의 방향으로 채택했다. 이후 이슬람교가 확산되는 과정에서 무함마드가 예루살렘을 향해 밤의 여정(이스라)을 떠났고, 훗날 거기서 하늘로 승천(미라지)했다는 전설이 만들어졌다. 현실의 무함마드는 632년 메디나에서 사망했다. 그러나 얼마 후 예루살렘을 점령한 초기 무슬림 정복자들은 성전산 바위 남쪽에 선지자 무함마드가 승천한 예배당, 알아크사 모스크를 건설했다.

## 예루살렘 도시의 역사

**기원전 1000년경**
다윗과 솔로몬의 통치. 성전산에 성소 건설

**기원전 586년**
네부카드네자르의 침공과 성전 파괴

**기원전 539년**
키루스 2세가 예루살렘 재건 허락

**기원전 63년**
로마가 예루살렘 통치 시작

**30년경**
로마 총독 폰티우스 필라투스, 예수 재판

**129년**
로마 하드리아누스 황제, 예루살렘에 식민도시
'아일리아 카피톨리나' 건설

**325년**
로마 콘스탄티누스 황제의 모친 헬레나, 예루살렘 성묘 방문

**362년**
로마 율리아누스 황제, 예루살렘에 유대성전 재건

**614년**
사산왕조 페르시아가 예루살렘 정복

**638년**
이슬람 세력이 예루살렘 점령

**692년**
우마이야왕조, 예루살렘에 바위돔 건설

**1009년**
칼리프가 성묘 파괴

**1047년**
순례자 나시르 쿠스라우가 성묘 재건

**1073년**
셀주크튀르크가 예루살렘 통치

**1099년**
십자군이 예루살렘 점령

**1187년**
살라딘이 예루살렘 탈환

**1129년**
야파조약. 십자군전쟁을 10년간 중지하고 예루살렘을 공동
통치하는 평화조약 체결

**1261년**
맘루크왕조가 예루살렘 통치

**1267년**
시온언덕에 유대교 회당 건설

**1335년**
성프란체스코회, 시온언덕에 수도원 건설

**1516년**
오스만제국의 술탄 셀림 1세, 예루살렘 차지

**1767년**
그리스인들이 성묘 감독권 획득

**1838년**
영국, 최초로 예루살렘에 영사관 설치

**1897년**
스위스 바젤에서 제1회 시온주의자회의 개최

**1917년**
영국군이 예루살렘 점령

**1942년**
예루살렘 랍비들, 홀로코스트 희생자를 위한 기도회 개최

**1947년**
팔레스타인과 예루살렘 분할을 놓고 유엔 투표

**1948년**
이스라엘 독립과 예루살렘 분리 선언

**1967년**
이스라엘이 동예루살렘 점령

**1980년**
이스라엘, '예루살렘은 분리할 수 없는 수도'라고 주장

**2017년**
미국 대통령 도널드 트럼프, "예루살렘은 이스라엘의
수도"라고 발언

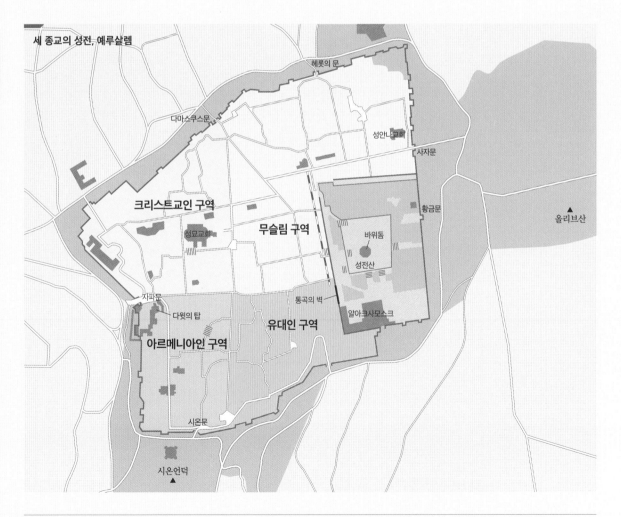

세 종교의 성전, 예루살렘

# 송과 거란·여진·탕구트

**907년**
야율아보기가 거란 건국
이후 916년 칭제

**926년**
거란이 발해를 멸망시킴

**937년**
거란이 국호를 요로 바꿈

**960년**
조광윤이 송 건국하고 개봉에 도읍

**963~979년**
송 태종의 중국 통일

**1004년**
거란과 송이 전연의 맹약 체결

**1115년**
여진의 완안아구타가 금 건국

**1125년**
금이 요를 멸망시키고 송 개봉 포위

**1127년**
정강의 변으로 북송 멸망
남송 건국

**1234년**
몽골의 공격으로 금 멸망

**1279년**
남송 멸망

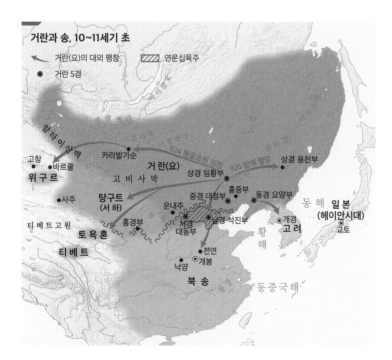

중국에서는 907년 주전충이 당을 멸망시키고 후량을 건국하면서 오대십국시대가 시작되었다. 오대십국이란, 화북 지방을 순차적으로 차지한 다섯 왕조(후량·후당·후진·후한·후주)와 같은 시기 강남에 수립된 열 개의 지방정권(오·전촉·후촉·남당·오월·민·초·형남·남한·북한)을 가리킨다.

당이 멸망한 그해에 북방의 시라무렌강과 랴오허 유역에서 거란의 야율아보기가 나라를 세웠다. 거란(요)은 924년 서쪽으로 카라발가순을 거쳐 바르쿨(포류해), 서남쪽으로 토욕혼과 탕구트를 공격했다. 그리고 926년 동쪽으로 발해를 정복했다. 10년 뒤에는 중원으로 영역을 확장했다. 후진의 석경당이 후당(923~936)을 멸망시킬 때 도와준 대가로 936년 연운십육주를 할양받았다. 이후 거란은 서쪽으로 알타이산맥, 동쪽으로 아무르강 하류, 남쪽으로 연운십육주에 이르는 대제국으로 성장했다.

중원에서는 960년 후주의 절도사 조광윤이 송을 건국했다. 그가 형남(963), 후촉(965), 남한(971), 남당(975)을 정복한 데 이어 아들 태종이 오월(978), 북한(979)을 멸망시켜 당 멸망 이후 70여 년의 분열을 끝내고 중국을 다시 통일했다. 태종은 이 여세를 몰아 두 차례에 걸쳐 거란을 공격하지만 모두 참패하고 연운십육주 수복에 실패했다.

그 후 오히려 거란이 공세를 폈다. 1004년 거

란이 송을 공격하여 승리했고, 그 결과 양국은 '전연의 맹약'을 맺었다. 송이 매년 거란에 막대한 양의 물자를 지급하면 거란은 평화를 보장한다는 내용으로, 이후 송과 거란은 중원을 사이에 두고 한동안 공존했다.

한편 송의 서북부에서 탕구트(서하)가 성장하고 있었다. 처음에는 송에 복속했으나 1038년 이원호가 부족을 통합하고 강력한 세력을 이루면서 송의 지배를 거부했다. 송은 1040~1041년 탕구트를 공격했으나 실패했고, 거란에게 그랬던 것처럼 막대한 물자를 지급하기로 약속하고 후퇴했다.

한편 11세기 만주 지역에는 발해 멸망 이후 남하하여 이름을 '말갈'에서 '여진'으로 바꾼 이들이 살고 있었다. 그중 '생여진'은 북만주에서 유목생활을 유지한 반면 '숙여진'은 거란에 복속되어 농경생활을 했다. 1115년 생여진의 완안아구타가 여진(금)을 건국하고 이듬해에 요

동을 차지했다. 여진의 2대 황제 태종은 1125년 거란을 정복한 데 이어 이듬해에 송의 수도 개봉을 함락시켰다. 송 조정은 황제 흠종과 상황 휘종이 여진에 포로로 붙잡힌 뒤, 남중국으로 내려가 임안(항저우)을 새 수도로 정했다(그 이전은 '북송', 이후는 '남송'). 여진의 영역은 만주에서 장성을 넘어 화이허에 이르렀다. 4대 해릉왕 때 중도(수도)를 지금의 베이징으로 옮겼는데, 중국 역사에서 베이징이 수도가 된 것은 이때가 처음이다.

한편 거란이 멸망한 뒤 야율대석이 유민들을 이끌고 중앙아시아로 이주하여 카라키타이(서요)를 건국했다. 이들은 서쪽으로는 아무다리야강, 동쪽으로는 탕구트와 접했으며 동북쪽으로는 나이만과 마주했다. 제국의 수도는 발라사군이었고, 사마르칸트는 제2의 중심지였다. 그러나 100년을 지속하지 못하고 나이만에 의해 멸망했다.

**임제사 성령탑** 당 함통 8년(867) 임제선사가 입적한 뒤 이 탑을 짓고 사리를 장엄했다. 이후 전란으로 파괴된 탑을 금 대정 23년(1183) 재건했다. 요와 금 시대의 전형적 건축양식을 볼 수 있다.

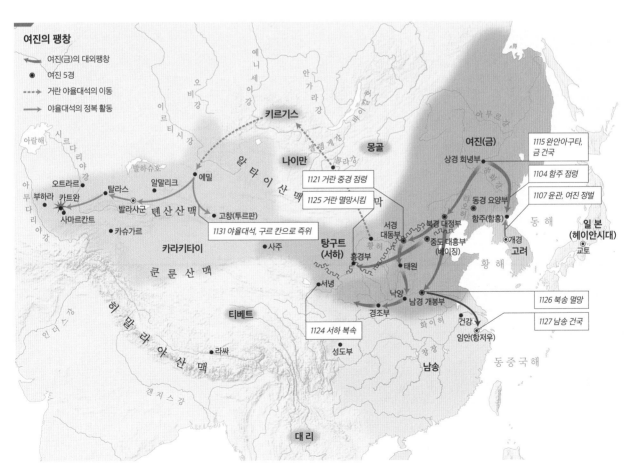

**여진의 팽창**

→ 여진(금)의 대외팽창
● 여진 5경
- - → 거란 야율대석의 이동
→ 야율대석의 정복 활동

키르기스
에니세이강
안가라강
오비강
이르티시강
아랄해
시르다리야강
오트라르
부하라 카트완
탈라스
사마르칸트
발라사군 텐산 산맥
알말리크
에밀
카슈가르
카라키타이
쿤룬 산맥
고창(투르판)
**1131 야율대석, 구르 칸으로 즉위**
사주
히말라야 산맥
인더스강
티베트
라싸
갠지스강
대리

나이만
몽골
알타이 산맥
셀렝게강
오르콘강
툴라강
**1121 거란 중경 점령**
**1125 거란 멸망시킴**

여진(금)
아무르강
상경 회녕부
쑹화강
동경 요양부
**1115 완안아구타, 금 건국**
**1104 함주 점령**
**1107 윤관, 여진 정벌**
함주(함흥)
동 해
일본
(헤이안시대)
교토
개경
고려
황 해

탕구트
(서하)
흥경부
황허
서경 대동부
북경 대정부
중도 대흥부
(베이징)
태원
낙양
**1124 서하 복속**
서녕
경조부
남경 개봉부
건강
임안(항저우)
성도부
**1126 북송 멸망**
**1127 남송 건국**
화이허
창장강
남송
동중국해

# 잉글랜드와 프랑스의 백년전쟁

1337년 잉글랜드와 프랑스 사이에 백년전쟁이 발발했다. 양국 간의 오랜 영토 갈등이 그 배경으로, 1066년 잉글랜드 노르만왕조의 탄생이 그 출발점이었다. 당시 윌리엄 1세는 잉글랜드의 왕인 동시에 프랑스의 봉신인 노르망디 공작이었다. 이러한 관계는 헨리 2세(1154~1189)의 치세까지 이어지는데, 그는 상황을 한층 더 복잡하게 만들었다. 아버지가 프랑스 앙주 가문 출신인 덕분에 앙주를 물려받고(1151) 혼인을 통해 아키텐(1152)을 차지한 데 이어 브르타뉴(1166)도 손에 넣었다. 다른 한편으로는 1154년 도버해협을 건너가 잉글랜드 왕으로 즉위하고 웨일스와 아일랜드 일부를 차지한 뒤 스코틀랜드에 대해서도 영향력을 확대했다. 그렇게 해서 스코틀랜드 국경에서 피레네산맥에 이르는

대제국을 형성했다. 당시 헨리 2세는 프랑스의 루이 7세(1137~1180)보다 더 넓은 영토를 갖고 있었다. 이를 '앙주제국'(1154~1214)이라 부른다.

프랑스는 카페왕조(987~1328)의 시대였다. 7대 국왕 필리프 2세(재위 1180~1223)가 1204년 잉글랜드에 대한 반격을 시작했다. 그는 1214년 부빈전투에서 잉글랜드 왕 존(재위 1199~1216)에게 승리하고 노르망디, 앙주, 멘, 투렌, 푸아투 등을 빼앗으며 앙주제국을 무너뜨렸다. 이후 잉글랜드의 프랑스 내 영역은 1259년 파리조약으로 보존한 아키텐의 일부 지역으로 축소되었다. 잉글랜드 왕이 프랑스 왕의 봉신 신분이었기 때문에 이 지역을 두고 두 나라의 불편한 관계가 지속되었다.

1328년 카페 가문의 샤를 4세가 후사 없이 죽자, 발루아 가문의 필리프 6세가 프랑스 국왕으로 즉위했다. 그러자 샤를 4세의 누이이자 잉글랜드 왕비였던 이사벨라가 자신의 아들 에드워드 3세에게 프랑스 왕위 계승권이 있다고 주장했다. 위기감을 느낀 필리프 6세가 1337년 잉글랜드 왕의 아키텐령을 몰수하자 잉글랜드의 에드워드 3세가 전쟁을 일으켰고, 이로써 백년전쟁이 시작되었다. 프랑스의 플랑드르는 유럽 최대의 모직물 공업지대인데, 원료인 양모는 잉글랜드산이어서 잉글랜드 편에 섰다. 결국 아키텐령과 플랑드르에서 두 나라가 치열하게 싸웠다.

1340년 도버해협의 제해권을 장악한 잉글랜드는 노르망디에 상륙(1345)한 뒤 크레시전투(1346)에서 승리하고 칼레를 포위해 항복을 받아냈다(1347). 푸아티에에서 승리하고(1356) 프랑스 새 국왕 장 2세를 포로로 잡은 뒤 1360년 브레티니칼레조약을 체결했다. 에드워드 3

**앙주제국, 12세기 중반**

스코틀랜드
· 에든버러

북 해

아일랜드
· 더블린

요크 ·

웨일스   잉글랜드

런던 ·
카디프 ·
도버 ·    · 칼레
· 부빈
플랑드르

라인강

· 쾰른

· 마인츠

대 서 양

노르망디   루앙
캉 ·    · 루앙
· 파리

신성로마제국

모젤강

멘
브르타뉴   앙주    · 오를레앙
투렌    프랑스    · 디종
푸아투   푸아티에   왕국   부르고뉴

론강

· 리옹

오베르뉴

보르도 · 아키텐

· 오베르뉴

- 헨리 2세의 영역(잉글랜드)
- 헨리 2세의 영역(프랑스)
- 프랑스왕국
- 프랑스 왕 직할령
- 툴루즈백작령

툴루즈
가스코뉴   툴루즈

· 프로방스

피 레 네 산 맥

지 중 해

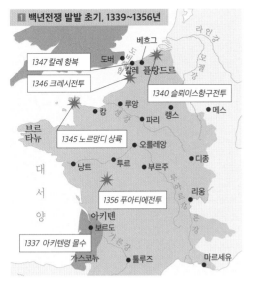

**1 백년전쟁 발발 초기, 1339~1356년**

1347 칼레 항복
1346 크레시전투
베흐그
도버
칼레 플랑드르
1340 슬뢰이스항구전투
캉 루앙 메스
브르타뉴
1345 노르망디 상륙
파리 랭스
오를레앙
낭트 투르 부르주 디종
리옹
1356 푸아티에전투
아키텐
보르도
1337 아키텐령 몰수
가스코뉴 툴루즈

라인강
모젤강
대서양

**2 브레티니칼레조약 당시, 1360년**

도버
베흐그
1360 브레티니칼레조약
(5월 브레티니에서 초안,
10월 칼레에서 비준)
칼레
퐁티외
루앙 메스
캉 파리 랭스
브레티니
브르타뉴
오를레앙
낭트
푸아투
푸아티에
페리고르 리무쟁
아키텐 쿼르시
보르도
투르 부르주 디종
리옹
툴루즈 마르세유

라인강
모젤강
대서양

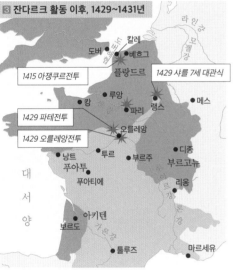

**3 잔다르크 활동 이후, 1429~1431년**

칼레
도버
베흐그
플랑드르
1415 아쟁쿠르전투
1429 샤를 7세 대관식
루앙
1429 파테전투
캉 파리 랭스 메스
1429 오를레앙전투
오를레앙
낭트 투르 부르주 디종 부르고뉴
푸아투
푸아티에 리옹
아키텐
보르도
툴루즈 마르세유

라인강
모젤강
대서양

**4 백년전쟁 종결 무렵, 1449~1453년**

도버
베흐그
칼레
1449 포미니전투
포미니
루앙
캉 파리 랭스 메스
브르타뉴
오를레앙
낭트 투르 부르주 디종
푸아티에 부르고뉴
리옹
1453 카스티용전투
보르도
카스티용
툴루즈 마르세유

라인강
모젤강
대서양

**백년전쟁, 1337~1453년**

█ 잉글랜드
░ 프랑스
✴ 주요 전투

**1** 발발 당시 프랑스 서남부 아키텐의 일부 지역(가스코뉴)을 잉글랜드 왕이 프랑스 왕의 봉신으로서 소유하고 있었다. 앙주제국 시기보다 프랑스 내 잉글랜드의 영역이 크게 축소되었다(1259년 파리조약으로 아키텐령만 남음). 필리프 6세가 이 지역을 몰수하면서 백년전쟁이 시작됐다.

**2** 1360년 브레티니칼레조약으로 잉글랜드는 아키텐령 인근 지역과 북부 해안의 퐁티외, 칼레 등을 할양받았다. 그러나 1364년 장 2세에 이어 즉위한 샤를 5세가 평화협정을 파기하고 브레티니칼레조약으로 내준 영토 대부분을 탈환했다.

**3** 잉글랜드 국왕 헨리 5세가 프랑스의 수도 파리를 비롯한 프랑스 북부를 차지했다. 반면 프랑스는 플랑드르마저 부르고뉴에게 빼앗겨 영역이 크게 축소되었다. 그러나 1429년 잔다르크가 오를레앙의 포위를 풀고 파테에서 잉글랜드군을 격파하면서 프랑스는 반격을 시작할 수 있었다.

**4** 백년전쟁의 결과 잉글랜드는 칼레를 제외한 프랑스 모든 지역에서 철수했다.

세는 프랑스 왕위 계승권을 포기하는 대신 기존의 아키텐령 이외에 푸아투, 쿼르시, 페리고르, 리무쟁, 그리고 퐁티외와 칼레를 할양받았다. 프랑스도 반격에 나섰다. 푸아티에를 포함한 푸아투 지방 전부를 회복하고(1372) 아키텐을 점령함으로써(1374) 브레티니칼레조약으로 내준 영토의 대부분을 탈환했다.

양국은 1415년 전쟁을 재개했다. 잉글랜드의 헨리 5세(재위 1413~1422)가 아쟁쿠르(1415)와 노르망디(1417~1419)에서 승리하며 프랑스 영토의 거의 절반을 차지했다. 그러나 최후의 반전이 기다리고 있었다. 1429년 잔다르크가 등장하여 오를레앙을 포위한 잉글랜드군을

격파한 것이다. 얼마 후 잔다르크는 부르고뉴인들에게 붙잡혀 잉글랜드에 넘겨진 뒤 처형됐지만, 1435년 부르고뉴는 프랑스 편으로 돌아섰다. 결국 프랑스는 포미니(1449)와 카스티용(1453)에서 승리하여 칼레를 제외한 프랑스 내 모든 영토를 회복했다. 이로써 110여 년간 전투와 휴전을 반복했던 백년전쟁이 막을 내렸다. 백년전쟁을 거치며 등장한 민족의식과 애국심은 향후 두 나라가 민족국가로 나아가는 중요한 계기가 되었다.

**흑태자 에드워드** 잉글랜드 왕 에드워드 3세의 아들로 백년전쟁 초기에 잉글랜드군을 이끌며 크레시전투, 푸아티에전투 등에서 승리했다. 사진은 런던 캔터베리대성당의 에드워드 묘.

# 오스만제국의 발전

13세기 후반 아나톨리아반도에는 두 개의 커다란 나라가 존재했다. 서쪽의 비잔티움제국과 동쪽의 룸술탄국이다. 그런데 룸술탄국이 몽골에게 몰락하면서 크고 작은 공국들이 생겨났다. 그중 하나가 1299년경 오스만 1세(재위 1299~1326)가 소구트(쇠위트)에서 건국한 오스만공국으로, 곧 마르마라해 인근까지 영토를 확장했다. 2대 군주 오르한 1세(재위 1326~1362)는 1326년 실크로드의 거점 부르사를 정복하여 수도로 삼고, 비잔티움제국의 아시아 거점도시 이즈니크(니케아)와 이즈미트(니코메디아)를 장악했다. 1352년에는 갈리폴리(겔리볼루)를 차지하며 비잔티움제국과 직접 마주했다. 무라드 1세(재위 1383~1389)는 1362년 비잔티움으로부터 정복한 아드리아노폴리스(에디르네)로 천도하여 유럽 쪽에서도 콘스탄티노폴리스를 압박했다. 1389년 오스만제국은 1차 코소보전투에서 세르비아·보스니아 연합군에 승리함으로써 건국 90년 만에 발칸반도의 패권을 장악했다.

오스만제국이 다뉴브강을 경계로 유럽과 마주하자, 유럽은 헝가리 왕의 요청으로 대규모 십자군을 결성했다. 1396년 바예지드 1세(재위 1389~1402)가 니코폴리스에서 유럽 십자군과 격돌하여 승리함으로써 다뉴브강 이남과 불가리아를 오스만의 영토로 확정했다. 그리고 카이로에서 명목만 유지하던 칼리프로부터 '룸 세계의 술탄(유럽 세계의 술탄)'이라는 칭호를 받아 이슬람 세계의 최고 지도자로 우뚝 섰다. 그러나 얼마 뒤 바예지드 1세가 티무르에 패해 포로가 되었다가 사망했다. 이후 10여 년간 혼란이 있었지만, 무라드 2세(재위 1421~1451) 때 정복 전쟁을 재개하여 1430년 베네치아가 보유하던 테살로니카를 정복했다. 그의 아들 메흐메드 2세(재위 1451~1481)는 1453년 드디어 비잔티움제국을 멸망시키고 콘스탄티노폴리스를 수도로 정했다.

비잔티움제국이 멸망하고 10년 뒤인 1463년 유럽이 십자군을 결성하면서, 제1차 오스만베네치아전쟁이 일어났다. 이 과정에서 메흐메드 2세는 1475년 카파를 비롯한 크림반도 도시들을 손에 넣고 실크로드의 주요 거점인 흑해 전체를 장악했다. 1512년 바예지드 2세에 이어 즉위한 셀림 1세(재위 1512~1520)는 주로 제국의 동쪽과 남쪽에 대한 공격에 집중했다. 1514년 찰디란에서 승리하여 사파비왕조의 위협을 제거하는 한편, 1516년 맘루크왕조를 공격해 이듬해 멸망시켰다. 그 결과 오스만제국은 시리아와 팔

## 오스만제국의 성장, 1281~1453년

- 오스만 1세 건국 전, 1281년
- 오르한 1세 재위 말, 1326년
- 무라드 1세 재위 말, 1389년
- 오스만제국의 종속국

**헝가리왕국** 주변 국가

잉글랜드    폴란드리투아니아연합왕국    모스크바대공국

쾰른 · 프라하 · 크라쿠프
신성로마제국 ⑫빈 ⑬부다 · 수체아바
파리 · 뮌헨 · 몰다비아 · 아스트라한
낭트 · 프랑스 · ⑪모하치 · 크림칸국
· 베네치아 · 베오그라드 · 왈라키아 · 크림반도 · ⑤카파
알프스산맥 · 보스니아 · 트로고비슈테 · 흑 해 · 조지아 · 티빌리시
제노바 · 헤르체고비나 · 에디르네 · ③ · 바투마 · 카스피해
피레네산맥 · 달마티아 · ⑦ · 트레비존드 · 바쿠
스파냐 · 코르시카 · 로마 · 라구사(두브로브니크) · 콘스탄티노폴리스 · 앙카라
톨레도 · 사르데냐 · 나폴리 · 발칸반도 · ① · 아나톨리아 ⑧ · 찰디란 · 타브리즈 · 아제르바이잔
오트란토 ⑥ · 테살로니카 · 카라만 · 무술 · 카즈빈
그라나다 · 발레아레스제도 · 시칠리아 · 프레베자 ⑭ · 레스보스섬 · 에르글리 · 알레포 · 시리아
페스 · 그라나다 · 시라쿠사 · 모레아 ② 아테네 · 바그다드 · 이스파한
틀렘센 · 튀니스 · 지 중 해 · 베이루트 · 쿠웨이트 · 사파비왕조
⑮트리폴리 · 리비아 · 팔레스타인 · 카이로
이집트 ⑩ · 나일강 · 아라비아반도
(맘루크왕조) · 홍 해 · 무스카트
샤리프국 · 메디나
메카 · 수아킨
푼즈술탄국 · 아라비아해
아스마라 · 사나 · 아덴

**오스만제국의 전성기**

- ▮ 1451년의 오스만제국    ▮ 쉴레이만 1세의 팽창, 1566년경
- ▮ 메흐메드 2세의 팽창, 1481년경    ▮ 종속국
- ▮ 셀림 1세의 팽창, 1520년경    ▭ 종속국을 포함한 세력권

① 콘스탄티노폴리스 정복(1453)    ⑥ 오트란토 점령(1480)    ⑪ 모하치에서 대승(1526)
② 모레아에서 승리(1458~1460)    ⑦ 헤르체고비나 점령(1482)    ⑫ 1차 빈 포위(1529)
③ 트레비존드 정복(1461)    ⑧ 카라만 점령(1487)    ⑬ 헝가리 중남부 획득(1532)
④ 제노바에게 레스보스 획득(1462)    ⑨ 사파비왕조에 승리(1514)    ⑭ 프레베자해전(1538)
⑤ 크림반도 점령(1475)    ⑩ 맘루크왕조 멸망(1517)    ⑮ 트리폴리 점령(1551)

레스타인, 이집트를 장악하고, 아라비아반도의 메카와 메디나도 수중에 넣었다. 이 과정에서 맘루크왕조에 망명 중이던 아바스왕조의 칼리프로부터 칼리프 위를 이양받았다.

1520년 쉴레이만 1세(재위 1520~1566)가 즉위했다. 그의 치세는 오스만제국 최고의 전성기였다. 동시대에 유럽을 지배한 잉글랜드의 헨리 8세와 엘리자베스 1세, 프랑스의 프랑수아 1세, 신성로마제국의 카를 5세와 자웅을 겨루었다. 그는 우선 중부 유럽에 집중했다. 1526년 헝가리 남부 모하치에서 대승을 거둔 뒤 오스트리아로 진격, 빈을 포위하여 유럽을 긴장시켰다(1차 빈 포위). 쉴레이만 1세는 그다음으로 지중해 제해권 장악에 나섰다. 1538년 그리스 프레베자 근해에서 벌어진 해전에서 신성동맹을 격퇴하고, 베네치아로부터 모레아와 달마티아를 양도받았다. 한편 동쪽으로는 메소포타미아의 대부분 지역을 정복

하고 아라비아반도 남부의 무스카트와 아덴을 점령하여 페르시아만, 아라비아해, 홍해에 이르는 해로를 장악했다. 1551년에는 이집트의 서쪽으로 리비아의 트리폴리를 점령함으로써 북아프리카 연안도 통제했다. 이로써 오스만제국의 영토는 북쪽으로 현재의 헝가리에서 러시아 남부, 남쪽으로 알제리에서 페르시아만에 이르렀다.

**메흐메드 2세의 초상** 1453년 콘스탄티노폴리스를 함락시켜 비잔티움제국을 무너뜨리고 제국의 판도를 발칸반도와 아나톨리아 전역으로 확장함으로써 '정복자'라는 칭호를 얻었다.

**오스만제국 술탄 취임식 때 사용한 보검** 역대 술탄 취임식 때 사용한 보검으로 칼집 상단의 에메랄드에 쉴레이만 1세의 이름이 적혀 있다. 미국 뉴욕 메트로폴리탄미술관 소장.

# 중세 아프리카

아프리카의 역사는 이슬람 세력의 도래로 큰 전환점을 맞이했다. 7세기 초에 바브엘만데브해협을 건너 지금의 에티오피아 지역으로 첫발을 내디딘 것이 시작이었다. 이후 이슬람 세력은 지중해 남쪽 연안을 따라 북아프리카로 서진했다. 우마이야왕조는 670년 아프리카 최초의 아랍인 도시 카이루안을 건설한 데 이어 카르타고(698), 탕헤르(708)를 장악했다. 이로써 북아프리카의 지중해 연안은 이슬람의 영역이 되었다.

10세기 초에는 무함마드의 딸 파티마의 후손임을 내세운 파티마왕조(909~1171)가 등장했다. 수도 카이루안을 중심으로 동쪽으로 홍해 일대까지 팽창한 파티마왕조는 969년 이집트 지역을 정복하고 973년에 새 수도 알카히라(카이로)를 건설했으며, 레반트를 지나 시리아까지 정복했다. 그러나 11세기 후반부터 셀주크 튀르크의 성장과 십자군전쟁의 영향으로 쇠퇴하다가 12세기 후반에는 살라딘의 아이유브왕조(1171~1259)에 복속되었다. 살라딘은 1187

년 십자군으로부터 예루살렘을 탈환하고 1192년 사자왕 리처드와 평화협정을 맺었다. 1260년에는 아이유브왕조를 무너뜨린 맘루크술탄국이 아인잘루트에서 파죽지세의 몽골군을 막아냈다. 한편 지금의 모로코에서는 베르베르인이 알모라비드왕국(1040~1147)과 알모하드왕국(1130~1269)을 세웠다. 이들은 지브롤터해협을 건너 이베리아반도로 진출하는 한편 사하라 이남으로도 이슬람교를 전파했다.

북아프리카에 이슬람 세력이 자리를 잡으면서 사하라 이남 서아프리카와 교역이 활발해졌다. 7~8세기경 세네갈 북부와 나이저강을 근거지로 등장한 가나왕국이 이런 배경에서 성장했다(지금의 가나와 이름만 같을 뿐 위치와 계통은 관련 없음). 가나왕국 사람들은 사하라 횡단무역에 종사하면서 금을 수출하고 소금을 수입했다. 사하라 횡단무역의 발전으로 말리, 송가이 등 여러 나라들이 더 생겨났다. 팀북투를 수도로 삼은 말리왕국(1235~1670)은 대서양에서

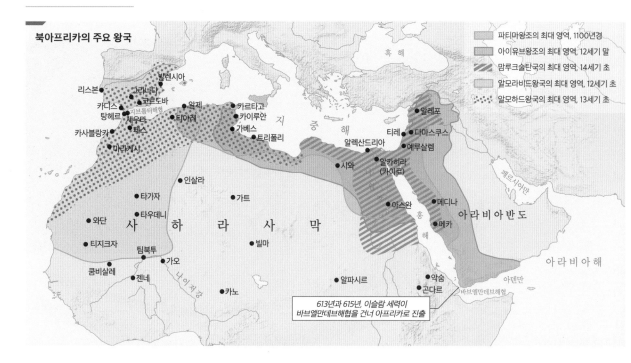

**북아프리카의 주요 왕국**

파티마왕조의 최대 영역, 1100년경
아이유브왕조의 최대 영역, 12세기 말
맘루크술탄국의 최대 영역, 14세기 초
알모라비드왕국의 최대 영역, 12세기 초
알모하드왕국의 최대 영역, 13세기 초

발렌시아 / 리스본 / 그라나다 / 코르도바 / 카디스 / 지브롤터해협 / 알제 / 탕헤르 / 세우타 / 페스 / 티아레 / 카사블랑카 / 마라케시 / 카르타고 / 카이루안 / 가베스 / 트리폴리 / 흑 해 / 알레포 / 티레 / 다마스쿠스 / 예루살렘 / 지 중 해 / 알렉산드리아 / 알카히라(카이로) / 시와 / 페르시아만 / 인살라 / 타가자 / 가트 / 와단 / 타우데니 / 사 하 라 사 막 / 아스완 / 메디나 / 메카 / 아 라 비 아 반 도 / 티지크자 / 팀북투 / 빌마 / 홍 해 / 아 라 비 아 해 / 쿰비살레 / 가오 / 나이저강 / 아덴만 / 바브엘만데브해협 / 젠네 / 카노 / 알파시르 / 악숨 / 곤다르

*613년과 615년, 이슬람 세력이 바브엘만데브해협을 건너 아프리카로 진출*

## 사하라 이남의 주요 나라들, 500~1500년경

■ 가나왕국
□ 말리왕국
■ 송가이왕국
■ 카넴제국

이베리아반도
카디스 지브롤터 알제
탕헤르 티아레 튀니스
카사블랑카 페스
콘스탄티노폴리스
트리폴리
지 중 해
이슬람 국가의 세력권
알렉산드리아
시와 카이로
메카
아 라 비 아 반 도

말리왕국 (1235~1670년)
인살라
사 하 라 사 막
가나왕국 (7세기경~1240년)
타우데니
송가이왕국 (1464~1591년)
팀북투
월로프인 쿰비살레 가오
젠네 카넴왕국 카넴
카노
하우사왕국
풀라니
아칸
요루바왕국
베냉왕국 (12~19세기)
기니만
아스완
악숨왕국 (1~8세기) 악숨
곤다르
에티오피아왕국 (13~20세기)
아프리카의 뿔
소코트라
아 덴 만
모가디슈
바라와
키타라제국 (9~15세기)
빅토리아호
콩고강
루바왕국 (15~9세기)
룬다
콩고왕국 (14~9세기)
말린디
몸바사
잔지바르
킬와
스와힐리해안
인 도 양
대 서 양
말라위호
짐바브웨왕국 (12세기~1450년)
그레이트짐바브웨
소팔라
모잠비크섬
프리메이라스섬
켈리마느
마다가스카르
나탈(더반)
모셀만
오렌지강

아프리카 동해안의 항구도시 킬와 유적 스와힐리해안의 도시 중 하나로, 기원후 1세기부터 중요한 무역항이었으며, 기원후 600년에서 1500년 사이 스와힐리인이 도시를 건설했다. 1981년에 유네스코 세계유산에 등재됐다.

시작해 나이저강을 따라 뻗어 있었는데, 1240년 가나왕국이 멸망하자 영토를 더욱 확장했다. 무사 1세(만사 무사, 재위 1312~1337)는 1324년 이집트 카이로를 거쳐 아라비아반도로 건너가 메카를 순례했는데, 이때 6만 명을 동원하고 금 10만 톤을 가져갔다고 한다. 이 무렵 말리는 서쪽으로 대서양까지, 동쪽으로는 오늘날 나이지리아까지 세력을 확장했다. 한편 1464년 가오를 수도로 하는 송가이왕국이 등장했다. 말리의 속국이었으나 손니 알리의 지휘 아래 말리를 포함한 주변 지역을 정복했다. 차드호 일대의 사바나 지역에는 카넴제국이 존재하고 있었다.

이슬람 세력의 확산으로 나일강 유역의 악숨왕국과 에티오피아의 기독교왕국들은 주변의 다른 기독교국가들과 단절되었지만, 이슬람 세력이 통치하던 이집트 지역과는 활발하게 교역했다. 에티오피아왕국은 14~15세기 동아프리카에서 가장 강력한 나라였으며 아라비아 및 인도를 대상으로 교역을 확대했다. 동쪽의 스와힐리해안 도시들은 인도양 교역에 종사하여 번성했다.

아프리카 동남부에서는 짐바브웨왕국(12세기~1450년경)이 발전했다. 석조 건축물로 유명

한 '그레이트짐바브웨' 유적을 통해 이 나라가 상당한 수준의 문명국가였음을 알 수 있다. 짐바브웨 상인들은 스와힐리해안 도시를 통해 인도양 무역과 연결되었고, 내륙 지역과는 금과 상아를 교역했다. 그러나 짐바브웨왕국은 15세기 이후 쇠퇴했고, 이 나라 사람들이 이주하여 무타파왕국을 세운 것으로 추정된다.

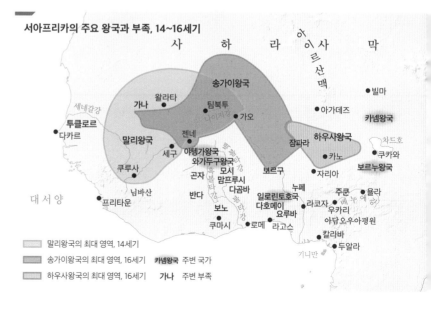

### 서아프리카의 주요 왕국과 부족, 14~16세기

사 하 라 사 막
아이르산맥
빌마
송가이왕국
왈라타 아가데즈
가나 팀북투 카넴왕국
세네갈강 가오
투쿨로르
다카르 젠네 하우사왕국 차드호
말리왕국 세구 잠파라 쿠카와
야텡가왕국 보르누왕국
와가두구왕국 카노
쿠루사 모시 자리아
곤자 맘프루시
남바산 다곰바 보르구 누페
반다 일로린토호국 주쿤 욜라
다호메이 우카리
보노 요루바 라코자 아담오우아평원
프리타운 쿠마시 로메 라고스 칼라바
보 베 누 에 강 두알라
기니만

□ 말리왕국의 최대 영역, 14세기
■ 송가이왕국의 최대 영역, 16세기 **카넴왕국** 주변 국가
■ 하우사왕국의 최대 영역, 16세기 **가나** 주변 부족

# 중세 인도

6세기 중반 굽타왕조가 붕괴하면서 인도 북부에는 여러 작은 나라들이 등장했다. 그중 바르다나왕국(580~647)이 두각을 나타냈다. 국왕 하르샤(재위 606~647)는 7세기 초반에 수도 카나우지를 중심으로 북부의 여러 나라를 통합했다. 당의 현장이 인도에 온 것도 그가 재위할 때였다. 하르샤 사후 바르다나는 쇠퇴하고 다시 여러 나라들이 난립했다. 데칸고원 일대에는 찰루키아왕국이 있었다. 이들은 북쪽의 바르다나, 남쪽의 팔라바, 동쪽의 칼링가와 경쟁하며 국가를 유지했다. 남쪽 타밀 지역에서는 팔라바왕국(600년경~893년경)이 수도 칸치푸람을 중심으로 강성했다.

8세기 초가 되자 인도 서북부로 이슬람 세력이 들어와 신드를 점령하고 인더스강을 따라 북상하여 펀자브의 일부를 장악했다. 10세기 이후에는 가즈니왕조(977~1186), 그리고 이를 무너뜨린 구르왕조(8세기~1215)가 본거지인 아프가니스탄에서 인도 북부로 세력을 확장했다. 13세기 초가 되자 이슬람 세력이 인도 북부를 본격적으로 지배했다. 구르왕조의 장군 아이바크가 곧 멸망할 구르왕조를 계승하여 1206년

델리를 수도로 새로운 나라를 세웠다. 이후 아이바크가 아바스왕조의 칼리프로부터 술탄의 칭호를 받았기 때문에 이 나라를 '델리술탄국'이라고 부른다. 이로써 인도 지역을 기반으로 하는 최초의 무슬림국가가 탄생했다. 하지만 이들은 힌두인에게 이슬람교를 강요하지 않았다. 피정복민들은 지즈야(인두세)를 내면 자신들의

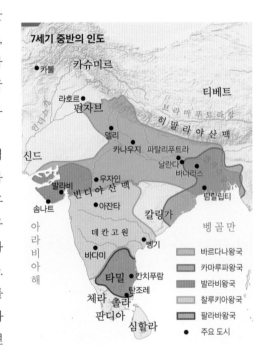

7세기 중반의 인도

카불 / 카슈미르 / 티베트 / 라호르 / 펀자브 / 브라마푸트라 강 / 히말라야 산맥 / 신드 / 델리 / 카나우지 / 파탈리푸트라 / 날란다 / 바나라스 / 발라비 / 빈디야 산맥 / 우자인 / 아잔타 / 탐랄립티 / 솜나트 / 데칸고원 / 칼링가 / 벵골만 / 바다미 / 벵기 / 아라비아해 / 타밀 / 칸치푸람 / 탄조레 / 체라 / 촐라 / 판디아 / 심할라

■ 바르다나왕국
■ 카마루파왕국
■ 발라비왕국
■ 찰루키아왕국
■ 팔라바왕국
● 주요 도시

## 가즈니왕조와 구르왕조

■ 가즈니왕조
■ 구르왕조
● 주요 도시

카스피해 / 아무다리야강 / 시르다리야강 / 톈산산맥 / 파미르고원 / 타림분지 / 메르브 / 발흐 / 쿤룬산맥 / 테헤란 / 니샤푸르 / 헤라트 / 카불 / 카슈미르 / 이스파한 / 가즈니 / 티베트고원 / 라호르 / 펀자브 / 브라마푸트라강 / 히말라야 산맥 / 신드 / 델리 / 카나우지 / 파탈리푸트라 / 날란다 / 바나라스 / 우자인 / 갠지스강 / 아라비아 해 / 발라비 / 나르마다강 / 탐랄립티

## 델리술탄국 4개 왕조

■ 노예왕조, 1206~1290년
■ 할지왕조, 1290~1320년
■ 투글루크왕조, 1320~1413년
■ 로디왕조, 1451~1526년

종교를 지킬 수 있었다. 한편 아이바크가 노예 출신이었기 때문에 그의 왕조를 '노예왕조'라고 부르기도 한다. 델리술탄국은 노예왕조가 끝난 뒤에도 할지왕조, 투글루크왕조, 로디왕조 등을 거치며 300년 넘게 존속했는데, 투글루크왕조는 티무르의 침공으로, 로디왕조는 바부르에 의해 멸망했다.

굽타왕조 몰락 이후 빈디아산맥 이남에서도 여러 왕조가 흥망을 거듭했다. 인도 남부의 타밀 지역에는 팔라바의 지배 아래 체라, 판디아, 촐라 등이 있었는데, 그중에서 촐라왕국이 9세기부터 두각을 나타냈다. 라자라자 1세(재위 985~1014) 때 지금의 카르나타카까지 영토를 확장한 데 이어 스리랑카섬을 70년간 지배했고, 몰디브도 정복했다. 그의 아들 라젠드라(재위 1014~1044)는 북쪽으로 세력을 확장하여 갠지스강 유역에 이르렀다.

촐라왕국은 해외로도 세력을 뻗었다. 라젠드라 시기에 동쪽의 버마로 나아가 그 남부의 페구 일대를 장악했고, 강력한 해군을 육성해 벵골만과 아라비아해를 석권함으로써 중국(송)과 페르시아만·홍해 교역을 연결했다. 이렇게 해

서 촐라는 굽타 이후 인도 최대의 제국으로 성장했다. 그러나 1257년 판디아의 침공을 받아 세력이 축소되다가 결국 1279년 멸망했다.

판디아는 마두라를 수도로 삼고 팔라야카얄을 개방했다. 이곳은 아라비아와 중국 상인들이 모여들던 교역도시로 마르코 폴로도 두 차례 방문한 바 있다. 그러나 판디아도 얼마 뒤인 1310년 이슬람 세력에 의해 멸망했다. 이후에는 델리술탄국의 투글루크왕조로부터 떨어져 나온 비자야나가라제국(1336~1646)을 주목할 만하다. 이들은 15세기에 남인도의 거의 모든 왕조를 정복하고 크리슈나강 유역을 합병하며 전성기를 구가했다. 그러나 1565년 데칸술탄국에게 패배하며 세력이 쇠퇴했다.

**쿠트브미나르** 힌두교와 이슬람교의 양식이 혼합된 높이 73미터의 5층 석탑으로, 아이바크가 델리 정복 기념으로 1193년에 건립을 시작하여 1368년에 완공했다. 1층은 힌두 양식이고 2~5층은 이슬람 양식으로 건설되었다. 세계에서 가장 높은 별돌탑으로, 유네스코 세계문화유산으로 등재되었다.

## 촐라왕국, 11세기 초

■ 촐라왕국의 영토
▨ 촐라왕국의 영향권
— 교역로

# 몽골제국

**칭기스 칸의 대외정복**

⟶ 오이라트 방면
⟶ 탕구트 방면
⟶ 여진 방면
⟶ 여진 방면
⟶ 중앙아시아·서아시아 방면

13세기 들어 유라시아 세계는 몽골제국에 의해 거대한 격랑에 휩싸였다. 몽골은 12세기 중반까지 몽골초원의 여러 부족 가운데 하나에 불과했지만, 1206년 테무진이 몽골초원을 통일하고 '칭기스 칸'의 칭호를 취한 뒤 사방으로 뻗어나갔다. 칭기스 칸의 정복은 크게 두 단계로 나눌 수 있다. 1단계는 몽골초원과 중국 방면의 공격이다. 오이라트를 복속하고 탕구트(서하)를 공격한 뒤, 남쪽으로 방향을 돌려 1215년 여진(금)의 수도 중도(베이징)를 점령했다. 2단계는 중앙아시아 방면의 공격이다. 1219년 카라키타이(서요)에 이어 1220년 호라즘의 수도 사마르칸트를 점령했다. 그 결과 몽골은 몽골초원에서 북인도와 이란 동부에 이르는 대제국으로 성장했다. 칭기스 칸은 몽골초원으로 귀환하는 길에 탕구트 공격에 나섰다가 1227년 사망한다.

칭기스 칸 사후 몽골의 공격은 그 성격이 달라졌다. 칭기스 칸 시기에는 군사적 위협을 가해 화친을 맺고 물자를 확보하는 것이 목적이었다면, 그의 후계자들은 영토적 지배를 주요 과제로 삼았다. 2대 우구데이 카안(재위 1229~1241)은 1234년 금을 멸망시키고 이듬해 수도를 카라코룸으로 옮긴 뒤 고려와 유럽 방면으로 진출했다. 고려에서 수십 년간 사투를 벌인 반면, 유럽에서는 양상이 달랐다. 우구데이는 1236년 칭기스 칸의 손자 바투를 유럽 원정군으로 파견했다. 바투는 1238년 모스크바와 블라디미르, 1240년 키예프를 함락한 데 이어 중부 유럽으로 진격하여 1241년 레그니차에서 신성로마제국과 폴란드 연합군에게, 모히에서는 헝가리를 상대로 승리한다. 그러나 바투는 우구데이의 사망 소식을 듣고 몽골초원으로 회군했다. 4대 뭉케 카안(재위 1251~1259)은 남송을 공격하는 한편, 아우 훌레구를 서아시아에 파견했다. 훌레구는 1258년 바그다드를 함락하여 아바스왕조를 멸망시키지만, 1260년 아인잘루트에서 이집트 맘루크술탄국에 패해 진격을 멈추었다.

1260년 쿠빌라이가 5대 카안으로 즉위했다. 1270년 고려의 항복을 받고, 1276년 남송의 수도 항주를 차지한 데 이어 1279년 남송을 최종 정복했다. 그리고 두 차례의 일본 원정과 동남아시아 원정을 끝으로 약 50년간 이어온 정복전쟁을 종결했다.

몽골제국은 세계 역사상 가장 넓은 육상 제국

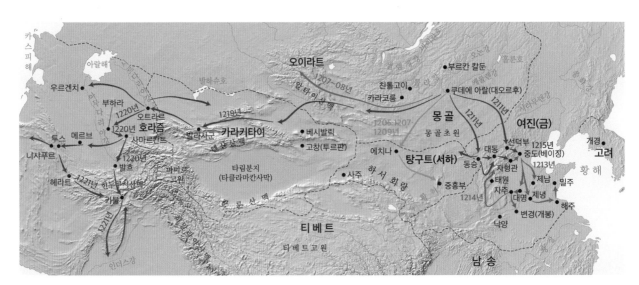

**몽골의 서방 원정**

→ 유럽 방면
❶ 1236년 봄 출정
❷ 1237년 12월 말 라잔 함락
❸ 1238년 여름 초원으로 남하하여 휴식
❹ 1240년 7월 6일 키예프 함락
❺ 1241년 4월 9일 레그니차전투 승리
❻ 1241년 4월 11일 모히전투 (헝가리 국왕 벨라 패주)

→ 서아시아 방면
❶ 1256년 1월 아무다리야강 건넘
❷ 1258년 2월 바그다드 함락, 아바스왕조 멸망
❸ 1260년 9월 3일 아인잘루트 전투 패배

이었으며, 비교적 자립적인 울루스(백성, 나라라는 뜻)의 연합체 성격을 띠었다. 카안울루스(대원)를 정점으로 서방의 3대 울루스(주치울루스, 차가다이울루스, 훌레구울루스)로 구성되어 있었으며, 각기 내부에 다수의 소형 울루스가 존재했다. 울루스체제의 기본 구조는 14세기 후반 몽골제국이 붕괴될 때까지 유지되었다.

몽골제국 시대를 '팍스 몽골리카'라고 하는데, 유라시아 대륙 대부분이 단일한 정치체로 통합되어 평화와 안정을 찾고 지역 간 광범위한 교류가 이루어졌기 때문이다. 몽골 지배층은 이를 활성화하기 위해 역참제도를 운영했다. 우구데이 때부터 운영하기 시작했고, 쿠빌라이 치세에는 카안울루스에만 약 1400개의 역참이 있었다. 몽골제국의 역참 네트워크는 유라시아를 관통하는 내륙 교통로를 활성화시켰다.

**몽골제국의 최대 세력권**
▨ 4대 울루스
▦ 복속국
═ 주요 교통로

# 중세 여행서로 보는
# 동서양의 연결

고대 세계의 여러 제국이 닦은 수많은 길은 점차 서로 연결되었고, 그 결과 중세에는 머나먼 나라들에 대한 관심이 갈수록 커졌다. 각 나라 군주들은 보다 넓은 영토를 차지하고 더 많은 신민을 지배하기 위해 동서를 연결하는 길을 따라 군대를 보냈다. 또한 각 문화권의 상인들은 반짝이는 보석과 값비싼 향신료를 찾아서 바삐 움직였다. 이슬람교와 불교를 비롯한 종교 또한 수많은 국경선을 넘어 더 멀리, 더 넓게 확산되었다. 현대의 우리는 그들이 동서를 오가며 보고 들은 것들을 기록한 책을 통해 당시의 세계가 시간이 흐를수록 점점 더 가까워졌음을 알았는데, 당의 승려 현장의 구법여행기 『대당서역기』와 베네치아 출신의 상인 마르코 폴로의 몽골여행기 『동방견문록』이 대표적이다.

구법(求法)이란 불교의 진리를 터득하기 위해 외국에 나가 수행하고 순례하는 행위로, 이를 행하는 승려를 구법승이라 일컫는다. 이들은 불교의 발상지 인도와 서역으로 가서 공부하며 진리를 찾고자 했다. 현장은 승려들마다 경론의 해석이 제각각이고 불교 경전에 모순이 많다는 사실을 알고 진리의 본질을 찾고자 629년 장안을 출발해 인도로 향했다. 투르판, 카라샤르, 쿠차, 타슈켄트, 사마르칸트 등 오아시스 도시를 통과한 그는, 힌두쿠시산맥을 가로질러 서북 인도의 간다라, 카슈미르 지역을 통과했다. 카슈미르에서 갠지스강을 따라 내려가 마투라를 방문한 그는, 633년에 갠지스강 동북부의 불교성지에 도착했다. 당시 현장이 방문한 곳은 인도 불교교육의 중심지 날란다로, 그곳에서 그는 산스크리트어와 불교철학, 인도사상 등을 습득했다. 그는 645년 520질 657부에 달하는 불교경전을 가지고 장안으로 돌아왔고, 이듬해 그의 제자 변기가 스승의 구법여행기를 12권의 『대당서역기』로 정리했다. 이후 현장은 664년 입적할 때까지 75부 1335권의 경전을 한자로 번역하는 데 일생을 바쳤다.

그로부터 600여 년 뒤인 1271년 베네치아 상인 가족이 동방 무역로를 찾기 위해 상단을 이끌고 콘스탄티노폴리스로 향했다. 바로 그해에 세계는 그때까지 그 누구도 상상하지 못했던 거대한 영토를 통치하게 될 위대한 군주의 출현을 보게 되었으니, 바로 몽골제국의 쿠빌라이 캰안이다. 쿠빌라이의 치세 기간(재위 1260~1294)은 34년은 폴로 일가의 여행(1271년 출발, 1295년 귀환) 기간과 거의 일치한다. 이 여행을 기록한 『동방견문록』의 내용은 당시 유럽을 제외한 다른 나머지 지역에 대한 '지리지'이자 '박물지'이며 동시에 '민족지'라고 할 수 있다.

베네치아를 떠난 폴로 일행은 얼마 가지 않아 콘스탄티노폴리스를 중심으로 한 좁은 지역으로 위축된 비잔티움제국의 경계 너머 거의 전부가 몽골인들의 천하임을 알게 되었다. 따라서 마르코 폴로에게 몽골제국은 단순히 하나의 제국이 아니라 '세계' 그 자체였다. 그가 쿠빌라이를 가리켜 "우리 최초의 조상 아담에서부터 지금 이 순간에 이르기까지 세상에 나타난 어떤 사람보다도 많은 백성과 지역과 재화를 소유한 가장 막강한 사람"이라고 부른 것도 과장이라고 볼 수 없다. 『동방견문록』에 따르면 마르코 폴로는 쿠빌라이의 신하로 17년간 중국에 머문 뒤 1291년경 '교황, 프랑스의 국왕, 에스파냐의 국왕, 기독교권의 다른 국왕들에 대한 사절' 임무를 맡고 중국을 떠났다. 베네치아로 돌아온 그는 1298년 제노바의 감옥에서 이 책을 구술했다고 한다. 그 내용을 피사 출신의 루스티켈로가 232개의 장으로 나누어 기록한 것이 오늘날까지 전해지고 있다.

한편, 1325년 북아프리카 모로코에서 이븐 바투타가 메카로 순례여행을 시작했다. 이때부터 1354년까지 30년간 그는 서아프리카와 서아시아, 아라비아와 인도, 남아시아와 중국에 이르는 알려진 거의 모든 세계를 여행했다. 그리고 30년에 걸쳐 12만 킬로미터를 여행하며 보고 듣고 경험한 일들을 『도회지의 진기함과 여행의 이문(異聞)에 흥미를 가지는 사람들에 대한 선물』(1356)이라는 책에 기록했다.

**마르코 폴로와 쿠빌라이 카안의 만남** 1274~1275년 무렵에 마르코 폴로는 카안울루스의 여름 수도 상도에 도착하여 쿠빌라이 카안을 알현했다. 이후 약 17년간 그곳에 체류하며 조정에 종사한 뒤, 1291년 베네치아로 돌아갔다. 그가 이 기간 동안 보고 들은 것들을 기록한 『동방견문록』은 120종이 넘는 사본으로 제작되었고, 인쇄술의 발명 이후 280종에 이르는 활자본이 출간되었다.

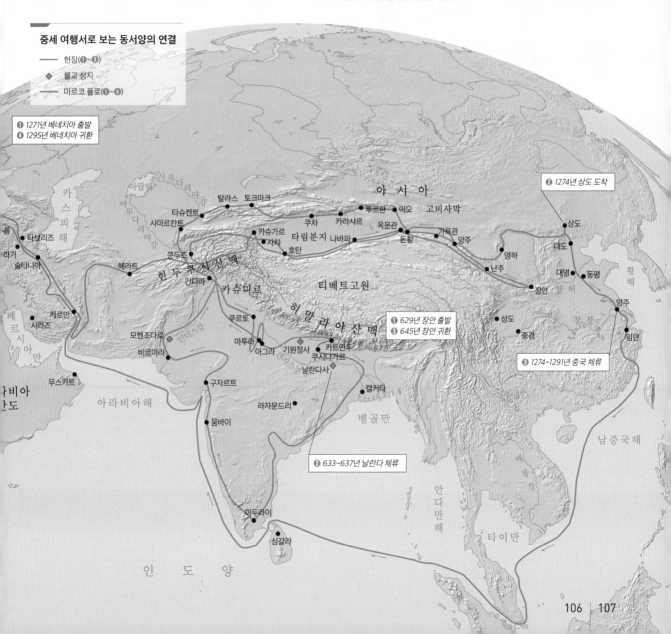

**중세 여행서로 보는 동서양의 연결**
— 현장(①~③)
◆ 불교 성지
— 마르코 폴로(①~④)

① 1271년 베네치아 출발
④ 1295년 베네치아 귀환

② 1274년 상도 도착

① 629년 장안 출발
④ 645년 장안 귀환

③ 1274~1291년 중국 체류

② 633~637년 날란다 체류

# 중세 동남아시아

**기원전 111년**
남비엣이 중국 한에 복속

**802년**
자야바르만 2세가 앙코르왕국 건국

**938년**
응오꾸옌이 중국 남한 군대를
격파하고 응오왕조 개창

**1025년**
촐라왕국이 스리위자야 침공

**1054년**
리왕조가 국호를 다이비엣으로 개칭

**1238년**
수코타이가 앙코르로부터 독립

**1438년**
아유타이가 수코타이 정복

동남아시아는 크게 대륙 지역과 도서 지역으로 구분한다. 다만 말레이반도는 지리적으로는 대륙부에 속하지만 여러 특성상 도서부로 분류한다. 대륙 지역 최초의 국가는 기원전 2세기 홍강 삼각주에 출현한 남비엣이다. 남비엣이 한 무제의 공격으로 멸망한 뒤 약 1050년 동안 이 지역은 중국의 지배를 받으며 유교와 불교, 한자를 수용했다. 938년 응오꾸옌이 중국 남한(중국 오대십국 중 하나)을 물리치고 응오왕조를 개창했으나 70년 만에 멸망했다. 이후 리왕조가 출현해 국호를 '다이비엣(大越)'으로 정했다. 참파는 2세기 말부터 19세기까지 현재 베트남 중부와 남부에서 존속했다. 다이비엣은 장기간에 걸쳐

남쪽으로 참파를 잠식하면서 점차 오늘날의 베트남 영토를 완성했다.

푸난은 기원후 1세기경 메콩강 하류를 중심으로 성립한 국가로 중국과 인도 간 중계 무역에 종사했다. 첸라(진랍)는 7세기 중엽 푸난을 물리치며 등장했다. 8세기 초 수진랍과 육진랍으로 나뉘었으나 802년 자야바르만 2세가 둘을 통합하고 앙코르왕국을 세웠다. 앙코르왕국(802~1431)은 수도 앙코르를 중심으로 현재 캄보디아 일대에서 세력을 떨쳤다. 12세기 전반 수리야바르만 2세의 치세에 건립한 앙코르와트는 건축과 예술, 공학 분야에서 지금까지도 높은 평가를 받는다. 앙코르는 자야바르만 7세(재위 1181~1219) 때 그 영역이 지금의 라오스와 타이의 거의 전역에 이르렀다.

13~14세기가 되자 지금의 타이 일대에 여러 나라가 들어섰다. 수코타이왕국(1238~1438)은 타이 중북부에서 앙코르에 반란을 일으키며 성립했다. 초기에는 지방의 작은 세력이었으나 이후 말레이반도, 미얀마, 라오스 지역으로 세력을 확대했다. 란나왕국(1296~1556)은 현재 타이 북부에서 수도 치앙마이를 중심으로 등장했고, 아유타야왕국(1351~1767)은 차오프라야강 하류에서 성장했다. 15세기 중엽 캄보디아,

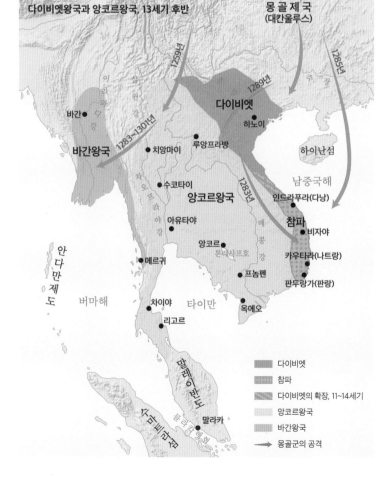

**다이비엣왕국과 앙코르왕국, 13세기 후반**

몽골 제국
(대칸울루스)

1259년

1285년

1289년

1283~1301년

바간

바간왕국

치앙마이

루앙프라방

다이비엣

하노이

하이난섬

남중국해

1283년

수코타이

앙코르왕국

인드라푸라(다낭)

아유타야

앙코르

참파

비자야

톤레사프호

카우타라(나트랑)

메르귀

프놈펜

판두랑가(판랑)

차이야

리고르

타이만

옥에오

버마해

안다만제도

말레이반도

수마트라섬

말라카

- ▨ 다이비엣
- ▨ 참파
- ▨ 다이비엣의 확장, 11~14세기
- ▨ 앙코르왕국
- ▨ 바간왕국
- → 몽골군의 공격

**앙코르와트** 12세기 초에 수리야바르만 2세가 창건했다. 처음에는 힌두교사원으로 지어 힌두교의 3대 신 중 하나인 비슈누에게 봉헌했고, 나중에는 불교사원으로도 사용했다.

란나, 말레이반도 방면으로 크게 팽창했고, 이 과정에서 주변 강대국 앙코르왕국(1431)과 수코타이왕국(1438)을 차례로 정복했다.

한편 오늘날 미얀마 지역에서는 11세기 버마인이 미얀마 최초의 통일 왕국 '바간왕국'을 건설했다. 바간은 이라와디강 유역을 기반으로 말레이반도까지 팽창하여 한때 앙코르와 어깨를 나란히 했지만, 1283~1301년 몽골제국의 공격으로 붕괴했다. 이후 16세기 중반 버마인이 두 번째 왕국 '타웅우'를 세웠다. 바인나웅(재위 1551~1581)의 치세에 아유타야의 수도를 점령하는 등 대륙부에서 가장 강력한 국가로 성장했다.

도서 지역에서 가장 먼저 제국을 건설한 스리위자야(7~13세기)는 믈라카해협을 통제하며 중계 무역으로 번성했다. 1000년경 자바섬까지 장악했으나, 1025년에 인도 남부에서 성장한 촐라왕국의 공격을 받아 영토가 축소되고 해상 무역의 주도권을 빼앗긴 끝에 1293년 멸망했다. 마자파힛왕국(1294~1550)은 도서부에서 가장 강력한 나라였다. 1331년 자바섬 동부 전체를 차지한 데 이어 14세기 말 수마트라섬 최

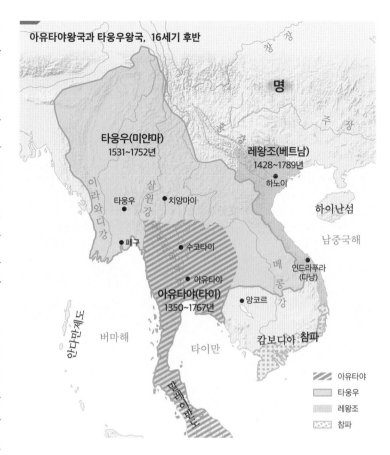

아유타야왕국과 타웅우왕국, 16세기 후반

북단에서 보르네오섬과 술라웨시섬을 거쳐 뉴기니섬과 필리핀제도 남부에 이르는, 오늘날 인도네시아 국가의 원형을 이루었다.

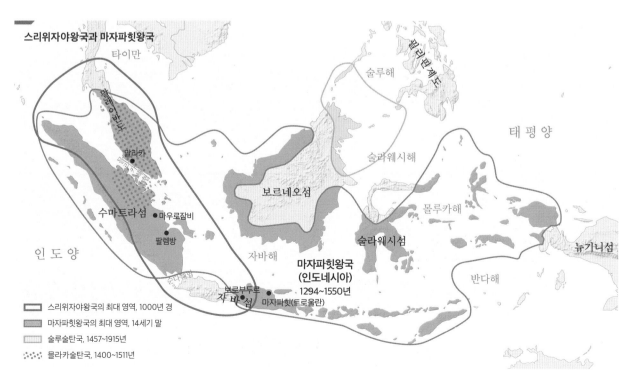

스리위자야왕국과 마자파힛왕국

스리위자야왕국의 최대 영역, 1000년 경
마자파힛왕국의 최대 영역, 14세기 말
술루술탄, 1457~1915년
믈라카술탄, 1400~1511년

포토시 광산

# 03

# 과학기술의 발전과
# 동서양의 제국들

15세기가 되자 아랍과 동양, 그리고 아프리카의 국가들이 교류하던 인도양 해상 무역 네트워크에 유럽 세력이 진출하기 시작했다. 포르투갈과 에스파냐를 선두로, 영국과 네덜란드, 프랑스 등은 새로운 부의 원천을 찾고 아시아와 직접 교역하기 위해 아예 새로운 항로 개척에 뛰어들었다. 유럽의 정복자들은 곧 아메리카 대륙의 대부분을 장악하고, 아프리카의 흑인들을 그곳의 농장으로 실어 날랐다. 서아프리카, 카리브해, 아메리카의 식민지와 유럽의 열강, 여기에 영국령 북아메리카 식민지 사이에서 이루어진 노예, 작물, 상품의 교역체제를 삼각무역이라고 부른다.

유럽은 내부에서 격렬한 종교전쟁을 치르며 새로운 질서를 탄생시켰다. 17세기의 계몽사상은 대학이 종교적 확신을 넘어서 '확실한 지식'으로 나아가는 도전을 이끌었다. 자연현상을 연구하는 실험과학이 등장했으며, 철학은 실증적·역사적·비판적인 발전 과정을 겪었다. 이 과정에서 유럽 전역의 약 150개 대학이 종교와 학문, 통치의 이론을 발전시켰다.

한편 아메리카와 아프리카, 그리고 일본 등지에서 생산된 다량의 은이 유럽으로 유입되면서 기존의 금본위제·은본위제 질서가 위협을 받았다. 이 문제를 해결하기 위해 은행과 화폐라는 새로운 형태의 금융경제가 등장했다.

# 화약무기의 발전과
# 봉건 기사의 해체

중세는 전쟁의 시대였고, 그 전쟁은 기사들의 전투였다. 955년 여름, 로렌 공작 콘라트를 비롯한 오토 1세의 독일왕국 기사들이 아우크스부르크에서 마자르의 대군을 물리쳤다(레히펠트전투). 그날 독일왕국 기사단은 마자르 전사들이 퍼붓는 화살에도 끄떡없었다. 투구와 철갑으로 단단히 무장했기 때문이다. 레히펠트전투 이후 중기병의 강력함이 『롤랑의 노래』나 아서왕의 전설 같은 형태로 가공되어 유럽 전역으로 퍼졌다. 더불어 철갑으로 무장한 기사(knight) 계급도 이때 탄생했다.

기사 계급이 처음부터 '귀족'이었던 것은 아니다. 11세기 중엽까지만 해도 기사는 말을 타고 싸우는 군인, 그러니까 '기병'과 같은 뜻이었다. 1066년 노르만인 기사가 앵글로색슨 보병 부대를 상대로 승리한 헤이스팅스전투 이후 특별한 계급으로 부상하더니, 이어진 십자군전쟁을 통해 귀족으로 신분이 급상승했다. 이들은 봉건질서 아래에서 지배계급의 일원이라는 명예에 더해 '그리스도의 전사'라는 영광까지 획득했다. 이후 백년전쟁 중인 1415년에 일어난 아쟁쿠르전투에서 프랑스 기사단이 잉글랜드 보병부대에 대패할 때까지 기사들의 전성시대가 이어졌다.

영광의 끝에는 늘 어둠이 기다리고 있다. 중세가 저물면서 기사들도 퇴장하기 시작했다. 이 무렵 기사 귀족의 수는 줄어든 반면, 기사의 무장에 드는 비용은 폭등했다(12세기 황소 25마리 값→15세기 황소 125마리 값). 적은 수요와 높은 비용에 더해진 또 다른 감소 이유는 전쟁기술의 변화였다. 이 무렵 등장한 장궁의 관통력이 전쟁의 양상을 바꿔놓았다. 이제 적의 화살이 두꺼운 철갑과 미늘을 뚫고 들어와 기사의 가슴에 박혔다. 특히 잉글랜드가 장궁병의 집중 사격으로 프랑스 기사단의 돌격을 무력화한 크레시전투(1346)가 중세의 전투전술 변화를 촉발했다.

1320년경 유럽 전선에 등장한 화약무기는 더욱 결정적이었다. 중국에서 처음 발명된 화약은 13세기에 몽골제국을 통해 유럽으로 전래되었다. 몽골은 1215년 금의 수도 중도(베

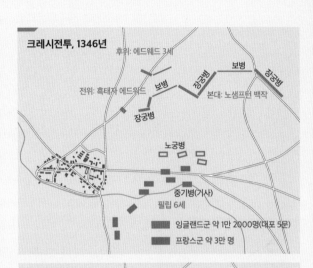

크레시전투, 1346년
후위: 에드워드 3세
전위: 흑태자 에드워드
보병
장궁병
본대: 노샘프턴 백작
장궁병
노궁병
중기병(기사)
필립 6세
■ 잉글랜드군 약 1만 2000명(대포 5문)
■ 프랑스군 약 3만 명

❶ 프랑스 필리프 6세,
  노궁병을 전진 배치
❷ 잉글랜드 에드워드 3세,
  장궁병으로 적 선봉 제압
보병
장궁병
장궁병
노궁병
중기병(기사)

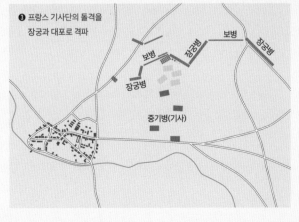

❸ 프랑스 기사단의 돌격을
  장궁과 대포로 격파
보병
장궁병
중기병(기사)

**헤이스팅스전투** 1066년 노르망디 공작 윌리엄의 기사단이 헤이스팅스에서 앵글로색슨 보병부대를 격파한 뒤 잉글랜드 사회에서 기사가 특별한 계급으로 부상했다. 그림은 노르만의 잉글랜드 정복을 이끈 정복왕 윌리엄이 헤이스팅스전투에서 잉글랜드의 해럴드 국왕과 전투를 벌이기까지의 과정을 담은 '바이외 태피스트리' 속 해럴드의 죽음 장면. 중세에 제작된 폭 50센티미터, 길이 70미터의 거대한 자수 작품으로, 유네스코 세계기록유산으로 지정되었다.

**아쟁쿠르전투** 1415년 10월 25일 프랑스 북부 아쟁쿠르에서 헨리 5세가 이끄는 잉글랜드군과 샤를 6세의 총신 샤를 달브레가 이끄는 프랑스군이 맞붙었다. 잉글랜드군은 장궁부대를 주력으로 활용하여 기사들로 구성된 프랑스 중기병대를 제압하고 전투에서 승리했다. 승전의 결과로 헨리 5세는 프랑스 공주와 결혼했다. 훗날 둘 사이에서 태어난 헨리 6세가 프랑스 왕위 계승권을 확보하게 되었다. 이후 유럽 각국은 기사단보다 전투에 효율적으로 투입할 수 있는 정규군·상비군 체제로 군대의 편제를 개편하기 시작했다.

이징)를 점령하고 화약공장을 확보하였으며, 로켓 무기류 비화창(飛火槍)과 폭발물 진천뢰(震天雷) 제작 기술자를 몽골로 데려갔다. 칭기스 칸과 그 자손들이 폴란드, 헝가리 등지까지 진출하는 과정에서 화약무기 제조기술이 유럽에 전파되었다. 14세기 초에는 소형화기를 만들 정도로 기술이 발전했다. 그 결과 기사들은 포탄이 굉음과 함께 터지고 눈에 보이지 않는 총알이 날아다니는 전쟁터에서 빠르게 쫓겨났다.

화약무기의 도래는 기사들의 영광을 빼앗는 데 그치지 않고, 아예 봉건질서 자체를 무너뜨렸다. 시간이 갈수록 두꺼운 성벽과 말 탄 기사들로는 화약무기를 막을 수 없다는 사실이 분명해졌다. 유럽의 군주들은 대포와 머스킷총 같은 신무기로 군대를 무장시켰다. 다만 화약무기 제작에는 기사를 무장시킬 때보다 더 많은 비용이 들었기 때문에 결국 군대를 조직하는 방식을 바꿔야 했다.

왕들과 주군들은 더 이상 군역을 지는 조건으로 토지를 나누어주는 봉건제도에 의지하지 않았다. 대신 자신이 통치하는 영토 안에서 세금을 거두고, 그것을 급료로 조달하여 병사와 용병을 고용했다. 강대국은 전쟁을 하기 위해 세금을 걷고, 전쟁에서 이겨 영토를 확장했다. 새로운 땅의 획득은 곧 세수 확대를 의미했다. 참고로 프랑스의 루이 14세는 조세 수입의 45퍼센트를, 프로이센의 프리드리히 대왕은 90퍼센트를, 러시아의 표트르 1세는 85퍼센트를 군비에 지출했다.

기사들도 새로운 환경에 적응했다. 철갑옷을 벗고 말에서 내려온 그들은, 평시에 의원, 판관, 행정관, 검시관, 징세관 같은 행정업무를 처리하는 신사(gentry)로 옷을 갈아입었다. 그러나 '기사다움'과 '기사도'의 매력만큼은 사라지지 않아서, 오늘날에도 많은 나라가 유명인과 특별한 업적을 남긴 사람들에게 '기사 작위'를 수여하고 있다.

# 포르투갈의 상업거점제국

**1418~1456년**
엔히크 왕자가 세우타 정복
이후 아프리카 서해안 진출

**1487년**
바르톨로메우 디아스가 희망봉 발견

**1494년**
포르투갈과 에스파냐가
토르데시아스조약 체결

**1498년**
바스쿠 다가마가 인도 캘리컷 도착

**1500년**
카브랄이 브라질 발견

**1503년**
카브랄이 인도 남부 코친에 상관
설치

**1506~1511년**
아시아 식민지 건설. 모잠비크에서
말라카까지 각지에 기지 건설

**1530년**
고아에 아시아 식민 수도 건설

**1543년**
일본 규슈 앞 다네가시마 상륙

**1549년**
브라질을 왕령 식민지로 삼음

서유럽에서는 11~13세기 십자군원정을 거치면서 지중해를 통한 아시아 상품의 수입이 활발해졌다. 당시 지중해 무역은 베네치아와 제노바 등 이탈리아 해상공화국과 이슬람 세력이 독점하고 있었다. 서유럽 국가들은 새로운 부의 원천을 찾고 아시아와 직접 교역하기 위해 새로운 항로 개척에 뛰어들었다. 가장 먼저 포르투갈이 바다로 나갔다. 포르투갈은 해안선이 길고 바람과 해류가 아프리카 서해안과 대서양 제도들에 닿기 알맞았다. 포르투갈의 엔히크 왕자는 1415년 북아프리카의 세우타를 정복한 뒤 대서양으로 나아가 마데이라제도와 아조레스제도에 정착촌을 세우고 이를 기반으로 아프리카 서해안으로 진출했다. 아이보리코스트(상아해안, 코트디부아르), 골드코스트(황금해안, 가나), 슬레이브코스트(노예해안, 베냉) 등 당시 포르투갈이 획득한 지역의 이름을 통해 이들이 목적한 바를 짐작할 수 있다.

엔히크가 죽은 뒤 포르투갈은 목표를 아시아 항로 개척으로 조정했다. 바르톨로메우 디아스가 희망봉을 발견(1487)하여 대서양과 인도양이 아프리카 남단에서 만난다는 사실을 입증했고, 1497년 바스쿠 다가마는 말린디(케냐)를 거쳐 인도양을 횡단, 이듬해 5월 인도의 캘리컷에 도착했다. 대서양과 인도양을 잇는 유럽-아시아 항로가 열린 것이다. 이후 포르투갈은 본격적으로 아시아 진출을 시도했다. 아시아에는 이미 홍해와 소팔라에서 아덴, 캘리컷, 말라카를 지나 동남아시아 섬들과 중국, 일본을 연결하는 해상 네트워크가 구축되어 있었다. 포르투갈은 여기에 편승해 군사력으로 상관과 요새를 확보하고 그곳을 기존 해로에 결합하는 방식으로 세력을 넓혔다.

알메이다와 알부케르크, 두 총독이 이 과정을 주도했다. 알메이다는 강력한 함대를 이끌고 모잠비크, 소코트라, 무스카트를 차례로 식민화한 데 이어 1509년 디우해전에서 맘루크왕조의 함

## 대항해시대 초기 포르투갈의 항해

― 바르톨로메우 디아스의 1차 항해 ❶~❹
❶ 1487년 7월 말 또는 8월 초, 리스본 출발
❷ 1487년 12월 8일 왈비스만 도착
❸ 1487년 12월 26일 엘리자베스만 도착
❹ 1488년 2월 3일 모셀만 도착. 이곳에서 귀환하다가 희망봉 발견

― 바스쿠 다가마의 1차 항해 ❶~❽
❶ 1497년 7월 8일 리스본 출발
❷ 7월 26일 카보베르데 도착
❸ 11월 7일 세인트헬레나만 발견
❹ 11월 25일 모셀만 정박
❺ 12월 25일경, 나탈(남아프리카공화국 더반)에 도착
❻ 1498년 1월 25일 켈리마느(모잠비크) 도착
❼ 4월 7일 몸바사, 4월 14일 말린디 정박
❽ 5월 인도 캘리컷에 도착

― 페드루 알바레스 카브랄의 항해 ❶~❺
❶ 1500년 3월 9일 리스본 출발
❷ 4월 22일 바스쿠 다가마의 항로를 따라가다가 브라질에 도착. 5월 2일 항해 재개
❸ 5월 26일 킬와키시와니(탄자니아) 도착
❹ 8월 2일 말린디 도착
❺ 9월 13일 캘리컷 도착

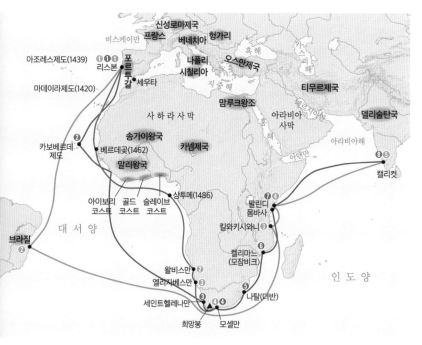

**포르투갈제국의 형성, 16세기**

**명** 16세기 주요 국가
- 주요 상업도시
▨ 포르투갈 영토와 식민지
---- 토르데시야스조약(1494)에 따른 포르투갈·에스파냐 분계선

러시아제국

잉글랜드

신성로마제국
프랑스 베네치아

포르투갈
리스본
세우타

에스파냐

아조레스제도

마데이라제도

사 하 라 사 막

송가이왕국
말리왕국

카보베르데제도

오스만제국
지 중 해
맘루크술탄국

흑 해

사파비왕조

차가다이울루스

1515년 상관 설치

명

조선 일본
1557년 활양
남경
다네가시마
나가사키
마카오

태 평 양

무굴제국
호르무즈
무스카트
디우
봄바이
고아
캘리컷 코친 콜롬보
1518년 요새 설치
1543년 상륙

아라비아해
마사와
아덴
소코트라

에티오피아
바라와
말린디
몸바사
1510년 정복, 1530년 에스타도 다 인디아의 수도가 됨

말라카
1511년 정복

트르나테

브라질 - 1549년 포르투갈의 왕령 식민지가 됨 1572년 총관부 설치

대 서 양

상투메
루안다
세인트헬레나

인 도 양

1533~1539년 최초의 설탕 농장 설립

페르남부쿠
1502년 최초의 상관 설치
리우데자네이루
상비센치
1532년 브라질 최초의 정착촌 건설
트리스탄다쿠냐

잉카

모잠비크
소팔라
마다가스카르
1503년 상관 설치

앙골라 - 1571년 식민지 설립 1575년 총독 임명
1506년 식민지 설립 1507년 해군기지와 항구 건설 1546년 요새 설치

사우스조지아

---

대를 대파하여 이집트를 통해 향신료를 교역하던 베네치아에 큰 타격을 입혔다. 알부케르크는 더 동쪽으로 나아갔다. 1510년 고아를 정복하여 아시아 교역의 본부로 삼고, 이듬해 말라카를 식민화함으로써 중국 및 동남아시아 무역의 전략기지로 삼았다. 1515년에는 호르무즈에 상관을 설치하여 페르시아 항로를 통제하는 한편, 1518년 스리랑카섬 콜롬보에 요새를 세워 인도를 둘러싼 바다에 대한 영향력을 높였다.

1571년 당시 포르투갈은 '에스타도 다 인디아(아시아 식민 영토)'의 수도 고아를 중심으로 소팔라와 나가사키 사이에 40여 개의 상관과 요새를 보유하고 있었다. 포르투갈은 중국의 비단과 도자기, 인도네시아 여러 지역의 향신료를 인도로 운송한 뒤 인도 서해안, 아라비아해, 아프리카의 주요 거점을 거쳐 본국으로 가져왔다.

포르투갈의 '상업거점제국'은 16세기 후반부터 점차 쇠퇴했다. 인구가 약 100만 명에 불과한 작은 나라가 아시아와 아프리카로 뻗은 식민지를 관리하기란 쉽지 않았다. 쉴레이만 1세 때 대제국을 형성한 오스만제국에게 포르투갈 식민지들이 공격을 받는 가운데, 1580년부터 1640

까지 에스파냐 합스부르크에 왕위를 빼앗기면서 제국은 세력 확대의 동력을 상실했다. 결정타는 네덜란드와 잉글랜드, 프랑스의 성장이었다. 세 나라는 17세기가 되자 동인도회사를 설립하고 아시아 무역에 뛰어들었다.

한편 포르투갈의 아시아 교역 쇠퇴는 브라질에 대한 관심의 반대급부이기도 했다. 1500년 포르투갈의 카브랄이 처음 도착한 지금의 브라질에는 금과 다이아몬드 같은 자원이 풍부했다. 주앙 3세(재위 1521~1557)는 토르데시야스조약(1494)을 근거로 15개 지역을 포르투갈 영토로 선언했지만, 이후 조약을 무시하고 브라질 서부로 영토를 확장했다. 결국 1549년 브라질을 포르투갈제국의 왕령 식민지로 만들었다.

**토르데시야스조약** 1494년 포르투갈과 에스파냐는 유럽 외 지역에서 양국의 충돌을 피하기 위해 카보베르데제도의 서쪽, 즉 서경 46도(동경 134도)를 경계로 동쪽은 포르투갈이, 서쪽은 에스파냐가 영유하기로 했다.

---

**브라질 식민화 과정**

▨ 포르투갈령 브라질
------ 현재 국경

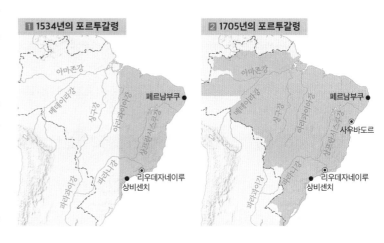

**1** 1534년의 포르투갈령

아마존강
마데이라강
페르남부쿠
리우데자네이루
상비센치

**2** 1705년의 포르투갈령

아마존강
마데이라강
페르남부쿠
사우바도르
리우데자네이루
상비센치

# 에스파냐의 아메리카 식민지

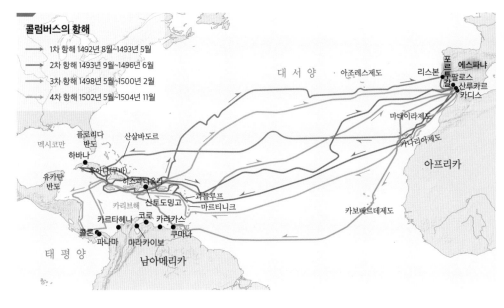

**콜럼버스의 항해**

→ 1차 항해 1492년 8월~1493년 5월
→ 2차 항해 1493년 9월~1496년 6월
→ 3차 항해 1498년 5월~1500년 2월
→ 4차 항해 1502년 5월~1504년 11월

1492년 레콘키스타를 완수한 에스파냐는 즉시 신항로 개척에 뛰어들었다. 포르투갈과 달리 대서양을 건너 곧장 아시아로 갈 계획이었다. 1492년 10월 콜럼버스가 처음 상륙한 섬을 '산살바도르'라 명명했다(바하마제도 중 하나일 가능성이 높다). 1493년 2차 항해 때는 히스파니올라섬(아이티와 도미니카공화국)에 최초의 식민도시를 건설했다. 에스파냐는 히스파니올라섬과 후아나섬(쿠바)을 신대륙 정복의 전초기

지로 삼고 1511년 산토도밍고(도미니카공화국의 수도)에 최초의 아우디엔시아(식민지 사법·입법·행정기관)를 설립했다. 1513년에는 바스코 누네즈 데 발보아가 태평양을 처음 발견했다.

합스부르크가의 카를 5세가 에스파냐의 통치자가 된 뒤인 1521년 에르난 코르테스가 아스테카를 정복했다. 에스파냐는 1535년 아스테카의 수도 테노치티틀란(멕시코시티)을 중심으로 누에바에스파냐부왕령을 건설했다. 누에바에스파냐는 현재의 멕시코와 중앙아메리카 지역을 통치하다가 지금의 미국 중서부와 남서부 그리고 동쪽의 플로리다까지 영역을 확대했으며, 에스파냐의 카리브해 영토와 필리핀제도(1565년 첫 정착지 건설), 뉴기니(1545), 솔로몬제도(1568), 마르케사스제도(1595)도 포괄했다.

한편 1533년에는 피사로가 잉카를 정복했다. 잉카의 수도 쿠스코가 고원지대에 위치한 데다 해안과 멀리 떨어져 있었기 때문에 식민통치를 위해 새 수도 리마를 건설했다. 피사로가 죽은 뒤인 1543년 에스파냐는 리마를 중심으로 페루부왕령을 건설했는데, 지금의 브라질과 베네수

**에스파냐의 아메리카 정복**

→ 코르테스의 아스테카 정복, 1519~1521년
→ 피사로의 잉카 정복, 1531~1533년
▨ 아스테카
▨ 마야
▨ 잉카
보고타(1539) 에스파냐 식민도시(설치 시기)

엘라 동쪽 해안을 제외한 남아메리카 대부분을 포괄했다. 수도 리마와 카야오항은 부왕궁의 본거지이면서 당시 아메리카 대륙에서 가장 큰 도시였다. 페루부왕령은 포토시의 광산에서 채굴한 은으로 세계 무역을 좌우했다.

18세기 들어 에스파냐의 부르봉왕가는 식민지정책에 변화를 주었다. 인구가 증가하고 카리브해에서 영국에 대한 방어의 필요성이 커지면서 페루부왕령을 분할했다. 1739년 현재의 콜롬비아, 에콰도르, 파나마, 베네수엘라에 산타페(콜롬비아 보고타)를 수도로 하는 누에바그라나다부왕령을 건설했다. 상업 중심지 카라카스(베네수엘라 수도)는 카카오 무역을 기반으로 번영했다. 그리고 라플라타강 북쪽에서 포르투갈의 침입 위험이 커지자 방어 역량을 키우기 위해 1776년 부에노스아이레스를 수도로 리오데라플라타부왕령을 세웠다. 이로써 현재의 아르헨티나, 우루과이, 파라과이, 볼리비아를 포함하는 지역도 페루부왕령에서 이탈했다. 남아메리카에 세 개의 부왕령이 공존하게 된 셈인데, 이후 리오데라플라타부왕령이 에스파냐식민제국의 중심이 되었고, 이때부터 포토시의 은도 부에노스아이레스를 통해 수출되었다.

한편 에스파냐는 마젤란 일행의 세계일주 항해(1519~1522) 이후 동남아시아와 아메리카 간 무역의 발전을 모색했다. 그 결과 1571년 마닐라와 아카풀코를 연결하는 교역이 시작되고 마닐라는 에스파냐 동인도제도의 수도가 됐다. 마닐라에서 태평양을 건너 아카풀코에 도착한 비단, 향신료, 금과 은, 도자기는 육로를 통해 베라크루스로 운반된 뒤 다시 서인도제도를 지나 에스파냐로 운송되어 유럽에서 거래되었다.

# 16~17세기 네덜란드

## 카를 5세 시대의 부르고뉴

**신성로마제국에 속한 지역**

홀란트    17개 주

   교회령

**프랑스왕국에 속한 지역**

   루이 11세가 회복한 프랑스의 부르고뉴 소유지

—— 신성로마제국과 프랑스의 국경

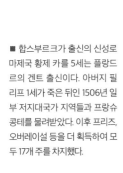

■ 합스부르크가 출신의 신성로마제국 황제 카를 5세는 플랑드르의 겐트 출신이다. 아버지 필리프 1세가 죽은 뒤인 1506년 일부 저지대국가 지역들과 프랑슈콩테를 물려받았다. 이후 프리즈, 오버레이설 등을 더 획득하여 모두 17개 주를 차지했다.

지금의 네덜란드를 중심으로 벨기에, 룩셈부르크, 프랑스 북부와 독일 서부는 '저지대국가'라고 불렸다. 네덜란드라는 이름 자체가 '낮은(neder) 땅(land)'을 의미한다. 로마제국 시기에는 게르만과 접경한 로마의 속주였고, 이후에는 차례로 프랑크왕국과 신성로마제국의 영역에 속했다.

저지대국가의 여러 주는 14~15세기에 부르고뉴공국에 통합됐다. 합스부르크가와 부르고뉴공국의 혼인(1477)으로 카를 5세 때 저지대국가의 17개 주가 합스부르크제국의 일부가 되었고, 펠리페 2세(재위 1556~1598)가 즉위한 뒤에는 에스파냐 합스부르크에 속했다. 이 지역은 농업과 목축업, 어업뿐 아니라 상공업이 발달하여 합스부르크가의 영토 가운데 가장 부유했다.

루터의 종교개혁 이후 주로 북부를 중심으로 개신교가 확산했다. 가톨릭을 신봉한 펠리페 2세가 1567년 알바 공작을 파견해 개신교 신자들에게 무리하게 세금을 수취하고 공포정치를 펴자, 저지대국가의 여러 주들이 1568년 오라녜공 빌렘 1세의 지휘 아래 독립전쟁을 시작했다. 1576년 가톨릭교도와 개신교도가 겐트협약을 맺고 에스파냐에 함께 저항하기로 했으나, 에스파냐가 남부 주들을 다시 점령하자 1579년 남부 주들이 아라스동맹을 맺고 에스파냐에 충성을 선언했다. 그러자 북부 여러 주들은 이에 대항하기 위해 같은 해 위트레흐트동맹을 맺어 현재 네덜란드 동부와 북부, 벨기에 중서부를 포괄하는 네덜란드연합주를 형성하고, 1581년 종교적 자유와 함께 정치적 독립을 선언했다. 그러나 1580년대 후반 들어 에스파냐에 재점령된 안트베르펜, 겐트, 브뤼허 등이 연합주에서 이탈한 뒤로는 현재의 네덜란드와 벨기에 국경선과 거의 같은 형태로 영역이 형성됐다.

이후 에스파냐는 네덜란드독립전쟁의 진압에 어려움을 겪었다. 레판토해전(1571)을 비롯한 오스만제국과의 싸움, 프랑스 종교전쟁에 대한 개입, 잉글랜드에 의한 무적함대 대패의 영향으로 군사력이 분산되었기 때문이다. 지친 양측은 12년간의 휴전에 합의했지만(1609), 에스파냐가 30년전쟁에 개입하자 네덜란드는 전쟁을 재개했다. 결국 1648년 베스트팔렌조약으로 연합주는 네덜란드공화국으로 완전한 독립에 성공했다. 이때 에스파냐의 통치를 받아들인 남부 주들은 19세기에 독립하여 현재의 벨기에가 되었다.

한편 네덜란드는 포르투갈, 에스파냐에 이어 아시아 무역에 뛰어들었다. 1602년 여러 무역회사들이 통합해 설립한 네덜란드동인도회사는 지난 100여 년간 유럽의 아시아 무역을 선점하고 있던 포르투갈 세력과 경쟁하면서 1603년 자

북 해

호르닝언
프리슬란트
드렌테
홀란트
오버레이설
위트레흐트   헬데를란트
제일란트   귈더런
뮌스터
칼레
(잉글랜드령)
브라반트   헬데를란트
플랑드르   메헬렌   리예주
아르투아   투르네   나뮈르   림뷔르흐
피카르디   에노   쾰른
캉브레
**신성
로마제국**
트리어
룩셈부르크
로렌바
공작령
라인 강
세 강
**프랑스**
부르고뉴
공국
부르고뉴백국
(프랑슈콩테)
스위스연방

**1**

홀로닝언
프리슬란트
드렌테
오버레이설
위트레흐트
홀란트
쥐트펀
제일란트
잉글랜드
북 해
브라반트
브뤼허 • 안트베르펀
플랑드르 • 겐트
신성
로마제국
림뷔르흐
아르투아
에노 • 나뮈르
프랑스
룩셈부르크

**2**

홀로닝언
프리슬란트
드렌테
암스테르담
홀란트 위트레흐트 헬데를란트
헤이그 • 오버레이설
제일란트 남세구 지역 상헬데를란트
잉글랜드
북 해
안트베르펀
브뤼허 • 메헬렌
플랑드르 • 겐트 브뤼셀 리에주
브라반트 • 리에주
아르투아 에노 • 나뮈르
에노
프랑스
룩셈부르크
신성
로마제국
림뷔르흐

**1 아라스동맹과 위트레흐트동맹, 1579년**

▨ 위트레흐트동맹
▨ 아라스동맹
▨ 아라스동맹을 지지하는 주
▨ 에스파냐 합스부르크 점령지

**2 네덜란드공화국의 독립, 1648년**

▨ 네덜란드공화국
▨ 에스파냐령 네덜란드
— 신성로마제국의 국경
▨ 프로이센이 정복한 영토
▨ 프랑스가 정복한 영토

■ **1**은 두 개의 동맹에 참여한 지역을 보여준다. 위트레흐트동맹의 경우, 1579년 홀란트, 제일란트, 위트레흐트, 흐로닝언 등이 중심이 되어 체결된 이후 1580년에 회원이 늘어나 지도의 모습에 이르렀다. **2**는 네덜란드공화국이 에스파냐 합스부르크가와 신성로마제국으로부터 독립한 모습을 보여준다.

바 서부 반텐 지역에 최초의 상관을 설치하고, 1605년 향신료 생산지 암본(몰루카)의 포르투갈 요새를 점령했다.

1611년 인도-중국-일본 항로의 중심에 위치한 바타비아(자카르타)에 상관을 설치한 동인도회사는 1619년 본부를 암본에서 바타비아로 옮겼다. 이후 1623년 암본학살사건으로 잉글랜드를 제압하고, 1641년에는 말라카에서 포르투갈을 축출함으로써 암본과 말루쿠제도의 육두구와 정향유 무역을 완전히 독점했다.

한편 네덜란드는 아메리카에도 식민지를 개척했다. 네덜란드독립전쟁 당시, 에스파냐가 네덜란드 선박의 이베리아반도 항구 진입을 막자, 네덜란드 상인들은 카리브해 연안으로 진출했다. 1625년에는 아메리카 선주민에게 맨해튼섬을 구입하여 식민지(뉴암스테르담)를 설치했다. 그러나 1667년 브레다조약으로 잉글랜드에게 맨해튼섬을 내주고 그 대신 수리남을 받았다. 아프리카에서는 1637년 엘미나에서 포르투갈을 몰아냄으로써 포르투갈이 155년간 장악하고 있던 서아프리카 황금 무역의 헤게모니까지 차지했다.

**네덜란드동인도회사**

→ 네덜란드의 무역로
▨ 네덜란드의 식민지
● 네덜란드 상관 및 요새
● 주요 항구
**후추** 주요 교역품

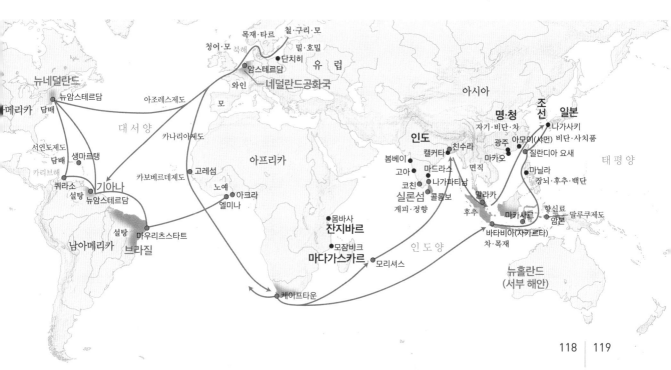

뉴네덜란드
뉴암스테르담
메리카 담배
대서양
아조레스제도
서인도제도
담배 생마르탱
쿠라소 기아나
설탕 뉴암스테르담
카리브해
남아메리카
브라질 설탕 마우리츠스타트
청어·모 북해
목재·타르 철·구리·모
밀·호밀
단치히
암스테르담 유 럽
와인 네덜란드공화국
모
카나리아제도
카보베르데제도
고레섬
노예
아크라
엘미나
아프리카
몸바사
잔지바르
모잠비크
마다가스카르 모리셔스
케이프타운
인도양
아시아
명·청 조선
자기·비단·차 일본
나가사키
인도 친수라 광주 아모이(샤먼) 비단·사치품
캘커타 마카오 질란디아 요새
봄베이 면직
고아 마드라스
코친 나가파티남
실론섬 콜롬보 말라카
계피·정향 후추 마닐라
장뇌·후추·백단
마카사르 향신료
바타비아(자카르타) 말루쿠제도
암본
차·목재
태평양
뉴홀란드
(서부 해안)

# 동남아시아 선교활동과 아메리카 고추의 발견

방글리

15세기까지 동서 바닷길은 동남아시아인과 중국인, 인도인, 아랍인, 페르시아인 같은 동양인의 무대였다. 그러다 16세기 초가 되자 포르투갈을 필두로 유럽인들이 등장했다. 금과 은 및 새로운 교역품을 찾으려는 유럽 국가들의 욕망이 그들을 바닷길로 내보냈다.

앞선 시대에는 인도, 아랍, 페르시아 상인들이 이슬람 포교를 위해 바닷길로 동남아시아를 오갔다. 그러다 1405~1433년에 동아시아의 신흥제국 명이 해상 지배력을 확대하기 위해 정화를 파견했다. 명의 원정대는 동남아시아와 인도, 아라비아해를 거쳐 아프리카 동단의 케냐까지 항해했다. 그로부터 불과 80년 뒤 유럽인들이 '지리상의 발견'을 하면서 세력을 동서 양방향으로 확대하기 시작했다. 바닷길로 운반한 대표적인 상품은 향신료다. 십자군전쟁 이전부터 이탈리아 해상공화국들이 향신료는 물론 비단과 면직물 등을 유통하여 막대한 부를 축적하고 있었다. 향신료는 처음에는 사치품으로 소비되었으나, 18세기 무렵에는 민간의 생필품으로 바뀌었다.

포르투갈은 인도 고아를 점령해 동방 무역의 발판을 마련했다. 얼마 후 이들은 중계 무역이 아니라 아예 원산지 점령을 목표로 함대를 더 동쪽으로 보냈다. 1510년 고아의 총독 아폰수 알부케르크가 군함 19척에 군인 1400명을 태워 말라카를 점령했다. 이어서 1543년에 일본과 무역을 개시했고, 1557년에는 마카오에서 중국(명)과 정식으로 교역을 시작했다. 그들을 따라서 에스파냐와 네덜란드, 영국이 순서대로 바닷길로 나왔다.

제국의 군대를 따라 가톨릭 교리도 배를 타고 아시아로 건너왔다. 이베리아반도에서 레콘키스타가 종료되고 얼마 지나지 않은 1493년, 교황 알렉산데르 6세는 에스파냐의 해상 무역 독점권을 인정하고 각지로 선교사를 파견하여 "모든 세계에 가톨릭을 전파"하라고 선포했다. 약 반세기 후 예수회를 창립한 에스파냐 신부 프란시스코 사비에르는 1546년 인도네

**고아의 봄지저스성당** 고아 지역은 1510년 포르투갈의 탐험가 아폰수데 알부케르크가 점령한 이후 1961년까지 포르투갈의 지배를 받았다. 1542년 중세 십자군의 열정에 사로잡힌 예수회 사제들도 고아에 상륙했다. 예수회 설립자 가운데 한 사람인 프란시스코 사비에르는 곧 고아의 수호성인이 되었다. 18세기까지 약 60개의 성당이 고아에 세워졌으며, 그중 현전하는 성당 일곱 곳이 유네스코 세계문화유산으로 지정되었다. 현재 봄지저스성당에는 사비에르의 유해가 보존되어 있다.

시아 말루쿠제도에 도착하여 선주민을 가톨릭으로 개종시켰다. 도미니크회도 플로레스섬과 티모르섬을 중심으로 포교했다. 필리핀에서는 페르디난드 마젤란이 가톨릭 신앙을 전파하다가 1521년 선주민과의 전투에서 사망하기도 했다. 한편 네덜란드동인도회사는 1623년 암본학살사건을 일으켜 전통 신전 800곳을 불태우고 무슬림보다 기독교도를 우대하면서 인도네시아 동부 지역에 선교했다.

시간을 조금 앞으로 돌려보자. 1492년 대서양을 항해하던 콜럼버스 일행이 마침내 육지를 발견했다. 그곳은 그들이 기대한 인도도 아니었고 황금의 나라 일본도 아니었다. 1차 항해 때 서인도제도에 도착한 일행은, 3차 항해 때 더욱 남하하여 남아메리카 북부에 도착했다. 그러나 그곳에 황금은 없었고, 실망한 콜럼버스는 실의에 빠진 채 유럽으로 돌아왔다. 그런데 돌아온 배에는 어쩌면 황금보다 더 귀한 것들이 실려 있었으니, 토마토, 옥수수, 감자, 담배, 고구마, 고추가 이때 유럽으로 전해졌다. 에스파냐인들은 이 가운데 고추를 '후추와 유사한 향신료'로 인식하여, 16세기 중반에 나라 곳곳에서 고추

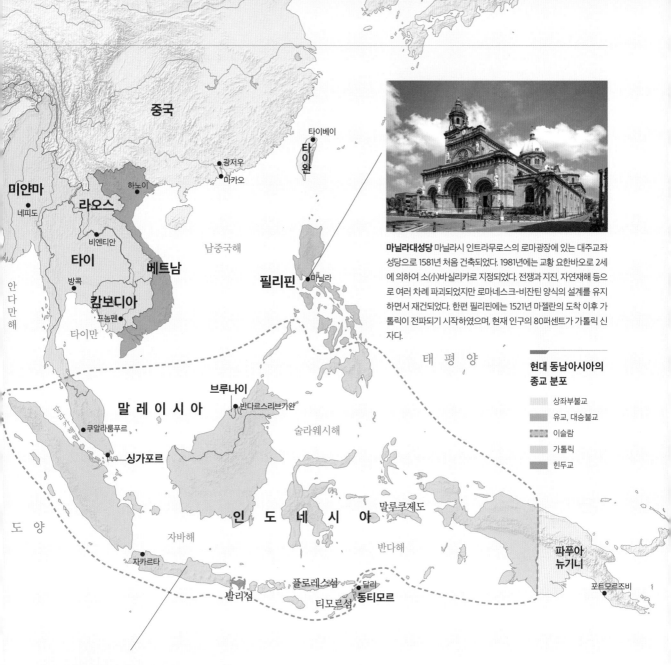

중국

타이베이

타이완

미얀마

라오스

네피도

비엔티안

하노이

광저우

마카오

타이

방콕

베트남

남중국해

캄보디아

푸놈펜

필리핀

마닐라

안다만해

타이만

**마닐라대성당** 마닐라시 인트라무로스의 로마광장에 있는 대주교좌 성당으로 1581년 처음 건축되었다. 1981년에는 교황 요한바오로 2세에 의하여 소(小)바실리카로 지정되었다. 전쟁과 지진, 자연재해 등으로 여러 차례 파괴되었지만 로마네스크-비잔틴 양식의 설계를 유지하면서 재건되었다. 한편 필리핀에는 1521년 마젤란의 도착 이후 가톨릭이 전파되기 시작하였으며, 현재 인구의 80퍼센트가 가톨릭 신자다.

태평양

브루나이

반다르스리브가완

말레이시아

쿠알라룸푸르

싱가포르

술라웨시해

**현대 동남아시아의 종교 분포**

상좌부불교
유교, 대승불교
이슬람
가톨릭
힌두교

인도네시아

말루쿠제도

인도양

자바해

반다해

파푸아뉴기니

자카르타

플로레스섬

딜리

발리섬

티모르섬

동티모르

포트모르즈비

**메나라쿠두스** '알아크사'라고도 부르는 이곳은 약 1549년에 설립된 인도네시아에서 가장 오래된 이슬람사원 중의 하나다. 센트럴자바의 쿠두스에 위치한 알아크사는 성지순례로 장소로 유명하다. 붉은 벽돌로 건축한 탑은 힌두와 불교의 건축 양식을 혼합하였다.

를 재배하기 시작했다. 유럽의 풍토에서는 절대로 기를 수 없는 후추와 달리 고추는 이베리아반도의 자연환경에 잘 적응하여 손쉽게 재배할 수 있었다고 한다.

그다음으로 고추가 향한 곳은 이탈리아다. 지중해 물길을 따라 전해져 16세기 말에서 17세기 초 사이에 이탈리아에서도 고추 재배를 시작했다. 이탈리아반도의 남쪽 끝에 위치한 칼라브리아 지역은 지금도 매운 고추로 유명하다. 포르투갈인들은 고추를 유럽뿐 아니라 인도와 아프리카로 가져갔다. 그 결과 1500년대 전반에 사하라 이남 지역에서 고추를 식용하였으며, 비슷한 시기에 인도에서 고추를 '캘리컷 후추'라고 불렀다는 기록도 있다.

# 합스부르크제국

## 카를 5세 치세의 합스부르크제국, 1544년경

— 신성로마제국
▨ 합스부르크가의 영토

누에바에스파냐부왕령
대서양

페루부왕령

북 해
잉글랜드
네덜란드
플랑드르
독일 국가들
보헤미아
대 서 양
프랑슈콩테
오스트리아
프랑스
밀라노
포르투갈
에스파냐  아라곤
카스티야
발레아레스 제도
사르데냐
나폴리
지 중 해
시칠리아

공위시대(1250~1273)였던 1273년에 합스부르크가의 루돌프 1세가 독일왕으로 선출되었다. 합스부르크가는 프리드리히 3세(재위 1452~1493) 때 신성로마제국 황제 가문이 되고, 막시밀리안 1세(재위 1493~1519) 때 부르고뉴 공작의 딸과 결혼해 네덜란드, 프랑슈콩테, 플랑드르를 차지했다. 그 결과 막시밀리안의 손자 카를 5세(재위 1519~1556) 때는 유럽의 영토에, 그사이에 획득한 아메리카 식민지까지 포함하는 대제국을 이룩했다. 이에 위협을 느낀 프랑스의 프랑수아 1세가 이탈리아를 공격했지만, 카를 5세가 승리하여 이탈리아에 대한 패권을 확정했다.

카를 5세는 합스부르크가의 영토를 오스트리아 합스부르크와 에스파냐 합스부르크로 분할하여 전자는 동생 페르디난트 1세, 후자는 아들 펠리페 2세에 물려주었다. 페르디난트 1

합스부르크가의 역사는 10세기경 슈바벤(현재 스위스)에서 시작되었다. 1020년경 취리히 인근 하비히츠부르크에 성을 건설했는데, 여기에서 가문의 이름이 유래했다. 신성로마제국의 대

**카를 5세의 초상** 1519년 신성로마제국의 황제가 되며 프랑스를 제외한 서유럽 전역과 대서양 건너 아메리카 대륙에 이르는 '해가 지지 않는 제국'을 건설했다.

## 에스파냐 합스부르크와 오스트리아 합스부르크, 1700년경

▨ 에스파냐 합스부르크
▨ 상실한 영토
▨ 오스트리아 합스부르크
▢ 신성로마제국

네덜란드공화국 (1648년 독립)
잉글랜드
런던
오스텐드
암스테르담
폴란드
아르투아 (1659년 상실)
플랑드르
브뤼셀
신성로마제국
보헤미아
프라하
북상브르크
파리
빈
트란실바니아
프랑슈콩테 (1678년 상실)
샤롤레 (1659년 상실)
스위스
오스트리아
부다페스트
헝가리
대 서 양
프랑스
밀라노
밀라노
베네치아
자다르
아비뇽(교황령)
루시용 (1659년 상실)
로마
오스만제국
포르투갈 (1640년 독립)
마드리드
아라곤
나폴리
리스본
카스티야
사르데냐
지 중 해
지브롤터
시칠리아
튀니스

북 해
스웨덴
프로이센
네덜란드공화국
암스테르담
영국
포메라니아
비스와강
민스크
러시아
함부르크
런던
브란덴부르크
바르샤바
폴란드리투아니아
연합왕국
영국해협
브뤼셀
프라하
보헤미아
대 서 양
르아브르
룩셈부르크
빈
헝가리
자로포지예
파리
부다페스트
브레스트
스위스
오스트리아
크림칸국
프랑스
밀라노
몰다비아
비스케이만
아비뇽(교황령)
베네치아
베네치아공화국
다뉴브강
제노바
공국
사부아공국
교황령
자다르
흑 해
에스파냐
마드리드
로마
나폴리
오스만제국
콘스탄티노폴리스
포르투갈
발레아레스제도
사르데냐
나폴리
티레니아해
리스본
마요르카섬
시칠리아
지 중 해
지브롤터
튀니스

## 1714년 이후의 합스부르크제국

- 합스부르크가 영역
- 신성로마제국
- 독일 국가들
- 에스파냐(부르봉왕가)
- 프로이센
- 베네치아공화국

■ 에스파냐왕위계승전쟁 이후 합스부르크제국은 큰 변화를 겪었다. 프랑스 부르봉왕가의 펠리페 5세가 국왕 승인을 받으면서 에스파냐 합스부르크의 통치가 끝났다. 그 과정에서 영국에 지브롤터와 마요르카를 넘기고, 사부아공국에 시칠리아와 밀라노공국의 일부를 양도했다. 에스파냐령 네덜란드, 나폴리왕국, 사르데냐, 밀라노공국의 대부분은 오스트리아 합스부르크가 소유하게 되었다.

세(재위 1556~1564)는 오스트리아, 보헤미아, 헝가리, 독일 남서부 지역과 함께 신성로마제국 황제 자리를 받았다. 펠리페 2세(재위 1556~1598)는 에스파냐와 네덜란드, 프랑스와 스위스 사이에 위치한 프랑슈콩테, 그리고 아메리카 식민지를 비롯한 해외 영토를 상속받았고, 65년간 프랑스와 전쟁(1494~1559)을 벌인 결과, 프랑스가 보유했던 밀라노, 나폴리, 시칠리아, 사르데냐 등 이탈리아반도의 절반 이상을 손에 넣었다. 1580년에는 포르투갈의 왕위까지 차지하여 이베리아반도를 통일했다. 그러나 에스파냐 합스부르크는 1588년 무적함대가 잉글랜드에게 대패하고 포르투갈(1640)과 네덜란드공화국(1648)이 독립하면서 상승세가 꺾였다. 결국 카를 2세(1665~1700)가 후사 없이 죽고 프랑스 루이 14세의 손자가 펠리페 5세로 즉위함으로써 에스파냐 합스부르크의 통치는 종료되었다.

에스파냐는 물론이고 에스파냐령 아메리카, 네덜란드 남부, 이탈리아의 절반이 모두 프랑스 수중에 들어갈지 모르는 상황이 닥치자 잉글랜드, 네덜란드, 신성로마제국이 동맹을 결성해 프랑스와 전쟁을 시작했다(에스파냐왕위계승전쟁, 1700~1714). 그 결과 펠리페 5세는 에스파냐 국왕으로 인정받는 대신, 에스파냐령 네덜란드와 이탈리아 영토 대부분을 포기해야 했다.

한편 페르디난트 1세의 즉위와 함께 등장한 오스트리아 합스부르크는 17세기까지 독일 국가들 및 보헤미아와 헝가리왕국의 집합체였다. 내부적으로 종교개혁 이후 개신교 세력의 확장을 막기 위해 싸워야 했고, 30년전쟁(1618~1648)도 치렀다. 전후 베스트팔렌조약 체결로 신성로마제국 황제로서의 권위가 실추되고 영토도 오스트리아, 보헤미아, 헝가리로 줄어들었다. 이후 에스파냐왕위계승전쟁에 참전하여 앞서 언급한 에스파냐령 네덜란드와 이탈리아 대부분을 차지했다. 1740년에는 오스트리아왕위계승전쟁(1740~1748)이 발발했다. 여성인 마리아 테레지아(재위 1745~1765)가 합스부르크가의 왕위를 계승하려 하자 유럽 국가들이 반대하며 개입했다. 오스트리아는 이때 프로이센에게 슐레지엔을 빼앗겼지만, 1772~1795년 러시아, 프로이센과 함께 세 차례에 걸친 폴란드 분할에 참여해 영토를 추가했다. 이후 오스트리아 합스부르크는 1806년 신성로마제국 해체 후 독일연방에 가입했지만 독일 통일 과정에서 배제되었고, 이에 오스트리아헝가리제국(1867~1918)을 수립했다.

# 종교개혁과 30년전쟁

14세기가 되자 잉글랜드의 위클리프, 보헤미아의 후스 등이 부패하고 타락한 교회의 개혁을 요구하며 큰 반향을 일으켰다. 이런 분위기에서 교황 레오 10세(재위 1513~1521)가 성베드로성당 증축을 위해 면벌부를 판매하자, 1517년 독일의 신학자 루터가 95개조 반박문을 발표하며 종교개혁의 신호탄을 쐈다. 이때부터 30년전쟁(1618~1648)이 끝날 때까지를 종교개혁 시기로 본다.

루터의 반박문은 인쇄술의 발달에 편승해 독일 전역으로 빠르게 퍼졌고, 1519년에는 잉글랜드와 프랑스까지 전해졌다. 1521년 교황에게 파문을 당한 루터는 작센 선제후 프리드리히 3세(1463~1525)의 도움으로 바르트부르크(튀링겐)에서 성경을 독일어로 번역했다. 그 결과 작센, 헤센, 프로이센, 브란덴부르크 등 독일 북부와 스칸디나비아반도로 루터의 교리가 확산되었다. 그 무렵 다른 지역에서도 종교개혁가들

이 활동하고 있었다. 츠빙글리는 에라스뮈스의 영향을 받아 내부로부터 교회를 개혁하고자 했다. 루터에게 직접 영향을 받은 칼뱅은 가톨릭 충성파의 위협을 피해 스위스 바젤로 도피하여 활동을 이어갔다. 잉글랜드에서는 헨리 8세(재위 1509~1547)가 영국국교회를 세웠다.

독일 지역의 개신교 제후들은 슈말칼덴동맹(1531)을 조직하여 가톨릭 제후들이 결성한 뉘른베르크동맹(1538)과 전쟁을 벌였다. 그 결과 1555년 아우크스부르크에서 화의를 이루었는데, 루터파 프로테스탄트를 공인하고(단 칼뱅파, 츠빙글리파, 재세례파 등은 제외) 영방 군주나 제국 도시 당국이 자기 신민의 종교를 결정하기로 했다. 반면 가톨릭은 반(反)종교개혁을 확대했다.

16세기 후반 들어 가톨릭과 개신교의 갈등이 다시 깊어졌다. 1568년 에스파냐의 지배를 받고 있던 네덜란드의 신교도들이 독립전쟁을 일

**종교개혁의 확산, 16세기**

- 루터파
- 칼뱅파
- → 칼뱅파의 확산
- 영국국교회
- 제네바 종교개혁 중심지
- 1525 개신교교회 설치 시기
- 가톨릭 지역
- 정교회 지역
- 이슬람 지역
- □ 신성로마제국 국경
- □ 오스만제국 국경

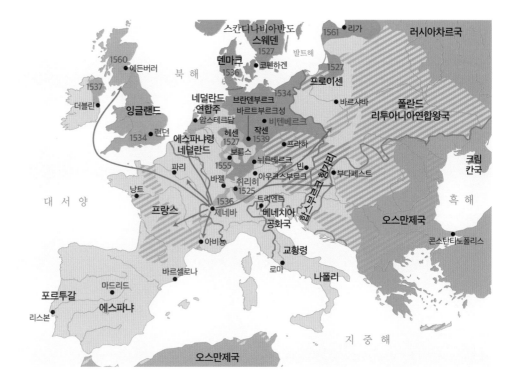

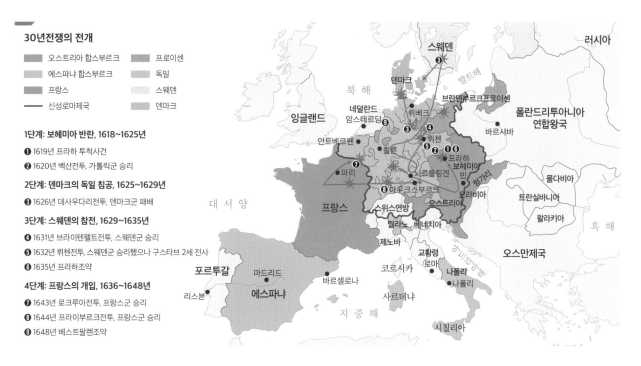

**30년전쟁의 전개**

- 오스트리아 합스부르크
- 에스파냐 합스부르크
- 프랑스
- ─ 신성로마제국
- 프로이센
- 독일
- 스웨덴
- 덴마크

**1단계: 보헤미아 반란, 1618~1625년**
- ❶ 1619년 프라하 투척사건
- ❷ 1620년 백산전투, 가톨릭군 승리

**2단계: 덴마크의 독일 침공, 1625~1629년**
- ❸ 1626년 데사우다리전투, 덴마크군 패배

**3단계: 스웨덴의 참전, 1629~1635년**
- ❹ 1631년 브라이텐펠트전투, 스웨덴군 승리
- ❺ 1632년 뤼첸전투, 스웨덴군 승리했으나 구스타브 2세 전사
- ❻ 1635년 프라하조약

**4단계: 프랑스의 개입, 1636~1648년**
- ❼ 1643년 로크루아전투, 프랑스군 승리
- ❽ 1644년 프라이부르크전투, 프랑스군 승리
- ❾ 1648년 베스트팔렌조약

으켰고, 프랑스에서는 1572년 '성바르톨로메오 축일'에 가톨릭교도의 위그노(프랑스 신교도) 학살사건이 일어났다. 양측의 갈등은 결국 17세기 초 30년전쟁으로 확대되었다. 가톨릭 신자인 신성로마제국 황제 페르디난트 2세가 아우크스부르크화의를 깨고 제국 시민들에게 가톨릭을 강요했다. 그러자 1618년 보헤미아의 신교도들은 개신교 제후 프리드리히 5세를 보헤미아 왕으로 선출하여 황제의 결정에 저항했다. 전쟁은 신성로마제국 내 제후국들 간 내전으로 시작해서 에스파냐, 덴마크, 스웨덴, 프랑스가 개입한 국제전으로 확대되었다.

초기에는 가톨릭동맹군이 백산전투(1620)에서 승리하는 등 우세를 점했다. 개신교 신자인 덴마크 왕은 1625년 독일을 침공했다가 데사우다리전투에서 패한 뒤 철수했다. 같은 해 페르디난트 2세는 '복원칙령'을 내려 아우크스부르크화의 때 신교도 영지로 인정한 땅을 몰수했다. 1630년 참전한 스웨덴군은 이듬해 브라이텐펠트전투에서 가톨릭동맹군을 격퇴했지만 1635년 프라하조약을 맺고 철수했다. 1635년에는 가톨릭국가 프랑스가 개신교 측에 가담해 에스파냐에 전쟁을 선포했다. 프랑스의 연승을

지켜보던 스웨덴도 다시 독일로 진격했다. 결국 길고 치열했던 전쟁은 1648년 베스트팔렌조약으로 일단락되었다.

조약의 결과 스웨덴은 독일 북부 영토(발트해 남부 연안)를 얻고 프랑스는 알자스와 로렌을 획득했다. 네덜란드는 에스파냐, 스위스는 신성로마제국으로부터 각각 독립했다. 신성로마제국은 가톨릭, 루터파, 칼뱅파를 동등하게 인정할 수밖에 없었다. 독일 영지의 선제후들이 거의 완전한 독립을 이루면서 합스부르크가와 신성로마제국의 패권이 크게 위축되었다.

**베스트팔렌조약 비준** 30년전쟁을 끝내며 오스나브뤼크와 뮌스터(각각 1648년 5월 15일과 10월 24일)에서 체결되었다. 이후 주권국가에 기반을 둔 새로운 유럽 질서를 수립했다.

**베스트팔렌조약 이후의 유럽**
- 오스트리아 합스부르크
- 에스파냐 합스부르크
- 프랑스
- ─ 신성로마제국
- 프로이센
- 독일
- 스웨덴
- 덴마크
- 네덜란드
- 스위스

# 프로이센의 발흥

오토 1세(재위 962~973)의 치세 이래 동방 진출을 시작한 신성로마제국은 알브레히트 1세 때인 1157년 브란덴부르크변경백국을 세웠다. 1415년 호엔촐레른가의 프리드리히 6세가 신성로마제국 황제로부터 브란덴부르크 선제후 겸 변경백으로 임명된 이후 브란덴부르크는 호엔촐레른가의 후계자들에게 계승되었다. 브란덴부르크는 서쪽의 하노버와 브레멘, 동쪽의 독일기사단국(프로이센) 사이에 끼어 있었다. 독일기사단국은 튜턴기사단이 황제로부터 프로이센 소유권을 인정받고 이교도를 격퇴한 뒤 1224년에 세운 나라로, 종교개혁 이후인 1525년 신교로 개종하고 세속화하여 폴란드리투아니아연합왕국 소속의 프로이센공국(수도는 쾨니히스베르크)으로 재편했다.

1618년 프로이센공국의 알브레히트 공작이 후사 없이 사망하자, 그의 큰사위 브란덴부르크 선제후 지기스문트가 프로이센공국을 상속했다. 이렇게 해서 성립한 브란덴부르크프로이센(1618~1701)은 동서로 1000킬로미터에 이르는 세 개의 분리된 영토(동프로이센, 브란덴부르크, 라인강 유역)를 통치하게 되었다.

1640년 프리드리히 빌헬름(재위 1640~1688)이 브란덴부르크 선제후 겸 프로이센 공작으로 등극했다. 베스트팔렌조약(1648)으로 동포메라니아(브란덴부르크와 발트해 사이)와 마그데부르크(브란덴부르크 남쪽)를 차지하면서 개신교 제후 가운데 영토가 가장 넓은 작센과 마주했다. 그리고 1657년 폴란드리투아니아로부터 주권을 인정받았다. 이후에도 영토를 꾸준히 확장하여 1680년대에 이르러 바이에른, 작센 등 전통의 강호와 어깨를 나란히 했다.

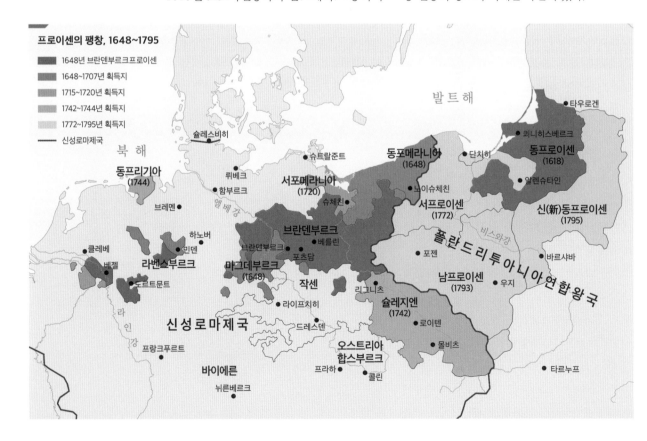

**프로이센의 팽창, 1648~1795**

- 1648년 브란덴부르크프로이센
- 1648~1707년 획득지
- 1715~1720년 획득지
- 1742~1744년 획득지
- 1772~1795년 획득지
- ── 신성로마제국

발트해

북해

동프리기아 (1744)

슐레스비히

뤼베크

슈트랄준트

동포메라니아 (1648)

단치히

타우로겐

코니히스베르크

동프로이센 (1618)

함부르크

서포메라니아 (1720)

슈체친

뇌이슈체친

서프로이센 (1772)

알렌슈타인

신(新)동프로이센 (1795)

브레멘

엘베강

하노버

민덴

브란덴부르크

브란덴부르크

베를린

포츠담

포젠

비스와강

바르샤바

클레베

베젤

라벤스부르크

도르트문트

마그데부르크 (1648)

작센

리그니츠

남프로이센 (1793)

우지

폴란드리투아니아연합왕국

라인강

신성로마제국

라이프치히

드레스덴

슐레지엔 (1742)

로이텐

몰비츠

오스트리아 합스부르크

프랑크푸르트

바이에른

뉘른베르크

프라하

콜린

타르누프

## 오스트리아왕위계승전쟁 이후의 유럽

■ 엑스라샤펠조약(1748)으로, 오스트리아 합스부르크는 프로이센의 슐레지엔 획득을 인정하고 파르마공국 등을 에스파냐에 양도했다. 모데나공국과 제노바공화국에서 오스트리아가 철수함에 따라 두 나라는 독립했다. 한편 프랑스는 오스트리아령 네덜란드에서 철수했다.

**브란덴부르크 문** 17세기 중반까지 베를린은 작은 요새도시에 불과했다. 하지만 1701년에 프리드리히 1세 치하의 브란덴부르크 변경백국이 프로이센왕국으로 승격되면서 베를린은 한 국가의 수도이자 거대한 대도시로 발전했다. 프리드리히 빌헬름 2세가 1760년 7년전쟁 중 파괴된 도시를 1788년 재건하면서 이 문을 짓고 '평화의 문'이라고 불렀다.

1701년 브란덴부르크프로이센은 프로이센왕국으로 승격했다. 1688년 공작이 되었던 프리드리히 3세는 국왕 프리드리히 1세(재위 1701~1713)가 되었다. 다만 국왕 칭호는 동프로이센에서만 사용할 수 있었고, 신성로마제국에 속하는 브란덴부르크에서는 여전히 선제후 칭호를 사용해야 했다. 아들 프리드리히 빌헬름 1세(재위 1713~1740)가 뒤를 이었는데, 1720년경 서포메라니아를 장악했다.

1740년 프리드리히 1세의 아들 프리드리히 2세(재위 1740~1786)가 즉위했다. 그의 치세에 프로이센은 신성로마제국 내에서 오스트리아 합스부르크에 이어 제2의 강국으로 성장했다. 오스트리아왕위계승전쟁(1740~1748) 때 프랑스와 연합해 오스트리아, 영국과 싸워 슐레지엔을 획득했다. 7년전쟁(1756~1763)에서는 영국과 함께 프랑스, 오스트리아, 러시아와 싸웠으나 고전을 면치 못했다. 1760년 베를린이 러시아와 오스트리아에 함락되고 이듬해에는 프로이센 전역이 적의 수중에 떨어져 풍전등화의 위기에 빠졌다. 그러나 러시아의 엘리자베타 여제가 죽고 프리드리히 2세를 좋아했던 표트르 3세가 즉위하면서 프로이센은 멸망의 위기에서

벗어났다. 불과 3개월 뒤 러시아의 표트르 3세가 암살당하고 부인 예카테리나 2세가 즉위하여 양국의 동맹을 철회했지만, 이 무렵 오스트리아가 패하는 바람에 위기에서 벗어날 수 있었다. 7년전쟁의 결과 프리드리히 2세는 슐레지엔을 지켜냈고, 프로이센은 강대국의 반열에 올랐다. 1763년 이후에도 프로이센은 영토를 계속 확장했고, 1772~1795년 러시아, 오스트리아와 함께 폴란드를 분할했다. 이후 19세기 들어서는 오스트리아와 독일 통일의 주도권을 놓고 경쟁했다.

## 폴란드리투아니아의 분할, 1772~1795년

러시아  프로이센  오스트리아

1772
1793
1795

특집

# 대학의 역사

## 대학의 설립 시기

**11~13세기**

① 볼로냐대학(1088)
② 파리대학(1200)
③ 베르첼리대학(1228)
④ 아레초대학(1215)
⑤ 시에나대학(1245)
⑥ 옥스퍼드대학(1096)
⑦ 케임브리지대학(1225)
⑧ 몽펠리에대학(1220)
⑨ 살라망카대학(1218)
⑩ 나폴리대학(1224)
⑪ 툴루즈대학(1229)
⑫ 오를레앙대학(1235)
⑬ 교황청 우르바노대학(1245)
⑭ 피아첸차대학(1248)
⑮ 앙제대학(1250)
⑯ 세비야대학(1254)
⑰ 코임브라대학(1290)

**14~15세기**

⑱ 아비뇽대학(1303)
⑲ 트레비조대학(1318)
⑳ 피사대학(1343)
㉑ 프라하대학(1348)
㉒ 피렌체대학(1349)
㉓ 후에스카대학(1354)
㉔ 파비아대학(1361)
㉕ 크라카우대학(1364)
㉖ 오란대학교(1364)
㉗ 빈대학(1365)
㉘ 루카대학(1369)
㉙ 하이델베르크대학(1385)
㉚ 쾰른대학(1388)
㉛ 부다대학(1395)
㉜ 토리노대학(1402)
㉝ 라이프치히대학(1409)
㉞ 로스토크대학(1419)
㉟ 루벵대학(1425)
㊱ 카타니아대학(1444)
㊲ 글래스고대학교(1451)
㊳ 트리어대학(1455)
㊴ 바젤대학(1459)
㊵ 잉골슈타트대학
㊶ 베네치아대학(1470)
㊷ 제노아대학(1471)
㊸ 사라고사대학(1474)
㊹ 코펜하겐대학(1475)
㊺ 마인츠대학(1476)
㊻ 튀빙겐대학(1476)
㊼ 웁살라대학(1477)
㊽ 마요르카대학(1483)
㊾ 애버딘대학(1493)
㊿ 프랑크푸르트대학(1498)

**16세기**

(51) 발렌시아대학(1500)
(52) 그라나다대학(1531)
(53) 바에자대학(1538)
(54) 쾨니히스베르크대학(1544)
(55) 간디아대학(1547)
(56) 라이덴대학(1555)
(57) 팔레르모대학(1578)
(58) 에든버러대학(1582)
(59) 더블린대학(1592)
(60) 액상프로방스대학(1603)
(61) 흐로닝엔대학(1612)
(62) 파더보른대학(1614)
(63) 잘츠부르크대학(1620)
(64) 뒤스부르크대학(1654)
(65) 브장송대학(1691)
(66) 산마르코스대학(1551)
(67) 멕시코대학(1551)
(68) 하버드대학(1650)
(69) 윌리엄앤드메리대학(1693)

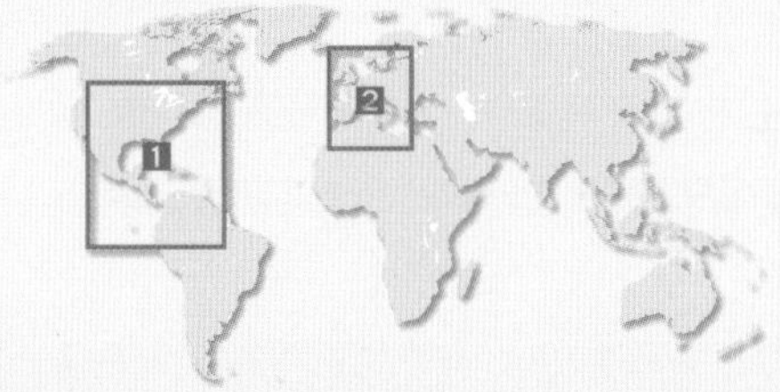
1
2

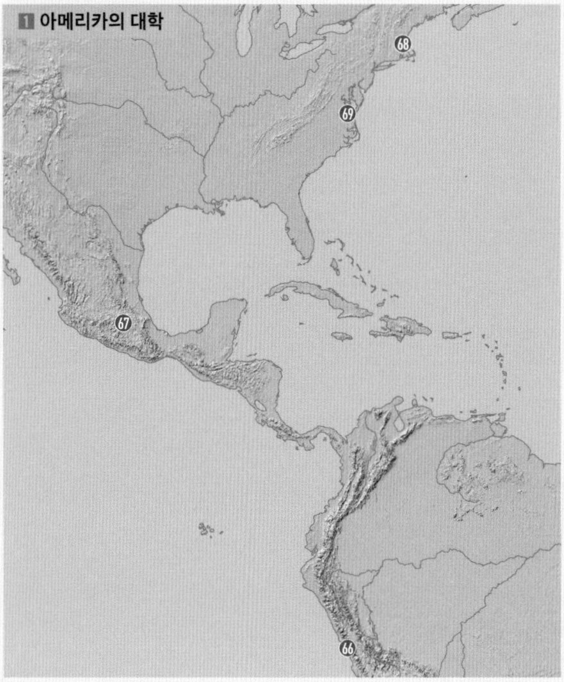
1 아메리카의 대학

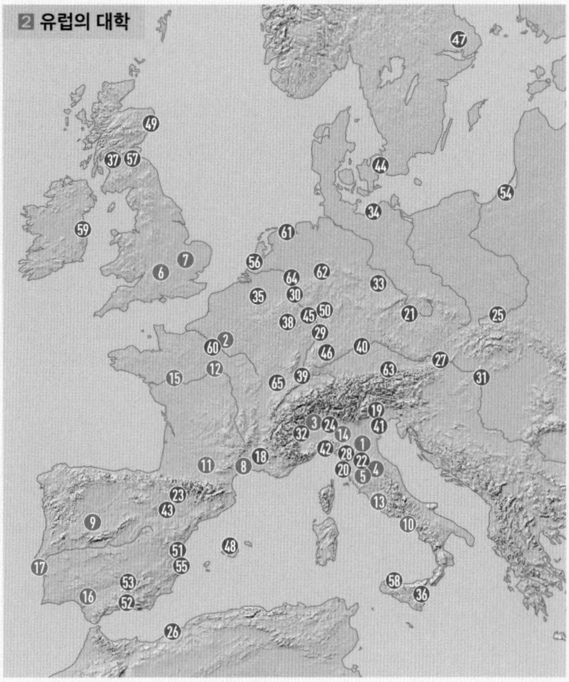
2 유럽의 대학

역사가 가장 오래된 고등교육 기관은 인도의 탁실라에 있었다. 기원전 4세기 알렉산드로스의 원정군은 이곳에서 그동안 본 적 없는 종교, 철학, 의학, 법률 교육기관을 목격했다. 또 다른 초기 대학도 인도에 있었다. 굽타왕조의 쿠마라굽타 1세가 427년 건립한 날란다대학은 이후 700여 년 동안 주변 세계와 교류하며 불교 철학과 의학, 논리학 등을 가르쳤다. 『대당서역기』를 쓴 현장도 이곳으로 와서 공부했다. 그 밖에 한자 문화권 국가들도 일찍부터 고등교육기관을 운영했다. 중국에서는 후한 광무제(재위 25~57) 시기에 낙양에 태학(太學)을 설립한 것을 기점으로 유학자 관리를 양성하는 전통이 시작되었다. 우리나라의 경우 고구려의 태학, 고려의 국자감, 조선의 성균관 등에서 관리를 양성했다.

현대 대학의 기원은 이슬람문명에서 비롯되었다. 7~9세기에 이슬람 세계에서는 와크프(waqf)라는 자선신탁제도가 발전했다. 무슬림 개인의 자발적 기부신탁 행위로, 와크프법에 따라 개인은 자신의 재산을 특정한 곳에 위탁할 수 있었다. 수혜 대상은 교육기관, 수도원, 병원 등 공공의 목적을 지닌 시설이나 기관이었다. 와크프를 통해 구축된 이슬람 사회시설 가운데 하나인 이슬람 교육기관 마드라사(Madrasah)는 본래 이슬람신학을 연구하는 곳이었다. 그런데 이슬람세계와 유럽의 교류가 늘어나면서 이슬람뿐 아니라 여러 문화권의 도서와 문서를 수집, 번역 및 연구하기 시작했다. 마드라사는 고대 그리스어와 라틴어 서적을 아랍어로 번역하면서 그리스·로마의 학문적 업적을 보존하고 발전시키는 데 중심적인 역할을 담당했다.

유럽에서도 종교, 철학, 수학, 윤리학, 논리학, 법학 등 학문 종합교육기관이 모습을 드러내기 시작했다. 1200년경 이탈리아 볼로냐와 프랑스 파리에 대학(Univercity)이 운영되고 있었다. 볼로냐는 11세기 초부터 교황과 황제의 대결 및 부르주아 해방운동의 중심지였다. 두 방향의 갈등이 법률 분쟁으로 구체화되면서 볼로냐대학에서는 일찍부터 교회법과 세속군주법 연구가 활발하게 이루어졌다. 반면 파리에서는 문법, 수사학, 논리학 3학(trivium)과 산수, 기하학, 천문, 음악 4학(quadrivium) 등 일곱 개 자유학예(liberal arts) 교육이 발달했다. 당시 왕권강화에 박차를 가하던 프랑스의 필리프 2세(재위 1190~1223)는 당대의 사회적·학문적 변화를 명확히 인식하고 파리의 경제성장과 더불어 출현한 대학을 후원하기 시작했다. 그는 이곳에서 왕권을 뒷받침할 학문 이데올로기를 재생산하여 교회와 봉건제후를 견제했다. 이후 1500년경까지 유럽 각지에 50여 개의 대학이 설립되었다.

14세기가 되자 이탈리아에서는 르네상스의 영향을 받은 휴머니즘이 등장했다. 고대의 지식과 문화를 현재의 문화적·사회적·정치적 언어로 해석하는 과정에 대학의 인문학(studia humanitatis) 교육이 강화되었다. 1517년 마르틴 루터가 촉발한 종교개혁도 대학 역사의 분기점이었다. 대학들은 신학논쟁과 새로운 복음전파에 적극적으로 관여했고, 나아가 종교개혁에 따른 교회재산 몰수의 수혜를 받으면서 양적 팽창을 이루었다. 17세기의 계몽사상은 대학이 종교적 확신을 넘어서 '확실한 지식'으로 나아가는 도전을 이끌었다. 자연현상을 연구하는 실험과학이 등장했으며, 철학은 실증적·역사적·비판적인 발전 과정을 겪었다.

근대 초 '지리적 발견'의 경험은 대학을 유럽 밖으로 나가게 했다. 1551년 에스파냐는 페루부왕령 리마와 누에바에스파냐부왕령 멕시코시티에 대학을 설립했다. 북아메리카에서는 존 하버드가 메사추세츠 식민지에 설립한 칼리지(college)가 1650년 대학으로 인정받았다. 그러나 초기 아메리카 대륙의 대학들은 이주민 자녀들과 극히 일부의 선주민 학생만 수학할 수 있는 제한적 교육기관이었다.

**날란다대학** 427년에 설립된 세계 최초의 기숙형 대학이다. 당시 900만 권의 장서를 보유했던 이 대학은 전 세계에서 1만 명의 학생이 찾아오는 지식의 보고였다. 학생들은 의학, 논리학, 수학, 무엇보다 당대 가장 존경받는 학자들에게 불교의 원리를 배우고자 이곳에 모였다. 달라이 라마는 "우리가 가진 모든 (불교) 지식의 원천은 날란다에서 왔다"라고 날란다대학의 의의를 설명했다.

# 러시아의 팽창

**미하엘 로마노프를 새 차르로 선출하는 젬스키 소보르(입법부)** 15세기 말 이후 근대로 이행하면서 러시아에도 새로운 신분질서가 형성되기 시작했다. 동시에 이반 3세 때부터 국가를 단일한 통치체제로 통합하는 정치적 중앙집권화의 경향이 나타났다. 그 결과 중앙집권화의 초기 형태로 신분제 대의기구의 성격을 지닌 젬스키 소보르가 출현했다.

1584년 이반 4세가 죽은 뒤 루스차르국(이후 러시아차르국)은 반란과 외침으로 혼란에 빠졌다. 이를 수습하기 위해 열린 1613년 젬스키 소보르에서 미하일 로마노프를 새로운 차르로 선출함으로써 로마노프왕조(1613~1917)가 시작되었다. 러시아는 동쪽으로 시베리아 진출을 계속하는 한편 스웨덴, 폴란드, 오스만제국 등과 전쟁을 벌였다. 미하일 1세가 죽은 뒤 알렉세이

## 러시아의 북방 영토 확장

- ☐ 1700년 스웨덴의 국경
- ▨ 1714~1721년 러시아 점령 지역
- ▥ 뉘스타드조약(1721)으로 러시아에 병합된 스웨덴 영토
- ■ 1743년 러시아가 정복한 영토

1세(재위 1645~1676)가 즉위하자 1648년 폴란드리투아니아연합왕국에 거주하던 코사크인들이 반란을 일으켰다. 그런데 반란을 이끈 흐멜니츠키가 러시아와 손잡자 코사크인들은 그에게 등을 돌렸다. 이후 양국은 10여 년의 전쟁 끝에 안드루소보조약(1667)을 체결했고, 러시아가 키예프와 우크라이나 동부를 차지했다.

표트르 1세(재위 1682~1725)는 선대의 확장 정책을 계승하여 재위 기간 동안 두 차례의 큰 전쟁을 치렀다. 우선 오스만제국과 러시아튀르크전쟁(1683~1699)을 치러 1696년 아조프를 손에 넣었다. 그리고 나서 서유럽으로 가는 길을 열기 위해 발트해로 눈을 돌려 스웨덴과 싸웠는데, 이것이 20년 넘게 지속된 대북방전쟁(1700~1721)이다. 러시아가 덴마크, 폴란드와 함께 발트해 남쪽 해안의 스웨덴 점령지를 공격하면서 전쟁이 시작되었다. 처음에는 당시 유럽에서 가장 강력한 군대를 거느리고 있던 스웨덴이 우세했다. 1700년 칼 12세는 나르바에서 승리하고 폴란드로 진격했다. 그러자 러시아는 1704년 나르바를 점령하고, 폴란드와의 전쟁으로 지친 스웨덴군을 1709년 우크라이나 남서부 폴타바에서 괴멸시켰다.

이후 칼 12세는 사망(1718)했고, 표트르 1세는 승승장구했다. 결국 1721년 대북방전쟁이 끝났고, 뉘스타드조약으로 러시아는 스웨덴으로부터 에스토니아와 리보니아 지역 그리고 리가를 손에 넣었다. 표트르 1세는 1711년 오스만제국에게 아조프를 내주며 흑해 방면 진출에는 실패했지만, 발트해 연안 장악에는 성공했던 것이다. 1721년 표트르 1세는 대북방전쟁 승리를 축하하는 자리에서 '러시아제국'을 공식 선포했다. 한편, 이 전쟁 기간인 1703년 핀란드만의 습지에 새 수도 상트페테르부르크를 건설하고

1709년 천도했다.

러시아는 예카테리나 2세(재위 1762~1796) 치세에 영토 확장을 재개했다. 스웨덴을 격파하여 발트해 남쪽 연안의 옛 독일과 스웨덴령 공국 영토를 차지했다(이 지역들은 20세기에 라트비아와 에스토니아로 독립했다). 1768년부터는 오스만제국과 전쟁을 벌여 흑해 북동부 연안과 크림반도를 차지했다(카이나르자조약, 1774). 1783년 크림칸국을 정복하고 흑해함대를 건설했다. 1787년 오스만제국을 다시 공격했다. 발칸반도로 남하하여 수도 콘스탄티노폴리스 앞까지 이르렀고, 이 과정에서 흑해 북서부 연안을 차지했다(이아시조약, 1792). 예카테리나 2세는 이렇게 새로 얻은 영토를 '새 러시아'라고 명명하고 이주민을 정착시켜 오데사, 세바스토폴 등에 흑해함대 기지를 건설했다. 한편 푸가초프의 난(1773~1775)을 해결하는 과정에서 코사크수장국을 멸망시켜 과거 키예프루스 땅을 대부분 회복했다. 1772~1795년에는 프로이센, 오스트리아와 함께 세 차례에 걸쳐 폴란드리투아니아 영토를 분할했다.

러시아는 16세기 중반 몽골제국의 잔존 세력인 카잔칸국, 아스트라한칸국을 무너뜨려 동방 진출의 교두보를 확보하고, 1582년 시베리아 진

출을 시작했다. 이후 1649년 오호츠크해에 도달할 때까지 계속 동진해서 현재 러시아 영토의 4분의 3에 해당하는 영토를 차지했다. 그 결과 17세기 중반 무렵까지 20만 명에 불과했던 시베리아의 인구가 이후 빠른 속도로 증가했으며, 1778년 시베리아 정복을 완수했다. 이로써 러시아제국은 예카테리나 2세의 치세가 끝날 무렵 서로 리투아니아, 남으로 흑해와 아무르강, 동으로 태평양에 이르는 대제국이 되었다.

**예카테리나 2세의 영토 확장**

1750년 러시아의 영토

1762~1786년 병합한 영토

**시베리아로 뻗어가는 러시아, 1581~1800년**

1581년의 러시아 영토

1581~1598년 획득한 영토

1598~1618년 획득한 영토

1618~1689년 획득한 영토

1650년대 점령했으나 1689년 중국에 반환한 영토

1689~1725년 획득한 영토

1762~1800년 획득한 영토

1762~1800년 획득한 영토

● 요새 및 무역소(설치 시기)

■ 러시아는 1582년 시베리아 진출을 시작했고, 이후 1778년 시베리아 전역을 차지했다.

# 스칸디나비아 3국

**칼마르성** 스웨덴 남부 스몰란드 지역 소재의 성으로, 1397년 한자동맹에 대항하여 스웨덴, 덴마크, 노르웨이 3국이 이곳에서 칼마르동맹을 체결했다.

스칸디나비아 3국은 바이킹의 고향이다. 바이킹은 남쪽으로는 지브롤터해협을 돌아서 지중해까지 이르렀고, 서쪽으로는 아이슬란드, 그린란드를 거쳐 아메리카대륙에 상륙했으며, 동쪽으로는 지금의 러시아를 거쳐 비잔티움제국까지 진출했다. 그러는 동안 본토에 남아 있던 이들은 11세기 크누트(재위 1016~1035) 때 잠시 북해제국으로 통일되었다가 이후 지금의 노르웨이, 덴마크, 스웨덴에서 세 왕국을 형성하고 12세기 후반에 기독교로 개종했다. 덴마크는 발데마르 1세(재위 1157~1182) 때 북부 독일과 발트해 연안으로 영토를 확장했고, 스웨덴은 13세기에 핀란드를 식민화하기 시작했다. 그 무렵 노르웨이는 아이슬란드와 그린란드를 지배하며 크게 성장했다. 한편 13세기 후반부터 한자동맹이 발트해 지역의 강자로 떠올랐다. 한자동맹은 뤼베크를 중심으로 동쪽의 노브고로드, 서쪽의 런던에 이르는 무역도시들의 집합체로 북유럽의 상업을 지배했다.

덴마크 국왕의 딸 마르그레테(1363~1412)는 노르웨이 국왕 호콘 6세와 결혼해 아들 올라프 2세를 낳았다. 1375년 아버지가 죽자 다섯 살의 올라프 2세를 덴마크 왕위에 앉히고 자신이 섭정했다. 그리고 1380년 남편 호콘 6세가 죽자 올라프 2세를 노르웨이 국왕에 앉히고 두 나라의 권력을 장악했다. 1387년 올라프 2세가 죽자, 마르그레테는 1397년 스웨덴 동남부 칼마르에서 언니의 손자 에리크 7세를 노르웨이와 덴마크뿐 아니라 스웨덴의 국왕으로 세웠다. 세 나라의 동맹왕국이 등장한 것이다. 이 동맹왕국은 한 명의 군주가 다스리되 일정 수준의 자치를 허용하며 한자동맹의 무역 독점을 견제했다. 그리고 1460년 크리스티안 1세 때 슐레스비히홀슈타인을 편입했다.

15세기 중엽부터 스웨덴에서 독립의 기운이 커지는 가운데 1520년 덴마크의 크리스티안 2세가 스웨덴을 침공함으로써 칼마르동맹이 깨졌다. 스웨덴은 1523년 구스타브 1세(재위 1523~1560)의 주도로 덴마크에서 독립하고 바사왕조(1523~1654)를 개창했다. 그의 계승자들은 폴란드와 연합해 러시아가 지배하던 에스토니아, 잉그리아, 카렐리야를 확보했다. 덴마크는 칼마르전쟁(1611~1613) 때 스웨덴의 예테보리를 탈취했지만, 결정적 우위를 확보하지 못해 되돌려주고 외레순해협을 장악한 것에 만족해야 했다. 몇 년 뒤인 1621년 스웨덴의 구스타브 2세가 리보니아의 수도 리가를 점령했다. 리가는 발트해 연안의 중요한 무역도시로 폴란드리투아니아에게 중요한 무역 통로였다. 두 나라는 30년전쟁에 참전하는 한편 종전 후에도 자주 맞붙었는데, 대부분 스웨덴이 승리를 거두었다. 그 결과 스웨덴은 1660년경에 최대 영토에 이르렀다.

발트해를 장악하며 전성기를 연 스웨덴은 다시 전쟁의 소용돌이에 휩쓸렸다. 1700년 노르웨이, 러시아, 폴란드리투아니아와 동맹한 덴마크가 스웨덴을 공격했다(대북방전쟁). 초반에는 스웨덴이 주도권을 잡았다. 1701년 스웨덴의 칼 12세(재위 1697~1718)는 리보니아의 리가에서 작센군을 격파한 데 이어 폴란드리투아니아의 바르샤바와 더 남쪽의 크라쿠프를 점령했다. 1707년 비스와강을 건너 동쪽으로 진격하여, 이듬해 홀로프친에 이어 러시아의 스몰렌스크에서 승리했다. 그러나 칼 12세는 1709년 폴타바(현재 우크라이나 중부)에서 대패하고 오스만제국으로 피신했다. 이후 프로이센, 하노버, 덴마크까지 러시아에 가세해 스웨덴을 압박했다. 칼 12세는 1714년 재기를 노리고 스웨덴으로 돌아왔지만 1718년 노르웨이 전선에서 전

## 스웨덴의 팽창, 1560~1660년

- 구스타브 1세 치세, 1560년
- 1629년까지 확보한 영토
- 브룀세브로조약으로 획득한 영토, 1645년
- 베스트팔렌조약으로 획득한 영토, 1648년
- 로스킬레조약으로 획득한 영토, 1658년

■ 1523년 덴마크에서 독립하고 바사왕조를 개창한 스웨덴은 1560년 무렵에는 현재의 스웨덴뿐 아니라 핀란드 대부분을 차지하고 있었다. 30년전쟁에 참전하는 1629년에 스웨덴은 에스토니아, 잉그리아, 핀란드 동쪽의 카렐리야, 그리고 리보니아까지 영토를 확장한 상태였다. 30년전쟁 참전 이후에는 1645년에 맺은 브룀세브로조약으로 옘틀란드와 할란드를, 1648년 베스트팔렌조약으로 브레멘베르덴, 비스마르, 서포메라니아를 1658년 로스킬레조약으로 트뢰넬라그, 보후슬렌, 스카니아, 보른홀름을 양도받았다. 그 결과 1660년경 스웨덴은 최대 영토에 이르렀다.

사했다. 1721년 스웨덴은 대북방전쟁에서 최종적으로 패했고, 러시아는 스웨덴으로부터 에스토니아, 리보니아, 잉그리아, 카렐리야를 획득함으로써 발트해의 패권을 차지했다(뉘스타드조약). 이후 스웨덴은 절대왕권과 팽창주의를 포기하고 입헌군주제를 채택했다.

## 대북방전쟁, 1700~1721년

- 스웨덴
- 러시아
- 스웨덴이 상실한 영토
- ✹ 주요 전투 (시기)

# 17~18세기 프랑스

16세기 후반 치열한 종교전쟁(위그노전쟁)을 치른 프랑스는 루이 14세(재위 1643~1715)의 치세에 영토 확장에 나섰다. 다섯 살에 즉위한 루이 14세가 1661년 친정을 시작할 당시, 프랑스는 둘로 갈라진 합스부르크제국(에스파냐와 오스트리아)에 둘러싸여 있었다. 그는 사방에서 에스파냐군과 힘을 겨루는 한편, 독일의 개신교 제후들이나 스웨덴, 오스만제국 등과 등거리 동맹을 추진했다.

그러던 중 에스파냐의 펠리페 4세가 죽자(1665), 루이 14세는 아내(펠리페 4세의 딸 마리 테레즈)에게 상속권이 있다며 에스파냐령 네덜란드를 요구했다. 이를 거부당하자 1667년 '상속전쟁'을 시작했고, 이듬해 엑스라샤펠조약을 통해 에스파냐로부터 플랑드르 일부와 릴, 투르네, 샤를루아 등을 획득했다. 그는 계속해서 에스파냐령 네덜란드 방면으로 진출을 모색했다. 에스파냐의 카를로스 2세가 죽은 뒤 네덜란드가 오스트리아로 넘어갈 경우 카를 5세 때처럼 협공당하는 것이 두려웠기 때문이다. 루이 14세는 1672년 프랑스네덜란드전쟁을 개시했

고, 네이메헌조약(1678)으로 프랑슈콩테와 플랑드르의 여러 지역을 차지하는 대신 샤를루아와 필립스부르크를 반환했다. 에스파냐가 프랑슈콩테를 상실함으로써 에스파냐령 네덜란드와 밀라노의 연결이 차단되었다. 1683~1684년에는 프랑스가 에스파냐와 '재결합전쟁'을 치러 스트라스부르, 룩셈부르크 등의 영토를 인정받았다. 5년 뒤인 1689년, 루이 14세가 팔츠의 소유권을 주장해 9년전쟁(팔츠계승전쟁)이 일어났다. 레이스베이크조약(1697)으로 프랑스는 라인강 동쪽에서 철수했으며, 라인강 우안을 독일왕국에 반환했으나, 라인강 좌안과 알자스는 지켰다. 이처럼 17세기 후반의 몇 차례 전쟁을 통해 프랑스 북동부의 국경이 오늘날과 유사한 형태를 갖추게 되었다.

1700년 카를로스 2세가 죽고 루이 14세의 손자 펠리페 5세가 에스파냐 왕위를 계승했다. 유럽의 세력균형 붕괴를 우려한 잉글랜드, 네덜란드, 신성로마제국은 동맹을 결성해 프랑스와 전쟁을 시작했다(에스파냐왕위계승전쟁, 1700~1714). 그 결과 루이 14세는 부르봉왕가의

---

## 루이 14세의 전쟁

→ 프랑스의 공격

● 프랑스가 점령한 도시

▦ 프랑스가 차지한 영토

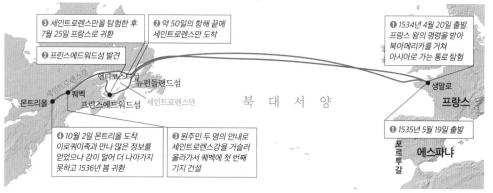

❶ 1534년 4월 20일 출발. 프랑스 왕의 명령을 받아 북아메리카를 거쳐 아시아로 가는 통로 탐험

❷ 약 50일의 항해 끝에 세인트로렌스만 도착

❸ 세인트로렌스만을 탐험한 후 7월 25일 프랑스로 귀환

❷ 프린스에드워드섬 발견

❹ 10월 2일 몬트리올 도착. 이로쿼이족과 만나 많은 정보를 얻었으나 강이 얕아 더 나아가지 못하고 1536년 봄 귀환

❸ 원주민 두 명의 안내로 세인트로렌스강을 거슬러 올라가서 퀘벡에 첫 번째 기지 건설

❶ 1535년 5월 19일 출발

북 대 서 양

몬트리올 퀘벡 프린스에드워드섬 엔티코스티섬 뉴펀들랜드섬 세인트로렌스만 세인트로렌스강 생말로 프랑스 포르투갈 에스파냐

### 자크 카르티에의 북아메리카 탐험, 1534~1536년

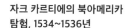

—— 1534년 1차 여정(❶~❸)
—— 1535~1536년 2차 여정(❶~❹)

**베르사유궁전** 루이 14세 치세인 1661년부터 1715년에 건설되었다. 1682년 루이 14세는 파리의 루브르궁전에서 이곳으로 거처를 옮겼고, 이후 1789년 프랑스 대혁명 전까지 베르사유궁전이 프랑스의 수도 역할을 했다.

에스파냐 왕위 계승은 인정받았지만, 추가적인 영토 확장은 이루지 못하고 1715년에 사망했다.

한편 프랑스도 포르투갈, 에스파냐, 네덜란드처럼 해외 식민지 개척과 무역에 나섰다. 자크 카르티에(1491~1557)는 프랑수아 1세의 명령으로 중국으로 향하던 중 유럽인 최초로 북아메리카의 존재를 확인했다. 16세기 후반 종교전쟁을 겪은 프랑스는 17세기 초 북아메리카 탐험을 재개했다. 포트로열(현재 노바스코샤, 1605), 퀘벡(1608)을 건설하고, 세인트로렌스강을 따라 남하하며 트루아리비에르(1634)와 몬트리올(1642)에 정착지를 만들었다(누벨프랑스). 이후 더 남쪽으로 내려가 1673년 미시시피강을 발견하고 지금의 일리노이주와 루이지애나주를 포함한 강 유역을 모두 차지했다.

17세기 말, 프랑스는 잉글랜드와 북아메리카 동부를 놓고 경쟁했다. 모피 무역의 중심지 허드슨만, 어업이 발달한 뉴펀들랜드, 뉴잉글랜드의 영국 식민지 옆에 위치한 아카디아가 가장 중요했다. 프랑스는 위트레흐트조약(1713)으로 이 세 지역을 영국에 이양했지만, 이후에도 계속 세력권을 확대하여 미시시피, 미주리, 오하이오 유역의 남단에 뉴올리언스 식민지(1718년 설립)를 건설했다. 18세기 중반에는 세인트로렌스강 하구와 미시시피강 사이의 상당한 면적을 확보했다. 하지만 약 50년 뒤에 일어난 7년 전쟁의 결과 누벨프랑스의 대부분을 영국에게, 미시시피강 좌안은 에스파냐에게 이양했다. 이후 프랑스의 아메리카 식민지는 카리브해와 남아메리카의 극히 일부 지역만 남았다.

허드슨만 루퍼트랜드 루퍼트하우스 요새 부르봉 요새 올버니 요새 어퍼캐나다 생피에르 요새 리슐리외 요새 타두삭(1600) 뉴펀들랜드 플레상스 아카디아 포트로열(1605) 몬트리올(1642) 퀘벡(1608) 트루아리비에르(1634) 미주리강 보아르누아 요새 나이아가라 요새 보스턴(1630) 에리호 디트로이트 요새 뉴욕(1626) 콜로라도강 생루이 요새 오하이오강 필라델피아(1681) 미시시피강 샤르트르 요새 프롱트낙 요새 프뤼돔 요새 찰스턴(1680) 대 서 양 누에바에스파냐부왕령 빌럭시(1699) 모빌(1702) 뉴올리언스(1718) 플로리다 리오그란데강 멕시코만

### 18세기 중반 북아메리카의 유럽 식민지

▨ 프랑스 식민지(누벨프랑스)
▨ 영국 식민지
▨ 위트레흐트조약(1713)으로 프랑스가 영국에 양도한 지역
▨ 에스파냐 식민지
■ 요새(건설 시기)
● 도시(건설 시기)

# 16~18세기 영국의 팽창

**1588년**
잉글랜드 해군이 칼레에서 에스파냐
무적함대 격파

**1600년**
런던 상인들을 중심으로
영국동인도회사 설립

**1628년**
잉글랜드 의회가 국왕 찰스 1세에게
권리청원 요청

**1642~1651년**
잉글랜드내전. 크롬웰의 의회파가
왕당파에 승리. 찰스 1세 처형(1649)

**1649년**
잉글랜드연방의 공화정 선포

**1688년**
명예혁명. 찰스 2세, 제임스 2세로
이어진 왕정복고 종료

**1707년**
잉글랜드가 스코틀랜드 합병

**1754년**
북아메리카에서 프렌치인디언전쟁
발발

**1763년**
파리조약으로 7년전쟁 종결

---

**7년전쟁, 1756~1763년**

- 영국, 프로이센, 포르투갈과
  그 동맹국
- 프랑스, 에스파냐, 오스트리아,
  러시아와 그 동맹국
- 영국이 획득한 영토
- 주요 전투(발생 연도)

**잉글랜드내전, 1642~1651년**

- 왕당파 지역
- 의회파 지역
- 왕당파가 점령한 지역
- 의회파가 점령한 지역
- 왕당파 승리
- 의회파 승리

잉글랜드는 엘리자베스 1세(재위 1558~1603) 때 해외 팽창을 시작했다. 프랜시스 드레이크를 기용해 에스파냐와 바다에서 경쟁하더니, 헨리 8세 때부터 육성한 해군으로 1588년 에스파냐 무적함대를 격파했다. 그리고 1600년 영국동인도회사를 설립하여 아시아로 진출했다. 제임스 1세(재위 1603~1625) 시기에는 북아메리카 식

민지 건설을 시작했다. 1607년 버지니아에 제임스타운을 세웠고, 1620년에는 '필그림 파더스'가 메이플라워호를 타고 대서양을 건너 뉴잉글랜드에 정착했다. 이후 18세기 초까지 북아메리카 동부 지역에 13개 식민지를 건설했다.

찰스 1세(재위 1625~1649) 시기에는 왕당파와 의회파 간의 내전이 발생했다. 크롬웰이 이끄는 의회파는 찰스 1세를 처형하고 공화정을 선포했다. 이후 잉글랜드는 해양에서 군사력의 우위를 확보했다. 1655년 크롬웰이 파견한 탐험대가 에스파냐로부터 자메이카를 빼앗았다. 크롬

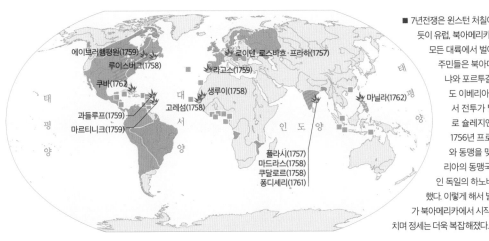

■ 7년전쟁은 윈스턴 처칠이 "진정한 1차 세계대전"이라고 평가하듯이 유럽, 북아메리카, 남아메리카, 아프리카, 아시아 등 거의 모든 대륙에서 벌어졌다. 영국, 프랑스 및 그 식민지의 선주민들은 북아메리카와 카리브해에서 싸웠고, 에스파냐와 포르투갈은 그들의 식민지에서 싸웠다. 그 밖에도 이베리아, 프랑스, 신성로마제국, 발트해 전역에서 전투가 벌어졌다. 오스트리아왕위계승전쟁으로 슐레지엔을 프로이센에 빼앗긴 오스트리아는 1756년 프로이센에 대항하기 위해 프랑스, 러시아와 동맹을 맺었다. 그러자 프로이센이 먼저 오스트리아의 동맹국 작센을 침공했고, 영국은 왕가의 뿌리인 독일의 하노버공국을 지키기 위해 프로이센을 지원했다. 이렇게 해서 발발한 7년전쟁이 2년 전 영국과 프랑스가 북아메리카에서 시작한 프렌치인디언전쟁(1754~1763)과 겹치며 정세는 더욱 복잡해졌다.

웰이 죽은 뒤에도 잉글랜드는 해외 팽창을 계속하여 찰스 2세(재위 1660~1685) 때 감비아강의 제임스섬(현재 쿤타킨테섬)에 아프리카 최초의 잉글랜드 정착지를 세우고(1661) 대서양 노예무역의 요충지로 삼았다. 1670년경에는 대서양의 버뮤다, 중앙아메리카의 온두라스, 카리브해의 앤티가와 바베이도스 및 캐나다 노바스코샤에 정착했다.

이때부터 잉글랜드는 프랑스와 치열한 식민지 경쟁을 펼쳤다. 1689~1697년 9년전쟁은 유럽 본토뿐 아니라 아일랜드와 북아메리카로 확전했고, 북아메리카 아카디아와 뉴잉글랜드의 식민지 주민들이 각기 모국 프랑스와 잉글랜드를 위해 싸웠다. 에스파냐왕위계승전쟁은 잉글랜드 영토 확장의 큰 분수령이 되었으니, 위트레흐트조약(1713)으로 프랑스로부터 아카디아, 노바스코샤, 뉴펀들랜드, 허드슨만 일대를 받았다. 한편 이 전쟁 기간에 그레이트브리튼섬에 중요한 사건이 일어났으니, 1707년에 잉글랜드가 심각한 경제 위기에 빠진 스코틀랜드를 합병했다(이때부터 '영국'으로 표기).

1754년 북아메리카에서 프렌치인디언전쟁이 발발했다. 모피 무역 주도권을 놓고 영국과 프랑스가 싸운 이 전쟁은 2년 뒤 1756년 유럽에서 시작된 7년전쟁과 섞였다. 한편 인도에서는 1757년 영국령 인도의 총독 로버트 클라이브가 플라시전투에서 승리하여 벵골, 오리사, 비하르를 수중에 넣었다. 프랑스는 일부 상업 지역을 제외하고 인도의 식민지를 포기했다. 프렌치인디언전쟁 역시 1763년 영국의 승리로 끝났다.

영국, 프랑스, 에스파냐는 7년전쟁을 끝내면서 파리조약을 맺었다. 영국은 프랑스로부터 퀘벡 등 현재 캐나다 영토와 루이지애나의 동쪽 절반 즉 미시시피강에서 애팔래치아산맥에 이르는 지역 그리고 그레나다, 세인트빈센트, 도미니카, 토바고 등 서인도제도의 섬과 1749년 이후 인도와 말레이제도에서 프랑스가 정복한 지역을 모두 받았다. 에스파냐로부터는 플로리

다를 양도받았다. 영국은 7년전쟁으로 늘어난 북미 영토를 재편해, 1774년 애팔래치아산맥 서쪽에 거대한 인디언 거주구역을 만들고, 퀘벡의 경계선을 미시시피강과 오하이오강까지 넓혔다. 반면 프랑스는 뉴올리언스, 세인트피어(아이티), 미클롱 및 카리브해의 섬 과달루페와 마르티니크를 제외한 북아메리카 영토 전부와 인도아대륙에 대한 소유권을 상실했다. 이로써 영국은 명실상부한 식민제국으로 발돋움했다.

### 파리조약(1763) 전후 북아메리카 식민지 변화

- 1763년까지 영국이 주장한 영토
- 1763년까지 프랑스가 주장한 영토
- 1763년 프랑스가 영국에 넘겨준 영토
- 1650년 에스파냐 영토
- 1763년 프랑스가 에스파냐에 넘겨준 영토
- 1775년까지 에스파냐가 추가한 영토
- 1630년 네덜란드 영토
- 1775년경 러시아 영토

영국의 인도 식민지 확대

- 무굴제국의 최대 영역
- 1772년 영국동인도회사 영토
- 영국과 동맹한 토후국
- 헤이스팅스 총독 시기의 확장, 1772~1785년
- 콘월리스 총독 시기의 확장, 1786~1793년
- 웰슬리 총독 시기의 확장, 1798~1805년
- ✴ 주요 전투

# 미국의 독립과 건국

**1607년**
버지니아에 제임스타운 건설

**1620년**
필그림 파더스의 뉴잉글랜드 정착

**1700년대 초**
북아메리카 동부에 13개 식민지
건설

**1763년**
영국이 7년전쟁에 승리하며
북아메리카의 누벨프랑스 지역 차지

**1767년**
식민지 세수 증대를 위해
타운센드법 도입

**1773년**
보스턴차사건 발생

**1775년**
미국독립전쟁 시작

**1776년**
독립선언서 발표

**1777년**
식민지군이 새러토가전투에서 승리

**1781년**
식민지군이 요크타운전투에서
승리하며 영국이 항복

**1783년**
파리조약으로 북아메리카 13개
식민지의 주권 인정

## 18세기 초 북아메리카의 영국 식민지

**메사추세츠**
1620 필그림 파더스 정착
1691 플리머스 합병
1820 메인 분리

**뉴햄프셔**
1679 매사추세츠에서
분리

**버몬트**
뉴욕과 뉴햄프셔가
권리 주장

**코네티컷**
1636

**뉴욕**
1625 네덜란드 정착
1664 잉글랜드 소유

**펜실베이니아**
1681

**로드아일랜드**
1636

**델라웨어**
1701 펜실베이니아에서
분리

**메릴랜드**
1634 정착

**버지니아**
1607 제임스타운 건설

**노스캐롤라이나**
1663 정착, 1729 남북 분리

**사우스캐롤라이나**
1663 정착, 1729 남북 분리

**조지아**
1733

퀘벡 · 메인 · 몬트리올 · 포츠머스 · 보스턴 · 플리머스 · 하트퍼드 · 프로비던스 · 뉴헤이븐 · 필라델피아 · 뉴저지 · 볼티모어 · 윌리엄스부르크 · 제임스타운 · 뉴베른 · 찰스턴 · 서배너

휴런호 · 온타리오호 · 이리호 · 오하이오강

인디언
소유지

선언라인, 1763

애팔래치아산맥

테네시강

■ 뉴잉글랜드  ■ 중부 식민지  ■ 남부 식민지

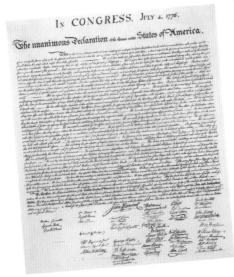

**독립선언서** 1776년 7월 4일 북아메리카의 영국 식민지 13개 주 대표들은 필라델피아에 모여 독립을 선언했다. 이후 독립전쟁을 거쳐 1783년 9월 3일 파리조약을 통해 완전한 독립을 인정받았다.

17세기가 되자 잉글랜드는 아메리카 식민지 경쟁에 본격적으로 뛰어들었다. 1607년 정부가 버지니아에 제임스타운을 건설하고, 1620년 필그림 파더스가 메이플라워호를 타고 대서양을 건너와 뉴잉글랜드에 정착함으로써 잉글랜드의 북아메리카 식민지 건설이 시작되었다. 이후 18세기 초까지 동부 지역에 13개의 식민지가 탄생했다. 이는 크게 뉴잉글랜드(뉴햄프셔, 매사추세츠, 로드아일랜드, 코네티컷), 중부 식민지(뉴욕,

뉴저지, 펜실베이니아, 델라웨어), 남부 식민지(버지니아, 메릴랜드, 노스캐롤라이나, 사우스캐롤라이나, 조지아)로 구분할 수 있다. 뉴잉글랜드와 중부 식민지는 산업과 무역을 기반으로 경제가 발전한 반면, 남부 식민지는 노예제를 기반으로 대규모 농장 경영이 발달했다.

7년전쟁에서 승리하여 누벨프랑스의 대부분을 차지한 영국은 애팔래치아산맥을 기준으로 동쪽 대서양 연안까지는 영국 식민지, 서쪽은 인디언 소유지로 한다는 내용의 선언라인(Proclamation Line)을 발표했다. 애팔래치아산맥 서쪽으로 이주가 금지되자, 새로운 땅을 얻기 위해 영국 편에서 프랑스와 싸웠던 아메리카 식민지인들은 분노했다. 여기에 더해 영국이 7년전쟁으로 인한 부채를 해결하고 늘어난 식민지 운영에 필요한 군비를 마련하기 위해 설탕법(1764)과 인지법(1765)을 제정하자, 그동안 본국의 간섭 없이 자치를 누려온 식민지인들은 영국 상품 불매운동을 벌이는 한편 "대표 없는 곳에 과세 없다"라고 선포했다.

영국 정부는 인지법을 철회했으나 곧 식민지의 징세와 통치를 더욱 강화하는 타운센드법(1767)을 추진했다. 영국군에 의해 보스턴학살(1770)이 일어난 데 어어 영국 정부가 영국산 차의 관세율을 낮추자, 이에 반발한 식민지인들이 보스턴차사건(1773)을 일으켰다.

1774년 북아메리카 식민지 13개 주 대표들은 1차 대륙회의를 열고 영국에 식민지 법의 철회를 요구했지만, 이에 실패하자 영국과 싸우기로 결의했다. 결국 1775년 4월 영국군과 식민지군이 렉싱턴에서 충돌함으로써 미국독립전쟁이 시작되었다. 식민지 대표들은 2차 대륙회의를 열어 조지 워싱턴을 총사령관으로 임명하고 1776년 7월 4일 독립을 선언했다.

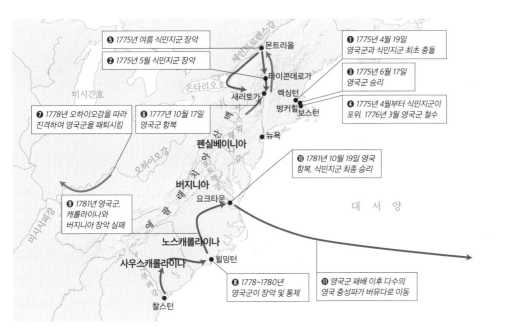

**미국독립전쟁, 1775~1783년**

→ 영국군
→ 식민지군

❺ 1775년 여름 식민지군 장악

❷ 1775년 5월 식민지군 장악

① 1775년 4월 19일 영국군과 식민지군 최초 충돌

③ 1775년 6월 17일 영국군 승리

④ 1775년 4월부터 식민지군이 포위. 1776년 3월 영국군 철수

❼ 1778년 오하이오강을 따라 진격하여 영국군을 패퇴시킴

❻ 1777년 10월 17일 영국군 항복

⑩ 1781년 10월 19일 영국 항복, 식민지군 최종 승리

❾ 1781년 영국군, 캐롤라이나와 버지니아 장악 실패

⑧ 1778~1780년 영국군이 장악 및 통제

⑪ 영국군 패배 이후 다수의 영국 충성파가 버뮤다로 이동

몬트리올 / 타이콘데로가 / 새러토가 / 렉싱턴 / 벙커힐 / 보스턴 / 뉴욕 / 펜실베이니아 / 버지니아 / 요크타운 / 노스캐롤라이나 / 사우스캐롤라이나 / 윌밍턴 / 찰스턴 / 대서양 / 미시간호 / 온타리오호

미국독립전쟁은 양측 모두에게 결과를 예측하기 어려운 전쟁이었다. 영국은 대서양을 건너와 싸워야 했고 13개 주 식민지는 그들 사이에 접점이 부족했다. 그런데 1777년 10월 새러토가전투에서 식민지군이 승리하면서 전환점을 맞이했다. 1778년 프랑스가 식민지 동맹군으로 참전한 데 이어 에스파냐(1779)와 네덜란드(1780)도 식민지를 지원했다. 1781년 10월 식민지군과 프랑스군이 버지니아주 요크타운에서 승리함으로써 영국의 항복을 받아냈다.

1783년 파리조약으로 영국은 13개 식민지를 자유주권국가로 인정했다. 독립 후 식민지 대표들은 워싱턴을 초대 대통령으로 선출하고 아베리카합중국(미국)을 건국했다. 미국과 영국의 국경은 북으로는 오대호와 세인트로렌스강, 남으로는 플로리다 북부로 정해졌고, 미국의 서쪽 영토는 선언라인을 넘어 미시피강까지 확장되었다. 식민지 편에서 영국과 싸운 프랑스는 앤틸리스제도의 몇몇 섬을, 에스파냐는 플로리다와 지중해의 미노르카섬을 확보했다.

**파리조약 이후 미국의 영토 확장, 1783~19세기 초**

— 1763년 선언라인
▨ 1783년 파리조약에서 정한 미국 영토
▨ 영국 식민지
▨ 에스파냐 식민지
▨ 에스파냐령 루이지애나
● 주요 도시

허드슨만 / 루퍼트랜드(영국 허드슨만회사) / 밴쿠버 / 루이즈버그 / 핼리팩스 / 버몬트(1791 편입) / 퀘벡 / 몬트리올 / 콩코드 / 보스턴 / 프로비던스 / 디트로이트 / 올버니 / 하트퍼드 / 트렌턴 / 해리스버그 / 도버 / 아나폴리스 / 리치먼드 / 샌프란시스코 / 에스파냐령 루이지애나 : 1763년 에스파냐가 프랑스로부터 양도 : 1800년 프랑스에 반환(산일데폰소조약) / 미국 / 대서양 / 태평양 / 산타페 / 컬럼비아 / 애틀랜타 / 샌디에이고 / 1795년에 합병 / 엘파소 / 오스틴 / 뉴올리언스 / 세인트오거스틴 / 플로리다 / 몬테레이 / 멕시코만 / 앤틸리스제도

# 프랑스혁명전쟁과 나폴레옹전쟁

1789년 프랑스혁명의 시작과 함께 1792~1802년 전 유럽을 무대로 전쟁이 벌어졌는데, 이를 '프랑스혁명전쟁'이라 부른다. 프랑스혁명의 열기가 유럽을 긴장시키는 가운데 신성로마제국 황제와 프로이센 국왕이 필니츠선언(1791)으로 내정에 간섭하자, 1792년 4월 프랑스는 오스트리아에 전쟁을 선포하고 오스트리아령 네덜란드를 침공했다. 영국, 오스트리아, 프로이센, 에스파냐 등이 1차 대프랑스동맹을 결성하고 전쟁에 나섰다. 프랑스는 패전을 거듭하다가 발미전투의 승리를 계기로 전세를 역전해 오스트리아령 네덜란드를 정복했다. 1795년에는 네덜란드의 암스테르담을 점령하고 네덜란드 혁명파의 협조를 받아 바타비아공화국을 수립했다. 이후 프랑스는 1796~1797년 나폴레옹을 앞세워 이탈리아 북부와 사르데냐를 차지하고 1797년 오스트리아와 캄포포르미오조약을 체결했

다. 그 결과 1차 대프랑스동맹이 와해됐다.

1798년 프랑스가 이탈리아 내륙으로 들어와 교황령을 점령하자, 2차 대프랑스동맹이 결성되었다. 그러나 1799년 쿠데타로 제1통령이 된 나폴레옹이 1800년 마렝고전투에서 오스트리아군에게 승리해 북부 이탈리아를 다시 차지하고 영국과도 아미앵조약(1802)을 체결하면서 프랑스혁명전쟁은 종료되었다. 프랑스는 초기에는 자국 방어를 위해 싸웠지만 곧 정복전쟁으로 확대하여 1802년까지 네덜란드 등 저지대국가들, 북부 이탈리아, 라인란트의 일부를 정복했다. 그 중 일부는 프랑스의 영토가 되었고, 나머지는 프랑스의 위성국가로 바뀌었다.

프랑스혁명전쟁을 거치며 전쟁영웅으로 떠오른 나폴레옹은 1804년 프랑스제국의 황제로 즉위하여 유럽 정복을 목표로 10여 년간 전쟁을 벌이는데, 이를 '나폴레옹전쟁'이라 부른다. 그러

**프랑스혁명전쟁,
1792~1802년**

- 프랑스, 1789년
- 프랑스가 병합한 지역
- 프랑스가 점령한 지역
- 프랑스의 위성국가
- ✦ 프랑스군 승리
- ✸ 대프랑스동맹군 승리

자 1805년 4월 영국을 중심으로 3차 대프랑스동맹이 결성되었다. 나폴레옹은 트라팔가르해전(1805)에서 영국에 패했지만, 그해 10월 울름전투에서 승리하고 오스트리아의 빈을 점령한 데 이어 12월 아우스터리츠에서 오스트리아·러시아 연합군에 승리했다. 1806년 프레스부르크조약으로 신성로마제국을 해체시킨 나폴레옹은 프로이센을 제외한 36개 국가로 라인동맹을 결성했다. 그해 10월 4차 대프랑스동맹이 결성되었지만, 예나아우어슈테트전투에서 나폴레옹이 프로이센군에 승리하고 베를린에 입성했다. 그리고 1807년에 프리틀란트전투에서 프로이센과 러시아를 격파(틸지트조약)하며 프랑스는 최고 정점에 이르렀다.

러시아는 틸지트조약 이후 한동안 프랑스와 평화를 유지했으나 1810년 프랑스의 대륙봉쇄령 협조를 거부했고, 이에 나폴레옹은 1812년 대규모 침공을 감행했다. 9월에 모스크바에 입성했지만 12월 프랑스 내 소요 발생 소식을 듣고, 러시아에서 철수했다. 이후 나폴레옹은 내리막길을 걷기 시작했다. 1813년 3월 러시아군이

베를린에 입성하고, 프로이센은 프랑스에 선전포고를 했다. 잇단 승리에 고무된 유럽 국가들은 6차 대프랑스동맹 결성했다. 양측은 1813년 10월 라이프치히에서 격돌했는데, 이때 나폴레옹을 군사적으로 지원했던 독일 군주들의 라인동맹이 해체됐다. 1814년 3월 말 파리를 점령한 프로이센군은 나폴레옹을 퇴위시켜 엘바섬에 유배했다. 그는 이듬해 탈출하여 재기를 노렸으나, 1815년 6월 워털루에서 웰링턴이 이끄는 7차 대프랑스동맹군에게 패배했다. 이로써 나폴레옹전쟁이 종결되었다.

**아우스터리츠전투** 1805년 12월 나폴레옹이 이끈 프랑스 육군이 오스트리아와 러시아 연합군을 무찌른 전투. 그가 거둔 최고의 승리인 동시에 곧이어 등장할 나폴레옹제국의 서막이었다. 나폴레옹은 이 전투의 승리를 기념하며 파리에 개선문을 건설했다.

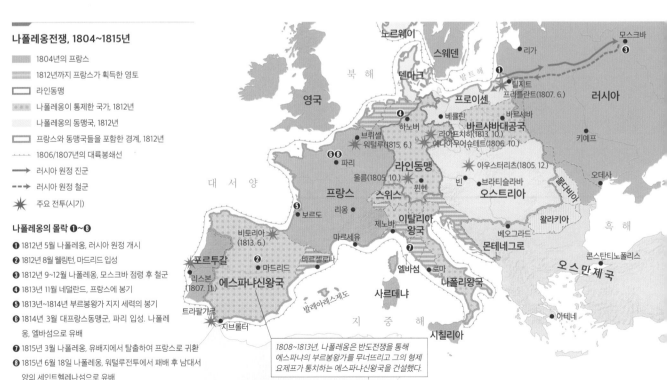

**나폴레옹전쟁, 1804~1815년**

- ▨ 1804년의 프랑스
- ▨ 1812년까지 프랑스가 획득한 영토
- ☐ 라인동맹
- ▨ 나폴레옹이 통제한 국가, 1812년
- ▨ 나폴레옹의 동맹국, 1812년
- ☐ 프랑스와 동맹국들을 포함한 경계, 1812년
- ---- 1806/1807년의 대륙봉쇄선
- → 러시아 원정 진군
- --→ 러시아 원정 철군
- ✷ 주요 전투(시기)

**나폴레옹의 몰락 ❶~❽**
- ❶ 1812년 5월 나폴레옹, 러시아 원정 개시
- ❷ 1812년 8월 웰링턴, 마드리드 입성
- ❸ 1812년 9~12월 나폴레옹, 모스크바 점령 후 철군
- ❹ 1813년 11월 네덜란드, 프랑스에 봉기
- ❺ 1813년~1814년 부르봉왕가 지지 세력의 봉기
- ❻ 1814년 3월 대프랑스동맹군, 파리 입성. 나폴레옹, 엘바섬으로 유배
- ❼ 1815년 3월 나폴레옹, 유배지에서 탈출하여 프랑스로 귀환
- ❽ 1815년 6월 18일 나폴레옹, 워털루전투에서 패배 후 남대서양의 세인트헬레나섬으로 유배

1808~1813년, 나폴레옹은 반도전쟁을 통해 에스파냐의 부르봉왕가를 무너뜨리고 그의 형제 요제프가 통치하는 에스파냐신왕국을 건설했다.

# 16~18세기 오스만제국

**1520~1566년**
쉴레이만 1세 치세, 오스만제국의 전성기

**1571년**
레판토해전에서 신성동맹에게 패해 지중해 제해권 상실

**1618~1648년**
30년전쟁 기간에 중부 유럽으로 세력 확장

**1683년**
빈전투에서 신성동맹에 패배

**1684~1699년**
잇따른 패배로 중부 및 동부 유럽 영토 상실

**1715년**
베네치아로부터 모레아반도 탈환

**1718년**
파사로비츠조약 체결하여 오스트리아와 다뉴브강을 국경으로 설정

**1774~1792년**
퀴취크카이나르자조약과 야시조약으로 크림반도 일대와 카바르디아, 드네스트르강 동쪽을 러시아에 할양

**1717년 베오그라드 점령** 오스트리아와 베네치아 연합군이 1717년 베오그라드를 점령했다. 이후 1739년 베오그라드조약으로 오스만제국이 보스니아 북부와 세르비아 지역을 수복했다.

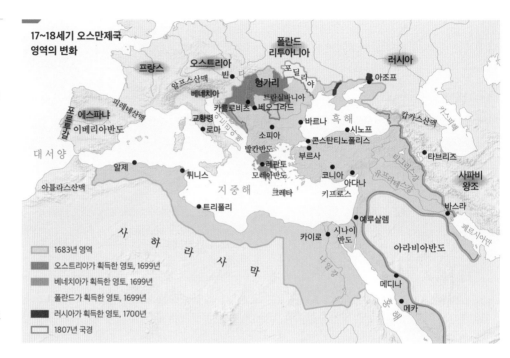

**17~18세기 오스만제국 영역의 변화**

□ 1683년 영역
■ 오스트리아가 획득한 영토, 1699년
■ 베네치아가 획득한 영토, 1699년
■ 폴란드가 획득한 영토, 1699년
■ 러시아가 획득한 영토, 1700년
□ 1807년 국경

쉴레이만 1세(재위 1520~1566) 때 전성기를 맞이한 오스만제국은 16세기 후반이 되자 지중해와 발칸반도에서 유럽 열강과 사파비왕조의 강력한 도전에 직면했다. 1570년 오스만의 베네치아령 키프로스 점령을 계기로 일어난 레판토해전(1571)에서 교황령, 베네치아, 에스파냐의 신성동맹에게 참패함으로써 지중해 제해권을 에스파냐에 빼앗겼다. 제국의 동쪽에서도 1578년부터 사파비왕조와 싸워 캅카스 지역을 차지하고 국경을 안정시켰지만, 1618년 사파비왕조의 공격을 받아 그 지역을 다시 상실했다. 1639년 긴 전쟁을 끝냈는데, 현재 튀르키예와 이란의 국경선이 이때 형성됐다.

17세기 전반 유럽 전체가 30년전쟁을 겪는 와중에 오스트리아 합스부르크의 세력이 크게 기울자, 오스만제국은 중부 유럽 방면으로 진출했다. 1660년 헝가리를 공격하여 영토를 넓힌 뒤 더 북상하여 현재의 슬로바키아 남부(1663)까지 정복했다. 1672년에는 폴란드리투아니아를 격파하고 우크라이나 중부의 포딜리야를 확보했다.

오스만제국은 여세를 몰아 1682년 오스트리아에 선전포고를 했다. 오스트리아는 교황령, 베네치아, 폴란드리투아니아와 신성동맹을 결성하고 빈 방어태세를 갖추었다. 1683년 빈전투(2차 빈 포위전)에서 신성동맹군(8만 명)과 오스만제국군(15만 명)이 승부를 벌였는데, 오스만제국이 참패했다. 승리에 고무된 유럽 열강은 기존 신성동맹군에 신성로마제국 제후국들과 에

스파냐 그리고 러시아까지 더해 새로운 신성동맹을 결성했다. 1684~1699년 네 곳의 전선에서 동시에 전쟁을 치른 오스만제국은 결국 패했고 카를로비츠조약(1699)을 맺었다. 그 결과 오스트리아에 바나트를 제외한 헝가리 전체와 트란실바니아를 내주고, 베네치아에 아드리아해 연안과 모레아반도(펠레폰네소스반도), 폴란드에 포딜리아를 넘겼다. 러시아는 1700년 콘스탄티노폴리스조약을 맺고 아조프를 차지했다(1711년 상실). 이로써 오스만제국은 유럽 지역에서의 주도권을 상실했다.

오스만제국은 전열을 정비하고 다시 북상하여 1715년 베네치아로부터 모레아반도를 탈환했다. 그러자 오스트리아가 베네치아와 동맹을 맺고 1717년 베오그라드를 점령했다. 결국 두 나라는 1718년 파사로비츠조약을 맺어 다뉴브강 이남을 새로운 국경으로 정했다. 하지만 오스만은 1739년 베오그라드조약을 통해 양국의 국경을 사바강과 다뉴브강으로 조정했다.

오스만제국은 18세기 후반부터 러시아와 경쟁했다. 1768년 러시아와 전쟁을 시작했는데, 오히려 왈라키아와 몰다비아를 빼앗겼고, 1770년 지중해에서도 러시아 발트함대에 패배했다.

그러자 러시아의 확장에 위협을 느낀 오스트리아와 프로이센의 중재로 퀴췩카이나르자조약(1774)이 체결됐다. 그에 따라 크림칸국이 러시아 영향 아래의 독립국이 되었고, 오스만은 러시아에 아조프항과 케르치항을 양도하고 북캅카스의 카바르디아를 내주었다. 그리고 1783년 러시아가 크림칸국을 병합하면서 오스만은 부크강 동쪽 땅을 상실했다. 오스만은 1787년에도 전쟁에서 패배했다. 야시조약(1792)으로 국경선이 드네스트르강까지 후퇴하고 러시아의 크림반도 병합도 다시 인정해야 했다. 러시아는 이런 과정을 거쳐 마침내 흑해에 부동항을 확보했다.

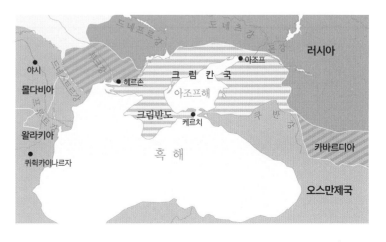

# 티무르제국과 무굴제국

몽골제국은 13~14세기에 유라시아를 제패하고 평화와 안정을 구가했지만, 14세기 중후반부터 붕괴하기 시작했다. 그 뒤를 이어 여러 나라가 흥망성쇠를 거듭했는데, 그중에는 몽골제국을 계승한 나라들이 있었다. 가장 대표적인 나라는 티무르제국(1370~1507)과 무굴제국(1526~1857)이 대표적이다.

1347년 몽골제국의 차가다이울루스가 동서로 분열했다. 몽골을 계승한다는 의미로 '모굴' 칸국이라고 불린 동차가다이울루스는 동투르키스탄을 지배했고, 서차가다이울루스는 서투르키스탄을 지배했다. 양측이 대립하고 싸우는 사이에 티무르(1336~1405)가 세력을 키우더니 1369년경 트란스옥시아나의 여러 유목 집단을 통합하고 서차가다이울루스의 패권을 차지했다. 그는 칭기스칸의 후손이 아니어서 '칸'을 칭하지 못했지만, 차가다이가문의 공주와 혼인해 부마가 되었고 '아미르(amir, 무슬림의 지도자)'로 불리며 사실상 군주로 군림했다. 이후

티무르는 이슬람 성전(지하드)과 몽골제국 재건을 목표로 대외정복을 시작했다. 1370년 동차가다이울루스를 제압하여 차가다이울루스를 다시 통합한 그는, 1375~1377년 킵차크초원을 공격해 주요 도시를 파괴했다. 그리고 1379년 호레즘의 수도 우르겐치를 수중에 넣었다.

1380년 이후 티무르는 옛 훌레구울루스 지역으로 시선을 돌렸다. 아프가니스탄 지역의 헤라

**울루그 벡 천문대** 티무르의 손자로, 아버지 샤 루흐를 대신하여 사마르칸트를 통치한 울루그 벡은 1424~1429년에 천문대를 건설하고, 그 관측 결과를 토대로 고도로 정확한 천문 기록을 남겼다. 이곳은 훗날 완전히 폐허가 되었다가, 20세기 초 러시아 학자 비야트긴에 의해 발굴되어, 일부 유적만 세상에 알려졌다.

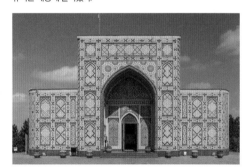

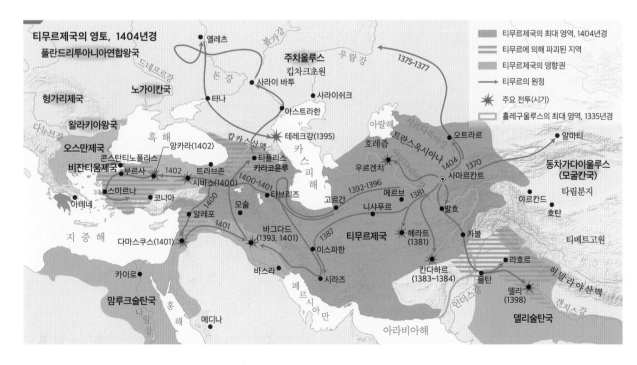

티무르제국의 영토, 1404년경

- 티무르제국의 최대 영역, 1404년경
- 티무르에 의해 파괴된 지역
- 티무르제국의 영향권
- → 티무르의 원정
- ✳ 주요 전투(시기)
- 훌레구울루스의 최대 영역, 1335년경

폴란드리투아니아연합왕국
노가이칸국
헝가리제국
왈라키아왕국
오스만제국
비잔티움제국
콘스탄티노폴리스
부르사  1402
스미르나
아테네
지중해
다마스쿠스(1401)
카이로
맘루크술탄국
메디나

엘레츠
불가강
드네프르강
돈강
우랄강
사라이 바투
타나
아스트라한
사라이쉬크
1375-1377

주치울루스
킵차크초원

앙카라(1402)
트라브존
1402
카프카스산맥
테레크강(1395)
티플리스
카라코윤루
시바스(1400)
코니아
알레포
모술
1400
타브리즈
1400-1401
고르간
1401
바그다드(1393, 1401)
이스파한
바스라
시라즈

카스피해
아랄해
시르다리야강
호레즘
우르겐치
트란스옥시아나
아무다리야강
1392-1396
메르브
니샤푸르
1381
발흐
1387
티무르제국
헤라트(1381)
페르시아만

오트라르
1404
1370
사마르칸트
알마티

동차가다이울루스
(모굴칸국)
야르칸드
호탄
타림분지

카불
칸다하르(1383~1384)
물탄
라호르
델리(1398)
티베트고원
히말라야산맥
갠지스강
인더스강
델리술탄국

아라비아해

트(1381)와 칸다하르(1383~1384)를 점령한 데 이어 서부 이란으로 진출해 여러 도시를 차지했다. 그다음 목표는 인도의 델리술탄국이었다. 그전까지 차가다이울루스는 델리술탄국 공격에 여러 차례 실패했지만, 티무르는 수도 델리를 약탈한 뒤 개선했다. 1399년부터는 서아시아로 시선을 돌렸다. 오스만제국의 동쪽에 위치한 카라코윤루(1374~1469)를 격파한 뒤, 맘루크술탄국으로 향했다. 티무르는 시리아에서 맘루크 세력을 몰아내고 알레포와 다마스쿠스까지 진출했다. 1402년에는 현재 튀르키예의 수도 앙카라에서 오스만제국과 싸워 승리하고 술탄 바야지드를 생포하는 성과를 거두었다.

티무르는 1404년 중국 명나라 원정에 나섰지만, 이듬해 시르다리야강 중류의 도시 오트라르에서 사망했다. 티무르가 중앙아시아에서 서아시아 및 킵차크초원에 이르는 광대한 영토를 정복했기에 오늘날 그의 나라를 '티무르제국'이라 부른다.

티무르가 죽고 약 100년이 지나자 티무르제국이 몰락하고 또 하나의 몽골제국 계승국가인 무굴제국(1526~1857)이 출현했다. 창건자 바부르(1483~1530)는 원래 티무르제국의 11대 군주였는데, 신흥세력 우즈벡에 밀려 남쪽으로 터전을 옮겼다. 그곳에서 그는 아프가니스탄의 카불을 점령(1504)한 뒤 인도 북서부로 세력을 확장했다. '무굴(Mughul)'은 몽골(Mongol)의 페르시아어 표기다. 바부르는 자신이 세운 나라를 티무르왕조, 차가다이왕조라고 부르며 몽골제국의 계승자임을 강조했다.

1526년 바부르는 파니파트에서 델리술탄국의 로디왕조를 제압하고 무굴제국을 선포했다. 1556년 즉위한 3대 황제 악바르(재위 1556~1605)는 중앙집권체제를 확립하는 한편, 서쪽으로 구자라트(1573), 신드(1591), 남쪽으로 칸다하르(1595), 북쪽으로 카슈미르(1586), 동쪽으로 벵골(1576)까지 영토를 넓혔다. 1600년대 초에는 인도 중앙부의 빈디아산맥을 넘어

데칸고원까지 장악했다. 이로써 무굴제국은 남북으로 데칸고원에서 아프가니스탄의 파미르고원에 이르고, 동서로 벵골만에서 아라비아해에 이르는 대제국이 되었다.

6대 황제 아우랑제브(재위 1658~1707)는 남인도의 비자푸르술탄국(1686)과 골콘다술탄국(1687)을 격파하며 제국의 판도를 최대로 넓혔다. 당시 무굴제국은 인도아대륙 대부분을 지배하며 1억~1억 5000만 명의 인구를 통치했다. 무굴제국의 세력은 당시의 같은 이슬람문화권인 오스만제국과 사파비왕조를 능가했으며, 청제국에 버금갈 정도였다. 그러나 무굴제국은 아우랑제브 사후 점차 쇠퇴하고 '힌두인의 나라에서 외세를 몰아내자'고 주장한 마라타연합이 인도 중부에서 부상했다.

**자히르 알딘 무함마드 바부르**
티무르제국이 몰락한 뒤 무굴제국을 건국하여, 페르시아문화를 인도아대륙에 전파했다. 이후 인도의 종교, 예술, 문학, 사회 등의 분야에 큰 흔적을 남겼다.

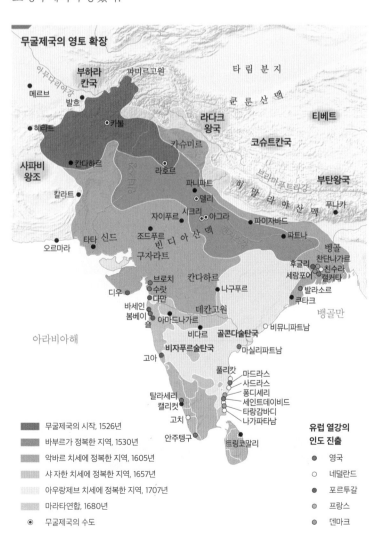

**무굴제국의 영토 확장**

아프다리야강 / 부하라칸국 / 메르브 / 파미르고원 / 타림 분지 / 발흐 / 카불 / 헤라트 / 쿤룬산맥 / 라다크왕국 / 카슈미르 / 티베트 / 코슈트칸국 / 사파비왕조 / 칸다하르 / 라호르 / 브라마푸트라강 / 부탄왕국 / 칼라트 / 파니파트 / 히말라야산맥 / 푸나카 / 델리 / 자이푸르 / 시크리 / 아그라 / 파이자바드 / 타타 신드 / 조드푸르 / 빈디아산맥 / 파트나 / 오르마라 / 구자라트 / 벵골 / 찬다나가르 / 후글리 / 친수라 / 캘커타 / 세람포어 / 브로치 / 칸다하르 / 나구푸르 / 빌라소르 / 수랏 / 다만 / 쿠타크 / 디우 / 벵골만 / 바세인 / 데칸고원 / 봄베이 / 솔 / 아마드나가르 / 비무니파트남 / 비다르 / 골콘다술탄국 / 아라비아해 / 고아 / 비자푸르술탄국 / 마실리파트남 / 풀리캇 / 마드라스 / 사드라스 / 탈라세리 / 퐁디세리 / 캘리컷 / 세인트데이비드 / 타랑감바디 / 나가파타남 / 고치 / 안주텡구 / 트링코말리

■ 무굴제국의 시작, 1526년
■ 바부르가 정복한 지역, 1530년
■ 악바르 치세에 정복한 지역, 1605년
■ 샤 자한 치세에 정복한 지역, 1657년
■ 아우랑제브 치세에 정복한 지역, 1707년
■ 마라타연합, 1680년
◎ 무굴제국의 수도

**유럽 열강의 인도 진출**
● 영국
○ 네덜란드
● 포르투갈
● 프랑스
● 덴마크

# 사파비왕조와 카자르왕조

**1501년**
이스마일 1세가 사파비왕조 개창

**1514년**
오스만페르시아전쟁 발발
19세기까지 지속

**16~18세기**
이란 지역을 시아파로 개종

**1639년**
주하브조약, 사파비왕조와
오스만제국의 국경 조정

**1722년**
아프가니스탄인들이 술탄 후세인을
살해하고 이스파한 약탈

**1736년**
나드르의 왕위 찬탈로 사파비왕조
멸망

**1789년**
아가 무함마드 칸이 카자르왕조 건국

**1813~1828년**
굴리스탄조약(1813)과
튀르크만차이조약(1828)으로
러시아에 캅카스 할양

**1906년**
이란혁명(입헌군주제 도입)

**1925년**
카자르왕조 멸망과 팔라비왕조 건국

**아르다빌의 세이크 사피 알딘 카네가와 사원** 16세기 초에서 18세기 말 사이에 건설한 수피교의 영적 수련 장소다. 이란 전통 건축양식을 사용하여 도서관, 모스크, 학교, 무덤, 병원, 주방 등의 다양한 공간을 배치했다. 2010년 유네스코 세계문화유산에 등재되었다.

이란 지역은 셀주크튀르크에 이어 몽골제국의 훌레구울루스, 티무르제국, 아크코윤루의 지배를 차례로 받다가 사파비왕조의 시대로 접어들었다. 건국자 이스마일 1세(재위 1501~1524)는 시아파 이슬람교를 국교로 삼고 수도 타브리즈를 중심으로 팽창하기 시작했다. 에르주름(1502), 시라즈와 케르만(1504)을 차례로 정복한 데 이어 헤라트와 호라산 일부(1510)를 점령했다. 이후 이스마일 1세는 동쪽의 수니파 무굴제국, 서쪽의 수니파 오스만제국과 충돌하면서 사파비왕조를 제국으로 성장시켰는데, 현재 이

**이스마일 1세 치세의 사파비왕조, 16세기 초**

- 사파비왕조
- 부하라칸국
- 오스만제국
- 부하라칸국과 분쟁 지역
- 오스만제국이 병합한 지역
- ◉ 사파비왕조의 수도

란 국경의 윤곽이 이때 형성됐다.

1524년 이스마일 1세의 뒤를 이은 타흐마스프 1세(재위 1524~1576)는 1555년 무굴제국의 2대 황제 후마윤이 투항해오자 그의 복위를 돕고 칸다하르 일대로 세력을 확장했다. 1532~1554년에는 오스만제국 쉴레이만 1세가 세 차례에 걸쳐 사파비왕조를 침입했다. 그 결과 에르주름(1554)과 아마시아(1555)에서 평화협정을 체결하여 바그다드를 포함한 이라크 지역 대부분과 아르메니아와 조지아 지역의 서부를 오스만제국에 양도하고 수도를 오스만과의 국경에서 먼 카즈빈으로 옮겼다. 옛 수도 타브리즈는 1585년 오스만제국에 빼앗겼다.

사파비왕조는 아바스 1세(재위 1588~1629) 때 전성기를 맞이했다. 그는 1598년에 부하라칸국에 빼앗겼던 호라산의 중심도시 헤라트와 마슈하드를 회복한 뒤 수도를 카즈빈에서 이스파한으로 다시 옮겼다. 1603년에는 오스만제국이 유럽 국가들과 전쟁을 치르는 틈을 이용해서 나하반드와 타브리즈를 탈환했다. 그리고 1622년 오스만의 군주 오스만 2세가 예니체리 폭동으로 살해당하자 1623년 공격을 재개하여 타흐마스프 1세 때 상실했던 이라크 지역을 되찾았다.

1629년 아바스 1세가 사망하면서 사파비왕조는 쇠퇴하기 시작했다. 1639년에는 주하브조약을 맺고 이라크 지역을 오스만제국에 반환했다. 1717년 수니파 이슬람교도가 반란을 일으켰고, 1722년에는 아프가니스탄인들이 술탄 후세인을 살해하고 수도 이스파한을 약탈했다. 사파비왕조는 급속히 몰락하다가 1736년 장군 나드르의 왕위 찬탈로 멸망했다.

이후 여러 왕조가 등장하며 혼란이 이어지다가 잔드왕국(1750~1794)의 카림 칸이 죽은 뒤 튀르크계 카자르인 아가 무함마드 칸(재위

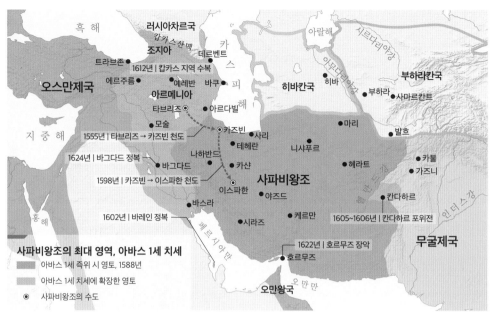

**사파비왕조의 최대 영역, 아바스 1세 치세**

오스만제국
러시아차르국
흑 해
칼카스산맥
조지아
트라브존
에르주름
데르벤트
1612년 | 칼카스 지역 수복
에레반
바쿠
카
스
피
해
아랄해
시르다리야강
히바칸국
히바
부하라칸국
부하라
사마르칸트
아르메니아
타브리즈 ◉
아르다빌
모술
1555년 | 타브리즈 → 카즈빈 천도
지 중 해
카즈빈
사리
테헤란
나하반드
1624년 | 바그다드 정복
바그다드
카샨
1598년 | 카즈빈 → 이스파한 천도
이스파한 ◉
사파비왕조
야즈드
바스라
1602년 | 바레인 정복
마리
니샤푸르
헤라트
카불
가즈니
칸다하르
1605~1606년 | 칸다하르 포위전
무굴제국
발흐
1622년 | 호르무즈 장악
시라즈
케르만
페
르
시
아
만
호르무즈
오만왕국
오 만 만
홍 해

■ 아바스 1세 즉위 시 영토, 1588년
■ 아바스 1세 치세에 확장한 영토
◉ 사파비왕조의 수도

**1906년 이란 입헌혁명** 상인과 성직자를 중심으로 반식민주의·반전제주의 헌법을 요구하는 혁명이 발생했다. 사진은 1906년에 테헤란 다르바제 다우랏문에서 혁명군 지휘자 사타르 칸을 환영하는 행렬.

1789~1797)이 이란 지역을 정복하고 카자르왕조(1789~1925)를 건국했다. 그는 테헤란을 수도로 삼고(1786) 왕조의 기틀을 다졌다. 카자르왕조는 19세기에 영국과 러시아의 압력 속에서 독립을 유지했다. 그러나 굴리스탄조약(1813)과 튀르크만차이조약(1828)으로 칼카스 지역을 러시아에 할양하면서 본격적으로 열강 침략을 받기 시작했고, 이후 독립은 유지했지만 영토가 영국과 러시아의 영향권으로 나뉘었다. 카자르왕조는 1906년 혁명이 발생하여 입헌군주제를 도입했지만, 레자 칸의 쿠데타로 팔라비왕조가 들어서면서 1925년 멸망했다.

사파비왕조와 카자르왕조의 400년은 이란의 역사에서 두 가지 의미를 지닌다. 이 시기를 거치며 오늘날 이란의 국경이 거의 정해졌고, 시아파가 이란 국민의 다수를 차지하게 되었다.

**카자르왕조 말기의 영역, 1900년경**

19세기 초 카자르왕조의 영토
19세기 러시아에 상실한 영토
→ 카자르왕조의 공격
— 1900년 러시아의 국경
▢▢▢ 러시아의 영향권
▢▢▢ 영국의 영향권

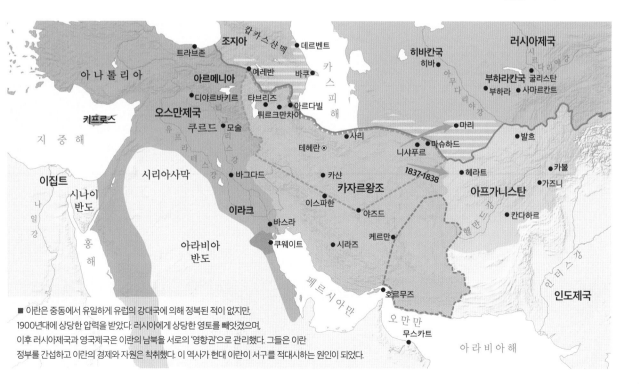

칼카스산맥
조지아
트라브존
데르벤트
아나톨리아
아르메니아
에레반
바쿠
히바칸국
히바
러시아제국
시르다리야강
부하라칸국
굴리스탄
부하라
사마르칸트
아무다리야강
디야르바키르
타브리즈
튀르크만차이
아르다빌
카
스
피
해
키프로스
오스만제국
쿠르드
모술
유
프
라
테
스
강
마리
마슈하드
니샤푸르
발흐
지 중 해
테헤란 ◉
사리
이집트
시나이반도
나
일
강
시리아사막
티
그
리
스
강
바그다드
이라크
카샨
이스파한
카자르왕조
야즈드
1837-1838
헤라트
아프가니스탄
카불
가즈니
칸다하르
아라비아반도
바스라
쿠웨이트
시라즈
케르만
헬
만
드
강
인
더
스
강
인도제국
홍
해
페
르
시
아
만
호르무즈
오 만 만
무스카트
아 라 비 아 해

■ 이란은 중동에서 유일하게 유럽의 강대국에 의해 정복된 적이 없지만, 1900년대에 상당한 압력을 받았다. 러시아에게 상당한 영토를 빼앗겼으며, 이후 러시아제국과 영국제국은 이란의 남북을 서로의 '영향권'으로 관리했다. 그들은 이란 정부를 간섭하고 이란의 경제와 자원을 착취했다. 이 역사가 현대 이란이 서구를 적대시하는 원인이 되었다.

# 명나라

1368년 주원장은 남경에서 명을 건국하고 홍무제로 즉위했다. 같은 해 몽골제국의 수도 대도를 함락시키고 몽골인을 장성 이북으로 몰아냈다. 1398년 홍무제가 죽고 손자 주윤문이 건문제(재위 1398~1402)로 즉위하자, 그의 숙부이자 북평에 근거를 둔 연왕 주체가 '정난의 변'을 일으켜 건문제를 내쫓고 영락제(재위 1402~1424)로 즉위했다. 1421년 자신의 근거지 북평으로 천도하고 이곳을 북경으로 명명했다.

영락제는 적극적으로 대외정책을 펼쳤다. 장성을 넘어가 몽골을 친정한 것만 다섯 번에 이른다. 1405~1433년에는 환관 정화의 선단을 남방으로 여러 차례 파견했다(영락제 때 6회, 선덕제 때 1회). 이 선단의 규모가 어느 정도였

『홍무정운』 1375년(홍무 8년)에 중국 남방의 음운과 북방의 음운을 통일하고 국가의 표준 음운을 정하기 위해 편찬한 운서. 총 16권으로, 악소봉과 송렴 등 11명의 학자가 편찬했다.

는지는 1405년 1차 항해 기록만 보아도 짐작할 수 있다. 대선 62척과 병사 2만 7800명이 참가하고, 여기에 다수의 의원, 역관이 동행했다. 1

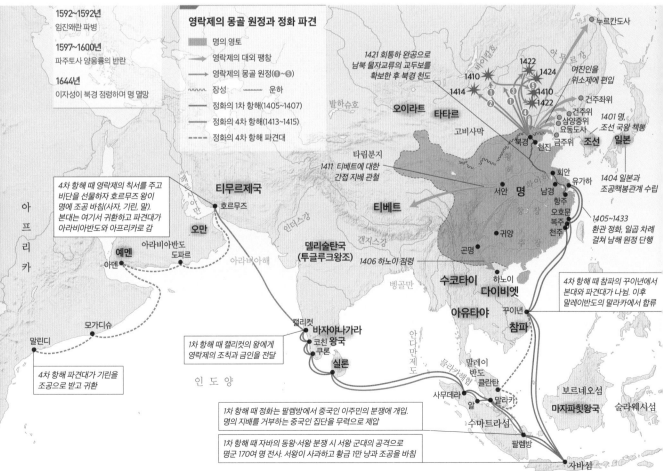

영락제의 몽골 원정과 정화 파견

- 명의 영토
- → 영락제의 대외 팽창
- → 영락제의 몽골 원정(❶~❺)
- 장성 ┄┄┄ 운하
- 정화의 1차 항해(1405~1407)
- 정화의 4차 항해(1413~1415)
- 정화의 4차 항해 파견대

1421 회통하 완공으로 남북 물자교류의 교두보를 확보한 후 북경 천도

여진인을 위소제에 편입

1401 명, 조선 국왕 책봉

1404 일본과 조공책봉관계 수립

타림분지 1411 티베트에 대한 간접 지배 관철

1405~1433 환관 정화, 일곱 차례 걸쳐 남해 원정 단행

4차 항해 때 영락제의 칙서를 주고 비단을 선물하자 호르무즈 왕이 명에 조공 바침(사자, 기린, 말). 본대는 여기서 귀환하고 파견대가 아라비아반도와 아프리카로 감

4차 항해 때 참파의 꾸이년에서 본대와 파견대가 나뉨. 이후 말레이반도의 말라카에서 합류

1406 하노이 점령

1차 항해 때 캘리컷의 왕에게 영락제의 조칙과 금인을 전달

4차 항해 파견대가 기린을 조공으로 받고 귀환

1차 항해 때 정화는 팔렘방에서 중국인 이주민의 분쟁에 개입. 명의 지배를 거부하는 중국인 집단을 무력으로 제압

1차 항해 때 자바의 동왕·서왕 분쟁 시 서왕 군대의 공격으로 명군 170여 명 전사. 서왕이 사과하고 황금 1만 냥과 조공을 바침

차 항해는 소주의 유가하에서 출발하여 참파(지금의 베트남 남부), 자바와 수마트라를 거치고 믈라카해협을 통과하여 인도 서안의 캘리컷에 이르렀다. 4차 항해부터는 캘리컷에서 더욱 서쪽으로 항해했다. 페르시아만의 호르무즈, 예멘의 아덴 등을 거쳐 아프리카 동해안의 모가디슈와 말린디에 닿았다. 정화는 원정 과정에서 30여 나라의 조공을 받고 귀환했다. 막대한 재정이 필요한 해외 원정을 일곱 차례나 벌인 이유는 무엇일까? 영락제는 많은 국가로부터 조공을 받아 황제의 덕을 과시하고자 했다. 또한 북방으로 돌아간 몽골이 건재한 상황에서 남방의 여러 나라들과 좋은 관계를 유지해야 할 필요가 있었다. 외국에서 재기를 노린다는 소문이 돌던 건문제를 추적하기 위한 측면도 있었다.

15세기 중엽 이후 명은 '북로남왜'의 위기에 빠졌다. '북로'의 주체는 몽골인이다. 영락제의 친정에도 불구하고 몽골의 세력은 꺾이지 않았고, 그런 와중에 오이라트부의 에센이 두각을 나타냈다. 1449년 그는 무역을 요구하며 장성을 넘어와 대동 일대를 침입했는데, 이때 명군이 전멸하고 명 황제가 포로로 붙잡혔다(토목보의 변). 에센이 죽자, 이번에는 타타르부의 알탄 칸이 몽골을 통일하고 1533년부터 거의 매년 명을 침략했다. 이후 양국이 무역을 하기로 합의하면서 북쪽 변경이 안정되었다.

'남왜'는 왜구를 가리킨다. 왜구는 14세기 중엽부터 한반도를 비롯하여 랴오둥반도, 산둥반도, 중국 동남해안 등지에서 들끓었다. 일본 무로마치막부가 명의 무역 허가를 얻는 대가로 왜구를 단속해 한동안 잠잠했지만 16세기 후반에 다시 창궐하여 해안지대를 어지럽혔다.

16세기 말에 접어들어 명은 세 번의 심각한 위기를 겪었다. 만력제는 국내에서 일어난 몽골의 항장 보바이의 반란(1592)과 파주토사 양응룡의 반란(1597~1600)을 진압하고 임진왜란

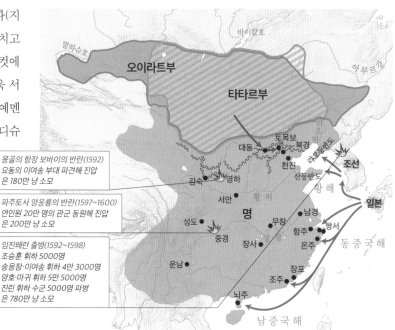

몽골의 항장 보바이의 반란(1592)
요동의 이여송 부대 파견해 진압
은 180만 냥 소모

파주토사 양응룡의 반란(1597~1600)
연인원 20만 명의 관군 동원해 진압
은 200만 냥 소모

임진왜란 출병(1592~1598)
조승훈 휘하 5000명
송응창·이여송 휘하 4만 3000명
양호·마귀 휘하 5만 5000명
진린 휘하 수군 5000명 파병
은 780만 냥 소모

(1592~1598) 때 조선에 파병하느라 수많은 자원을 소모해야 했다(만력 삼대정). 여기에 그의 사치까지 더해져 명의 재정 위기는 더욱 깊어졌다. 결국 1620~1630년대에 전국적으로 대규모 농민반란이 일어났고, 반란 세력들 가운데 가장 두각을 나타낸 이자성이 1644년 북경을 점령하고 명을 멸망시켰다. 중원의 혼란을 틈타 만주의 청이 산해관을 넘어와 북경을 점령함으로써 중국은 새로운 시대로 접어들었다.

### 북로남왜와 만력 삼대정

▨ 오이라트부의 최대 영역
▧ 타타르부의 최대 영역
▤ 명의 영역
→ 북로의 진출
→ 남왜의 진출
〰 장성
✸ 만력 삼대정

**자금성** 영락제는 1406년부터 15년간 자금성을 축조해 완공하고 1421년 북경으로 천도했다. 길이는 동서로 760미터, 남북으로 960미터, 넓이는 72만 제곱미터에 900여 채의 건물을 배치한 자금성은 명청시대 500여 년 동안 수도 북경의 황궁으로 기능했다.

# 청나라

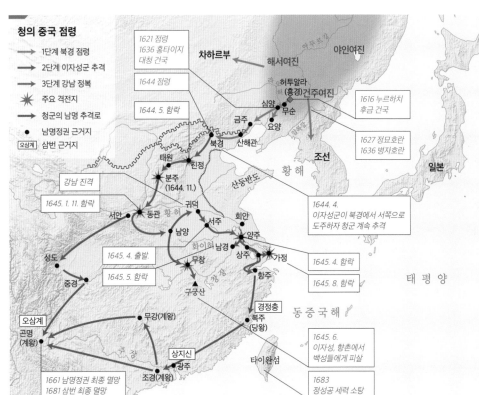

청의 중국 점령
→ 1단계 북경 점령
→ 2단계 이자성군 추격
→ 3단계 강남 정복
✸ 주요 격전지
→ 청군의 남명 추격로
● 남명정권 근거지
오삼계 삼번 근거지

1621 점령
1636 홍타이지
대청 건국

1644 점령

1644. 5. 함락

차하르부
해서여진
야인여진

허투알라
(흥경)건주여진

1616 누르하치
후금 건국

심양 무순
금주 요양

1627 정묘호란
1636 병자호란

조선

일본

황 해

북경 산해관

태원 진정

강남 진격

분주
(1644. 11.)

산동반도

1645. 1. 11. 함락

귀덕

서안 동관 황허

서주 회안

양주

남양 화이허 남경 상주 가정

1644. 4.
이자성군이 북경에서 서쪽으로
도주하자 청군 계속 추격

성도

1645. 4. 출발.

1645. 5. 함락

무창
구궁산 항주

중경

1645. 4. 함락

1645. 8. 함락

태 평 양

경정충

복주
(당왕)

동 중 국 해

오삼계
곤명
(계왕)

무강(계왕)

상지신

1645. 6.
이자성, 향촌에서
백성들에게 피살

광주

타이완섬

조경(계왕)

1661 남명정권 최종 멸망
1681 삼번 최종 멸망

1683
정성공 세력 소탕

**청 3대 황제 순치제** 1644년 순치 원년에 청은 중원으로 들어가 새로운 통일 국가의 기틀을 마련했다. 한인의 문화와 생활 관습을 존중하고 만주어와 한어의 병용을 허용하는 한편, 한인에게 변발을 강요하여 청제국의 정통성을 다지기 위해 노력했다.

16세기 후반 압록강 이북의 만주 지역에는 여진인이 건주여진, 해서여진, 야인여진 등으로 나뉘어 살고 있었다. 건주여진 소속의 누르하치(재위 1616~1626)는 명의 요동도사 휘하에 있다가 군사를 일으켜 여진 전체를 통합하고 1616년 허투알라를 수도로 아이신 구룬(한자로 '후금後金')을 건국했다. 1618년 요동 공략을 시작한 누르하치는 무순(1620), 심양과 요양(1621)을 차례로 점령하고 요양(1621), 심양(1625)으로 천도함으로써 요동 전역으로 세력을 확장했다. 1626년 누르하치가 죽고 그 뒤를 이은 아들 홍타이지(재위 1626~1643)는 정복 사업에 속도를 더했다. 1632년 몽골의 릭단 칸을 죽음으로 몰아넣고, 1635 그의 가족으로부터 항복을 받아냈다. 이를 계기로 홍타이지는 1636년 국호를 다이칭구룬(한자로 '대청大淸')으로 바꾸었는데, 자국의 적통이 금(1115~1234)이 아니라 몽골제국임을 보이고자 한 것이다. 이로써 청은 만주인뿐 아니라 한인(漢人)과 몽골인을 아우르는 다민족국가로 거듭났다.

청은 본격적으로 중원 정복에 나섰다. 3대 순치제(재위 1643~1661)가 집권하고 1년 뒤인 1644년 청군은 북경을 점령하고, 명을 멸망시킨 이자성 정권을 무너뜨렸다. 이후에도 이자성 군을 추격하여 남진하는 한편, 명이 멸망한 뒤에도 명맥을 유지하고 있던 남명정권을 소탕했다. 4대 강희제(재위 1661~1722)는 삼번의 난을 진압하고 타이완의 정씨왕조를 정벌했다. 삼번은 청에 투항한 명나라 무장 세 사람의 세력을 가리키는데, 강희제는 중원 정복이 끝난 뒤에는 청에 위협이 될 것이라 생각하고 1681년 이들을 숙청했다. 1683년에는 타이완섬에서 반청운동을 벌이던 정성공 일가로부터 항복을 받아냈다. 이로써 청은 중국 정복을 완료했다.

청이 남중국 정복에 몰두하는 사이 북방에서는 러시아가 시베리아로 동진하고 있었다. 그 과정에서 양국의 군사적 충돌이 잦아졌다. 당시 러시아는 청과 교역을 원했고, 청 역시 북쪽 변경의 안정을 원했기 때문에, 두 나라는 1689년 네르친스크에서 국경과 교역에 관해 논의하고 조약을 맺었다. 1728년에는 카흐타조약을 맺고 양국의 국경선을 확정했다. 화친은 양쪽 모두에게 긍정적으로 작용했다. 러시아는 청에게 영토를 양보하는 대신 북경으로 사절단을 파견해 교역을 하고 변경 도시에 시장을 열 수 있게 되었으며, 청 역시 북방의 안정을 이룰 수 있었다.

그다음은 서쪽 변경 차례였다. 동투르키스탄(지금의 신장위구르자치구)에서는 '준가르'가 세력을 키우며 청을 위협하고 있었다. 강희제가 중국 본토를 거의 다 정복할 무렵인 1677년, 준가르의 수령 갈단(재위 1676~1697)이 서몽골의 패권을 장악했다. 준가르는 군사적 정복과 실크로드 교역으로 번영을 누렸지만, 18세기 중엽 후계자 자리를 놓고 내분이 발생했다. 이 무렵 강희제의 손자이자 6대 황제인 건륭제(재위 1735~1796)가 준가르 공략을 시도했고, 결국 일리(伊犁)를 점령하고 칸을 생포했다. 이로써 청은 외몽골에서 신강과 청해를 거쳐 티베트에 이르는 서북 지역을 모두 장악하고, 현재 중화인민공화국에 몽골국을 포함한 영토와 거의 일치하는 국경을 구축했다. 동시에 만주인뿐 아니라 한인, 몽골인, 위구르인, 티베트인을 모두 통치하는 거대한 제국을 완성했다.

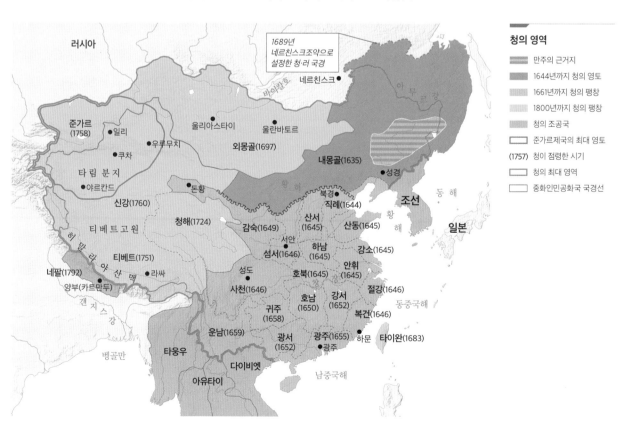

청의 영역

- 만주의 근거지
- 1644년까지 청의 영토
- 1661년까지 청의 팽창
- 1800년까지 청의 팽창
- 청의 조공국
- 준가르제국의 최대 영토
- (1757) 청이 점령한 시기
- 청의 최대 영역
- 중화인민공화국 국경선

러시아

1689년 네르친스크조약으로 설정한 청·러 국경

바이칼호    네르친스크
아무르강
준가르 (1758)    올리아스타이    울란바토르
일리    외몽골(1697)
우루무치
쿠차    내몽골(1635)
타림 분지    성경
야르칸드
신강(1760)    돈황
티베트 고원    청해(1724)    북경
감숙(1649)    직례(1644)    조선
산서(1645)
서안    산동(1645)    동 해
티베트(1751)    섬서(1646)    하남(1645)
네팔(1792)    라싸    강소(1645)    황 해
양부(카트만두)    성도    호북(1645)    안휘(1645)
갠지스강    사천(1646)    절강(1646)    일본
귀주(1658)    호남(1650)    강서(1652)    복건(1646)    동중국해
운남(1659)    광서(1652)    광주(1655)    타이완(1683)
벵골만    광주    하문
타웅우    다이비엣
아유타이    남중국해

# 일본, 18세기까지

『일본서기』일본의 가장 오래된
정사로, 680년 덴무 천황의 명
으로 편찬했다고 전한다. 『백제
기』 등의 한반도 사서와 『위서』,
『진서』 등 중국 사서를 참고하여
편찬했다. 연대 표기를 120년 앞
당겨 기술했다는 점과 중국 및
한반도 국가와의 관계를 왜곡했
다는 점 등 때문에 논란이 있다.

## 고대 일본의 시대별 영역 변화

### 아스카시대(592~710)

불교 전래, 한자 사용, 쇼토쿠 태자의 17조 헌법, 당의 율령을 모방한 다이카개신 단행

### 나라시대(710~794)

나라 천도, 천황 중심의 중앙집권국가 지향, 국제 무역 참여, 불교 흥성

### 헤이안시대(794~1185)

헤이안 천도, 사무라이 계급 강화, 중국의 영향력 감소하며 일본 고유 문화 발달

일본열도에서는 작은 나라들이 공존했던 시대를 거쳐 4세기 초 '야마토정권'이 등장했다. 이들은 긴키의 야마토를 중심으로 각 지역 세력들이 연대하여 형성한 호족연합체였다. 6세기 초 게이타이 천황이 야마토 지역의 호족들을 제압하고 명실상부한 지배자가 되었다. 이후 아스카 지역에 궁을 조성한 시점부터 아스카시대(592~710)라고 한다. '일본'이라는 국호도 이 시기에 등장했다. 겐메이 천황이 나라로 천도하면서 나라시대(710~794)가 시작되고, 794년 간무 천황이 헤이안으로 천도하면서 헤이안시대(794~1185)가 이어졌다. 헤이안시대에는 왕권이 약화되고 귀족의 힘이 강해졌으며, 중앙과 지방에서 무사들이 출현했다. 한편 에미시(蝦夷)라는 사람들이 지금의 미야기현 중부에서 야마가타현 북쪽의 도호쿠지방, 그리고 홋카이도 대부분에 이르는 넓은 지역에 분포하고 있었다. 이들이 일본에 대항하자, 794년 군대를 파견하

여 802년 평정에 성공했다.

12세기 말부터는 군사 지도자들이 무가정권(막부)을 수립하여 권력을 장악하고 천황의 이름을 내세워 전국을 통치했다. 무가정권은 가마쿠라막부, 무로마치막부, 센코쿠시대(전국시

### 여몽연합군의 일본 원정

➡ 1차 원정
➡ 2차 원정(동로군)
┈➤ 2차 원정(강남군)

**고 려**

합포(마산)

부산

**1차 원정**
❶ 1274. 10. 3 출정. 전함 9000
척, 몽골군 2만 5000명, 고려군
1만 4700명

❷ 1274. 10. 5
일본 방어군 전멸

❸ 1274. 10. 20
태풍 강습. 연합군
1만 3500명 익사. 퇴각

동 해

남 해

쓰시마

고모다

이키시마  사카노시마

다자이후

하카타

히라도  마쓰우라

**일 본**
(가마쿠라막부)

나가사키

**2차 원정**
❶ 1281. 5. 3 출정. 전함
9000여 척, 병력 4만 명

❸ 1281. 6. 18 강남군 출정.
전함 3500척, 병력 10만 명

❷ 1281. 6. 8 고려
김방경군, 공략

❹ 1281. 8. 1
태풍 강습, 퇴각

대), 에도막부로 구분한다. 최고 지도자인 쇼군이 통치하는 가운데 각 지방에 분포하는 수많은 다이묘들이 권력을 차지하기 위한 경쟁을 벌였고, 그 과정에서 센코쿠시대와 같은 대전란을 겪기도 했다.

가마쿠라막부(1185~1333)는 13세기 후반에 몽골의 침입을 두 차례 겪었다. 1차 침입(1274)은 몽골이 남송 정복에 앞서 남송과 일본의 연결을 차단하기 위한 무력시위 성격이 컸다. 반면 남송 멸망 이후에 이루어진 2차 침입(1281)은 일본 정복이 목적이었다. 일본은 두 차례의 침입 모두 태풍 덕분에 막아낼 수 있었다. 하지만 그 후에도 계속된 군사적 긴장으로 가마쿠라막부는 점차 쇠퇴했고, 교토를 중심으로 무로마치막부(1336~1573)가 새롭게 등장했다. 이 시기의 특징 가운데 하나는 왜구가 크게 발호했다는 점이다. 왜구는 쓰시마, 이키, 마쓰우라 등을 근거지로 삼은 해적 집단으로, 14세기 후반 중국과 한반도 해안지대를 약탈했다. 명이 일본에게 교역을 허용하는 대가로 왜구 단속을 요구한 이후 크게 감소했지만 16세기 후반에 다시 급증했다.

무로마치막부 말기에 쇼군과 막부의 권위가 떨어지면서 각지의 다이묘들이 독자적으로 자기 지역을 지배하며 서로 경쟁하는 센코쿠시대가 시작됐다. 다이묘들 가운데 가장 두각을 나타낸 오다 노부나가는 일본을 거의 통일할 무렵 혼노지에서 살해당했고, 그의 가신 도요토미 히데요시가 전국 통일을 완수했다. 1592년 일본은 도요토미 히데요시의 명으로 조

선을 침략하지만, 1598년 그가 사망하면서 철군했다. 얼마 뒤인 1603년 도쿠가와 이에야스가 에도막부(1603~1867)를 열었다.

16세기경부터 포르투갈 등 서양 상인들이 일본으로 왔다. 이들이 가져온 화승총이 센코쿠시대 전투에 큰 영향을 주는 등, 서양문물이 큰 영향을 미쳤다. 그러나 에도막부는 서양과의 접촉을 꺼리며, 기독교를 금지하고 사무역을 통제하는 등 쇄국정책을 실시했다. 다만 나가사키에 데지마라는 인공섬을 만들어 네덜란드인에게는 무역을 허용했다. 이러한 정책이 에도막부 말기까지 계속 이어졌다.

**도쿠가와 이에야스** 센코쿠시대에 활동한 무장으로, 도요토미 히데요시 사망 후 세키가하라전투(1600)에서 승리하며 1603년에 막부를 열었다.

### 센코쿠시대 말 오다 노부나가의 성장과 전국의 다이묘

| | |
|---|---|
| ▨ 1560년경(오케하자마전투) | ● 친노부나가 계열 다이묘 |
| ▨ 1575년경(나가시노전투) | ● 노부나가에게 토벌된 다이묘 |
| ▨ 1581년경 | ● 반노부나가 세력 |
| ▨ 1582년 | ❶~❿ 노부나가의 활동 |

❶ 오케하자마전투(1560)
❷ 이나바야마성전투(1567)
❸ 아시카가 요시아키를 대동하고 교토 입경(1568)
❹ 아네가와전투(1570)
❺ 엔랴쿠지를 불태움(1571)
❻ 무로마치막부를 멸함(1573)
❼ 이세 나가시마의 잇코 잇키와 전투(1574)
❽ 나가시노전투(1575)
❾ 아즈치성 건설 시작(1576)
❿ 네고로 · 사이카 잇키와 전투(1577)
⓫ 주고쿠지방 공격(1577)
⓬ 이시야마전투(1570~1580)
⓭ 덴모쿠산전투(1582)
⓮ 혼노지의 변(1582)

# 스와힐리문명의 태동

16세기 이전에는 계절풍을 이용한 인도양 바닷길이 동시대 세계 무역체제의 한 축을 담당했다. 이 바다의 항해는 독특한 자연현상인 계절풍(몬순)에 의존했다. 겨울에는 인도양 동북부의 아라비아반도, 페르시아만, 인도아대륙에서 동아프리카 해안의 소말리아반도와 마다가스카르 방향으로 고온 건조한 북동계절풍이 강하게 분다. 4~6월에는 폭풍과 장마로 항해를 할 수 없지만 7~9월에 바람의 방향이 바뀌어 동아프리카 해안에서 동쪽으로 남서계절풍이 분다. 각국의 배가 이 바람을 타고 지중해와 홍해, 인도양과 믈라카해협, 동남아시아와 중국해를 오가며 교류했다.

인도양 교역망의 중심부와 주변부는 때로는 번영하고 때로는 쇠락하며 오랫동안 존속했다. 육상을 통한 교역량보다 한 번에 적게는 백 배, 많게는 천 배의 물자를 수송할 수 있는 바다는 예나 지금이나 인류에게 가장 중요한 교통로다. 일찍부터 아라비아반도와 페르시아, 인도와 중국이 인도양 교역망의 중심부를 형성했으며, 16세기가 되자 에스파냐와 포르투갈, 이탈리아 해상공화국을 비롯한 유럽 세력도 진출하기 시작했다.

중세 인도양 교역 네트워크의 서쪽 끝에 있던 아프리카 동부 해안에서 몇몇 무역도시를 중심으로 새로운 문명이 태동했다. 동부 해안으로 온 아랍인들이 아프리카인과 결혼하면서 아랍인을 부계로 하고 아프리카인을 모계로 하는 스와힐리(Swahili)인이 점차 증가했다. 그리고 이들이 모가디슈에서부터 소팔라까지 약 5000킬로미터에 이르는 좁은 해안선을 따라 200여 개의 도시를 형성했다. 특히 케냐와 탄자니아 지

역의 해안을 중심으로 코모로제도, 마다가스카르섬, 소말리아반도 그리고 아덴만 입구의 소코트라까지 퍼져나갔다. 이들은 스와힐리어를 공통으로 사용하는 문명을 형성했으며, 이슬람 신앙과 아랍인들의 상업 본위의 생활양식을 공통분모로 발전했다. 스와힐리인이 이슬람으로 개종하고 아랍문자를 받아들이면서 스와힐리문명 내부에서 교역과 신용 체계가 구축되기 시작했다. 특히 8세기부터 16세기까지 이어진 이슬람의 확장으로 아프리카에서는 다양한 이슬람왕국이 일어났으며, 그와 같은 배경에서 스와힐리 도시국가가 번성할 수 있었다. 스와힐리어는 아랍어와 문장구성과 어휘가 몹시 유사한 형태로 발전했으며, 오늘날에도 2000만 명 이상이 사용하고 있다.

스와힐리문명은 11~16세기에 전성기를 구가했다. 당시 세계 교역의 중심은 중국의 송과 인도 지역의 왕국들, 이집트의 파티마왕조, 그리고 페르시아의 왕국들이었다. 13세기에 전 세계를 장악한 몽골제국과 델리의 무굴제국, 이집트의 맘루크왕조는 그중에서도 가장 중요한 중심축이었다. 이 시기에 스와힐리 도시국가는 중심부를 대상으로 매우 활발하게 반주변부 역할을 수행했다. 동시에 중심부로부터 건축과 제조 등

**전통 범선 다우** 하나 또는 두 개의 돛대가 달린 범선으로, 아랍인들이 개발하였다. 포르투갈의 범선 캐러벨이 대서양과 인도양을 항해하기 전까지 홍해와 인도양 무역의 핵심 수단이었다. 1414년 정화 원정대와 함께 중국으로 기린을 옮길 때 다우 범선을 이용했다는 기록이 있다.

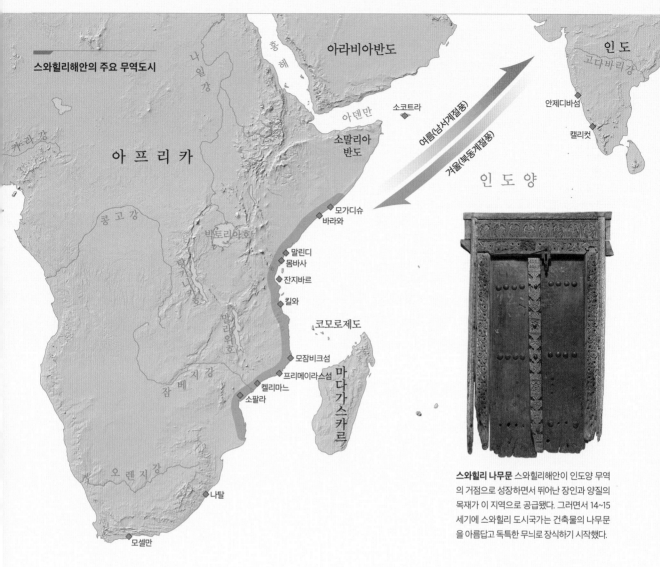

스와힐리해안의 주요 무역도시

나일강 · 홍해 · 아라비아반도 · 인도
카라강 · 아덴만 · 소코트라 · 고다바리강
아프리카 · 소말리아반도 · 안제디바섬
콩고강 · 캘리컷
여름(남서계절풍) · 겨울(북동계절풍) · 인도양
빅토리아호 · 모가디슈 · 바라와
말린디 · 몸바사 · 잔지바르 · 킬와
코모로제도
모잠비크섬 · 프리메이라스섬 · 마다가스카르
켈리마느 · 소팔라
잠베지강
오렌지강 · 나탈
모셀만

**스와힐리 나무문** 스와힐리해안이 인도양 무역의 거점으로 성장하면서 뛰어난 장인과 양질의 목재가 이 지역으로 공급됐다. 그러면서 14~15세기에 스와힐리 도시국가는 건축물의 나무문을 아름답고 독특한 무늬로 장식하기 시작했다.

의 기술을 습득하여 동아프리카 지역에서 중심부 역할을 하기도 했다. 그러면서 스와힐리 상인 계층은 중심부(페르시아, 이집트, 아랍, 인도)와 주변부(아프리카 내륙, 코모로제도와 마다가스카르)를 잇는 중계자로 성장했다. 스와힐리 도시국가는 아프리카 내륙에서 약탈한 금과 상아, 코뿔소 뿔, 동물가죽 같은 원재료와 자신들이 생산한 철제 도구와 옷감, 거북 등껍질, 맹그로브 목재, 소금, 장신구 등을 해외로 수출했고 그 대가로 도자기와 실크, 무명옷감, 구슬장식 같은 사치품을 수입해 소비했다. 14세기에는 중국 도자기 수입이 유행하면서 몸바사와 말린디 같은 도시가 성장했다. 이 과정에서 스와힐리 도시국가는 아프리카 내륙과는 차별화된 사회, 문화, 경제 체제를 구축했다.

한편 13세기가 되자 스와힐리 경제권의 변방에 속했던 킬와가 강력한 세력을 형성했다. 킬와가 인도양 무역의 핵심으로 떠오른 배경은 바로 금이다. 그 무렵 킬와는 모잠비크 연안 소팔라의 무역을 독점하며 막대한 이익을 거두었다. 그리고 소팔라에는 남부 아프리카 고원지대의 짐바브웨왕국에서 채굴한 다량의 금이 유통되고 있었다. 킬와의 스와힐리 상인들은 소팔라를 중간 경유지로 삼아서 짐바브웨산 황금 무역을 독점했다.

15세기 후반부터 아프리카의 역사는 새로운 국면을 맞이했다. 지중해 교역을 장악하고 있던 베네치아와 제노바의 세력이 여전히 강력한 상황에서 포르투갈과 에스파냐가 금과 향신료 쟁탈전에 뛰어들면서 인도양 교역망에 진출했다. 반면 인도양 교역망의 동쪽 축인 중국(명)이 해금정책을 펼치면서 인도양 교역망의 무게 중심이 서서히 유럽 국가로 넘어가기 시작했다.

# 15~18세기 아프리카

**1415년**
포르투갈 엔히크 왕자가 세우타 정복

**1482년**
포르투갈이 엘미나성 건설

**1493~1528년**
무함마드 투레 치세의 송가이왕국의
전성기

**1591년**
송가이왕국이 모로코의 침입으로
멸망

**16~18세기**
베냉왕국과 콩고왕국이 유럽과
노예무역으로 번영

**1772·1802년**
영국과 프랑스가 노예제도 불법화

아프리카는 15세기 후반 유럽인들이 도래하면서 변화를 겪었다. 무엇보다 서아프리카 지역이 직접적인 영향을 받았다. 포르투갈이 가장 먼저 아프리카로 진출했는데, 서아프리카 해안을 따라 남하하면서 세네갈에 상관을 설치하고 1482년 지금의 가나에 엘미나성을 건설했다. 금, 상아, 향신료 등 귀중품과 노예를 교역하는 것이 주요 목적이었다. 아메리카에서 사탕수수 플랜

테이션이 발달하면서 노예 수요가 대폭 증가하자 다른 유럽 국가들도 아프리카 해안에 50여 개의 무역거점을 설치했다. 프랑스가 세네갈에 거점을 마련한 데 이어, 네덜란드도 17세기 말

### 아프리카 노예무역, 16~19세기(수: 만 명)

- 800만
- 400만
- 200만
- 100만

서아프리카 노예무역 중심지
- 담배
- 커피
- 면
- 설탕
- 광산
- 쌀

**노예 운송 목록** 1833년 10월 30일 미국으로 보낸 노예 92명의 이름과 나이, 피부색에 대한 설명이 상세히 적혀 있다.

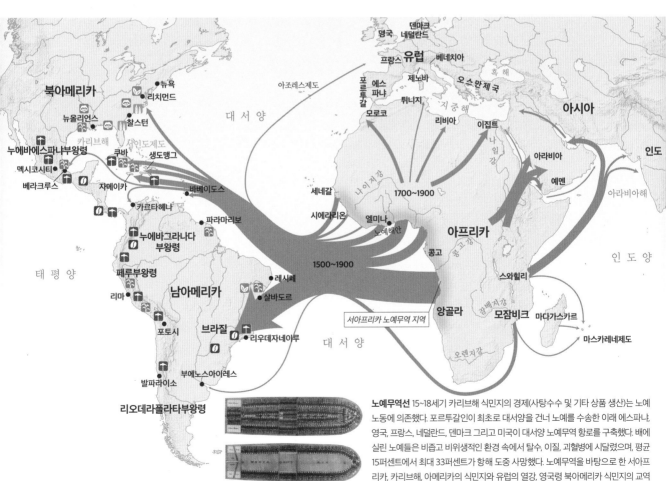

**노예무역선** 15~18세기 카리브해 식민지의 경제(사탕수수 및 기타 상품 생산)는 노예 노동에 의존했다. 포르투갈인이 최초로 대서양을 건너 노예를 수송한 이래 에스파냐, 영국, 프랑스, 네덜란드, 덴마크 그리고 미국이 대서양 노예무역 항로를 구축했다. 배에 실린 노예들은 비좁고 비위생적인 환경 속에서 탈수, 이질, 괴혈병에 시달렸으며, 평균 15퍼센트에서 최대 33퍼센트가 항해 도중 사망했다. 노예무역을 바탕으로 한 서아프리카, 카리브해, 아메리카의 식민지와 유럽의 열강, 영국령 북아메리카 식민지의 교역 체제를 삼각무역이라고 부른다.

서아프리카 지역에 자리를 잡았다. 그러자 포르투갈은 더 남쪽으로 내려가 앙골라에 이어 아프리카 동해안의 모잠비크까지 가서 노예무역의 범위를 확대했다.

아프리카의 유럽 상관에 노예를 공급한 것은 베냉왕국, 콩고왕국 등 서아프리카와 중앙아프리카의 나라들이었다. 베냉왕국(1180~1897)은 현재 나이지리아 남쪽에 위치한 나라로 유럽 국가들과 교역을 통해 번영했다. 콩고왕국(1390~1914)은 현재 카메룬, 적도기니, 가봉, 콩고공화국, 앙골라, 콩고민주공화국에 이르는 거대한 영토를 지배했다. 두 왕국은 노예를 공급하는 대가로 유럽으로부터 금속과 총포를 확보했다. 300여 년의 노예무역으로 약 2000만 명의 아프리카인이 노예무역선에 실렸고, 그중 1500만 명 이상이 아메리카로 끌려갔다.

북아프리카는 오스만제국을 필두로 하는 이슬람 세력이 계속 강세를 보였다. 1517년 오스만제국이 이집트의 맘루크술탄국을 정복한 데 이어 서쪽으로 리비아와 튀니지를 차지하고 알제리도 세력권에 넣었다. 이후 지중해 연안과 사하라 이남 사이의 교류가 지속되면서 이슬람교가 아프리카 내륙으로 더욱 깊이 침투했다.

동아프리카에서는 14~15세기에 에티오피아왕국이 가장 강성했다. 하지만 16세기 들어 오스만제국이 남하하여 홍해 연안뿐 아니라 누비아를 점령하면서 압박을 가했다. 1529년에는 오스만제국의 지원을 받은 아달술탄국에게 침략을 당하자, 에티오피아왕국은 같은 기독교 국가인 포르투갈에게 지원을 요청해 위기를 극복했다. 에티오피아는 이후에도 오스만제국, 이탈리아, 이집트 등의 침입을 받았지만 19세기에 아프리카 전체가 유럽 열강에게 분할될 때에도 독립을 유지했다.

한편 서아프리카에서는 송가이왕국이 무함마드 투레(재위 1493~1528) 치세에 전성기를 구가했다. 중심 도시 팀북투는 당시 사하라 이남에서 가장 중요한 도시였다. 그러나 송가이

**17~18세기 아프리카**
- 오스만제국의 속국
- 포르투갈 식민지
- 에스파냐 식민지
- 네덜란드 식민지
- 영국 식민지
- 프랑스 식민지
- 스와힐리해안

왕국은 1591년 북아프리카에서 사하라사막을 건너 침입한 모로코에게 멸망했고, 이후 팀북투도 쇠퇴했다.

남아프리카가 유럽에 처음 알려진 것은 1488년 바르톨로메우 디아스가 희망봉을 발견하면서부터다. 처음에는 인도양으로 가는 유럽 배들의 중간 보급항 역할에 머물렀지만, 1652년 네덜란드인들이 케이프타운을 건설하고 정착한 이래 '보어인'이라 불리는 네덜란드 농민들이 들어와 내륙으로 식민지를 넓혔다. 프랑스혁명과 나폴레옹전쟁을 거치는 동안 네덜란드가 케이프타운을 포기하자 1814년 영국이 이 지역 경영에 나섰다. 남아프리카의 북부에서는 잠베지강 유역을 중심으로 무타파왕국(1450~1629)이 번성했다. 짐바브웨왕국의 뒤를 이은 이 나라는 건국 무렵 진출하기 시작한 포르투갈 상인들과 교역을 통해 큰 이익을 얻었다. 그러나 1629년 포르투갈의 간접통치령이 되었다가 1760년 식민지가 되었다.

**베냉왕국의 공예품** 16세기와 17세기에 걸쳐 약 900개의 직사각형 부조를 주조하여 왕궁을 장식했다. 오랫동안 서아프리카에서 세력을 떨쳤으나, 1897년에 프랑스의 식민지가 됐다.

예카테리나궁전

# 04

## 19세기

# 서양의 역전과
# 중심축의 이동

자유주의와 공화주의의 열기가 유럽을 휩쓸며 각국에서 혁명이 이어졌다. 1848년 독일의 3월혁명, 1871년 프랑스의 파리코뮌 등은 공고한 제국주의체제 안에 헌정질서라는 유산을 남겼다. 프랑스혁명으로부터 대두한 민족주의는 발칸반도와 라틴아메리카에 새로운 국가들을 탄생시켰다. 1848년 마르크스와 엥겔스가 『공산당선언』을 발표하며 또 하나의 혁명의 불씨가 꿈틀거리기 시작했다. 이후 공산주의는 제국주의와 자본주의에 대항하는 체제로 발전했다.

한편 이 시기를 기점으로 동서양 사이의 힘의 질서가 역전됐다. 유럽 국가들은 아프리카 거의 전부를 장악한 뒤 인도와 중국까지 제압했고, 러시아는 시베리아 정복을 완성하며 유라시아 전체를 아우르는 강대국이 되었다. 아메리카 대륙에서는 18세기 말에 건국한 미국이 빠른 속도로 세력을 확장하며 유럽과는 또 다른 지배질서를 구축했다. 동아시아에서는 일본이 메이지유신을 통해 제국주의 국가의 통치 및 식민지배 방식을 학습하며 동양의 열강으로 거듭나려 했다.

# 빈체제 이후의 유럽

6차 대프랑스동맹 국가들은 1814년 파리를 점령하고 나폴레옹을 엘바섬으로 유배 보낸 뒤 오스트리아 빈에서 회의를 개최했다(1814. 9.~1815. 6.). 이듬해 나폴레옹이 엘바섬을 탈출하여 재기를 시도하자, 곧바로 7차 대프랑스동맹이 결성되었다. 1815년 6월 양쪽 군대가 벨기에 워털루에서 격돌했고, 도합 30만 명의 병력이 동원된 전투에서 동맹군이 승리함으로써 유럽은 혁명의 불길을 진압하고 민족주의와 자유주의의 바람을 잠시 억누를 수 있게 되었다. 빈회의는 왕정복고와 프랑스의 확장 저지를 통해 유럽 각국의 세력균형을 유지하는 것이 최종 목표였다. 그 결과 1815년 11월 20일 파리조약이 체결되면서 유럽 각국의 희비가 엇갈렸다.

조약 체결 당일 동맹을 결성했던 영국, 러시아, 오스트리아, 프로이센은 승전의 보상을 획득했다. 영국은 유럽 대륙에서는 국왕의 영지인 하노버를 되찾는 데 그쳤지만, 지중해의 몰타와 이오니아제도, 북해의 헬골란트, 케이프 식민지, 실론 등 전 세계 해상로의 주요 거점에 대한 영유권을 인정받았다. 러시아는 폴란드(바르샤바 대공국)의 대부분을 차지하는 한편, 오스만제국에게 빼앗은 베사라비아와 스웨덴에서 양도받은 핀란드를 확보했다. 오스트리아는 독일 남부와 오스트리아령 네덜란드를 포기하는 대신 티롤과 잘츠부르크를 회복했다. 또한 롬바르디아베네치아왕국 및 베네치아공화국의 식민지였던 달마티아 등 북이탈리아의 상당 부분을 지배하게 됐다. 프로이센은 작센의 절반 이상과 단치히, 라인란트, 베스트팔렌을 차지했다. 그리고 스웨덴으로부터 포메라니아를 넘겨받아 엘베강 동쪽에 한정되었던 프로이센의 영토를 프

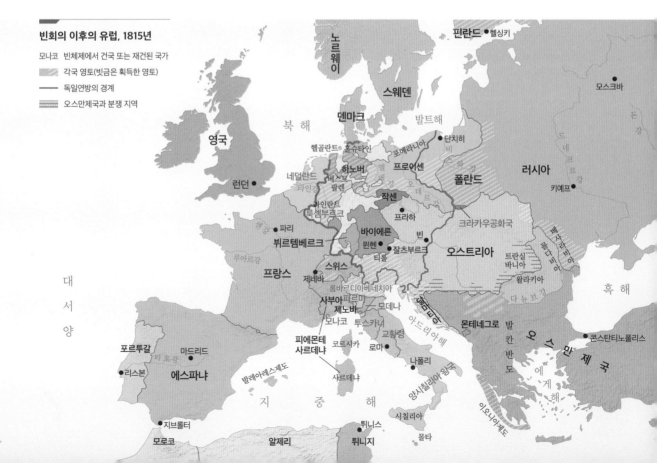

**빈회의 이후의 유럽, 1815년**

모나코 빈체제에서 건국 또는 재건된 국가
░ 각국 영토(빗금은 획득한 영토)
— 독일연방의 경계
▒ 오스만제국과 분쟁 지역

그린란드(덴)　아이슬란드(덴)
뉴펀들랜드　페로제도(덴)
영국령 북아메리카(영)　식민지(영)　덴마크
　　　　　　　　　　　　영국　　러시아
미국　　　　　　네덜란드
누에바에스파냐　플로리다(에)　포르투갈　프랑스
부왕령(에)　쿠바총독령(에)　아조레스제도(포)　에스파냐　오스만제국　　　청　조선　일본
자메이카(영)　산토도밍고총독령(에)　마데이라제도(포)　카자르
도미니카(영)　푸에르토리코총독령(에)　카나리아제도(에)　무스카트오만　동인도　태 평 양
마르티니크(프)　영국령 기아나(영)　카보베르데제도(포)　술탄국　회사(영)　필리핀총독령(에)
누에바그라나다　네덜란드령 기아나(네)　시에라리온(영)　고아(포)
부왕령(에)　프랑스령　골드코스트(영)　실론(영)　네덜란드령
기아나(프)　안다만제도(영)　동인도(네)　티모르(포)
태 평 양　　페루부왕령(에)　브라질(포)　앙골라(포)　니코바르제도(덴)
　　　　　대 서 양　　인 도 양
리오데　모잠비크(포)
라플라타　뉴사우스웨일스(영)
합중국
칠레총독령(에)　케이프 식민지(영)

랑스 국경까지 확장했다. 반면 패전국 프랑스는 1792년 이후에 획득한 영토를 모두 상실하고 왕정복고를 단행했다. 이후 프랑스가 4국동맹에 가입(1818)하며 동맹국은 다섯 나라로 확대되었다.

독일과 이탈리아는 과거처럼 분열 상태를 유지했다. 1815년 독일의 39개 제후국이 독일연방을 구성하여 신성로마제국(1806년 해체)을 대체했지만, 연방 의장은 오스트리아 황제가 맡았다. 이탈리아 역시 아홉 나라로 갈라져 있었다. 북부는 오스트리아 세력권으로 흡수되었으나, 피에몬테사르데냐왕국이 사부아를 차지하고 제노바를 병합했다. 교황령은 나폴레옹 점령 이전으로 회복되었고, 1816년 나폴리왕국과 시칠리아왕국을 병합해 등장한 양시칠리아왕국은 에스파냐 부르봉왕가의 지배를 받았다. 그러나 독일과 이탈리아는 향후 통일국가 건설을 목표로 나아갔다.

북유럽 국가들도 승리의 과실을 일부 차지했다. 스웨덴은 덴마크로부터 노르웨이를 양도받았고, 덴마크는 홀슈타인을 차지했다. 네덜란드는 오스트리아령 네덜란드(벨기에)를 양도받아 네덜란드연합왕국으로 발전했다. 스위스는

중립국이 되었다.

그러나 이러한 상황이 불만인 국가들도 있었다. 폴란드는 빈회의에서 자치권을 인정받지만 나폴레옹을 지지했다는 이유로 대부분 러시아에 귀속되었다. 오스트리아령 네덜란드(1830년 벨기에로 독립)는 네덜란드연합왕국, 노르웨이는 스웨덴에 합병됐다. 그리스와 발칸반도는 이전처럼 오스만제국의 지배 아래 있었다.

**유럽 주요 국가의 해외 영토, 1815년**

- 영국(영)
- 프랑스(프)
- 에스파냐(에)
- 포르투갈(포)
- 네덜란드(네)
- 덴마크(덴)
- 러시아

**빈회의** 유럽 열강의 대표들이 오스트리아 빈에 모여 나폴레옹전쟁의 사후 처리를 논의했다. 회의 이후의 유럽 정세를 '빈체제' 또는 '유럽협조체제'라고 부른다. 자유주의와 민족주의운동에 반대하고 왕정을 고수했다는 측면에서 이 체제를 '유럽세계의 반동'이라고 평가하기도 한다.

❶ 영국 대표: 웰링턴 공작 아서 웰즐리
❷ 스웨덴 대표: 로윈히엠 백작
❸ 오스트리아 대표: 외무상 메테르니히
❹ 러시아 대표: 외무상 카를 네셀로데
❺ 포르투갈 대표: 팔멜라 백작 페드로 데 수사 홀슈타인
❻ 영국 대표: 외무상 케슬레이
❼ 에스파냐 대표: 라브라도 후작
❽ 프로이센 대표: 훔볼트
❾ 프로이센 대표: 재상 하이덴베르크
❿ 프랑스 대표: 외무상 샤를모리스 탈레랑페리고르

# 아이티혁명

1789년에 일어난 프랑스혁명의 불길이 대서양을 항해하는 배를 타고 카리브해와 아메리카로 번졌다. 당시 카리브해의 사탕수수 플랜테이션에서는 아프리카 노예무역으로 수급한 흑인노예들이 일하고 있었다. 이들은 카리브해 지역 곳곳에 '아프로아메리칸(Afro-American)' 공동체를 형성했다.

노예들은 배를 타고 섬에서 섬으로 이동하며 소식을 전달하는 네트워크를 형성했다. 그 길을 따라서 18세기 후반에는 에스파냐 왕실의 식민지 개혁 소식이나 영국 의회에서 벌어진 노예무역 폐지 논쟁이 카리브해에 알려졌다. 얼마 후 미국의 독립혁명이 프랑스혁명을 촉발했고, 프랑스혁명은 전 유럽으로 퍼졌다. 그리고 그 소식이 유럽 밖으로 퍼지면서, 1791년 당시 아메리카 식민지 중 가장 부유했던 프랑스의 설탕 생산지 생도맹그(Saint-Domingue)에서 흑인노예들이 대규모 봉기를 일으켰다.

쿠바 옆에 있는 히스파니올라섬의 동부 절반은 에스파냐령(산토도밍고)이고 서부 절반은 프랑스령(생도맹그)이었다. 이곳에서 당시 유럽 설탕 소비량의 절반을 생산했다. 1789년 생도맹그에는 백인 3만 명, 자유민 유색인 2만 8000명, 그리고 흑인노예 46만 5000명이 살고 있었다. 생도맹그의 백인들은 농장주, 무역상, 해상 무역에 참여하는 자본가의 대리인 같은 상류층과 기능공, 소상인, 이발사, 자영업자, 농장관리인 같은 중간층, 그리고 프랑스 본국에서 파견된 관료들로 구성되었다. 실질적인 권력은 이들 중 수백 명에 불과한 관료들이 갖고 있었다. 이들은 프랑스 정부의 대리인으로서 무역에 관한 권한과 세금 징수권, 법률을 적용하고 해석할 권한을 갖고 있었다.

프랑스 본국에서 일어난 혁명 소식이 들려오자, 생도맹그 사람들은 신분을 막론하고 그것이 해외 식민지에 살고 있는 자신에게 이익이 될 것이라고 기대했다. 식민지 관료들과 농

18세기 말 카리브해의 지리와 식민지배

장주들은 본국의 통제에서 벗어나서 행정과 상업을 마음껏 주무르려 했고, 자유민 유색인들은 신분적 불평등이 제거되어 자신들에게 백인과 동일한 기회가 주어지기를 바랐다. 그리고 노예들은 혁명의 이상인 '자유, 평등, 박애'가 자신들에

게도 주어지길 기대했다.

노예제의 즉각 폐지를 요구하는 흑인노예들에 의해 1791년 생도맹그에서 시작된 반란이 카리브해 전역으로 확산되자 식민지 본국인 프랑스는 물론 프랑스와 경쟁하던 영국과 에스파냐까지 생도맹그를 침공했다. 그 결과 반란을 진압하러 온 프랑스혁명군은 노예들과 반혁명파, 원주민 저항군, 영국군, 에스파냐군과 모두 싸워야 하는 형세로 몰렸다. 결국 생도맹그의 행정관은 본국의 허락없이 1793년 노예해방령을 포고하

고 반란군과 교섭했다. 이듬해에는 프랑스 국민공회가 모든 식민지에서 보편적인 노예해방령을 선포하기에 이르렀다.

생도맹그의 흑인노예들이 식민지 본국의 군대를 물리치고 노예제 폐지를 쟁취했다는 소식은 카리브해의 다른 식민지에도 전해졌다. 자메이카, 과들루프, 마르티니크에서도 노예들이 자유를 요구하며 봉기했으나 이들은 본국에 의해 무력으로 진압되었다. 하지만 생도맹그에서는 투생 루베르튀르를 비롯한 흑인 혁명가들이 조직을 갖추고 더욱 체계적으로 저항하기 시작했다. 1802년 나폴레옹은 다시 원정군을 파견하여 카리브해 일대의 지배권을 재확립하고 노예제를 복구하려 했다. 카리브해의 다른 섬들은 나폴레옹의 계획대로 되었지만, 생도맹그는 치열한 전쟁 끝에 아이티공화국으로 완전한 독립(1804)을 이루었다. 이 사건이 신세계에서 유일하게 성공한 노예반란인 아이티혁명이다.

아이티혁명은 유럽 열강의 지배계급에게는 충격과 공포를, 식민지의 피지배계급에게는 희망을 안겼다. 1809년 쿠바가 아이티 난민을 추방함에 따라 미국으로 온 아이티 사람들은 공화주의와 노예제가 공존하는 미국 헌법의 모순을 드러냈고 미국인들에게 "노예를 소유한 공화국이 가능한가?"라는 질문을 제기했다. 그 결과 미국 남부 농장주들은 노예제 공화국을 정당화하고 미국 예외주의를 재생산했다. 반세기 후 미국은 노예제를 지지하는 남부와 반대하는 북부로 갈라져 내전을 겪는다. 한편 1812년 쿠바 하바나에서 일어난 노예제 폐지운동과 1815년 시몬 볼리바르의 남아메리카 독립운동, 그리고 20세기에 일어난 아프리카 독립운동 등은 "인종적 차이에 구애받지 않는 보편적인 자유와 평등"이라는 아이티혁명의 유산을 계승했다.

**베르티에르전투** 아이티혁명의 마지막 전투로 1803년 11월 18일 아이티혁명군이 나폴레옹이 파견한 프랑스군을 상대로 승리했다. 이 전투를 끝으로 프랑스군은 아이티에서 철수했고, 이듬해 1월 1일 아이티는 헌법을 제정하고 자유공화국을 선포했다.

*(지도)*
버뮤다(영)
대 서 양
생도맹그(푸) 산토도밍고(에)
히스파니올라
포프랑스
산토도밍고
버진아일랜드(덴) 신트마르턴(네)
푸에르토리코(에)
과들루프(프)
세인트존
마르티니크(프)
리브해
소 앤 틸 리 스
바베이도스(영)
세인트빈센트(영) 브리지타운
퀴라소(네)
리오아차
토바고(프)
산타마르타
조지타운
포트오브스페인
타헤나
트리니다드(에)
바그라나다(에)
카라카스
쿠마나
오리노코강
조지타운
기아나(영, 네, 프)

# 라틴아메리카의 독립

**1791~1804년**
아이티혁명. 프랑스 식민지 생도맹그에서 흑인노예 봉기, 아이티공화국 건국

**1807~1808년**
나폴레옹의 포르투갈 및 에스파냐 침공이 라틴아메리카 독립운동 자극

**1810년**
나폴레옹이 에스파냐 점령

**1811년**
볼리바르가 베네수엘라 독립 선언

**1816년**
리오데라플라타합중국 독립

**1818년**
칠레 독립공화국 선언

**1819년**
보야카전투
볼리바르가 그란콜롬비아 초대 대통령 취임

**1821년**
카라보보전투에서 그란콜롬비아군이 에스파냐군에 승리하며 베네수엘라 해방

**1822년**
피친차전투에서 그란콜롬비아군이 승리하여 에콰도르 해방
페드루 1세가 포르투갈로부터 독립 선언

**1823년**
중앙아메리카연방공화국 건설(1838년 붕괴)

**1824년**
멕시코공화국 선포

**과야킬회담** 1822년 7월, 라틴아메리카 해방전쟁을 이끄는 산마르틴(좌)과 볼리바르(우)가 에콰도르의 항구도시 과야킬에서 만나 향후 독립의 방향을 논의했다. 볼리바르는 공화국, 산마르틴은 입헌군주제를 선호하며 입장 차이를 보였다. 이후 볼리바르는 독립운동을 계속한 반면 산마르틴은 은퇴했다.

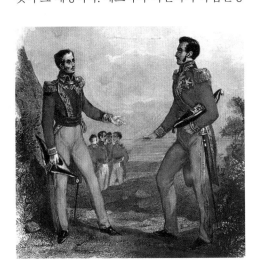

1810년대에 접어들어 라틴아메리카 식민지 전역에서 독립운동이 일어났다. 미국독립전쟁(1775~1783)과 프랑스혁명(1789~1799)의 영향을 받은 데다가, 식민지 본국인 에스파냐와 포르투갈이 나폴레옹의 침공으로 위기에 빠진 것이 그 배경이다. 에스파냐 식민지의 독립전쟁 지도자는 시몬 볼리바르(1783~1830)와 호세 데 산마르틴(1778~1850)이다. 베네수엘라 출신인 볼리바르는 베네수엘라, 페루, 콜롬비아, 에콰도르, 볼리비아, 파나마의 독립운동을 지도했고, 산마르틴은 페루, 아르헨티나, 칠레의 독립을 이끌었다.

1810년 나폴레옹이 에스파냐를 점령했다는 소식을 들은 볼리바르는 즉시 베네수엘라에서 봉기를 일으켰다. 이듬해에는 베네수엘라 독립을 선언하고 남아메리카 최초의 공화국을 수립했다. 이 공화국은 오래가지 못했지만 볼리바르는 에스파냐군에 맞선 투쟁을 멈추지 않았다. 그 와중에 콜롬비아의 독립 세력이 지원을 요청하자 볼리바르는 1819년 보야카에서 에스파냐군을 물리쳤으며, 수도 보고타를 점령하고 콜롬비아를 해방시켰다. 그 여세를 몰아 1821년 베네수엘라를, 1822년 에콰도르를 독립시켰다. 과

거 누에바그라나다부왕령 전체의 독립을 달성한 것이다. 이 과정에서 볼리바르는 베네수엘라, 콜롬비아, 에콰도르를 하나로 합쳐 공화국 '그란콜롬비아'를 수립하고 초대 대통령이 되었다. 그러나 볼리바르 암살미수사건이 발생한 뒤 베네수엘라와 에콰도르가 차례로 그란콜롬비아에서 분리 독립했다.

한편 산마르틴이 이끄는 '안데스군대'는 페루부왕령 남쪽으로 가서 1818년 칠레를 독립시켰고, 1820년에는 피스코에 상륙, 에스파냐군을 물리치고 이듬해 페루를 독립시켰다. 그에 앞서 1810년 자치를 선언한 아르헨티나는 독립전쟁 끝에 1816년 완전한 독립을 이루었다. 원래는 리오데라플라타부왕령 전체를 하나의 독립국으로 만들기 위해 리오데라플라타합중국을 세웠으나, 독립 과정에서 볼리비아, 파라과이, 우루과이가 따로 국가를 만들었다. 1825년 페루 남부에서 탄생한 볼리비아의 국명은 볼리바르의 이름을 따서 지은 것이다.

1810년 에스파냐에 저항해 독립전쟁을 시작한 멕시코는 1821년 독립했다. 1822년 멕시코 제1제국이라는 입헌군주제 국가를 건설했지만, 1824년 공화주의자들이 거병하여 황제를 몰아내고 멕시코 제1연방공화국(1824~1835)을 수립했다.

멕시코 아래의 중앙아메리카 지역은 1821년 에스파냐로부터 독립한 뒤 잠시 멕시코 제1제국에 병합되었다가, 1823년 독립하여 미국을 모델로 '중앙아메리카연방공화국'을 건설했다. 그러나 정치적 갈등으로 내전이 일어나 과테말라, 온두라스, 니카라과, 코스타리카(이상 1838)와 엘살바도르(1841)가 각각 독립국가를 세우면서 연방은 와해됐다.

한편 포르투갈의 식민지 브라질부왕령은 17~18세기에 다양한 형태로 본국에 저항했으나, 독립 자체는 라틴아메리카의 다른 나라들과 달리 평화적으로 이루어졌다. 1807년 나폴레옹이 포르투갈을 침공하자 포르투갈 왕실이 브라

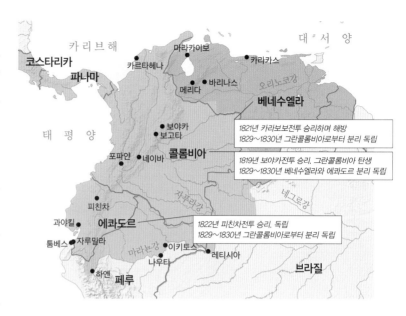

질부왕령으로 피신했다. 프랑스가 물러난 뒤 국왕 주앙 6세는 귀국하면서 아들 페드루를 브라질 통치를 위해 남겨놓았는데 다음 해인 1822년 페드루가 본국과 결별하고 브라질 편에 섰다. 결국 페드루는 그해 11월 포르투갈군을 몰아내고 독립을 선언한 뒤 스스로 페드루 1세 황제로 즉위했다. 그리고 1825년 포르투갈로부터 브라질의 독립을 인정받았다.

**그란콜롬비아, 1819~1831년**

▨ 콜롬비아
▨ 에콰도르
▨ 베네수엘라
— 현재 국경선(에콰도르·콜롬비아·베네수엘라)

**멕시코와 중앙아메리카, 1821~1864년**

❷ 텍사스공화국 독립, 1836년 멕시코미국전쟁으로 캘리포니아와 뉴멕시코 상실, 1848년

❹ 개즈던 매입으로 미국에 양도, 1853년

❸ 선주민들이 독립국가 유카탄공화국(1841~1848)으로 분리

❶ 중앙아메리카연방공화국(1823~1841)으로 분리

▨ 멕시코 제1제국, 1821~1823년
┈┈ 멕시코 제1연방공화국, 1824~1835년
▢ 멕시코공화국, 1835~1846년
▨ 멕시코 제2연방공화국, 1846~1864년

# 자유주의와 민족주의, 혁명의 시대

빈회의 이후 유럽 각지에서 반발이 일어났다. 학생시위가 처음 발생한 곳은 1817년 독일이다. 1820년에는 에스파냐와 양시칠리아에서 헌법 제정을 주장하는 목소리가 터져나왔다. 그러자 독일과 이탈리아에는 오스트리아, 에스파냐에는 프랑스가 무력으로 개입하여 진압했다.

한편 유럽 남동부의 발칸반도에서는 1821년 그리스인이 오스만제국을 상대로 독립과 자치를 요구하며 봉기를 일으켰다. 펠로폰네소스와 그리스 전역으로 시위가 확산되더니, 1822년 그리스공화국 대통령을 선출하고 헌법까지 제정한 뒤 독립을 선언하기에 이르렀다. 오스만제국이 진압에 나서자 그동안 관망하던 서구 열강이 개입했다. 영국과 러시아 연합함대는 1827년 10월 펠로폰네소스반도 앞바다에서 오스만 해군을 격파했다. 프랑스군은 펠로폰네소스반도를 탈환했고, 러시아 육군도 국경을 넘어 오스만제국으로 진격했다. 1829년 9월 아드리아

노폴리스조약을 통해 그리스는 마침내 독립을 쟁취했다. 그리스의 독립은 1830년 이전에 일어난 혁명운동 가운데 가장 성공적이었다.

한편 프랑스에서는 1814년 루이 18세(재위 1814~1824)가 입헌군주제에 입각한 왕정복고를 단행했다. 그러나 그 뒤를 이은 샤를 10세(재위 1824~1830)가 의회를 해산하는 등 자유주의자를 탄압하고 귀족들에게 특권을 부여하자 1830년 7월혁명이 일어났다. 그 결과 루이 필리프 1세(재위 1830~1848)가 왕으로 추대되었다. 7월혁명에 자극받은 벨기에인들도 1831년 네덜란드로부터 독립을 쟁취했다. 이탈리아에서는 비밀결사조직 카르보나리가 오스트리아에 맞서 싸웠으나 군사력 부족으로 뚜렷한 성과를 거두지 못했다. 러시아가 차지하고 있던 폴란드에서는 1830년 폴란드인들이 바르샤바에서 봉기를 일으켰으나 얼마 못 가 진압됐다.

1830년 이후 유럽 각지에서 일어난 봉기들은

**그리스의 독립운동** 1814년 오스만제국의 약화를 틈타 오데사에서 결성된 그리스 독립운동 비밀결사 '필리키 에떼리아'의 회원증. 이 단체를 중심으로 그리스인들은 1821년 독립전쟁을 개시했다.

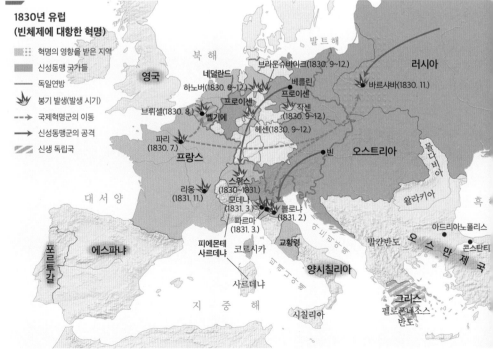

**1830년 유럽**
**(빈체제에 대항한 혁명)**

- 혁명의 영향을 받은 지역
- 신성동맹 국가들
- 독일연방
- 봉기 발생(발생 시기)
- 국제혁명군의 이동
- 신성동맹군의 공격
- 신생 독립국

북 해

영국

네덜란드
하노버(1830. 8~12.)

브라운슈바이크(1830. 9~12.)
베를린
프로이센(1830. 9~12.)
작센(1830. 9~12.)
헤센(1830. 9~12.)

프로이센

브뤼셀(1830. 8.)
벨기에

파리(1830. 7.)
프랑스

발트 해

러시아

바르샤바(1830. 11.)

빈
오스트리아

몰다비아

폴

스위스
리옹(1830~1831.)
모데나(1831. 3.)
파르마(1831. 3.)
볼로냐(1831. 2.)

왈라키아

흑 해

대 서 양

에스파냐

피에몬테
사르데냐
코르시카

사르데냐

교황령
양시칠리아

아드리아노폴리스
콘스탄티

발칸반도

오
스
만
제
국

포
르
투
갈

지 중 해

시칠리아

그리스
펠로폰네소스
반도

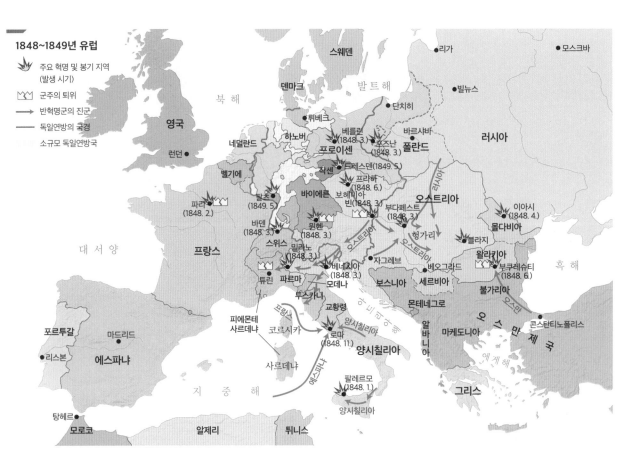

영국

스웨덴

덴마크

북 해

발트 해

러시아

모스크바

리가

빌뉴스

단치히

뤼베크

네덜란드

런던

하노버

베를린
(1848. 3.)

포즈난

바르샤바

폴란드

벨기에

작센

드레스덴(1849. 5.)

프로이센

파리
(1848. 2.)

팔츠
(1849. 5.)

바이에른

보헤미아

프라하
(1848. 6.)

오스트리아

이아시
(1848. 4.)

대 서 양

프랑스

바덴
(1848. 3.)

뮌헨
(1848. 3.)

빈(1848.)

부다페스트
(1848. 3.)

몰다비아

스위스

밀라노
(1848. 3.)

헝가리

블라지

튀린

파르마

베네치아
(1848. 3.)

모데나

자그레브

베오그라드

발라키아

부쿠레슈티
(1848. 6.)

흑 해

투스카나

피에몬테
사르데냐

코르시카

교황령

로마
(1848. 11.)

양시칠리아

보스니아

세르비아

몬테네그로

불가리아

오스만 제국

콘스탄티노폴리스

사르데냐

양시칠리아

팔레르모
(1848. 1.)

알바니아

마케도니아

그리스

포르투갈

마드리드

리스본

에스파냐

지 중 해

에게 해

탕헤르

모로코

알제리

튀니스

벨기에를 제외하면 대부분 실패했지만, 1848년이 되자 다시 분위기가 고조됐다. 그해 2월 프랑스에서 루이 필리프 1세가 퇴위되고 제2공화국이 수립되었는데, 이 프랑스 2월혁명이 유럽 전역의 봉기를 촉발했다.

1848년 3월 오스트리아제국의 수도 빈에서 혁명이 일어났고, 혁명 세력은 황제로부터 헌법 제정을 약속받았다. 당시 오스트리아제국은 지리적으로 오스트리아, 보헤미아, 헝가리를 지배하며 10여 민족을 통치하고 있었기 때문에 자유주의와 민족주의에 취약했다. 우선 1848년 3월 15일 헝가리가 오스트리아로부터 독립을 선언하고 수도를 오스트리아에서 가까운 프레스부르크에서 부다페스트로 옮겼다. 그러자 오스트리아의 지배를 받던 다른 지역에서도 연달아 혁명이 일어났다. 오스트리아의 합스부르크가는 보헤미아와 이탈리아의 반군을 공격했고, 헝가리에서는 러시아군과 함께 반란에 대응했다. 결국 1849년 10월 자유주의자들을 진압하고 제국

붕괴의 위기에서 벗어났다. 이탈리아에서도 혁명 세력이 프랑스군에 의해 로마 밖으로 쫓겨났다. 한편 제2공화국을 수립한 프랑스에서는 루이 나폴레옹 보나파르트가 대통령으로 선출되었다. 그러나 그는 장기 집권이 여의치 않자 친위 쿠데타를 일으키고 1852년 프랑스를 제정으로 되돌려 스스로 황제가 됐다.

**민중을 이끄는 자유의 여신** 외젠 들라크루아가 1830년 프랑스 7월혁명을 기념하여 그린 그림으로, 이 혁명으로 왕위에 오른 루이 필리프 1세가 그림을 구입했다. 그러나 얼마 후 그림의 정치적 메시지를 이유로 화가에게 반환했다.

# 다윈과 진화론의 여정

**찰스 다윈과 비글호의 항해, 1831~1836년**

팔머스 도착(1836. 10.) 플리머스 출항(1831. 12.)
유럽
아조레스제도(1836. 9.)
마데이라제도
대 서 양
카나리아제도
북아메리카
카보베르데제도(1832. 1.)
아프리카
세인트피터&세인트폴 군도
태 평 양
갈라파고스섬
남아메리카
카야오(1835. 9.)
바이아
타히티(1835. 11.)
아브롤류스
세인트헬레나섬(1836. 7.)
리우데자네이루
몬테비데오(1832. 7.)
희망봉(1836. 5.)
포클랜드제도(1833. 3.)

찰스 다윈이 태어난 1809년, 영국에서는 산업혁명이 한창 진행되고 있었다. 이 새로운 시대에는 인간의 정치적·사회적 활동을 해석하는 학문이 발달했다. 당대의 철학과 과학은 모두 기계산업과 함께 발전하며, 19세기 후반에 역동적으로 진화할 '자유주의'를 태동하고 있었다.

다윈은 아버지의 뜻을 따라 영국 케임브리지대학에서 신학을 공부했지만, 식물학에 더 매력을 느꼈다. 1831년 영국 남서부 지질조사에 참여하고 돌아온 그는 영국 군함 비글호가 박물학자를 찾고 있다는 이야기를 듣고, 그 길로 항해에 합류했다. 그해 말 비글호는 74명의 선원을 싣고 영국을 떠났다. 그로부터 5년 동안 대서양을 건너고 남아메리카를 돌아, 남태평양과 인도양을 항해한 뒤 영국으로 돌아온 다윈에게는 2000쪽이 넘는 자료가 쌓여 있었다. 그 자료에는 카보베르데

제도와 갈라파고스섬, 타히티섬과 태즈메이니아섬, 킬링제도와 모리셔스섬, 희망봉과 그 밖에 태평양·인도양·대서양의 여러 섬에서 관찰한 흥미롭고 신기한 생물과 자연현상이 적혀 있었다. 다윈은 이 내용을 『비글호 항해기』(1839)로 엮어서 출간했다.

첫 번째 여정 중 갈라파고스에서 직접 경험한 자연환경을 통해서 다윈은 '진화'에 대한 믿음이 커졌다. 그러던 중 우연

**비글호** 영국 해군의 군함으로 두 개의 돛대를 달고 있다. 1820년 조선된 이후 세 번에 걸쳐 세계를 탐험했다. 그중 두 번째 탐험(1831년 12월~1836년 10월)에 찰스 다윈이 동행했다. 그림은 오스트레일리아에 도착한 비글호의 모습이다. 세 번의 탐험이 끝난 뒤, 1845년부터는 템스강 밀수 감시선으로 활용되다가 1870년 해체되었다.

존에 부정적인 특징은 점차 사라질 것이다. 즉 오랫동안 자연의 선택 과정을 거치면서 생물체가 진화했다는 것이 다윈이 창안한 진화론의 핵심이다. 그는 이 이론을 가다듬어 1859년 12월 『종의 기원』(출간 당시의 제목은 "자연선택에 의한 종의 기원에 관하여, 또는 생존 투쟁에서 선호되는 품종의 보존에 관하여")을 출간했다.

이 책의 출간 이후 진화는 생물학의 모든 분야에서 가장 중심이 되는 기본 주제로 자리 잡았다. 당대의 최신 분야도 예외는 아니어서 유전학, 발생학은 물론, 분자생물학에서도 진화가 중심 주제로 자리 잡았다. 이 책은 생물학에서 더 나아가 세계관 자체의 변혁을 촉발했다. 지구는 나이가 6000년보다 훨씬 오래되었고 항상 변화한다는 생각을 확장시키며 지구 또는 지질에 대한 통념을 완전히 깨트렸다. 또한 생물체는 조물주에 의해 창조된 것이 아니라 시간이 지나면서 변화했다는 생각, 생물체는 수와 형질이 고정된 존재가 아니라 새로운 종이 출현하거나 멸종한다는 개념을 제공하여 생명에 대한 인식까지 바꾸었다. 결국 이 책은 유럽의 전통적인 기독교 이데올로기에 큰 변화를 촉발했다.

1860년 4월, 『웨스트민스터리뷰』에 토머스 헉슬리의 서평이 실렸다. 그는 다윈의 가설은 결국 오류로 밝혀질 것이라고 비판하는 동시에, 『종의 기원』을 읽은 독자라면 누구나 이 책이 "자유주의의 무기고를 위한 진정 강력한 병기"가 되리라는 사실을 깨닫게 될 것이라는 말로 이후에 올 시대변화를 예상했다.

다윈은 인간의 지능이나 도덕성이 동물의 사회성으로부터 자연선택을 통해 진화해왔으므로 그 결과물인 인류의 문명도 생물학적 진보의 한 과정이라고 보았다. 그러한 생각을 담아서 1871년 『인간의 유래와 성 선택』을 출간했다. 이 책에서 다윈은 현생 인류는 현존하는 영장류에서 진화한 것이 아니라 과거의 영장류 조상으로부터 진화했다는 사실을 밝히며, 그 과정에서 짝짓기를 위한 경쟁이 생존 경쟁만큼이나 중요했다고 설명했다. 또한 인간의 사회적 성격은 동물의 사회적 행동으로부터 진화했으며, 따라서 앞으로도 손에 피를 묻히는 경쟁보다는 동료들과의 협동을 통한 사회적 선택이 문명과 사회의 진보를 추동할 것이라고 예상했다.

아시아

태 평 양

인 도 양

킬링제도(1836. 4.)

스섬

오세아니아

시드니

태즈메이니아섬

베이오브아일랜드(1835. 12.)

히 토머스 맬서스의 『인구론』(1798)을 읽게 되었다. 이 책은 인구는 기하급수적으로 증가하지만 식량은 산술급수적으로 증가하므로 둘 사이에서 불균형(기근, 빈곤, 악덕)이 발생할 수밖에 없다고 설명했다. 다윈은 여기에서 자연환경이 자손을 남길 개체를 선택할 것이라는 '자연선택' 이론의 단초를 발견했다.

자연선택에 의해 생존에 긍정적인 영향을 주는 특질(형질)은 생물 집단 안에서 대가 거듭될수록 뚜렷해지고, 반대로 생

# 이탈리아 통일

빈회의 이후 이탈리아는 대체로 나폴레옹전쟁 이전 상태로 돌아갔다. 당시 이탈리아인의 나라는 사부아와 제노바공화국을 병합한 피에몬테사르데냐왕국뿐이었다. 롬바르디아베네치아를 비롯하여 토스카나, 모데나, 파르마 등은 오스트리아에 속해 있었다. 남부에서는 1816년 나폴리와 시칠리아를 병합한 양시칠리아왕국이 에스파냐 부르봉왕가의 지배를 받고 있었다.

나폴레옹전쟁을 통해 민족의식이 높아지면서 1820~1830년대에 이탈리아 전역에서 수많은 반란이 일어났다. 1820년 1월 양시칠리아왕국에서 부르봉왕가에 대한 반란이 일어나자, 국왕 페르디난트(재위 1816~1825)는 입헌정부 헌법을 수용했다. 1821년 반란은 이탈리아 북부로 확산되었다. 피에몬테사르데냐의 국왕 비토리오 에마누엘레 1세(재위 1802~1821)는 헌법을 제정하고 오스트리아 합스부르크로부터

이탈리아의 독립을 선언했다. 1830년 유럽을 강타한 혁명의 불꽃이 이탈리아로 번지면서 파르마와 모데나에서도 혁명이 발생했다(1831). 그러나 군사적 역량 부족으로 대부분의 봉기는 오스트리아군에 진압되었다.

잠시 꺼졌던 혁명의 불길이 1848년 다시 타올랐다. 이번에는 이탈리아 민족주의자들이 오스트리아군을 몰아내고 밀라노, 토스카나 등지를 장악했다. 그러자 피에몬테사르데냐의 국왕 카를로 알베르토가 이들을 지지하며 오스트리아에 전쟁을 선포했다. 시칠리아는 나폴리로부터의 독립을 선언했고, 베네치아도 독립공화국을 선포했다. 청년이탈리아당운동을 펼치던 주세페 마치니는 가리발디의 도움을 받아 교황이 탈출한 로마에 로마공화국을 세웠다. 그러나 그해의 혁명도 오스트리아와 프랑스의 개입으로 실패로 끝났다.

이후 이탈리아반도는 여덟 개 국가로 재편되었다. 피에몬테사르데냐왕국, 파르마공작령, 모데나공작령, 토스카나공작령, 교황령, 양시칠리아왕국, 롬바르디아, 베네치아다. 이후의 이탈리아 통일운동은 피에몬테사르데냐가 주도했다. 1849년 즉위한 비토리오 에마누엘레 2세(재위 1849~1878)는 1852년 카보우르를 총리에 임명했다. 카보우르는 이탈리아의 통일을 위해서는 프랑스의 도움이 필요하다고 판단하고, 크림전쟁(1853~1856)에 참전해 프랑스를 도왔다. 그 대가로 나폴레옹 3세로부터 오스트리아와 전쟁이 일어나면 이탈리아를 지원하겠다는 약

### 1815년 이탈리아와 1848년 혁명

| **1815년 이탈리아** | **1848년 혁명** |
|---|---|
| 오스트리아 구성국 |  1848년의 봉기 |
| 오스트리아 제후들의 영지 | 오스트리아의 반격 |
| 피에몬테사르데냐왕국 | (1848~1849) |

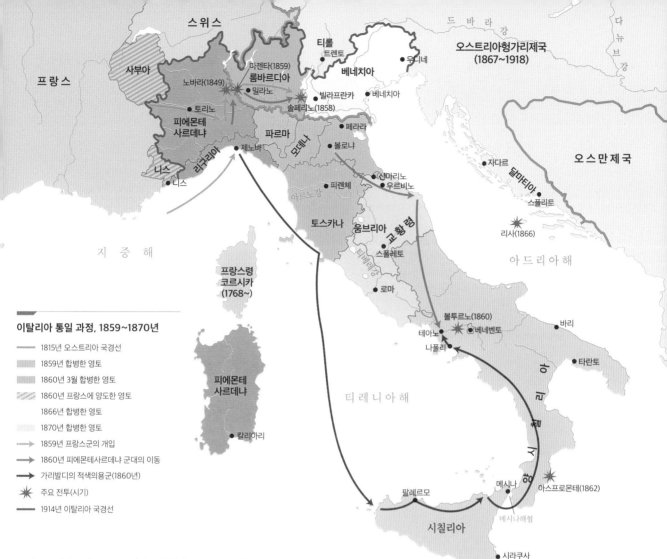

**이탈리아 통일 과정, 1859~1870년**

─── 1815년 오스트리아 국경선
▨▨ 1859년 합병한 영토
▥▥ 1860년 3월 합병한 영토
▧▧ 1860년 프랑스에 양도한 영토
░░ 1866년 합병한 영토
▒▒ 1870년 합병한 영토
➡ 1859년 프랑스군의 개입
➡ 1860년 피에몬테사르데냐 군대의 이동
➡ 가리발디의 적색의용군(1860년)
✴ 주요 전투(시기)
─── 1914년 이탈리아 국경선

속을 받았다. 양국의 동맹을 경계한 오스트리아는 1859년 4월 롬바르디아를 넘어 피에몬테사르데냐로 진격했고, 프랑스는 약속대로 군대를 파병했다.

나폴레옹 3세는 솔페리노와 마젠타에서 승리한 뒤 오스트리아와 협상을 시작했다. 두 나라가 맺은 빌라프란카조약(1859)으로 피에몬테사르데냐는 롬바르디아를 차지한 데 이어, 토리노조약(1860. 3.)으로 토스카나, 파르마, 모데나, 볼로냐, 페라라를 합병함으로써 이탈리아 북부 전체를 장악했다. 프랑스는 니스와 사부아를 받고, 오스트리아는 베네치아를 계속 유지하는 조건이었다.

그 무렵 남부에서는 가리발디가 통일운동을 전개했다. 1859년 농민봉기가 일어난 시칠리아를 점령하고 이탈리아 본토로 건너가 10월 나폴리에 입성했다. 이에 놀란 카보우르가 나폴리 북부의 테아노로 남하하자, 가리발디는 10월 26일 테아노에서 에마누엘레 2세에게 자신이 점령한 곳을 기증했다. 시칠리아와 나폴리는 국민투표를 통해 피에몬테사르데냐와 합병을 결정했다. 그리고 1861년 10월 에마누엘레 2세는 이탈리아왕국의 수립을 선언했다. 왕국의 영역은 니스와 사부아, 베네치아, 교황령을 제외한 이탈리아반도 전역에 이르렀다.

이탈리아왕국은 통일을 완료하기 위해 유럽의 정세를 활용했다. 프로이센오스트리아전쟁(1866)과 프로이센프랑스전쟁(1870)에서 프로이센을 지원한 대가로 베네치아와 교황령을 획득했다. 이때부터 교황의 통치령은 현재 바티칸시국으로 한정되었다.

**주세페 가리발디** 19세기 이탈리아 통일운동을 이끈 군인이다. 공화주의에서 피에몬테사르데냐왕국에 의한 이탈리아통일주의로 전향한 그는 의용대를 지휘해 양시칠리아왕국과 남부 이탈리아를 점령함으로써 이탈리아 통일에 크게 기여했다.

# 독일의 통일

**독일 관세동맹의 창설 과정, 1818~1843년**

관세동맹 지역
그 밖의 독일연방

■ 1818년: 프로이센과 호엔촐레른, 프로이센 관세동맹 실시

■ 1828년 1~2월: 프로이센 관세동맹이 헤센다름슈타트공국과 북부독일 관세동맹 결성. 바이에른과 뷔르템베르크는 독자적으로 남부독일 관세동맹 결성

■ 1828년 9월: 작센, 튀링겐, 올덴부르크가 중부 독일 상업연맹 결성

■ 1834년 1월: 세 개의 지역별 동맹을 통합하여 독일 관세동맹 창설. 이후 하노버, 프랑크푸르트 등 합류

1815년 빈회의를 통해 오스트리아, 프로이센, 바이에른, 작센 등 39개 국가로 구성된 독일연방이 등장했다. 처음에는 오스트리아가 주도했으나, 이후 오스트리아 다음으로 큰 프로이센의 비스마르크가 민족주의 세력과 연합하여 독일을 통일로 이끌었다.

독일 통일의 출발점은 관세동맹이다. 1834년 프로이센은 세 개의 지역별 동맹을 연합하여 '독일 관세동맹'을 창설했다. 그 배경에는 각국이 상업적으로 연결되면 언젠가 정치적으로도 하나가 될 수 있을 것이라는 기대가 깔려 있었다. 1837년부터 독일 곳곳에 철도가 건설되고 각 영방 사이에 사람과 물자가 왕래하기 시작했다.

1848년 프랑스 2월혁명의 영향으로 그해 3월 프로이센의 수도 베를린을 비롯한 독일 각지에서 혁명이 일어났다. 프로이센 국왕은 헌법 제정을 약속했고, 5월 프랑크푸르트에서 독일 의회가 소집되었다. 이들은 39개 영방을 포괄하는 독일제국을 선포하고자 정치적 통일 방안을 논의했으나, 오스트리아를 포함하는 '대독일 통일'과 오스트리아를 배제한 '소독일 통일' 방안이 대립하는 와중에 1849년 프로이센 국왕 빌헬름 4세가 의회의 황제 선출 결의를 거부하여 성과 없이 끝났다.

1862년 프로이센의 재상이 된 비스마르크는 오스트리아를 제외하고 북부 중심으로 새로운 독일연방의 설립 방안을 제시한 뒤 이를 관철하기 위해 덴마크, 오스트리아, 프랑스와 차례로 전쟁을 벌였다. 가장 먼저, 독일인이 많이 살고 있지만 덴마크 왕이 통치하고 있던 슐레스비히와 홀슈타인을 차지하기 위해 1864년 오스트리아와 연합하여 덴마크와 전쟁을 벌였다. 그 결과 덴마크가 패하고, 프로이센이 슐레스비히를, 오스트리아는 홀슈타인을 차지했다. 곧이어 비스마르크는 오스트리아를 제압하기로 했다. 오스트리아가 프로이센의 북독일연방 결성에 관여하는 데다 슐레스비히와 홀슈타인 통치권을 놓고 양국 간에 갈등이 생기자 1866년 오스트리아에 선전포고했다(프로이센오스트리아전쟁). 새 철도망을 활용해 순식간에 보헤미아로 집결한 프로이센군이 사도바전투에서 승리했다. 프라하조약으로 프로이센은 슐레스비히, 홀슈타인과 하노버를 비롯하여, 나사우, 헤센카셀, 프랑크푸르트, 헤센대공국의 북부 등을 합병하고 1867년 22개국으로 구성된 북독일연방을 결성했다. 오스트리아는 독일연방에서 탈퇴했고, 베네치아는 이탈리아의 영토가 되었다. 한편 독일연방에서 축출된 오스트리아는 제국 내에서 가장 큰 민족인 헝가리와 힘을 합쳐서 1867년 오스트리아헝가리제국을 구성했다.

비스마르크는 남독일을 통합시킬 방안을 모색하던 중 빌헬름 1세와

**독일제국의 등장** 안톤 폰 베르너, 1885년 작. 1871년 1월 18일 프랑스 베르사유궁전의 거울의 방에서 열린 독일제국 선포식 장면을 그렸다. 중앙에 하얀 제복을 입은 비스마르크가 단상에 서 있는 빌헬름 1세를 바라보고 있다.

독일 주재 프랑스 대사가 에스파냐 왕위계승을 놓고 대화한 내용을 의도적으로 편집, 유포해서 독일과 프랑스의 민족주의 정서를 자극했다(엠스전보사건). 비스마르크의 의도대로 전쟁이 일어났고(프로이센프랑스전쟁), 남독일 4개국(바이에른, 뷔르템베르크, 바덴, 헤센대공국)이 북독일연방에 합류했다. 프로이센은 1870년 9월 스당전투에서 나폴레옹 3세를 생포한 뒤 1871년 1월 파리를 포위하고 프랑스의 항복을 받았다. 빌헬름 1세는 베르사유궁전의 거울의 방에서 독일제국을 선포하고 황제로 즉위했다(1871년 1월 18일). 독일은 프랑스와 전쟁을 통해 통일을 이루고, 프랑스로부터 알자스와 로렌 북부를 획득함으로써 유럽에서 러시아에 이어 두 번째로 큰 나라가 됐다.

**프로이센의 팽창과 독일 통일**

━━ 1815년의 독일연방
▨▨ 1815년의 프로이센
▨▨ 1815~1866년에 획득한 영토
┈┈ 1867년의 북독일연방
▨▨ 1871년 제국 영토에 편입된 알자스-로렌
○ 자유 도시
━━ 1871년의 독일제국
➝ 1864년 오스트리아와 프로이센군의 덴마크 공격
➝ 1866년 프로이센군의 오스트리아 공격
➝ 1870~1871년 프로이센군의 프랑스 공격

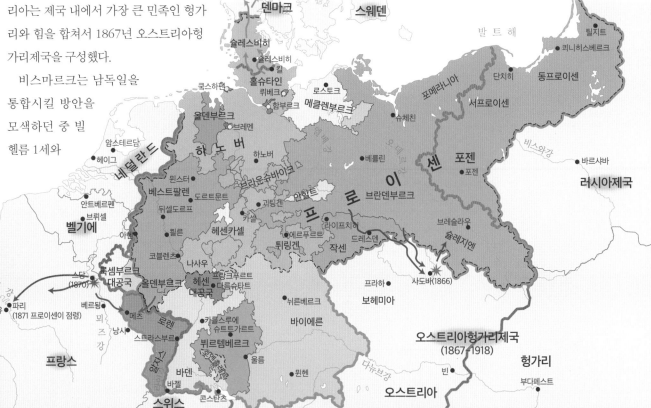

# 러시아의 팽창

러시아는 나폴레옹전쟁에서 승리하며 유럽의 강국으로 인정받았다. 차르 알렉산드르 1세(재위 1801~1825)는 1806~1812년 오스만제국과의 전쟁에서 승리해 베사라비아를 차지하고 1815년 빈회의에서 핀란드와 폴란드를 획득했다. 니콜라이 1세(재위 1825~1855) 시기에는 그리스 독립전쟁을 지원하며 발칸반도로 관심 범위를 넓혔다. 그러자 영국을 비롯해 프랑스, 오스트리아가 러시아의 팽창을 견제하기 시작했다.

그로부터 20여 년 뒤 네 나라는 크림반도의 패권을 놓고 전쟁을 시작했다(크림전쟁, 1853~1856). 1853년 7월 러시아는 오스만제국에 선전포고하고, 흑해 서부의 몰다비아와 왈라키아를 점령했다. 11월에는 흑해 남안의 시노프까지 진출해 오스만 함대를 격파했다. 유럽과 러시아 사이에서 완충지대 역할을 해야 하는 오스만제국이 위협받자, 영국과 프랑스가 1854년 3월 러시아에 선전포고를 했고, 결국 러시아는 그해 6월 몰다비아와 왈라키아에서 철수했다.

반면 영국과 프랑스는 새로운 공세를 폈다. 10월에 세바스토폴을 공격하더니 1855년에는 크론시타트와 상트페테르부르크로 이어지는 해상로를 통제했다. 결국 러시아군은 영국과 프랑스의 공세를 견디지 못하고 세바스토폴에서 퇴각했다. 1856년 파리조약으로 전쟁이 끝났고, 러시아는 다뉴브강 하구 일대를 내주었다. 이후 이 지역은 1861년 오스만제국에 속한 왈라키아와 몰다비아가 합병했고, 19세기 후반 독립하여 오늘날의 루마니아가 되었다.

1877~1878년 알렉산드르 2세(1855~1881)는 다시 발칸반도 진출을 시도했다. 오스만제국에서 독립하려는 세르비아, 루마니아, 몬테네그

로를 도와 승리하고 산스테파노조약(1878)을 체결하여 남으로 흑해, 서쪽으로 프루트강, 동쪽으로 캅카스산맥에 이르는 영토를 확보했다. 그러나 베를린회의(1878)의 결과 다뉴브강 이남의 발칸반도 지역을 오스만제국에 반환했다.

러시아는 발칸반도뿐 아니라 아시아 방면으로도 세력 확대와 부동항 확보를 위해 노력했다. 우선 캅카스 지역에서는 카자르왕조로부터 1813년 아제르바이잔과 동부 조지아, 1828년 동부 아르메니아에 대한 권리를 받은 데 이어 1857~1864년 캅카스 전체에 대한 지배권을 확립했다.

중앙아시아의 경우 알렉산드르 2세의 치세가 끝날 무렵 대부분의 독립국가를 점령한 상태였다. 1816~1854년 카자흐스탄을 정복했고, 1865~1876년 중앙아시아의 여러 칸국을 병합한 데 이어 아프가니스탄 접경에 이르러 인도를 차지하고 있던 영국과 충돌하며 일명 '그레이트 게임'을 벌였다.

극동 지역에서는 청, 일본과 경합했다. 2차 아편전쟁 때 청과 맺은 아이훈조약(1858)을 통해 아무르강(헤이룽장)의 북쪽을 차지하고 1860년에는 북경조약으로 연해주와 하바롭스크를 손에 넣었다. 1875년에는 일본과 상트페테르부르크조약을 맺고 사할린을 획득했다. 1898년에는 청으로부터 부동항인 여순과 대련을 조차했고, 같은 해 획득한 블라디보스토크를 1903년 시베리아 횡단철도와 연결했다. 그러나 러시아는 팽창하는 과정에서 일본과 충돌한 끝에 러일전쟁(1904~1905)에서 패배했다. 포츠머스조약을 통해 극동에서 획득한 영토를 모두 포기하고 사할린 남부는 일본에 할양했다.

**요양전투** 1904년 여순항을 봉쇄하고 황해해전에서 승리한 뒤 라오둥반도에 상륙한 일본군은 곧장 요양시 외곽에 3중의 방어선을 형성한 러시아군을 공격했다. 보름 동안의 전투에서 양측 합계 약 4만 명의 사상자가 발생했고, 러시아군은 일본군의 공세를 견디지 못하고 봉천으로 후퇴했다. 그림은 일본군이 당시 전장을 묘사한 목판화 속 러시아 극동군 총사령관 알렉세이 쿠로팟킨.

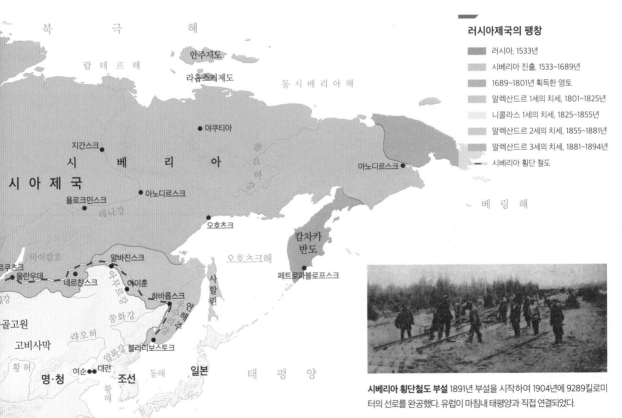

**러시아제국의 팽창**

- 러시아, 1533년
- 시베리아 진출, 1533~1689년
- 1689~1801년 획득한 영토
- 알렉산드르 1세의 치세, 1801~1825년
- 니콜라스 1세의 치세, 1825~1855년
- 알렉산드르 2세의 치세, 1855~1881년
- 알렉산드르 3세의 치세, 1881~1894년
- 시베리아 횡단 철도

**시베리아 횡단철도 부설** 1891년 부설을 시작하여 1904년에 9289킬로미터의 선로를 완공했다. 유럽이 마침내 태평양과 직접 연결되었다.

# 오스만제국의 쇠퇴

오스만제국은 16~18세기 오스트리아, 러시아와 싸우면서 점차 쇠퇴했지만, 19세기 초까지도 여전히 아나톨리아반도를 중심으로 발칸반도, 북아프리카, 아랍 지역 등 넓은 영토를 다스리고 있었다. 그러나 제국 각지에서 민족주의에 기반한 독립운동이 일어나면서 영토가 빠르게 잠식되기 시작했다. 여기에 남하정책을 추진하는 러시아 및 유럽의 세력균형을 추구하는 영국과 프랑스 등이 개입하면서 정세가 더욱 복잡해졌다.

1806~1812년 러시아튀르크전쟁에서 패배한 오스만제국은 부쿠레슈티조약(1812)을 통해 프루트강 동쪽의 베사라비아를 러시아에 내주었다. 1815년에는 오스만의 지배를 받던 세르비아인이 반란을 일으켜 속국의 지위를 획득했다. 1828~1829년에도 러시아와 전쟁을 치렀다가 아드리아노폴리스조약(1829)을 통해 흑해 동해안의 압하지야와 포티, 현재 조지아의 아할치헤를 러시아에 빼앗겼다. 1830년에는 그리스가 독립함에 따라 발칸반도 남부를 상실했다.

한편 오스만제국의 이집트 지역은 1804년 총독이 된 무함마드 알리가 부국강병을 펼쳐 강력한 세력으로 성장하면서 점차 본국으로부터 분리되었다. 1821년 그리스독립전쟁이 일어나자,

무함마드 알리는 오스만 중앙정부의 지원 요청을 받고 반란을 진압했다. 그러나 오스만 본국은 그 대가로 시리아를 주기로 한 약속을 지키지 않아 이집트의 공격을 받았고, 그 결과 시리아를 상실하고 수도 콘스탄티노폴리스마저 위기에 빠졌다. 그러자 러시아를 비롯하여 영국과 프로이센이 오스만 본국을 지원하고 이집트에 뺏긴 영토를 모두 회복시켰다.

1853~1856년 흑해 일대에서 크림전쟁이 일어났는데, 오스만제국은 영국, 프랑스, 피에몬테사르데냐와 연합하여 러시아에 승리를 거두었다. 전후 파리조약(1856)으로 다뉴브강 하구 일대를 차지했다.

## 지도 범례

독

프랑스

알프스산맥

오스

피레네산맥

에스파냐

1878년 오스트리아헝가리제국이 점령
1908년 '보스니아헤르체고비나'로 병합

코르시카

발레아레스제도

사르데냐

1878년 독립

티레니아해

1913년 독립

1830년 프랑스가 점령

1830년 독립

알제리

1912년 이탈리아가 점령

튀니지

1898년 속주 지위 획득
1913년 그리스에 양도

1912년 이탈리아가 점령

트리폴리

**오스만제국의 쇠퇴, 1807~1924년**
- 1807년 제국의 경계
- 1807~1829년에 상실한 영토
- 1830~1878년에 상실한 영토
- 1879~1915년에 상실한 영토
- 1916~1923년에 상실한 영토
- 1924년 건국한 튀르키예공화국의 영토

**파트로나 할릴의 봉기 동안 벌어진 장관 살해** 1730년 황제의 친위대인 예니체리가 반란을 일으켜 개혁의 주도자 이브라힘이 처형되었다. 반란은 두 달 만에 진압되었다. 이들은 1807년에도 반란을 일으켜 셀림 3세를 끌어내리고 마흐무드 2세를 황제로 내세웠다. 결국 1826년 마흐무드 2세가 예니체리를 제압하고 폐지시켰다.

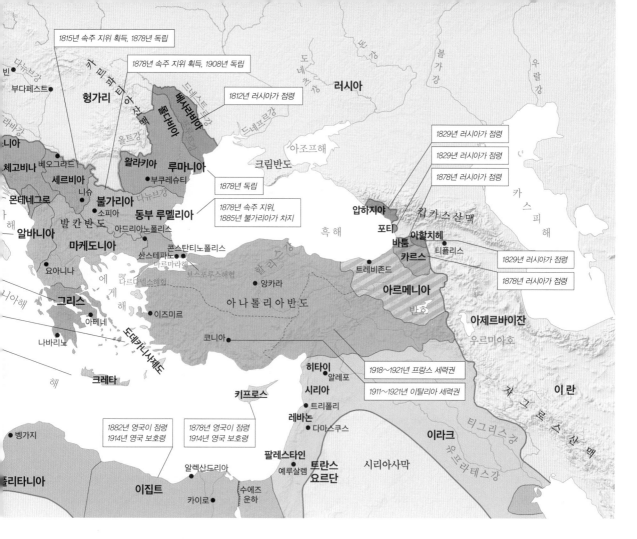

1815년 속주 지위 획득, 1878년 독립

1878년 속주 지위 획득, 1908년 독립

1812년 러시아가 점령

1829년 러시아가 점령

1829년 러시아가 점령

1878년 러시아가 점령

1878년 독립

1878년 속주 지위, 1885년 불가리아가 차지

1829년 러시아가 점령

1878년 러시아가 점령

1918~1921년 프랑스 세력권

1911~1921년 이탈리아 세력권

1882년 영국이 점령 1914년 영국 보호령

1878년 영국이 점령 1914년 영국 보호령

빈
부다페스트
헝가리
라비자
니아
체고비나
베오그라드
세르비아
니슈
몬테네그로
불가리아
소피아
알바니아
발칸 반도
마케도니아
요아니나
그리스
아테네
나바리노
크레타
리타니아
벵가지

드네스트르강
몰다비아
볼트강
드네프르강
드네프르강
왈라키아
루마니아
부쿠레슈티
다뉴브강
동부 루멜리아
아드리아노폴리스
콘스탄티노폴리스
마르마라해
보스포루스해협
다르다넬스해협
도데카니사제도
이즈미르

러시아
아조프해
크림반도
흑해
할리스강
앙카라
아나톨리아반도
코니아

압하지야
포티
바툼
카르스
아할치혜
티플리스
트레비존드
캅카스산맥
아르메니아
반호
아제르바이잔
우르미아호

카
스
피
해

자
그
로
스
산
맥

이란

히타이
알레포
시리아
트리폴리
레바논
다마스쿠스
팔레스타인
예루살렘
트란스요르단
시리아사막
이라크
티그리스강
유프라테스강

폴리타니아
이집트
알렉산드리아
카이로
수에즈운하

에게해
니아해

19세기 후반에는 발칸 지역을 둘러싼 유럽 열강 간 경쟁이 더욱 치열해졌다. 가장 적극적으로 움직인 나라는 부동항을 확보하고자 한 러시아였다. 러시아는 슬라브인의 단결을 외치면서, 세르비아 등지에서 봉기를 유도했다. 그런 배경에서 1877~1878년 전쟁이 일어났는데, 러시아에 패한 오스만제국은 산스테파노조약을 맺고 발칸반도의 상당 부분을 상실했다. 그러나 세력 균형 붕괴를 우려한 유럽 열강들이 베를린회의를 열고 러시아가 획득한 영토를 무효화(동부 루멜리아와 마케도니아)했다.

오스만제국의 쇠락은 이후 점점 더 빨라졌다. 1908년 불가리아가 독립했고, 1912~1913년에 일어난 1차 발칸전쟁을 통해 발칸반도의 영토를 대부분 상실했다. 북아프리카의 상황도 다르지 않았다. 1830년 프랑스에게 알제리를 빼앗긴 데 이어 1881년 튀니지를 상실했다. 이집트는 1882년 영국에게 점령당했고, 1912년에는 이탈리아에게 트리폴리타니아(리비아)를 빼앗겼다.

이후 오스만제국은 아드리아노폴리스와 수도 콘스탄티노폴리스 사이의 평원을 제외한 유럽의 모든 영토를 상실하고 아나톨리아와 아랍 지역만 유지한 채 1차 세계대전을 맞이한다.

**산스테파노조약** 1878년 3월 3일 러시아제국과 오스만제국이 산스테파노에서 조약을 체결했다. 조약을 통해 오스만제국은 세르비아, 몬테네그로, 루마니아의 독립을 인정했다. 그러나 유럽 열강은 즉시 베를린회의를 열고 산스테파노조약을 무효화했다.

# 발칸반도의 19세기

발칸반도에서는 오스만제국의 통제력이 약해지는 가운데 민족주의가 싹트고 독립에 대한 열망이 점점 뜨거워졌다. 독립운동의 첫발을 내디딘 것은 세르비아인이었다. 이들은 1815년 오스만제국의 직접 지배에서 벗어나 속국 지위를 획득한 데 이어 1830년에는 유럽 열강의 도움으로 오스만제국으로부터 자치를 인정받았다. 같은 시기에 발칸반도 남부에서는 그리스가 독립했다(1830). 이후 40여 년간 큰 변화 없이 정세가 유지되었다. 1875년 무렵의 발칸반도를 살펴보면, 당시 세르비아, 루마니아, 몬테네그로는 자치권을 얻은 상태였지만, 나머지 지역은 여전히 오스만제국이 직접 지배하고 있었다. 그런데 이해부터 일련의 충돌이 일어나면서 발칸반도의 지도가 변화하기 시작했다.

1875년 보스니아헤르체고비나에서 반란이 일어났고, 1년 뒤 반란의 불길이 불가리아로 번졌다. 오스만제국은 불가리아에서 발생한 4월 봉기를 강경 진압했다. 불가리아인이 학살당했다는 소식을 들은 유럽인들이 분노하는 가운데 러시아가 오스만제국에 선전포고하고 1878년 1월 콘스탄티노폴리스까지 진격했다. 전쟁에서 승리한 러시아의 주도로 1878년 3월 산스테파노조약이 체결되어 대불가리아공국이 탄생했는데, 그 영역은 남북으로 에게해에서 다뉴브강까지 이어졌고 동서로는 흑해에서 알바니아의 접경에 이르렀다.

발칸반도에서 러시아의 영향력이 확대되는 상황을 우려한 유럽 열강들은 1878년 6월 독일 수상 비스마르크의 주도로 열린 베를린회의에서 산스테파노조약의 내용을 대폭 수정했다. 그 결과 세르비아, 루마니아, 몬테네그로는 오스만제국에서 완전 독립한 반면 대불가리아는 마케도니아 지역을 상실하고 자치령 불가리아와 루멜리아공국으로 분리되었다. 마케도니아는 오스만제국에 다시 귀속되었으며, 보스니아헤르체고비나는 오스트리아헝가리제국의 영향권에 편입되고 키프로스는 영국이 차지했다. 그리스는 북쪽으로 테살리아를 획득했다.

이 과정을 거치면서 발칸반도는 어느 정도 세력 균형을 이루게 되었다. 오스트리아헝가리와 동맹을 맺고 러시아를 막고자 한 독일의 의도가 관철된 셈이다. 이후에도 오스트리아헝가리와 러시아는 발칸반도의 지배권을 놓고 계속 경쟁했다. 1908년이 되자 오스트리아헝가리가 보스니아헤르체고비나를 점령하고, 불가리아는 오스만제국으로부터 완전히 독립했다.

1912년 10월 세르비아와 불가리아가 동맹을 맺고 오스만제국의 마케도니아 지역을 공격하면서 1차 발칸전쟁이 일어났다. 오랫동안 살로니카 항구를 확보하길 원했던 그리스가 동맹에 합류했고, 곧 몬테네그로까지 동참했다. 사실

**불가리아의 4월봉기** 1876년 4월 20일부터 5월 중순까지 불가리아인들이 오스만제국의 통치에 저항하며 무장봉기했다. 그러자 오스만제국은 그해 8월까지 약 3만 명의 불가리아인을 학살하며 봉기를 진압했다. 사진은 1926년에 열린 봉기 50주년 기념식의 시민행렬.

**1 1875년 발칸반도**

오스트리아헝가리
러시아
베오그라드
루마니아 (자치)
부쿠레슈티
보스니아 헤르체고비나
세르비아 (자치)
사라예보
불가리아
흑 해
몬테네그로 (자치)
아드리아해
소피아
티라나
살로니카
콘스탄티노폴리스
이탈리아
에게해
오스만제국
이오니아해
이즈미르
그리스
지 중 해
아테네
로도스
크레타

**2 산스테파노조약 이후**

오스트리아헝가리
러시아
베오그라드
루마니아 (자치)
부쿠레슈티
사라예보
세르비아 (자치)
대불가리아공국
흑 해
몬테네그로 (자치)
아드리아해
소피아
마케도니아
이탈리아
알바니아
살로니카
콘스탄티노폴리스
에게해
오스만제국
이오니아해
이즈미르
그리스
지 중 해
아테네
로도스
크레타

**3 베를린조약 이후**

오스트리아헝가리
러시아
보스니아 헤르체고비나
베오그라드
루마니아 (독립)
부쿠레슈티
세르비아 (독립)
사라예보
노비파자르
자치령 불가리아
몬테네그로 (독립)
루멜리아공국
흑 해
아드리아해
소피아
티라나
마케도니아
콘스탄티노폴리스
이탈리아
살로니카
오스만제국
테살리아
에게해
이오니아해
이즈미르
그리스
지 중 해
아테네
로도스
크레타

**4 1차 발칸전쟁 이후**

오스트리아헝가리
러시아
보스니아 헤르체고비나
베오그라드
루마니아
부쿠레슈티
세르비아
사라예보
몬테네그로
불가리아
흑 해
아드리아해
소피아
티라나
마케도니아
콘스탄티노폴리스
이탈리아
알바니아
살로니카
오스만제국
아피루스
에게해
이오니아해
이즈미르
그리스
지 중 해
아테네
로도스
크레타

 발칸반도의 모든 국가가 참전한 가운데 오스[만]제국이 패했고, 1913년 4월 부쿠레슈티조약[을] 통해 전승국 4개국에게 마케도니아 지역을 [양]했다. 세르비아는 몬테네그로와 국경을 접[하고] 그리스는 이피루스, 마케도니아 남부, 에[게해] 섬 대부분을 차지했다. 불가리아는 에게[해] 연안까지 접근하는 데 성공하지만 그 대가로 루마니아[에] 도브루자 남부 지역을 할양했다. 이 와중에 세르비아에게 바다를 내주지 않으려는 오스트리아헝가리의 의도가 관철되어 알바니아라는 신생국[이] 등장했다.

 발칸반도의 [갈]등은 사그라들지 않았다. 1차 발칸전쟁의 승리에 가장 크게 기여했는데도 마[케]도니아 지역을 획득하지 못한 불가리아가 오스[트]리아[헝]가리의 지원을 받아 1913년 6월 세르비아를 공격했다(2차 발칸전쟁). 오스만제국[도] 불가리아에 선전포고하며 참전하자, 오스트리아헝가리가 발을 뺐고, 불가리아는 항복을 선언했다. 오스만제국은 1차 발칸전쟁에서 불가리아에 빼앗겼던 마케도니아 지역을 잠시 회복했다. 이후 세르비아를 지지하는 러시아와 불가리아를 지원하는 오스트리아헝가리가 발칸반도에서 더욱 갈등하면서, 세계는 결국 1차 세계대전으로 치달았다.

## 19세기 말~20세기 초 발칸반도의 영토 변화

▨ 오스만제국
▨ 자치 획득
**러시아** 주변 국가

**1** 1875년 당시 발칸반도의 상황이다. 그리스가 1830년에 이미 독립을 달성한 가운데 발칸반도 북부의 세르비아와 루마니아, 서부의 몬테네그로가 오스만제국으로부터 자치권을 획득한 상태였다. 그 밖의 지역은 오스만제국이 계속 지배하고 있었다.

**2** 1877년 러시아는 발칸반도의 독립 세력들과 함께 오스만제국을 상대로 전쟁에서 승리했다. 그 결과 산스테파노조약이 체결되고 대불가리아공국이 탄생했다. 그 영역은 지도에서 보는 것처럼 남북으로 에게해에서 다뉴브강, 동서로 흑해에서 알바니아 접경에 이르렀다.

**3** 1878년 6월 비스마르크가 주도한 베를린회의에서 산스테파노조약의 내용을 수정했다. 그 결과 세르비아, 루마니아, 몬테네그로는 완전한 독립을 인정받은 반면, 대불가리아공국은 산스테파노조약 당시 차지한 마케도니아 지역을 내놓아야 했다. 이 지역의 북부에 자치령 불가리아, 남부에 루멜리아공국이 각각 들어섰다. 마케도니아는 오스만제국에 다시 귀속되고, 보스니아헤르체고비나는 오스트리아의 영향력 아래로 떨어졌으며 키프로스는 영국의 손에 들어갔다. 그리스는 북쪽 테살리아 지역을 획득했다. 이런 과정을 거쳐 발칸반도는 어느 정도 세력균형 상태를 회복했다.

**4** 1차 발칸전쟁(1912. 10.~1913. 5.)으로 발칸 지역의 국경선이 한 차례 더 격변했다. 세르비아, 불가리아, 그리스, 몬테네그로가 동맹을 맺고 오스만제국의 마케도니아 지역을 공격했다. 이 전쟁에서 패배한 오스만제국은 1913년 4월 부쿠레슈티조약을 통해 4개 전승국에게 마케도니아 지역 대부분을 내주었다. 이로써 세르비아는 몬테네그로와 국경을 접하게 됐고, 그리스는 이피루스, 마케도니아 남부, 에게해 섬의 대부분을 차지하여 현재 영토에 거의 근접했다. 불가리아는 에게해 연안까지 접근하는 데는 성공했지만 대신 루마니아에 도브루자 남부를 내주어야 했다. 아드리아해 남단에서는 알바니아가 등장했다.

# 미국의 팽창

미국은 19세기부터 본격적인 영토 확장을 시작했다. 우선 1803년 프랑스로부터 200만 제곱킬로미터에 달하는 루이지애나를 매입했다(뉴올리언스 주변 지역과 미시시피강 서부를 포함). 이로써 신생국가 미국의 국경선은 미주리강까지 확대됐다. 그리고 북쪽에서 미국과 영국령 북아메리카의 경계를 확정했는데, 1818년 로키산맥까지는 북위 49도를 경계로 삼고, 그 서쪽의 오리건은 공동 지배권을 설정했다. 남쪽에서는 1819년 애덤스오니스조약으로 플로리다를 차지했다. 이 땅을 영국에게 빼앗길 경우 남북에서 포위당하는 형국이 되므로, 플로리다는 영토 확정 과정에서 매우 중요했다. 이 지역을 확보함으로써 멕시코만에서 태평양 사이에서 에스파냐와 미국의 국경이 확정되었다.

1830년 미국 의회는 인디언 부족들을 미시시피강 서쪽의 '보호구역'으로 추방하는 법안을 의결했다. 그리고 1846년 영국과 협약을 맺어 북위 49도 아래의 오리건을 할양받았다. 이제 미국의 주는 34개로 늘어났다. 19세기 중반에 등장한 '명백한 운명(Manifest Destiny)' 이념은 미국인들에게 선주민을 몰아내고 영토를 확장할 명분(신의 은총)을 제공했다.

한편 1821년에 에스파냐로부터 독립한 멕시코는 텍사스 지역에 수많은 미국인과 유럽인 정착민을 받아들였다. 그러자 이들은 1836년 텍사스공화국을 수립했다. 멕시코군이 알라모를 포위하자 미국과 캐나다뿐 아니라 유럽 국가들까지 지원군을 파견해 멕시코와 전쟁을 벌였다. 결국 승리한 텍사스공화국은 독립을 확정하고, 1845년 미국의 28번째 주가 되자, 이듬해 미국과 멕시코 사이에서 전쟁이 발발했다. 미국은 캘리포니아공화국을 침공하여 로스앤젤레스를 점령했다. 결국 미국은 1848년 과달루페이달고조약으로 리오그란데강 이북의 거대한 지역을 편입했다. 그리고 1853년에는 개즈던 매입(Gadsden Purchase)으로 뉴멕시코 남부까지 편입했다.

이 무렵 연방은 '자유주와 노예주'로 나뉘어 있었다. 그런데 캘리포니아를 수용하는 과정에서 노예제를 놓고 긴장이 고조되었다. 1860년 대통령 선거에서 노예제 폐지를 주장하는 에이

**미국의 팽창**

루퍼트랜드
(허드슨만회사)

밴쿠버
1818년 영국에 반환
루이즈버그

1846년
오리건조약으로 획득

보스턴

1803년
프랑스로부터 구입

디트로이트
필라델피아

태평양

샌프란시스코
1848년
과달루페이달고조약으로 획득

미합중국

리치먼드

산타페
앨버커키

1853년
개즈던 매입
샌디에이고

1845년
텍사스공화국 병합

애틀랜타
컬럼비아

엘파소

1795년에 합병

대서양

누에바에스파냐
→ 멕시코, 1821년

샌안토니오
뉴올리언스

1819년까지 에스파냐령

1819년
애덤스오니스조약으로 획득

몬테레이

멕시코만

■ 1803년 이전의 미국 영역
■ 1803~1819년에 확장한 영역
■ 1846~1853년에 확장한 영역

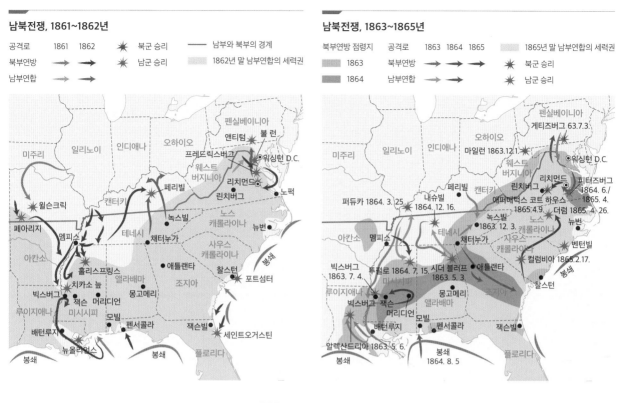

## 남북전쟁, 1861~1862년

공격로 1861 1862 ✦ 북군 승리 ── 남부와 북부의 경계
북부연방 → → ✦ 남군 승리 1862년 말 남부연합의 세력권
남부연합 → →

펜실베이니아
앤티텀
불런
프레드릭스버그
워싱턴 D.C.
웨스트 버지니아
리치먼드
노퍽
페리빌
린치버그
녹스빌
노스 캐롤라이나
뉴번
오하이오
인디애나
일리노이
미주리
윌슨크릭
캔터키
페어리지
멤피스
테네시
채터누가
사우스 캐롤라이나
애틀랜타
찰스턴
포트섬터
아칸소
홀리스프링스
치카소 늪
앨라배마
조지아
봉쇄
빅스버그
잭슨 머리디언
몽고메리
루이지애나 미시시피
모빌
펜서콜라
배턴루지
잭슨빌
세인트오거스틴
뉴올리언스
봉쇄
봉쇄
플로리다

## 남북전쟁, 1863~1865년

북부연방 점령지 공격로 1863 1864 1865 1865년 말 남부연합의 세력권
1863 북부연방 → → ✦ 북군 승리
1864 남부연합 → → ✦ 남군 승리

펜실베이니아
게티즈버그 63.7.3.
마일런 1863.12.1.
워싱턴 D.C.
웨스트 버지니아
리치먼드
피터즈버그 1864. 6./ 1865. 4.
에퍼매틱스 코트 하우스 1865.4.9.
더럼 1865. 4. 26.
린치버그
페리빌
캔터키
뉴번
녹스빌 1863. 12. 3.
노스 캐롤라이나
벤턴빌
컬럼비아 1865.2.17.
오하이오
인디애나
일리노이
미주리
퍼듀카 1864. 3. 25.
내슈빌 1864. 12. 16.
아칸소
멤피스
테네시
채터누가
시더 블러프 1863. 5. 3.
애틀랜타
사우스 캐롤라이나
찰스턴
봉쇄
빅스버그 1863. 7. 4.
투펄로 1864. 7. 15.
미시시피
빅스버그 잭슨
머리디언
몽고메리
앨라배마
조지아
루이지애나
배턴루지
펜서콜라
모빌
잭슨빌
알렉산드리아 1863. 5. 6.
봉쇄 1864. 8. 5
봉쇄
플로리다

브러햄 링컨이 승리하자, 노예제를 지지하던 남부 11개 주가 연방에서 탈퇴했다. 이들은 남부 연합을 결성하고 버지니아주 리치먼드를 수도로 정했다. 노예제와 공화주의를 놓고 고조된 갈등은 결국 남북전쟁(1861~1865)으로 이어졌다. 4년간 공방이 이어지다가 해상 봉쇄를 통해 남부의 자원 공급을 차단한 북부가 최종 승리했다.

전후 미국은 곧바로 영토 팽창을 재개했다. 대륙의 동서를 연결하는 철도를 건설하고 정착민에게 일정한 땅을 무상으로 제공하는 홈스테드법을 채택하는 등 물리적·제도적 확대를 멈추지 않았다. 또한 해외 영토 확보도 본격화했다. 1867년 러시아의 알래스카를 720만 달러에 매입한 미국은 이후 카리브해와 태평양, 중앙아메리카에 집중했다. 1898년 미국에스파냐전쟁의 결과 미국은 쿠바, 푸에르토리코, 괌, 필리핀을 차지했다(파리조약). 1898년에는 하와이를 합병하고 1959년 미국의 50번째 주로 삼았다. 1903년에는 파나마를 장악하고 1914년에는 파나마운하를 완공했다.

**1850년대의 샌프란시스코** 1848년 캘리포니아에서 금광이 발견되면서 서부개척이 시작됐다. 그 결과 샌프란시스코는 1850년부터 1870년까지 20년간 인구가 500명에서 15만 명으로 급증했다.

## 미국의 해외 팽창, 19세기 중반 이후

획득한 해외 영토
(1867) 획득한 시기

알래스카 (1867)
앵커리지
알루샨열도 (1867)
미드웨이섬 (1867)
미국
세인트루이스
뉴욕
워싱턴D.C.
샌프란시스코
앨버커키
뉴올리언스
샌디에이고
필리핀 (1898)
괌 (1898)
프렌치프리깃환초 (1895)
하와이섬 (1898)
쿠바 (1898)
하바나
웨이크섬 (1898)
존스턴섬 (1858)
팔미라환초 (1898)
푸에르토리코 (1898)
하울랜드섬 (1857)
베이커섬 (1857)
자르비스섬 (1857)
파나마 (1903)
사모아섬 (1889)
투투일라섬 (1899)
태평양

# 철도의 역사

영국에서 세계 최초로 기관차가 철도 위를 달리기 시작했을 때 전 세계는 이미 수많은 도로와 운하들로 연결되어 있었다. 근대 이전의 길들이 산을 올라가고 골짜기를 내려가며 자연의 지형에 어느 정도 순응하며 장소를 연결했다면, 근대의 철도는 정반대였다. 산이 있으면 그 아래에 굴을 뚫고 골짜기가 나오면 메우거나 다리로 잇는 등 철도는 자연을 정복하면서 인간과 재화를 더 먼 곳까지 빠르게 이동시켰다.

영국은 일찍부터 석탄 갱을 만들기 위해 터널을 파고 궤도를 이용했다. 또한 항구와 운하에서 물의 압력을 이용하여 수문을 열고 닫는 기술도 발전시켰다. 이때 필요한 실린더(증기기관 또는 내연기관의 왕복운동에 필요한 원통)를 만들면서 제련 및 주물 기술이 고도로 발전했다. 영국의 제철기술은 18세기를 거치며 한 단계 더 발전했고, 산업혁명이 시작될 즈음에는 더 크고 빠르고 강한 도구를 만들 기술적 준비를 마친 상태였다.

실린더에 물 대신 증기를 넣으면 피스톤을 더 빠르게 작동시킬 수 있을 것이라는 생각이 마침내 증기기관 발명으로 이어졌다(1769년 제임스 와트가 특허 취득). 그리고 여기에 바퀴를 연결하면 무거운 쇳덩어리도 움직일 수 있을 것이라는 생각이 열차와 철도를 탄생시켰다. 19세기 초 영국에 처음 등

**19세기 말 유럽의 주요 철도**

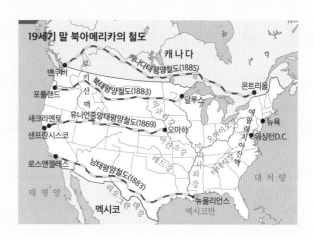

19세기 말 북아메리카의 철도

장한 열차(석탄 운반용 1804년, 여객용 1808년)는 순식간에 프랑스(1832)와 독일(1835)로 보급되었고, 미국에서도 1820년대 후반부터 철도를 건설했다. 당시 미국은 인구가 급속하게 증가하여 1831년에는 1300만 명에 달했다. 이는 영국 인구보다 80만 명 더 많은 수치로, 이들 대부분이 동부 연안에 살고 있었다. 이후 미국은 광활한 대륙을 개발하고 인구를 대륙 곳곳으로 확산시킬 목적으로 동서를 잇는 장거리 복선 철도를 깔기로 했다. 그 시작은 볼티모어-오하이오 노선(1830)이다.

미국의 철도는 영국이나 유럽 대륙의 철도와 '규모'가 달랐다. 일단 동부와 서부 연안을 거의 직선으로 연결하는 대륙횡

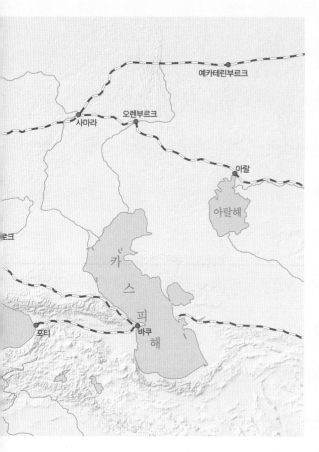

단 노선을 캐나다와 미국에 여러 겹으로 건설했다. 중간 중간 거대한 자연 장벽(애팔래치아산맥, 로키산맥, 미시시피강, 오하이오강 등)을 넘기 위해서 터널·교량 건설기술을 발전시켰다. 철도는 곧 미국식 개척정신의 상징이 되었고, 1837년에 닥친 대공황도 철도 건설의 열기를 식히지 못했다. 한 세기가 지난 뒤 2차 세계대전이 시작되는 1930년대 후반에 미국은 세계 철도 총연장의 3분의 1이 넘는 철도망을 갖추고 있었다.

지구상에서 가장 유명한 철도는 '시베리아 횡단철도'이다(174~175쪽 지도 참조). 서쪽의 모스크바에서 동쪽의 블라디보스토크를 잇는 장장 9289킬로미터의 이 철로를 달리는 동안 시간대가 여덟 번 바뀐다. 1851년 상트페테르부르크-모스크바 철도를 완공한 러시아는 곧바로 시베리아 횡단철도 건설 계획에 착수했다. 1891년 첫 삽을 뜬 공사는 진행 과정에서 오비강, 예니세이강, 레나강, 우수리강 등을 건너야 하는 것은 물론, 세계에서 가장 깊은 호수인 바이칼호도 지나가야 했다. 마침내 모스크바에서 출발하여 200개의 교량과 33개의 터널을 거쳐 태평양에 도착하는 노선이 1904년 완공됐다.

19세기 후반에는 영국과 프랑스가 아프리카에서 철도 경쟁을 시작했다. 영국은 남북으로, 프랑스는 동서로 대륙철도를 놓겠다는 야망을 드러냈고, 이로 인해 벌어진 갈등이 1898년 파쇼다에서 전쟁으로 비화할 뻔했다. 여기에 포르투갈까지 앙골라와 모잠비크를 동서로 연결하는 노선 건설을 추진하면서 상황이 더욱 복잡해졌다. 1890년 케이프식민지 총리였던 세실 로즈는 케이프와 카이로를 연결하는 철도 공사를 시작했으나, 이 노선은 본국의 자금 지원이 끊기면서 1905년 빅토리아폭포까지만 개통되었다. 그 밖에도 공업화를 시도하는 모든 유럽 열강과 그들이 지배하는 모든 식민지에 쉬지 않고 철도가 건설되었다.

# 아프리카 분할

포르투갈이 처음 진출한 이래 300년 동안 유럽인들은 아프리카의 해안 지역을 따라 상관을 설치하고 노예를 사들였다. 다만 19세기 전반까지만 해도 유럽 열강이 직접 식민지로 삼은 지역은 영국의 케이프식민지(1795), 프랑스령 알제리(1830), 앙골라와 모잠비크의 포르투갈 정착촌 정도가 전부였고, 그 영향력도 대부분 해안에 국한되어 있었다. 그런데 19세기 중반 무렵

유럽에서 노예제도가 폐지되고 산업화가 빨라지면서 아프리카정책이 크게 변화했다. 선교사, 탐험가, 무역업자를 통해 아프리카 내륙에 자원이 풍부하고 그 자원들의 시장성이 크다는 정보를 얻은 유럽 열강은 '검은 대륙' 속으로 깊숙이 진출하기 시작했다.

19세기 후반에 아프리카 내륙 진출에 가장 적극적인 나라는 영국과 프랑스였다. 영국은 1874년 서아프리카 남해안의 골드코스트를 차지한 데 이어 1875년 이집트로부터 수에즈운하를 사들이고 1882년에는 아예 이집트를 점령했다. 프랑스는 프랑스령 콩고(1880), 튀니지(1881)에 이어 세네갈(1884)까지 정복하며 내륙 진출을 본격화했다. 그 결과 골드코스트와 베냉 등

## 1885년 베를린회의 당시의 아프리카 식민지

- 영국 식민지
- 프랑스 식민지
- 포르투갈 식민지
- 에스파냐 식민지
- 벨기에 식민지
- 독일 식민지
- 오스만제국
- **가봉** 식민지 및 보호령(식민화 시기)
- **베냉** 당시의 주요 국가

**콩고자유국의 상아 채취** 벨기에의 레오폴드 2세는 콩고자유국을 자신의 사유지로 전락시키고, 조지프 콘래드의 소설 『어둠의 심장(Heart of Darkness)』에 나오는 '커츠'처럼 상아를 얻기 위해 그곳 주민들을 강제노역에 동원했다. 이를 위해 수많은 아프리카인에게 신체 상해의 형벌을 가하며 잔혹하게 통치했다.

**1차 세계대전 전야의 아프리카 식민지**

- 영국 식민지
- 프랑스 식민지
- 포르투갈 식민지
- 에스파냐 식민지
- 벨기에 식민지
- 독일 식민지
- 이탈리아 식민지
- 영국-이집트 공동통치
- 독립국

1882~1895 식민지 경계선 결정 시기

---- 장 바티스트 마르샹의 탐험로, 1897~1899년

- - - 호라티오 키치너의 침공로, 1898년

지에서 두 나라는 치열하게 경쟁했다. 한편 벨기에 황제 레오폴드 2세(재위 1865~1909)는 영국의 탐험가 헨리 모턴 스탠리를 고용해 콩고를 사유지로 만들고 콩고자유국(1885~1908)을 세웠다.

19세기 말 서구 열강 간에 아프리카 쟁탈전이 과열되자, 베를린회의(1884~1885)에서 각국이 기존에 획득한 식민지를 대체로 인정하는 방식으로 아프리카를 분할했다. 이때 그은 분할선이 아프리카 50여 개 나라의 국경선이 되어 지금까지 이어지고 있다. 그런데 선주민의 왕국과 부족, 언어를 고려하지 않고 식민지배국의 편의에 따라 국경선을 구획한 탓에 오늘날에도 이를 두고 분쟁이 끊이지 않는다.

아프리카 분할 이후 열강들의 경쟁은 오히려 더욱 거세졌다. 그 절정이 1898년의 파쇼다사건이다. 당시 영국은 이집트에 이어 앵글로이집트수단(1889), 우간다(1894), 영국령 동아프리카(1895)를 차지한 뒤 자신들의 세력을 아프리카 남부의 케이프타운까지 연결하는 종단정책을 펼쳤다. 한편 프랑스는 세네갈과 프랑스령 수단(1890), 니제르(1892), 코트디부아르(1893), 베냉(1894) 등을 아우르는 프랑스령 서아프리카(1895)를 설립해 프랑스령 소말리아(현재 지부티)와 연결하는 횡단정책을 펴고 있었는데, 두 세력이 남수단의 파쇼다에서 충돌한 것이다. 그 결과 영국은 이집트, 프랑스는 모로코를 차지하는 데 합의했다. 남아프리카에서는 영국인과 네덜란드계 보어인이 경쟁을 벌였다. 보어인이 사는 트란스발공화국에서 금, 오렌지자유국에서 다이아몬드가 발견되자 영국이 2차 보어전쟁(남아프리카전쟁, 1899~1902)을 일으켜 승리하고 두 지역을 합병하여 1910년 남아프리카연방을 구성했다.

한편 독일은 베를린회의를 전후하여 1884년 독일령 서남아프리카(지금의 나미비아), 카메룬, 토고, 1885년 독일령 동아프리카(탄자니아)를 획득했으며, 1890년에는 르완다와 부룬디를 독일령 동아프리카에 편입했다. 이탈리아는 1889년 이후 에리트레아와 소말리아, 리비아를 차지했지만 에티오피아 식민화에는 실패했다. 1908년 벨기에 정부는 아예 콩고자유국을 사들여 '벨기에령 콩고'로 만들었다. 이렇게 해서 1차 세계대전 직전까지, 미국의 재정 지원을 받던 라이베리아와 이탈리아의 침공을 물리친 에티오피아를 제외한 아프리카 전체가 유럽의 식민지가 되었다.

# 남아시아와 동남아시아의 정세 변화

인도의 무굴제국은 6대 황제 아우랑제브(재위 1658~1707) 사후 점차 쇠퇴했고, 각지에서 강력한 지배자들이 반란을 일으켰다. 인도아대륙의 남부와 중부에서는 마라타연합과 같은 새로운 정치 세력이 등장했고, 북서쪽에서는 시크교도들이 제국 정복에 저항했다. 무굴제국이 이처럼 정치적으로 혼란한 와중에, 영국동인도회사는 7년전쟁의 일환으로 일어난 플라시전투(1757)에서 승리를 거두고 벵골에 대한 주도권을 확고히 한 데 이어, 북사르전투(1764), 1·2차 영국마이소르전쟁(1767~1784)을 거치며 갠지스강 유역에서 동해안과 인도 남부에 이르는 지역에 대한 지배권을 확립했다. 반면 프랑스와 포르투갈의 영향력은 일부 해안도시들로 축소

됐다.

영국동인도회사는 19세기에도 계속 세력을 팽창했다. 3차 영국마라타전쟁(1817~1818)에서 승리함으로써 인도 중부의 드넓은 지역을 차지한 데 이어 동부의 아삼(1826)과 서부의 신드(1843)를 손에 넣었다. 그리고 란지트 싱(재위 1799~1839)이 펀자브 지역에 수립한 강력한 시크제국을 상대로 벌인 2차 영국시크전쟁(1848~1849)에서 승리하고 펀자브를 병합하여 인더스강 동쪽의 인도아대륙 대부분을 손에 넣었다. 이어서 더 동쪽의 인도차이나 반도로 나아가 1852년 버마 양곤 및 저지대 항구도시와 중부 삼림지대를 점령했다.

영국동인도회사의 통치로 인도인의 불만이

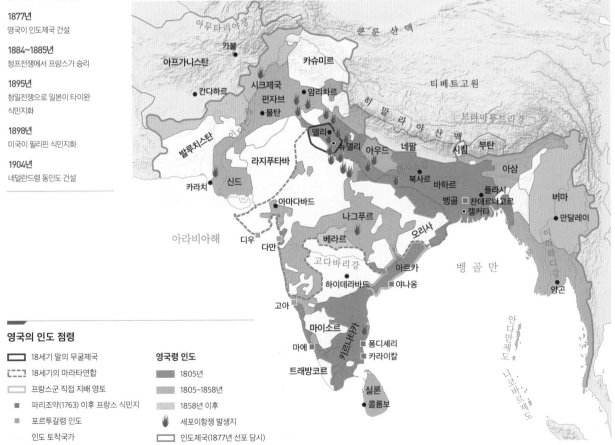

## 영국의 인도 점령

- ☐ 18세기 말의 무굴제국
- ⬚ 18세기의 마라타연합
- ☐ 프랑스군 직접 지배 영토
- ■ 파리조약(1763) 이후 프랑스 식민지
- ■ 포르투갈령 인도
- 　 인도 토착국가

**영국령 인도**
- ▨ 1805년
- ▥ 1805~1858년
- ▦ 1858년 이후
- 🔥 세포이항쟁 발생지
- ☐ 인도제국(1877년 선포 당시)

극에 달한 1857년, 동인도회사에 고용된 용병들이 저항운동을 전개했다(세포이항쟁). 무슬림과 힌두교 하급 카스트 출신자를 주축으로 갠지스강 상류와 인도 중부로 번진 항쟁은 영국군에 의해 무력 진압되었다. 이 사건을 계기로 영국 정부는 1858년부터 인도를 직접 통치했고, 1877년 버마까지 포괄하는 인도제국을 건설했다. 인도제국은 2차 세계대전이 끝날 때까지 영국이 경영하는 식민지 가운데 가장 중요한 역할을 했다.

한편 동남아시아의 대륙부와 도서부는 19세기 중후반에 이르러 대부분 서구 열강의 식민지가 되었다. 19세기 초 대륙부에는 응우옌왕조(베트남), 라타나코신왕조(타이), 꽁바웅왕조(버마)가 공존하고 있었다. 영국은 가장 먼저 버마 남부 지역을 차지한 데 이어 말레이반도의 말라카, 페낭, 싱가포르 등을 식민화하면서 이 지역에서 영향력을 확대했다. 영국의 팽창에 자극을 받은 프랑스는 베트남 방면으로 진출하여 다낭과 사이공을 점령하고 1871년 무렵까지 인도차이나 남부 전체를 장악했다. 그런 다음 청프전쟁(1884~1885)을 통해 중부의 안남과 북부의 통킹은 보호령으로 삼고 남부는 '코친차이나'로 명명해 식민화했다. 한편, 캄보디아는 앙코르왕조 붕괴(1431) 이후 서쪽의 타이와 북쪽의 베트남 사이에서 압력을 받다가 결국 1863년에 프랑스 보호령이 되었고, 라오스는 1893년 프랑스 식민지가 됐다. 한편 타이의 라타나코신왕국은 영국과 프랑스가 차지한 식민지의 완충지대에 위치한 까닭에 독립을 유지했지만, 전성기였던 라마 3세 시기를 기준으로 영토의 반을 영국과 프랑스에 할양했다.

동남아시아의 도서부에서는 17세기 이후 네덜란드동인도회사가 주요 거점을 장악하고 활발하게 무역 활동을 하고 있었다. 그런데 프랑스혁명 당시인 1795년 네덜란드가 프랑스에 예속되면서 네덜란드동인도회사는 말라카를 포함한 모든 영토를 영국에 양도했고, 나폴레옹전

쟁이 끝난 뒤인 1816년에 돌려받았다. 1824년 영국과 네덜란드는 런던에서 조약을 맺고 도서부를 크게 두 부분으로 구분했다. 그 결과 말라카와 싱가포르를 포함한 현재의 말레이반도는 영국, 인도네시아 군도는 네덜란드 관할 범위에 속하게 되었는데, 이것이 현재 말레이시아와 인도네시아의 국가 형성에 결정적 역할을 했다. 브루나이를 비롯한 북보르네오는 1888년 영국의 보호령이 되었다. 필리핀은 16세기에 에스파냐의 식민지가 되었다가 1898년 미국에스파냐전쟁의 결과 미국의 식민지가 되었다. 1895년 청일전쟁의 승리로 타이완섬을 확보한 일본도 동남아시아 지역으로 세력 확장을 시도했다.

**동남아시아, 1900년경**
(괄호는 지배 기간)

▦ 영국 식민지
▦ 프랑스 식민지
▦ 네덜란드 식민지
▦ 포르투갈 식민지
▦ 에스파냐·미국 식민지
▦ 일본 식민지

**조지 5세 대관식** 1911년 영국 조지 5세는 인도 델리에서 열린 귀족회의 더르바르(Durbar)에 참여해 인도 황제로 즉위했다. 그리고 인도의 수도를 캘커타에서 델리로 옮기겠다고 발표했다.

# 동아시아로 다가온 근대

동아시아 3국의 개항과 제국주의 열강의 침입, 1840~1905년

▲ 청 개항장(남경조약, 1842)
△ 청 개항장(천진조약, 1858)
□ 일본 개항장(미일화친조약, 1854)
■ 일본 개항장(미일수호통상조약, 1858)
● 조선 개항장
→ 청불전쟁(1884~1885)
→ 청일전쟁(1894~1895)
---→ 일본의 타이완 침략

■ 러시아의 세력 범위
■ 프랑스의 세력 범위
■ 영국의 세력 범위
■ 일본의 세력 범위
장성
운하

19세기 중반이 되자 동아시아 3국에도 근대가 도착했다. 청은 영국을 상대로 1차 아편전쟁에서 패한 뒤에 남경조약(1842)을 맺어 광주와 상해 등 다섯 개 항구를 개항하고 홍콩섬을 영국에 할양한 데 이어 2차 아편전쟁에서도 패해 천진조약(1858)과 북경조약(1860)을 맺고 더 많은 도시를 개항했다. 1854년 미국 함대의 위협에 굴복한 일본도 미일화친조약을 맺고 시모다와 하코다테를 개항했다. 1858년에는 미일수호통상조약으로 양국 관계를 확장하여 에도(도쿄), 요코하마, 오사카, 효고(고베), 나가사키, 니가타를 추가로 개항했다.

1·2차 아편전쟁과 태평천국운동으로 내우외환에 빠진 청은 자강운동을 통해 일련의 개혁을 실시했다. 그러나 청일전쟁(1894~1895)에서 일본에 패하면서 제국주의 열강에 의한 종속이 더욱 깊어졌다. 독일은 산동 지역의 광업과 철도 소유권을 독점했고, 러시아는 장성 이북까지 영향력을 확대했다. 프랑스는 운남과 광서, 광동의 대부분을, 일본은 복건성을 세력범위로 삼았다. 영국은 창장 유역에 광범위한 세력권을 형성하는 한편 광동과 광서, 그리고 서장(티베트) 지역으로 힘을 뻗었다.

일본은 메이지유신을 통해 정치, 교육, 군사 등 각 분야에서 개혁을 단행하는 한편 해외 진출도 시도했다. 조선을 상대로 운요호사건을 일으켜 강화도조약(1876)을 맺고 부산(1876), 원산(1880), 인천(1883) 등에 개항장을 확보한 뒤 본격적인 해외 팽창에 나섰다. 1875년 러시아와 상트페테르부르크조약을 맺어 쿠릴열도를 차지하고 오가사와라제도를 영토로 편입했다. 그보다 앞선 1872년에 청과 일본 사이에서 독립국으로 존재하던 류큐왕국을 속국화한 데 이어 1879년에는 오키나와현으로 병합했다. 청일전쟁에서 승리한 뒤 일본은 시모노세키조약(1895)을 맺고 타이완과 평후제도를 손에 넣었다. 러일전쟁(1904~1905)에서 승리한 뒤에는 포츠머스조약으로 랴오둥반도(여순, 대련) 조차권과 남만주지선 철도 부설권을 확보하고, 북위 50도 이남의 사할린섬과 그 부속 도서를 할양받았다. 여세를 몰아 1910년 조선을 식민화하고 대륙 진출을 위한 교두보로 삼았다.

중국은 1912년 청이 멸망하고 중화민국이 건국되었다. 이후 전국 각지에서 군벌이 득세하여 정국이 혼란해졌다. 광동 지역을 중심으로 하는 국민당 정권이 북벌을 실시하여 1928년 북경을 점령했다. 1921년 등장한 중국공산당은 국민당과 협력해(1차 국공합작) 북벌에 참여하지만 1927년 상해에서 일어난 쿠데타로 국민당에게 궤멸될 위기에 빠졌다. 이후 공산당은 농촌과 오지로 들어가 세력을 복구하다가 1931년 소비에트공화국을 창설했다. 이로써 국민당이 이끄는 중화민국 영토 안에 중국공산당의 소비에트들이 점점이 분포하는 형국이 되었다. 국민당이 토벌전을 개시하자 1934~1935년 공산당은 서부 내륙을 관통하며 북상하는 '대장정'을 단행했다.

일본은 세계 대공황의 위기 속에서 재벌이 지원하는 군국주의체제를 구축하고 1931년 9월 만주 전역을 장악했다(만주사변). 이듬해 3월에는 청의 마지막 황제 선통제(부의)를 내세워 괴뢰국가 만주국을 건설했다. 일본은 이후에도 북중국으로 진격을 계속하여 화북 5성(차하르, 수원, 하북, 산동, 산서)에 괴뢰국가 수립을 시도했다. 그리고 1937년 7월 노구교사건을 계기로 중일전쟁을 일으켰다. 특히 12월 중화민국의 수도 남경(난징)을 점령한 이후 대규모의 학살을 자

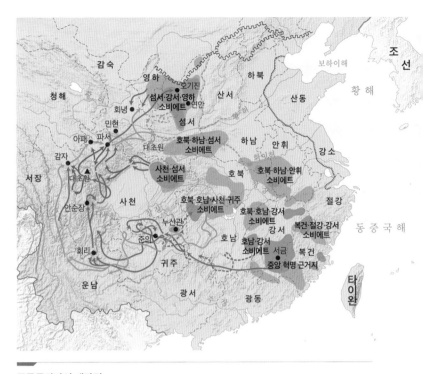

### 중국공산당의 대장정

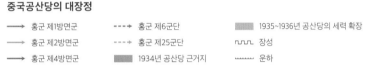

- →  홍군 제1방면군
- →  홍군 제2방면군
- →  홍군 제4방면군
- ┄→  홍군 제6군단
- ┄→  홍군 제25군단
- ▨  1934년 공산당 근거지
- ▨  1935~1936년 공산당의 세력 확장
- ∿  장성
- ⋯⋯  운하

행했다. 국민당과 공산당은 싸움을 멈춘 뒤(2차 국공합작) 함께 항일전쟁에 나섰고, 1945년 8월 일본에 최종 승리를 거두었다.

### 만주사변과 중일전쟁

- ❶ 만보산사건(1931. 7.)
- ❺ 만주국 건국(1932. 3.)
- ❼ 만주제국 성립(1934. 3.)
- ❻ 당고 정전협정(1933. 5.)
- ❷ 유조호사건으로 만주사변 발발(1931. 9. 18.)
- ❹ 리튼 조사단 파견(1932. 2~9.)
- ❸ 1차 상해사변(1932. 1.)

|                  |                  |
| 만주사변의 전개 | 중일전쟁의 전개 |
| ▨ 만주국의 영역 | ▨ 전선의 확대 |
| → 일본군의 진로 | → 일본군의 진로 |
| (1931. 9.) 점령 시기 | ⋯ 철도 |
| ✳ 주요 사건(❶~❼) | |

# 캐나다와 오스트레일리아

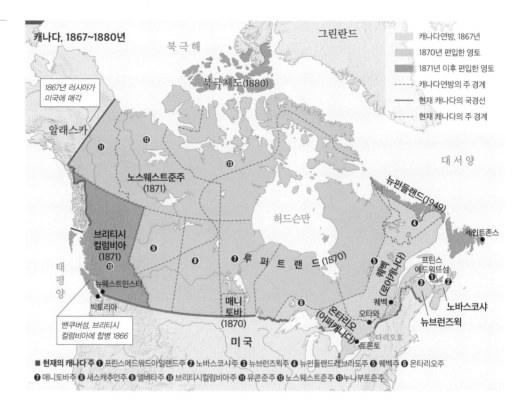

캐나다, 1867~1880년

1867년 러시아가 미국에 매각

캐나다연방, 1867년
1870년 편입된 영토
1871년 이후 편입된 영토
캐나다연방의 주 경계
현재 캐나다의 국경선
현재 캐나다의 주 경계

북극 해 / 그린란드 / 북극제도(1880) / 대 서 양 / 뉴펀들랜드(1949) / 세인트존스 / 알래스카 / 노스웨스트준주(1871) / 허드슨만 / 프린스 에드워드섬 / 브리티시컬럼비아(1871) / 루퍼트랜드(1870) / 퀘벡(로어캐나다) / 노바스코샤 / 뉴브런즈윅 / 뉴웨스트민스터 / 태평양 / 퀘벡 / 빅토리아 / 매니토바(1870) / 온타리오(어퍼캐나다) / 오타와 / 밴쿠버섬, 브리티시컬럼비아에 합병 1866 / 온타리오호 / 토론토 / 미국

■ 현재의 캐나다 주 ❶ 프린스에드워드아일랜드주 ❷ 노바스코샤주 ❸ 뉴브런즈윅주 ❹ 뉴펀들랜드래브라도주 ❺ 퀘벡주 ❻ 온타리오주
❼ 매니토바주 ❽ 새스캐추언주 ❾ 앨버타주 ❿ 브리티시컬럼비아주 ⓫ 유콘준주 ⓬ 노스웨스트준주 ⓭ 누나부트준주

유럽의 7년전쟁(1756~1763)을 거치면서, 현재의 캐나다는 영국이 대부분을 차지했고, 19세기 중엽까지 일곱 개의 영국 식민지가 존재하고 있었다. 그중 영국의 지배에서 가장 먼저 이탈한 지역은 퀘벡주(1763년 설치)에서 비롯된 '캐나다주'였다.

캐나다주는 미국독립전쟁 기간에 다수의 미국 식민지 주민들이 북쪽으로 이주하면서 영국계 주민과 프랑스계 주민의 갈등이 심화되었다. 그러자 영국 정부는 1791년 헌법을 제정하여 캐나다주를 로어캐나다(Lower Canada)와 어퍼캐나다(Upper Canada)로 분리했다. 로어캐나다는 세인트로렌스강 하류의 프랑스어권 지역이고 어퍼캐나다는 상류의 영어권인 지역인데, 1841년 두 주가 다시 캐나다주로 통합되었다. 1867년 미국이 알래스카를 매입하면서 북아메리카 전체로 팽창하려는 기미를 보이자, 이

에 대응하기 위해 캐나다주는 같은 해 노바스코샤 및 뉴브런즈윅과 연합하여 캐나다연방을 결성하고 영국으로부터 자치권을 획득했다. 이 과정에서 캐나다주는 퀘벡과 온타리오로 다시 분리되었다.

캐나다연방은 빠른 속도로 영역을 확장해나갔다. 1870년에 영국 허드슨만회사가 소유한 루퍼트랜드를 양도받고 노스웨스트준주와 매니토바를 편입했다. 1871년에는 미국이 태평양 쪽 해안선을 차지하는 것을 저지하기 위해 브리티시컬럼비아와 밴쿠버섬을, 1873년에는 프린스에드워드섬을 영토화했다. 그리고 1885년 캐나다태평양철도를 완공하여 대서양에서 태평양에 이르는 북아메리카 북부 전 지역의 실질적 통합을 이루었다. 그사이에 1880년 영국으로부터 북극제도를 양도받았는데, 이로써 현재 캐나다 영토의 대부분이 형성되었다.

캐나다연방은 19세기를 거치면서 행정 자치권은 확보했으나, 20세기로 접어든 이후에도 군사권과 외교권은 영국에 있었다. 1914년 1차 세계대전이 발발하고 영국이 독일에 선전포고를 하자 캐나다 역시 영국제국의 일원으로 참전했다. 이후 1931년 웨스트민스터법령에 따라 영국과 동등한 지위를 가진 영연방 내의 주권국가 자격을 획득했다. 2차 세계대전 때도 연합국의 일원으로 참전한 캐나다는 1949년에 영국이 보유하고 있던 뉴펀들랜드에 대한 권리를 확보하면서 영토를 최종 확정했다.

또 하나의 영연방국가 오스트레일리아는 영국 식민지들이 연합해 만든 연방국가다. 1788년 아서 필립 총독이 뉴사우스웨일스 식민지를 건설하면서 이주가 시작되었다. 초기에는 정착지가 지금의 시드니 일대로 국한되었으나, 1813년 탐험가들이 블루마운틴 횡단 길을 개척하면서

내륙으로 진출하기 시작했다. 이후 웨스턴오스트레일리아(1829)를 건설했고, 뉴사우스웨일스 식민지로부터 반디멘스랜드(1825, 이후 태즈메이니아로 개명), 사우스오스트레일리아(1836), 빅토리아(1851), 퀸즐랜드(1859) 등의 식민지가 갈라졌다. 그리고 이 여섯 개 영국 식민지가 모여서 1901년 오스트레일리아연방을 창설했다. 이때 연방수도 자리를 놓고 시드니와 멜버른이 충돌했고, 오랜 갈등 끝에 두 도시의 중간 지점에 신도시 캔버라를 건설하기로 타협했다. 그리고 1911년 '오스트레일리아 수도준주'를 설치하고 1927년 캔버라로 천도했다. 마지막으로 1911년 사우스오스트레일리아에서 '노던준주'를 분리하여 행정구역을 현재와 같은 여섯 개의 주와 두 개의 준주로 정비했다. 그리고 1931년 영국 웨스트민스터법령에 의거해 오스트레일리아는 영연방 내 주권국가 지위를 획득했다.

**오스트레일리아의 과거와 현재**

☐ 주요 거주지
　　(전체 인구의 98퍼센트)
■ 최수 이주지(이주 시기)
● 이주지(이주 시기)
── 현재 오스트레일리아의 주 경계

**주요 광물**

◈ 금
◈ 구리
◈ 납
◪ 천연가스
T 텅스텐
◪ 주석
U 우라늄
✦ 용광로
◈ 철광석
◈ 은
◈ 망간
▲ 석유
N 니켈
A 알루미늄/보크사이트
M 망간

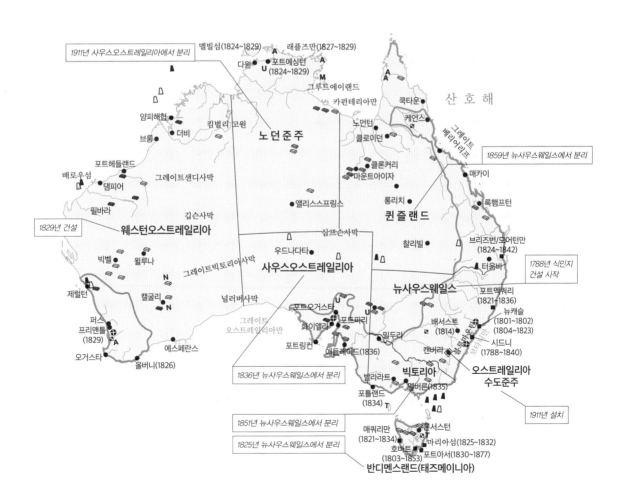

# 최후의 대륙으로,
# 남극 탐험

**에러버스산** 남극 로스섬에 있는 해발 3794미터의 성층 활화산으로, 시들리산에 이어 남극의 화산 중 두 번째로 높다. 1841년 영국의 해군장교 제임스 로스가 이 산을 처음 발견했다. 1972년부터 지금까지 분화가 이어지고 있다.

19세기 중반에 서구 열강의 관심이 지구의 남쪽 끝으로 쏠렸다. 영국, 미국, 프랑스, 러시아 등 많은 국가가 자기장 관측과 미지의 극지방 탐사를 목적으로 탐험대를 조직하여 남쪽으로 보냈다. 1841년 1월 제임스 로스가 이끈 영국 탐험대는 남극 대륙 로스해의 가장 동쪽 깊은 곳에 있는 맥머도만에서 불을 내뿜는 화산(에러버스산)을 발견한 데 이어 바다를 따라 서진하며 몇백 킬로미터나 길게 뻗어 나온 거대한 '로스빙붕'을 발견하여 미지의 대륙에 자신들의 이름을 새겼다. 탐험대는 이듬해에 남위 78도 9분까지 진출한 뒤 영국으로 귀환했다.

20세기로 접어들면서 '남극점'에 먼저 도달하기 위한 치열한 경쟁이 본격적으로 시작되었다. 19세기 내내 중앙아시아의 패권을 놓고 열강이 경쟁했던 그레이트게임(Great Game)이 남극을 무대로 재현된 것이다. 남극 경쟁에 참여한 나라는 영국과 독일, 노르웨이 세 나라였다. 가장 먼저 1901년 8월 영국의 디스커버리호 탐험대가 남극으로 출발했다. 탐험 대장은 10년 뒤 로알 아문센과 남극점 발견을 놓고 경쟁하게 될 로버트 스콧이었다. 디스커버리호에는 앞으로 10년간 스콧과

함께 인류의 극지 탐험을 이끌 또 한 명의 인물이 타고 있었으니, 바로 아일랜드 출신의 어니스트 섀클턴이다. 그로부터 며칠 뒤 독일의 지질학자 에리히 폰 드리갈스키가 이끄는 탐험대가 출항했고, 10월에는 오토 노르덴셜드의 탐험대가 스웨덴에서 출항했다.

시간이 흘러 1908년 10월 자신의 새로운 탐험대를 이끌고 남극에 도착한 섀클턴은 남극점을 향한 대장정을 시작했다. 그의 탐사대는 이듬해 1월 9일 남위 88도 23분까지 전진했다. 그들은 높이 3794미터의 에러버스산을 등정하고 2700킬로미터를 행군한 끝에 남극점에서 불과 160킬로미터 떨어진 지점까지 진출했지만 악천후로 인해 그곳에서 더 이상 나아가지 못하고 후퇴했다. 이들이 가져온 남극에 대한 지리학적 조사 결과는 곧 새로운 남극 지도의 발행으로 이어졌다.

남극점까지 얼마 남지 않았다는 소식이 전해지면서 경쟁은 더욱 치열해졌다. 1911년 10월 20일 아문센과 네 명의 노르웨이인으로 구성된 탐험대가 각각 13마리의 그린란드허스키가 끄는 썰매 네 대에 짐을 나눠 싣고 웨일스만에서 남극점을

향해 출발했다. 이들은 행로 중간에 여러 개의 저장 기지를 지으면서 하루 평균 30킬로미터를 행군 했다. 한편 11월 1일 스콧의 영국 탐사대가 조랑말이 끄는 썰매에 짐을 싣고 맥머도만에서 원정을 시작했다. 비장의 무기로 준비했던 모터 썰매는 극지방의 추위를 견디지 못하고 이미 무용지물이 되어 있었다. 조랑말도 얼마 함께 가지 못했다. 이후 스콧의 탐사대는 남극점까지 560킬로미터를 손수 짐을 끌고 가야 했다.

12월 14일, 아문센의 탐험대는 마침내 남극점에 도착했다. 그 무렵 남극점에서 약 240킬로미터 떨어진 곳에 있던 영국 탐사대는 이듬해 1월 17일 남극점에 도달하여 노르웨이 국기와 텐트를 발견했다. 아문센과 스콧, 노르웨이 탐험대와 영국 탐사대의 극점을 향한 경주는 이렇게 종료되었다. 3월 4일, 오스트레일리아 태즈메이니아에 정박한 아문센은 남극점 정복과 탐험대의 무사 귀환을 알리는 전보를 쳤다. 세계 언론은 그 내용을 머리기사로 다루었고, 다음 날 『뉴욕타임스』는 "전 세계의 발견이 완료되었다!"라고 선언했다.

남극 탐험에서 행한 연구 활동들을 살펴보면, 빅토리아 여왕과 에드워드 7세 치세 당시 영국문화에서 과학이 차지하고 있던 위상을 짐작할 수 있다. 영국은 이 시기 동안 세계제국을 운영하고 있었다. 이 과정에서 탐험가와 제국 관리들은 세계 각지로 자신들의 과학과 기술을 가지고 가서 영토를 정복하고 영국에 귀속시키는 임무를 부여받았다. 그래서 지형을 측량하고 지도를 작성하고 표본을 채집했다. 영국 해군 출신의 로버트 스콧과 어니스트 섀클턴 역시 이와 같은 목표를 가진 채 탐사에 임했다. '과학적 발견과 탐험, 그리고 정복'은 그 자체로 영국제국의 국가 사업이었다. 반면 이제 막 스웨덴의 지배에서 해방된 노르웨이(1905)의 시민 아문센은 누구보다 일찍 남극점에 도착하는 것을 지상 목표로 삼고

꽁꽁 얼어붙은 대륙을 내달릴 수 있었다.

그로부터 50여 년 뒤, 1959년 국제사회는 남극조약을 맺고 특정 국가가 남극을 소유하는 것을 금지했다. 거대한 얼음 대륙을 전 인류의 공동 영역으로 남긴 것이다. 현재 여러 나라가 남극 각지에 연구소를 짓고 자연과학 및 우주과학을 연구하고 있다.

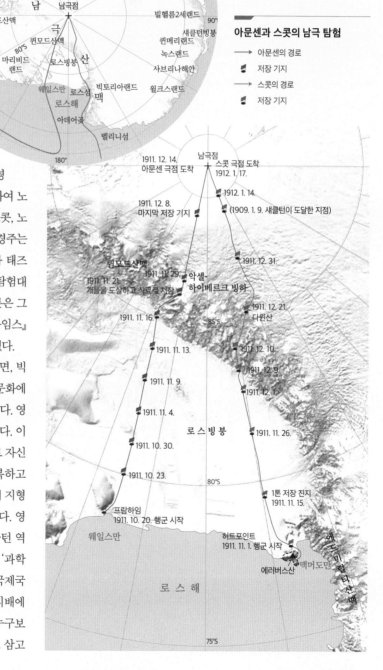

**아문센과 스콧의 남극 탐험**

→ 아문센의 경로
♪ 저장 기지
→ 스콧의 경로
♪ 저장 기지

UN 본부(뉴욕)

# 05

## 현대

# 국제사회와
# 초국가공동체의 출현

두 차례의 세계대전을 겪은 나라들은 세계의 평화와 안전을 지키기 위해 초국가공동체를 결성했다. 1차 세계대전 종전 후 1919년 베르사유조약에 의해 국제연맹(League of Nations)이 결성되었고, 2차 세계대전 종전 직후인 1945년 10월 24일 국제연합(United Nations, UN)이 창설되었다. 세계의 평화와 안전을 보장하고, 국제법 확립, 국가 간 협력 및 경제 개발 증진, 인권 개선과 난민 보호 등의 활동을 통해 번영을 추구하는 UN의 회원국은 2025년 2월 현재 193개국이다.

이 밖에도 국가들 간의 정치와 경제 협력을 증진하고 지역 단위의 결속을 강화하기 위한 노력이 계속되었다. 그 결과 유럽연합(European Union, EU), 북미자유무역협정(North American Free Trade Agreement, NAFTA), 동남아시아국가연합(Association of Southeast Asian Nations, ASEAN), 중국과 러시아, 브라질, 인도를 중심으로 신흥 개발국이 결속한 BRICs 등 다양한 국제기구가 탄생했다. 상품시장은 물론 투자, 과학기술, 통신, 서비스 등 거의 모든 분야에서 세계 경제의 상호의존성이 확대되는 가운데 각각의 기구는 회원국 간의 무역장벽은 완화하고 비회원국과의 무역에는 고율의 관세를 부과하는 방식으로 세계화에 대응하고 있다.

# 1차 세계대전의 발발과 전개

**1차 세계대전 직전의 유럽**
— 1912년의 국경선
▨ 삼국동맹
▨ 삼국협상
▨ 발칸동맹

유럽은 힘이 절정에 달한 바로 그 순간 쇠퇴하기 시작했다. 1914년 당시 4억 5000만 명의 유럽인(세계 인구의 25퍼센트)이 세계의 지식과 과학을 독점했을 뿐 아니라 전 세계 산업생산량의 52퍼센트, 교역의 61퍼센트, 해상 무역의 85퍼센트를 점하고 있었다. 그러나 유럽 각지에서 민족 문제가 점증하는 가운데 독일과 경쟁국 사이의 갈등이 갈수록 가열되었다.

1815년 이후 유럽 각국이 추구해온 세력균형은 19세기 후반에 이르러 붕괴했다. 통일을 이룬 독일과 이탈리아가 성장한 반면, 오스트리아와 오스만제국은 급격히 약해졌다. 이에 따라 유럽은 기존의 '세력균형' 정책을 폐기하고 '대립과 동맹'을 추구하기 시작했다. 1879년 독일이 오스트리아헝가리제국과 동맹을 맺고, 1882년 이탈리아가 여기에 합류하면서 삼국동맹이 형성되었다. 이듬해에는 루마니아도 동참했다. 이에 영국은 1904년 프랑스, 1907년에는 러시아와 손을 잡고 삼국협상으로 대응했다. 삼국동맹의 한 축인 이탈리아는 1902년 프랑스와 중립조약을 맺고 1909년 러시아와 비밀조약을 맺으며 중립으로 전환했다.

이 무렵 유럽에서 이해관계가 가장 첨예하게 대립한 지역은 발칸반도다. 러시아와 오스트리아헝가리가 경쟁하는 와중에 1914년 6월 28일 보스니아 사라예보에서 충격적인 사건이 발생했다. 세르비아인 민족주의자 가브릴로 프린시프가 오스트리아헝가리의 황태자 프란츠 페르디난트 부부를 암살한 것이다. 오스트리아는 이 사건의 배후에 세르비아 정부가 있다고 주장하며 곧장 세르비아에 전쟁을 선포했다. 러시아가 세르비아를 지원하기 위해 총동원령을 내리자, 1897년에 오스트리아와 군사동맹을 맺은 독일이 러시아에 선전포고했고, 곧바로 프랑스를 상대로도 전쟁을 선포했다. 결국 이탈리아를 제외한 삼국동맹과 삼국협상이 모두 전쟁에 참여하면서 1차 세계대전이 시작됐다.

1914년 8월 독일군은 순식간에 벨기에와 룩

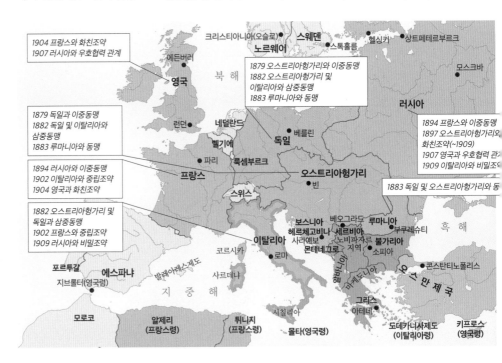

**❶** 1914년 8월 타넨베르크전투
(러시아군 거의 전멸)

**❸** 1914년 10~11월 1차
이프르전투(연합국 승리)

**❺** 1915년 5월 7일
루시타니아호 침몰

**❿** 1918년 8~11월 연합군의
최종 반격(11월 11일 정전)

**❼** 1916년 7~11월 솜전투
(연합국 승리. 독일 패망에
직접 영향)

**❾** 1918년 3~7월 독일군 서부
전선에서 춘계대공세(독일군
병력 60만 명 사상)

**❷** 1914년 9월 1차 마른전투
(독일군 저지. 이후 전쟁 장기화)

**❻** 1916년 2~12월 베르됭공세
(프랑스 승리)

**❽** 1917년 10~11월 카포레토전투
(독일과 오스트리아, 이탈리아에 승리)

**❹** 1915년 2월~1916년 1월
갈리폴리전투(연합국 패배)

### 1차 세계대전, 1914~1918년

| | |
|---|---|
| ▨ | 연합국 |
| ▧ | 동맹국 |
| → | 연합국의 주요 공격 |
| → | 동맹국의 주요 공격 |
| --- | 연합국의 최대 진격<br>(동부 1914, 서부 1918) |
| --- | 동맹국의 최대 진격<br>(서부 1914, 동부 1918) |
| ✳ | 주요 전투 |
| ❶~❿ | 주요 사건 |
| ⚓ | 주요 항구 |
| ‡‡‡ | 영국의 해상 봉쇄 |
| ▨ | 무제한 잠수함작전 구역 |

셈부르크를 관통해 프랑스로 진격했고, 파리에서 70킬로미터 떨어진 곳에 이르렀으나 9월 초 마른에서 프랑스군과 영국군의 반격을 받고 후퇴했다. 한편 동부전선에서는 8월 말 동프로이센에 진입한 러시아군이 타넨베르크에서 독일군에게 대패했는데, 결과적으로 이 전투가 서부전선에서 독일군의 진격을 늦추었다. 독일은 속전속결에 실패했고, 이후 4년간 연합군과 동맹군은 서부전선을 사이에 두고 참혹한 참호전을 벌였다. 양측의 참호는 스위스에서 북해까지 무려 750여 킬로미터나 이어졌다. 전선의 교착상태를 타개하기 위해 이프르, 베르됭, 솜에서 격돌했으나 수많은 인력과 물자만 소모한 채 서로 한걸음도 더 나아가지 못했다.

한편 연합군은 동맹국에 속한 오스만제국의 갈리폴리반도에서 전투를 벌였다(1915. 2.~1916. 1.). 전선을 남동부까지 확대해 서부전선의 독일군을 약화시키려는 의도였으나, 오스만제국군이 연합군의 공격을 막아냈다. 반면 동부전선에서는 1915년 독일이 폴란드에서 러시아군을 몰아냈지만, 1년 만에 러시아의 반격을 받고 후퇴했다.

영국이 북해에서 독일 선박의 운항을 차단하자 독일은 해상 봉쇄를 뚫기 위해 1915년 2월 '무제한 잠수함작전'을 개시했다. 그해 5월 7일 독일 유보트가 아일랜드 남쪽 바다에서 영국과 미국을 왕래하던 여객선 루시타니아호를 격침했고, 이 사건으로 미국인 승객 128명이 사망했다. 여기에 독일 대사가 멕시코 정부를 포섭하려 한 '짐머만전보사건'까지 겹치면서 중립을 지키던 미국이 1917년 4월 연합국에 합류했다. 같은 해에 러시아에서는 혁명이 일어나 최초의 사회주의 국가가 등장했다. 이처럼 급변한 국제 정세 속에서 1차 세계대전도 종전을 향해 가고 있었다.

**서부전선의 참호전** 독일군의 기동전이 실패한 뒤 독일과 프랑스는 전선을 따라 길게 참호를 파고 소모전을 전개했다. 참호에 갇힌 병사들은 이후 4년간 생명을 잃고 존엄을 상실하는 비참한 시간을 겪어야 했다. 사진은 1918년 춘계대공세 때 파리 외곽에 구축한 독일군 참호.

# 러시아혁명과 전후 세계의 변화

19세기의 러시아제국은 유럽의 어느 열강보다도 많은 상비군을 보유한, 팽창하는 제국이었다. '바깥으로의 팽창'은 국내의 정치·사회적 혼란과 대비되는 업적이었다. 그러나 1850년대 크림전쟁에서 겪은 굴욕은 제정권력의 위기를 초래했다. 이 과정에서 개혁을 이끌던 알렉산드르 2세(재위 1855~1881)가 공화주의자들에게 암살되기도 했다. 전쟁 비용 때문에 차르 정부가 약화되고 전국적으로 파업과 혁명운동이 이어졌다. 니콜라이 2세(재위 1894~1917)는 극동에서 영향력을 강화하려 했지만, 러일전쟁(1904~1905)에서 패배하고 말았다. 이후 1차 세계대전 참전으로 경제 악화와 사회 불안이 더해지면서 페트로그라드(현재 상트페테르부르크)에서 시위와 파업이 발생했다.

1917년 2월 니콜라이 2세가 퇴위하면서 로마노프왕조가 붕괴하고 알렉산드르 케렌스키가 주도하는 임시정부가 수립됐다(2월혁명). 새

정부가 대대적인 독일 공격을 결정하자, 불만이 커진 국민들은 더욱 급진적인 변화를 요구했다. 결국 그해 10월 레닌이 이끄는 볼셰비키가 혁명을 일으켜 세계 최초의 사회주의 국가 '러시아소비에트연방사회주의공화국'을 수립했다. 이들은 서구 열강의 침입을 우려해 이듬해에 페트로그라드에서 내륙으로 더 깊숙이 들어간 모스크바로 수도를 옮겼다. 초기에 볼셰비키의 권력은 러시아의 핵심 지역에만 영향을 미쳤다. 그 밖의 지역에서는 반혁명 세력이 '백군'을 조직하여 저항했고, 여기에 우크라이나와 발트3국 및 볼셰비즘을 우려한 외국 군대까지 가세하자 적군은 이들과 전쟁을 시작했다(1917~1922). 적백내전은 적군의 승리로 끝났고, 볼셰비키는 1922년 12월 30일 우크라이나·벨라루스·자카프카지예(캅카스산맥 남부) 지역을 병합하여 '소비에트사회주의공화국연방(소련)'을 수립했다. 이후 소련은 1928년 농업 집단농장화 정책

## 러시아혁명과 적백내전, 1917~1922년

- ▶ 볼셰비키의 봉기 지역(1917~1918)
- ▨ 1918년 3월 브레스트리토프스크조약으로 러시아가 상실한 영토
- ▨ 1919년 10월의 볼셰비키 점령 지역
- ▬ 시베리아 횡단철도
- ➡ 백군과 연합군의 진격로(1918~1920)
- ➡ 볼셰비키의 진격로(1918~1920)
- ✶ 적백내전의 주요 전장
- ── 1922년의 국경선

**소련의 집단농장화 정책**
- ▨ 1933년까지 전체 농가의 75% 이상 집단화
- ▨ 1933년까지 전체 농가의 51~74% 집단화
- ▨ 1933년까지 전체 농가의 50% 미만 집단화

**1차 세계대전 종전 후
유럽의 재편**

핀란드 신생국
—— 새로운 국경
　　　주요 연합국
　　　러시아의 전쟁 전 영토
　　　독일의 전쟁 전 영토
　　　오스트리아헝가리의 전쟁 전 영토
　　　오스만제국의 전쟁 전 영토
　　　분쟁 지역

을 실행했다.

　한편 러시아혁명 이듬해인 1918년 3월 러시아는 독일과 브레스트리토프스크조약을 맺고 전선에서 철수했다. 이에 독일은 미군이 본격적으로 참전하기 전에 전쟁을 끝내고자 영국과 프랑스를 상대로 '춘계대공세(루덴도르프공세)'를 벌였으나 실패했다.

　1918년 10월에는 연합국 편에 선 이탈리아군이 오스트리아헝가리에 입성했고, 11월이 되자 독일 국내에서 반란이 이어졌다. 전쟁에 지친 독일 해군 병사들의 항명사태가 독일 전역에 혁명으로 번진 것이다. 결국 독일은 백기를 들었고, 11월 11일 프랑스 콩피에뉴에서 정전협정을 체결함으로써 1차 세계대전이 끝났다.

　1919~1920년 연합국은 베르사유조약 등 일련의 조치를 통해 유럽의 국경선을 다시 그렸다. 패전국 독일은 상당한 영토를 상실한 채로 바이마르공화국(1919~1933)으로 재탄생했다. 알자스와 로렌을 프랑스에게 다시 내어주고(석탄과 철의 산지 자르는 15년간 프랑스가 관리), 벨기에에는 오이펜과 말메디, 덴마크에는 북부 슐레스비히를 양도했다. 또한 독일은 자국 영토인 라

인란트의 비무장에 응해야 했다. 동쪽에서는 폴란드가 서프로이센과 슐레지엔의 일부를 획득했고, 단치히 회랑(폴란드 회랑)을 통해 발트해에 접근할 수 있게 되었다. 그 바람에 동프로이센 지역이 동부에 고립되었다. 체코슬로바키아는 흘루친(Hultschin) 지구를 받았다.

　오스트리아헝가리는 생제르맹조약(1919)과 트리아농조약(1920)을 통해 둘로 갈라졌고, 일부 영토가 폴란드와 이탈리아로 넘어갔다. 반면 루마니아는 러시아와 헝가리의 영토 일부를 할양받았다. 오스만제국은 유럽에서는 동부 트라키아만 유지하게 되었으며, 얼마 후 혁명을 통해 튀르키예공화국으로 재편되었다.

　1차 세계대전의 결과, 특히 동유럽과 발칸반도의 지도가 크게 바뀌었다. 18세기 말에 사라졌던 폴란드는 재건되었고, 러시아와 폴란드 사이에 벨라루스와 우크라이나가 새롭게 등장했다. 체코인과 슬로바키아인이 함께 체코슬로바키아를, 세르비아계, 크로아티아계, 슬로베니아계 왕국이 함께 유고슬라비아를 건설했다. 북유럽에는 핀란드와 발트3국(에스토니아, 라트비아, 리투아니아)이 탄생했다.

**콩피에뉴 정전협정** 1918년 11월 11일 연합군 총사령관 페르디낭 포슈(오른쪽에서 두 번째)와 독일 대표 마티아스 에르츠베르거가 프랑스 콩피에뉴숲의 열차에서 1차 세계대전 정전협정을 체결했다.

# 중동 지역의 정세 변화

1914년경 오스만제국은 북아프리카와 이집트의 영토를 거의 다 상실했고, 유럽 지역에서도 발칸반도 대부분을 내준 채 콘스탄티노폴리스 주변 지역으로 축소된 상태였다. 다만 아나톨리아반도와 아랍 지역에서는 어느 정도 입지를 유지하고 있었다. 1차 세계대전이 발발하고 얼마 후 오스만제국은 오스트리아헝가리 편에 서기로 했다. 러시아가 제국의 동부를 침입하자, 중립을 지키겠다는 생각을 바꾼 것이다. 그러자 영국은 오스만제국을 견제하려 했다. 영국 외교관 맥마흔은 메카의 수호자를 자임해온 하심 가문의 이븐 알리 후세인과 서신을 교환하면서 (1915. 5.~1916. 7.) 오스만제국을 상대로 반란을 일으키면 전후 아랍에 통일왕국을 세워주겠다고 약속했다. 후세인은 그 계획을 이행하여 1918년 연합국의 승리에 일조했고, 오스만제국은 아랍 지역의 영토를 모두 상실했다.

그러나 영국은 그 약속을 지키지 않았다. 맥마흔과 후세인이 서신을 주고받던 1916년 5월에 프랑스와 사이크스피코협정을 맺고, 전후 영국이 지금의 팔레스타인과 요르단, 이라크 지역을, 프랑스는 시리아와 레바논을 관할하기로 했다. 그뿐 아니라 1917년에는 영국 외무장관 밸푸어가 유대인의 연합국 지원을 기대하면서 "유대인이 팔레스타인에 '민족적 고향'을 건설하는 것"을 지지한다고 선언했다. 이 일련의 상황들이 지금까지 이어진 중동의 분열, 아랍과 이스라엘 갈등의 불씨가 되었다. 1920년 4월 산레모회의를 통해 사이크스피코협정이 수용되고, 영국은 남부 시리아(현재 요르단, 이스라엘)와 이라크를, 프랑스는 북부 시리아(현재 시리아)와 레바논을 위임통치령으로 삼았다. 아랍인들은 맥마흔의 서신을 근거로 시리아아랍왕국을 세웠지만 국제연맹은 이를 인정하지 않았고, 1920년 시리

아군이 프랑스군에 패배하며 시리아와 레바논에 프랑스 위임통치령이 발효되었다.

영국은 트란스요르단과 이라크를 위임통치하면서 후세인의 차남 압둘라와 삼남 파이살을

각각 트란스요르단과 이라크의 형식적인 국왕으로 삼았다. 후세인은 메카와 메디나를 거점으로 헤자즈왕국의 왕이 되어 홍해 연안을 다스렸다. 당시 헤자즈 동쪽은 18세기부터 이슬람 복고운동(와하비즘)과 결합해 성장한 사우드 가문의 네지드왕국이 통치하고 있었다. 사우드 가문은 1924년 헤자즈를 침공하여 후세인을 퇴위시키고 이듬해에 국가를 통합한 뒤 1932년 지금의 사우디아라비아왕국을 세웠다. 그 영토는 헤자즈, 네지드, 동부 아라비아, 남부 아라비아 등 네 지방으로 구성되었다.

아랍 지역이 영국과 프랑스의 위임통치령 및 사우디아라비아왕국 등으로 재편되는 사이, 오스만제국은 해체 수순을 밟았다. 1920년 8월에 세브르조약을 통해 북아프리카는 영국(이집트)과 프랑스(모로코, 튀니지)의 보호령으로 바뀌었고 아랍 지역도 두 나라가 위임통치하게 되었다. 수도였던 콘스탄티노폴리스 및 아시아와 유럽 사이의 두 해협(다르다넬스·보스포루스)은 승전국이 공동 관리하기로 하고 그 밖의 유럽 영토는 그리스가 차지했다. 오스만제국의 영토는 앙카라를 중심으로 하는 아나톨리아 북부로 축소됐다.

1차 세계대전에서 국민 영웅으로 떠오른 무스타파 케말은 세브르조약에 불복하고 독립전쟁을 시작했고, 아나톨리아반도를 점령한 연합군과 4년간 싸운 끝에 현재 튀르키예 영토 대부분을 수복했다. 1922년 오스만제국이 최종적으로 멸망한 뒤 1923년 8월 1차 세계대전의 연합국과 로잔조약을 맺었는데, 튀르키예는 이를 통해 콘스탄티노폴리스와 아나톨리아 전 지역을 회복하고 흑해와 지중해의 두 해협도 되찾았으며 아르메니아 지역도 회복했다. 그해 10월 튀르키예공화국을 건국하고 케말이 초대 대통령(임기 1923~1938)이 되었다. 그리고 수도를 아나톨리아반도 내륙의 앙카라로 옮겼다. 천 년 넘게 수도 역할을 해온 콘스탄티노폴리스의 공식 명칭은 '이스탄불'로 바뀌었다.

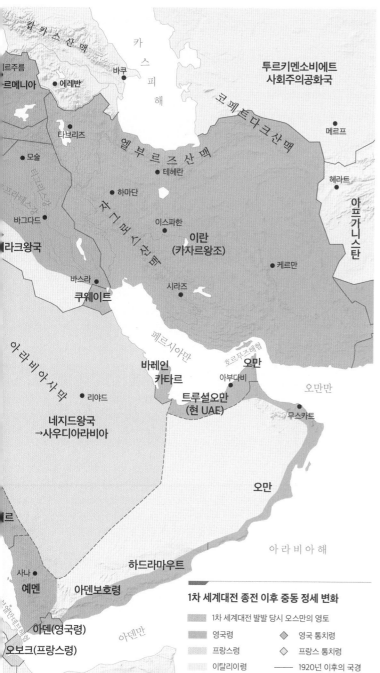

투르크멘소비에트사회주의공화국

코페트다크산맥

메르프

헤라트

아프가니스탄

바쿠

카스피해

엘부르즈산맥

르주름

르메니아

에레반

타브리즈

모술

테헤란

하마단

이스파한

케르만

이란
(카자르왕조)

자그로스산맥

바그다드

라크왕국

바스라

쿠웨이트

시라즈

페르시아만

호르무즈해협

오만

아부다비

바레인

카타르

트루셜오만
(현 UAE)

오만만

무스카트

아라비아사막

리야드

네지드왕국
→사우디아라비아

오만

아라비아해

하드라마우트

르

사나

예멘

아덴보호령

아덴만

아덴(영국령)

오보크(프랑스령)

**1차 세계대전 종전 이후 중동 정세 변화**

| | |
|---|---|
| 1차 세계대전 발발 당시 오스만의 영토 | |
| 영국령 | ◆ 영국 통치령 |
| 프랑스령 | ◆ 프랑스 통치령 |
| 이탈리아령 | — 1920년 이후의 국경 |

# 전간기 유럽과 식민지의 상황

1차 세계대전 이후 승전국과 패전국은 여러 조약을 통해 국경선을 조정했고 폴란드, 발트3국, 핀란드 같은 새로운 국가도 탄생했다. 영국과 프랑스는 독일, 오스트리아헝가리제국, 오스만제국의 영토와 식민지를 위임통치하기 시작했다. 한편 러시아에서는 1917~1922년 혁명과 적백내전을 거쳐 1922년 소련이 수립됐다. 1920년대 들어 세계는 점차 안정을 찾아가는 듯했으나, 1929년 미국 뉴욕에서 주가가 폭락하면서 시작된 경제위기가 전 세계 자본주의 국가로 확산되면서 1930년대 내내 경제대공황을 겪어야 했다. 바로 이 위기상황에서 전체주의 정권이 등장했다.

이탈리아에서 1922년 무솔리니가 주도하는 파시스트당이 권력을 장악한 데 이어 독일에서는 대공황의 도래와 함께 나치가 기승을 부리더니 1933년 히틀러가 권력을 장악했다. 이탈리아는 1935년 에티오피아를 침공하여 합병했는

## 2차 세계대전 직전의 세계, 1936년

| | |
|---|---|
| ■ 영국과 그 식민지 | ■ 소련 |
| ■ 프랑스와 그 식민지 | ■ 독일 |
| ■ 에스파냐와 그 식민지 | ■ 일본과 그 식민지 |
| ■ 포르투갈과 그 식민지 | ■ 미국과 그 식민지 |
| ■ 네덜란드와 그 식민지 | ■ 이탈리아와 그 식민지 |
| ■ 벨기에와 그 식민지 | |

## 에스파냐내전, 1936~1939년

| | |
|---|---|
| ▨ 1936년 국민파 점령 지역 | ■ 국민파 주요 기지 |
| ▨ 1937년 국민파 점령 지역 | ■ 공화파 주요 기지 |
| ■ 1939년 국민파 점령 지역 | ☐ 바스크 지방 |
| ⋯⋯ 지원국의 해군 정찰대 | ☐ 카탈루냐 지방 |

데, 이에 대해 국제연맹이 제재를 가하려 하자 무솔리니는 국제연맹에서 탈퇴하고 독일과 동맹을 맺었다. 1936년 3월 히틀러는 독일과 프랑스 국경의 비무장지대였던 라인란트에 군대를 배치했다. 아시아의 일본도 이 대열에 합류했다. 1931년 만주를 침략한 데 이어 1937년에는 중일전쟁을 일으켜 중화민국의 수도 난징과 상하이를 점령하는 등 중국 동부 지역을 장악했다.

에스파냐에서는 1936년 좌파 인민전선이 집권하자 프랑코가 이끄는 국민파가 쿠데타를 일으키면서 내전이 발발했다. 3년 넘게 이어진 내전 과정에서 독일과 이탈리아가 프랑코를 원조하면서 자국의 군대와 무기를 시험했다. 1937년 4월 26일 게르니카에서 독일군의 공중 폭격으로 2000여 명의 시민이 희생되었다. 반면 소련은 공화파를 지원했다. 코민테른은 공화파 군대에 무기를 공급하는 한편 코민테른 산하 '국제여단'을 조직하여 약 3만 5000명의 지원병을 에스파

냐로 보냈다. 그러나 에스파냐내전은 1939년 프랑코가 이끄는 국민파의 승리로 끝났다.

1938년 히틀러는 독일어권 지역의 통일을 목표로 삼은 뒤, 그해 3월 오스트리아를 병합하고 9월에는 뮌헨회담을 통해 체코슬로바키아 주데텐란트를 차지했다. 6개월 뒤에는 체코슬로바키아의 비독일어권 지역까지 완전히 점령했다. 폴란드 공격을 계획하던 독일은 동쪽으로의 세력 팽창의 가장 큰 걸림돌이던 소련과 1939년 8월 불가침조약을 맺었다. 그리고 1939년 9월 1일 히틀러가 폴란드를 전격 침공함으로써 2차 세계대전이 시작됐다. 양국이 맺은 조약에 따라 소련은 러시아폴란드전쟁(1919~1920) 때 상실한 영토를 회복했다.

이제 2차 세계대전 발발 당시의 전 세계 상황을 보자. 전 세계 인구의 3분의 1 이상이 식민통치를 받고 있었다. 아프리카는 라이베리아와 남아프리카연방을 제외한 모든 지역이 유럽의 식민지였다. 영국의 영토는 남북으로 길게 이어졌고, 기니만을 중심으로 서쪽으로도 퍼져 있었다. 탕가니카의 과거 독일 식민지도 영국이 신탁통치했다. 프랑스는 아프리카 대륙의 북서부를 점유했다. 토고와 독일령 카메룬 또한 프랑스가 신탁통치했다. 대륙의 나머지는 포르투갈, 벨기에, 이탈리아, 에스파냐가 분점했다.

아시아도 크게 다르지 않았다. 중동은 사우디아라비아와 이라크를 제외하고 프랑스(레바논과 시리아)와 영국(팔레스타인과 트란스요르단)의 통치를 받았다. 아라비아반도에서는 지금의 쿠웨이트, 바레인, 카타르, 아랍에미리트, 오만, 예멘이 영국의 지배를 받고 있었다. 더 동쪽의 인도, 버마, 말레이시아, 싱가포르, 그리고 보르네오의 북부는 영국의 소유였고 인도네시아 대부분은 네덜란드가 지배했으며, 인도차이나는 프랑스, 필리핀은 미국이 지배했다.

**히틀러와 무솔리니** 1936년 히틀러와 무솔리니는 독일과 이탈리아의 비밀동맹을 결성했다. 이후 이탈리아는 독일의 1938년 주데텐란트 병합과 이듬해 오스트리아 및 체코슬로바키아 합병을 지지했다. 이후 양국은 '강철조약'을 맺고 추축국 결성을 공식화했다. 사진은 1940년 독일 뮌헨에서 만난 두 사람의 모습.

# 2차 세계대전: 유럽과 지중해 지역

**2차 세계대전 초 독일과
소련의 폴란드 점령**

   독일

   독일 점령 지역

   독일 동맹국(추축국)

   소련

   소련 점령 지역

───  독·소 분할 점령선

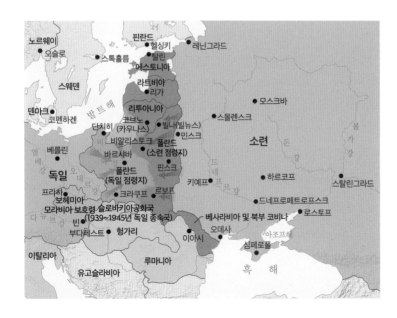

1939년 9월 1일 히틀러의 독일이 폴란드를 침공하면서 2차 세계대전이 시작되었다. 이틀 뒤 프랑스가 독일에 선전포고했다. 폴란드군의 강한 저항에도 독일은 폴란드 서부를 순식간에 점령했다. 소련도 독소불가침조약에 따라 폴란드 동부를 점령했다. 그 결과 9월 28일 독일군이 바르샤바를 함락하고 소련과 폴란드 영토를 분할 점령했다. 프랑스가 마지노선 뒤에서 사태를 관망하는 사이 독일은 1940년 4월 오슬로를 비롯한 노르웨이와 덴마크의 주요 항구를 점령하고 5월에는 네덜란드, 벨기에, 프랑스를 차례로 침공했다. 독일군에 의해 후방이 차단된 영국군과 프랑스군은 됭케르크에서 철수했다. 6월 14일 히틀러의 독일군은 파리에서 성대한 개선식을 열었다. 프랑스는 독일이 정복한 북부와 친나치 비시정부가 통치하는 남부로 나뉘었다. 이어서 독일은 프랑스령 알제리, 모로코, 튀니지를 확보했고 이탈리아는 영국령 소말리아와 리비아를 점령했다.

독일의 다음 목표는 바다 건너 영국이었다. 1940년 11~12월 영국에 대규모 폭격을 가했지만 방공망 무력화에 실패해 결국 침공 계획을 포기했다. 하지만 발칸반도에서는 승리했다. 1940년 루마니아를 정복했고, 이후 헝가리, 슬로바키아, 불가리아가 차례로 추축국에 합류했다. 그해 가을 이탈리아는 이집트와 그리스 공격에 실패했지만, 독일군은 1941년 4월 유고슬라비아와 그리스, 5월에 크레타섬을 점령했다. 북아프리카에서는 롬멜이 이끄는 독일군이 리비아 동부를 장악했다.

1941년 6월 히틀러는 독소불가침조약을 깨고 대소련전쟁을 개시했다. 북쪽으로 발트3국(1940년 말 소련이 합병)을 거쳐 9월에 레닌그라드를 포위하고 남쪽으로는 크림반도를 점령했다. 독일 중앙군은 11월경 모스크바에 접근했다. 겨울이 되자 독일군은 모스크바 외곽에서 철수했다가 1942년 봄에 돈강을 따라 캅카스 지역에 이른 뒤 볼가강을 타고 북상, 8월에 스탈린그라드에서 전투를 시작했다.

북아프리카에서는 롬멜이 리비아 동북쪽의 투브루크를 점령하고 수에즈운하를 공략했다. 그러나 1942년 7월과 10월 몽고메리가 이끄는 영국군이 엘알라메인에서 독일군 아프리카군단을 격퇴했다. 그로부터 한 달 뒤 아이젠하워가 이끄는 연합군이 모로코에 상륙해 협공을 펼치자 독일군 아프리카군단은 튀니지로 후퇴했다가 결국 1943년 5월 항복했다. 북아프리카를 장악한 연합군은 그해 9월 시칠리아를 교두보로 삼아 이탈리아 본토에 상륙했고, 구스타프라인을 사이에 두고 독일군과 대치했다.

1943년 2월 스탈린그라드전투에서 독일군이 항복했다. 독일군 80만 명, 소련군은 100만 명 이상의 사상자를 낸 이 전투는 전 유럽 전선의 결정적 전환점이 되었다. 이때부터 동부전선에서는 소련군이 공세로 전환했다. 1944년 1월 레

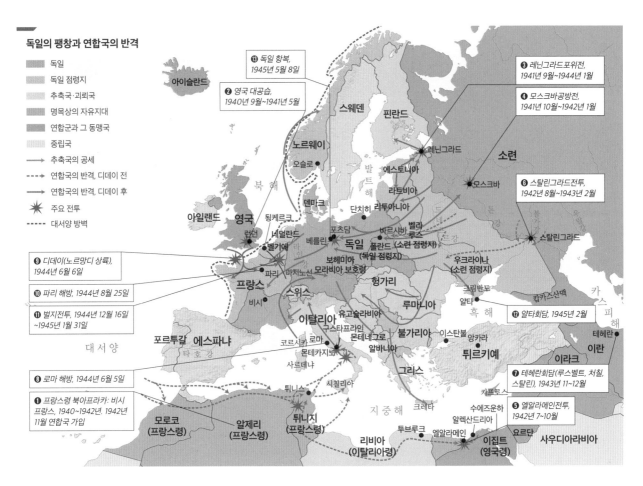

**독일의 팽창과 연합국의 반격**

- 독일
- 독일 점령지
- 추축국·괴뢰국
- 명목상의 자유지대
- 연합군과 그 동맹국
- 중립국
- → 추축국의 공세
- --→ 연합국의 반격, 디데이 전
- → 연합국의 반격, 디데이 후
- ✸ 주요 전투
- ---- 대서양 방벽

❸ 레닌그라드포위전, 1941년 9월~1944년 1월

❹ 모스크바공방전, 1941년 10월~1942년 1월

❻ 스탈린그라드전투, 1942년 8월~1943년 2월

❷ 영국 대공습, 1940년 9월~1941년 5월

❸ 독일 항복, 1945년 5월 8일

⑫ 얄타회담, 1945년 2월

❾ 디데이(노르망디 상륙), 1944년 6월 6일

⑩ 파리 해방, 1944년 8월 25일

⑪ 벌지전투, 1944년 12월 16일 ~1945년 1월 31일

❼ 테헤란회담(루스벨트, 처칠, 스탈린), 1943년 11~12월

❽ 로마 해방, 1944년 6월 5일

❺ 엘알라메인전투, 1942년 7~10월

❶ 프랑스령 북아프라카: 비시 프랑스, 1940~1942년. 1942년 11월 연합국 가입

닌그라드 포위전에서 승리한 데 이어 벨라루스를 거쳐 폴란드로 진격했다. 같은 시기 남부전선에서는 소련군이 우크라이나와 크림반도를 탈환했으며, 그 밖의 연합군은 이탈리아에서 구스타프라인을 돌파하고 6월 5일 로마를 해방시켰다.

1944년 6월 6일(디데이) 노르망디 상륙작전은 독일의 패전을 사실상 결정했다. 대서양 방벽을 따라 상륙한 연합군은 해안지대를 교두보 삼아 라인강 방면으로 진격했다. 1944년 8월 연합군은 레지스탕스가 이미 봉기한 파리를 해방시켰고, 9월에는 벨기에에서 독일군을 몰아냈다. 1944년 12월 독일이 아르덴에서 대규모 반격을 시도했지만(벌지전투) 얼마 후 연합군이 제공권을 장악하였고, 이듬해 1월 말 독일군은 후퇴했다. 이때부터 독일 본토 진공을 실시하여, 서부에서는 미군이 라인강을 건넜고 동부에서는 소련군이 폴란드, 헝가리, 체코슬로바키아

등을 점령하며 베를린으로 향했다. 1945년 4월 30일 히틀러가 자살했고 이틀 뒤에는 소련군이 베를린을 점령했다. 결국 5월 8일 독일 육군 원수 빌헬름 카이텔이 항복문서에 서명했다.

**유럽의 해방**

- 연합국이 해방시킨 국가
- 소련
- 소련이 해방시킨 국가와 지역
- 공산주의 민족운동으로 해방된 국가

# 2차 세계대전: 아시아 태평양 지역

**1931년 9월**
만주사변

**1932년 3월**
만주국 건국

**1933년 2월**
일본, 국제연맹 탈퇴

**1937년 7월**
중일전쟁 발발

**1937년 12월**
일본, 난징에서 20여 만 명 학살

**1938년 4월**
일본, 국가총동원법 제정

**1940년 9월**
일본이 독일·이탈리아와
삼국동맹조약 체결

**1941년 7월**
일본이 프랑스령 인도차이나 점령

**1941년 12월**
일본이 진주만 공습하고
영국 식민지 홍콩 점령

**1942년 5월**
일본이 미국 식민지 필리핀 점령

**1942년 6월**
미군이 미드웨이해전에서
일본 항공모함 네 척 격파

**1943년 2월**
미군이 과다카날 탈환

**1943년 3월**
일본이 징병제 공포

**1944년 7월**
미국 태평양함대가 사이판 점령

**1945년 5월**
유럽전선에서 독일 항복

**1945년 8월**
히로시마·나가사키 원폭 투하
일본 무조건 항복

1939년 9월 독일의 폴란드 침공으로 2차 세계대전이 발발했을 무렵에 동북아시아에서는 이미 몇 년째 전쟁이 이어지고 있었다. 일본은 중국의 정치적 혼란을 틈타 1931년 만주를 침략하여 이듬해 만주국이라는 괴뢰국을 세운 데 이어 차츰 화북 지역으로 세력을 확장했다. 그러더니 1937년 루거우차오(노구교)사건을 계기로 중화민국과 전면전을 실시했다. 1940년에는 일본이 중국 동부 대부분을 점령하고 있었다. 그해 9월 일본은 독일, 이탈리아와 삼국동맹조약을 체결했다. 이때부터 베를린-로마-도쿄의 축이 형성되었으며, 따라서 이 세 나라를 '추축국(樞軸國)'이라고 부른다.

중국의 핵심 지역을 장악한 일본은 제국주의 식민 강대국의 야심을 키우며 동남아시아로 시선을 돌렸다. 일본이 1941년 7월 프랑스령 인도차이나를 장악하자 미국은 맥아더를 필리핀의 미군 사령관으로 임명하고 일본에 대한 석유와

철강 및 고무 수출을 금지했다. 그러자 일본은 그해 12월 7일 하와이 진주만의 미국 해군기지를 기습했다.

그때까지 미국은 영국을 비롯한 연합국에 무기를 지원할 뿐 직접 파병과 참전은 하지 않고 있었다. 하지만 일본군의 진주만 공습 이튿날, 루스벨트 대통령은 일본 및 추축국에 선전포고를 하고 본격 참전했다. 한편 진주만 공습으로 태평양전선에서 미국에 우위를 점한 일본은 영국 식민지 홍콩(1941. 12.)과 싱가포르(1942. 2.), 네덜란드령 인도네시아를 점령하고, 1942년 5월에는 미국 식민지 필리핀의 항복을 받아냈다. 이후 몇 달간 버마에서 뉴기니, 솔로몬제도에 이르는 전선에서 서구 열강과 오스트레일리아 군대를 제압했다.

미군도 반격에 나서, 1942년 6월 미드웨이해전에서 일본 항공모함 네 척을 격침했다. 이 전투를 계기로 태평양전선의 주도권이 연합국에

게 넘어왔다. 이후 미국은 '섬 건너뛰기' 작전을 펼쳤다. 일본군의 주요 거점을 우회해 보급선을 차단하는 것이 목표였다. 그해 7월 일본군이 과달카날을 점령하여 오스트레일리아 동부 해안과 뉴질랜드로 나아갈 거점을 마련하자 미군은 8월 그 섬을 공격하여 1943년 2월 탈환에 성공했다. 이때부터 미군은 솔로몬제도, 길버트제도, 마셜제도 등을 차례로 탈환하며 일본군을 압박했다. 1944년 7월 니미츠 제독이 지휘하는 태평양함대가 마리아나제도의 사이판을 점령하고 일본의 방어선을 돌파하여 필리핀으로 가는 길을 열었다. 그리고 10월 미군은 레이테만전투에서 승리하여 필리핀에 거점을 마련한 데 이어 1945년 3월에 이오지마, 6월에는 오키나와를 점령했다.

연합군의 일본 본토 공격이 임박하자 미국은

**두리틀공습** 1942년 4월 18일 새벽, 미 해군 항공모함 호넷에서 두리틀폭격대의 B-25기가 이륙하고 있다. 진주만 공습에 대한 반격으로, 제임스 두리틀 중령이 지휘하는 비행단이 일본의 도쿄, 요코하마, 요코스카, 나고야, 고베 등지를 동시 타격했다.

무조건 항복을 요구했지만 일본 정부는 이를 거부하고 가미카제작전을 펼치며 저항했다. 미국은 8월 6일과 9일에 각각 히로시마와 나가사키에 원자폭탄을 투하했고, 8월 15일 일본 천황은 항복을 선언했다. 1945년 9월 2일 미주리호 선상에서 일본 대표가 항복문서에 서명함으로써 2차 세계대전이 마침내 끝났다.

**일본의 팽창과 연합국의 반격**

- ▨ 1931년 이전 일본 영토
- ▨ 1931~1937년 점령
- ▨ 중일전쟁 기간 점령
- ▨ 태평양전쟁 기간 점령
- • 일본군 위안소 설치 지역
- ❶~❻ 일본군의 공세
- ❶~❼ 연합군의 반격

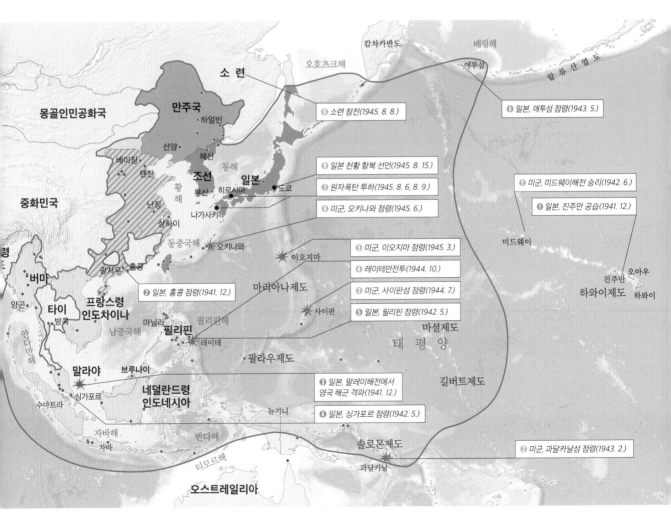

- ❻ 소련 참전(1945. 8. 8.)
- ❻ 일본, 애투섬 점령(1943. 5.)
- ❼ 일본 천황 항복 선언(1945. 8. 15.)
- ❼ 원자폭탄 투하(1945. 8. 6, 8. 9.)
- ❻ 미군, 오키나와 점령(1945. 6.)
- ❶ 미군, 미드웨이해전 승리(1942. 6.)
- ❶ 일본, 진주만 공습(1941. 12.)
- ❺ 미군, 이오지마 점령(1945. 3.)
- ❹ 레이테만전투(1944. 10.)
- ❸ 미군, 사이판섬 점령(1944. 7.)
- ❺ 일본, 필리핀 점령(1942. 5.)
- ❷ 일본, 홍콩 점령(1941. 12.)
- ❸ 일본, 말레이해전에서 영국 해군 격파(1941. 12.)
- ❹ 일본, 싱가포르 점령(1942. 5.)
- ❷ 미군, 과달카날섬 점령(1943. 2.)

지도 지명: 캄차카반도, 베링해, 오호츠크해, 애투섬, 알류산열도, 소련, 만주국, 하얼빈, 몽골인민공화국, 선양, 혜산, 동해, 베이징, 톈진, 조선, 일본, 도쿄, 중화민국, 난징, 부산, 히로시마, 황해, 상하이, 나가사키, 미드웨이, 동중국해, 오키나와, 광저우, 홍콩, 이오지마, 오아우, 진주만, 하와이제도, 하와이, 버마, 마라아나제도, 양곤, 프랑스령 인도차이나, 타이, 방콕, 마닐라, 필리핀해, 필리핀, 남중국해, 레이테, 사이판, 마셜제도, 태평양, 안다만해, 말라야, 브루나이, 팔라우제도, 길버트제도, 싱가포르, 네덜란드령 인도네시아, 수마트라, 뉴기니, 자바해, 자바, 반다해, 솔로몬제도, 티모르해, 과달카날, 오스트레일리아

# 도쿄와 뉘른베르크 전범재판

1차 세계대전(1914~1918)이 벌어진 4년 동안 1000만 명의 군인과 8000만 명의 민간인이 사망했고, 그 와중에 오스만제국에서는 아르메니아계 기독교도 민간인을 대상으로 학살이 벌어졌다. 1918년 승리한 연합국은 독일 황제 빌헬름 2세와 오스만제국의 탈라트 파샤를 비롯한 전시 수뇌부의 전범재판을 시도했으나, 소수의 하급 군인과 관리를 처벌하는 데 그쳤다. 20년 후에 발발한 2차 세계대전에서는 수백만 명의 인종·정치 학살을 포함해 5000만 명의 군인과 민간인이 희생됐다. 전후 연합국은 독일과 일본의 지도자를 국제법정에 세워 침략전쟁 및 잔학행위를 처벌했고, 수만 명의 일반 전범을 각국 법정에 세웠다.

2차 세계대전이 진행 중이던 1943년 10월 30일 미국·영국·소련은 잔학행위에 관한 모스크바선언을 통해 전후 독일의 일반 전범은 피해국으로 송환하여 사법처리하되, "범행 장소를 특정할 수 없는" 수뇌부의 처벌은 미·영·소 3국의 "공동 결정에 맡긴다"라고 발표했다. 독일군에 의해 국토가 유린당하고 수백만 명이 사망한 소련이 모스크바선언을 근거로 1943년 12월 하리코프에서 최초로 독일인을 법정에 세우면서 전범재판이 시작되었다.

1945년 5월 8일 독일이 항복한 뒤 미국·영국·프랑스·소련 4국은 주요 전범을 기소할 런던협정 및 국제군사재판소헌장에 합의했다(1945. 8. 8.). 전범 대다수의 신병을 확보한 군사재판소 재판부 및 검찰은 ①평화에 반한 죄, ②전쟁범죄, ③인도에 반한 죄를 처벌 대상으로 정하고, 피고인이 속한 조직은 "범죄조직"으로 간주해 각국 법원에서 그 조직원을 처벌할 수 있게 했다. 이에 따라 1946년 10월 뉘른베르크 군사재판소는 기소된 피고인 24명 중 19명에게 유죄(12명 사형)를 선고했고, 기소된 6개 조직 중 나치당 지도부와 게슈타포, 친위대 등 3개 조직을 범죄조직으로 선언했다.

한편 연합국은 태평양전선에서 일본이 저지른 전쟁범죄를 대상으로도 재판을 개시했다. 1948년 11월 12일 도쿄 군사재판소 재판부는 일본의 전시 지도자 28명 중 25명에게 유죄를 선고했다(사형 7명, 종신형 16명, 유기징역 2명). 하지만 자국민에 대한 잔학행위(즉 인도에 반한 죄)는 처벌 대상으로 삼지 않아서 히로히토 천황과 731부대 등은 아예 기소하지 않았다. 일제에 강제동원된 조선인 하급 군속 148명을 비롯한 5700명의 BC급 전범은 각 지역의 재판소(네덜란드 지배 지역 12개소, 영국 지배 지역 11개소, 중국 10개소, 오스트레일리아 9개소, 미국 점령 지역 5개소, 프랑스 지배 지역과 필리핀에 각 1개소 등 총 49개 재판소)에 기소되어 이 가운데 사형을 선고받은 984명을 비롯하여 총 4403명이 처벌됐다(조선인은 148명 처벌, 그중 23명 사형).

**| 재판국별 일본 국적 전범자 현황**

*( )안의 숫자는 조선인
** 기타는 공소기각, 피고인 사망 및 도망 등의 경우

|  | 미국 | 영국 | 호주 | 네덜란드 | 프랑스 | 필리핀 | 중국 | 합계 |
|---|---|---|---|---|---|---|---|---|
| 재판 수 | 456 | 330 | 294 | 448 | 39 | 72 | 605 | 2244 |
| 기소자 | 1453(3) | 978(56) | 949(5) | 1038(68) | 230 | 169 | 883(16) | 5700(148) |
| 사형 | 143(1) | 223(10) | 153 | 236(4) | 63 | 17 | 149(8) | 984(23) |
| 무기형 | 162 | 54(9) | 37(1) | 28 | 23 | 87 | 83(8) | 475(18) |
| 유기형 | 871(2) | 502(37) | 455(4) | 705(64) | 112 | 27 | 272 | 2944(107) |
| 무죄 | 188 | 116 | 267 | 55 | 31 | 11 | 350 | 1018 |
| 기타 | 89 | 83 | 36 | 14 | 1 | 27 | 29 | 279 |

## 제네바협약 및 추가 의정서 당사국

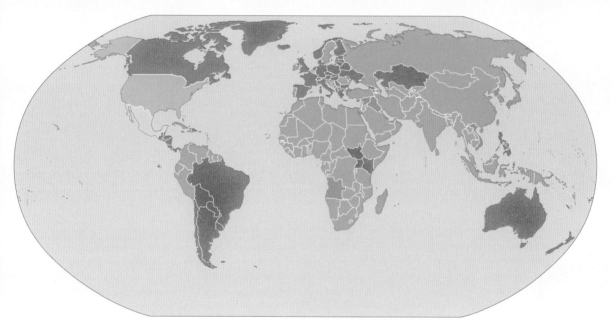

- 1949년 제네바협약에만 가입한 국가
- 제네바협약 및 추가 의정서1 가입국
- 제네바협약 및 추가 의정서3 가입국
- 제네바협약 및 추가 의정서1, 2 가입국
- 제네바협약 및 추가 의정서1, 2, 3 가입국
- 제네바협약 및 추가 의정서1, 3 가입국

■ 제네바협약은 1949년에 제네바에서 채택된 네 가지 조약이다. 전투 지역에 있는 군대의 병상자의 상태 개선 조약, 해상에 있는 군대의 병상자 및 난선자의 상태 개선 조약, 포로 대우에 관한 조약, 전시(戰時)에서의 민간인 보호 조약으로 구성되어 있다. 이후 기존의 협약에 세 개의 의정서가 추가되었다. 1977년에는 국제 분쟁에서의 규칙을 다루는 추가 의정서1과 국내 분쟁에서의 규칙을 다루는 추가 의정서2가 채택되었고, 2005년에는 기존의 적십자 표장과 이슬람권에서 사용하던 적신월 표장 대신 새로운 적수정 표장을 단일 상징으로 정한 추가 의정서3이 채택되었다.

조선인은 일제강점기에 일본 국적이었다는 이유로 전범으로 처벌됐다. 샌프란시스코평화조약 제11조에서 처벌의 대상을 '일본인 국민'으로 한정했으나, 일본 법원은 조선인 전범은 전쟁 당시 일본인이었으므로 계속 형을 집행해야 한다고 결정했다. 그에 반해 일본인 A급 전범 다수는 애초에 법정에 기소조차 되지 않고, 기소된 A급 전범 중에서도 일부는 형기를 마치기 전에 가석방되었다.

뉘른베르크와 도쿄에서 규정한 전범 처벌의 원칙은 1990년대 유고 및 르완다에서 발생한 인종청소를 국제형사재판을 통해 단죄하고, 2003년 네덜란드 헤이그에 국제형사재판소(ICC)를 설립하면서 오늘날까지 이어지고 있다. 2024년 12월 현재 우크라이나전쟁의 범죄 혐의로 블라디미르 푸틴 러시아 대통령, 팔레스타인전쟁의 범죄 혐의로 베냐민 네타냐후 이스라엘 총리, 로힝야족 말살 혐의로 민 야웅 흘라잉 미얀마 총사령관 등이 ICC에 기소되어 있다. 또한 세계 각국은 1949년 제네바협약을 체결하여 전쟁으로 인한 희생자의 보호를 결의하고, 이후 세 개의 추가 의정서를 채택하여 오늘에 이르고 있다.

# 냉전

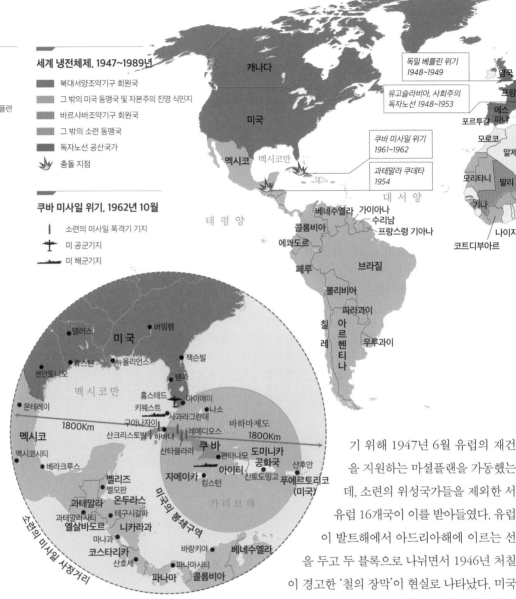

**1947년 7~8월**
포츠담회담

**1947년**
미국이 유럽 재건을 위한 마셜플랜 가동

**1948년 6월~1949년 5월**
베를린 위기

**1949년**
북대서양조약기구 결성
중화인민공화국 건국

**1950~1953년**
한국전쟁

**1955년**
바르샤바조약기구 결성

**1959년**
쿠바혁명

**1961년**
베를린장벽 설치

**1962년**
쿠바 미사일 위기

**1965~1973년**
베트남전쟁 미국이 군사 개입

**1966년**
중국 문화대혁명 개시

**1972년**
닉슨의 중국 방문과 중국 문호개방

**1979년**
소련이 아프가니스탄 침공

**1985년**
고르바초프가 개혁개방 실시

**1989년**
몰타회담으로 냉전 종식

**1991년**
소련 해체

**세계 냉전체제, 1947~1989년**

북대서양조약기구 회원국
그 밖의 미국 동맹국 및 자본주의 진영 식민지
바르샤바조약기구 회원국
그 밖의 소련 동맹국
독자노선 공산국가
충돌 지점

**쿠바 미사일 위기, 1962년 10월**

소련의 미사일 폭격기 기지
미 공군기지
미 해군기지

2차 세계대전이 끝나면서 세계는 미국이 이끄는 자본주의 진영과 소련이 이끄는 공산주의 진영으로 갈라졌다. 미국은 일찍부터 소련을 위협적인 존재로 여겼지만 독일과 맞서 싸우기 위해 동맹을 맺었다. 그러나 전후 공동의 적이 사라지자 양측의 대립이 수면 위로 떠올랐다. 가장 먼저 나타난 현상은 동유럽에 소련의 영향을 받은 사회주의 위성국가가 등장한 것이다. 그러자 미국은 소련의 팽창과 사회주의의 확산을 막

기 위해 1947년 6월 유럽의 재건을 지원하는 마셜플랜을 가동했는데, 소련의 위성국가들을 제외한 서유럽 16개국이 이를 받아들였다. 유럽이 발트해에서 아드리아해에 이르는 선을 두고 두 블록으로 나뉘면서 1946년 처칠이 경고한 '철의 장막'이 현실로 나타났다. 미국과 소련 두 나라의 패권이 중부 유럽에서 맞부딪치면서 냉전이 시작되었다.

양 진영이 처음 충돌한 사건은 독일에서 일어난 베를린 위기(베를린 공수작전, 1948~1949)였다. 당시 독일은 포츠담회담(1945) 결과에 따라 영국, 프랑스, 소련, 미국 등 4개국 연합군이 나누어 관리하고 있었고, 소련 관리 지역 안에 위치한 수도 베를린도 4개 구역으로 나눠서 들이 공동 관리했다. 그런데 미국의 마셜플랜에 불만을 품은 소련이 1948년 6월 베를린의 다

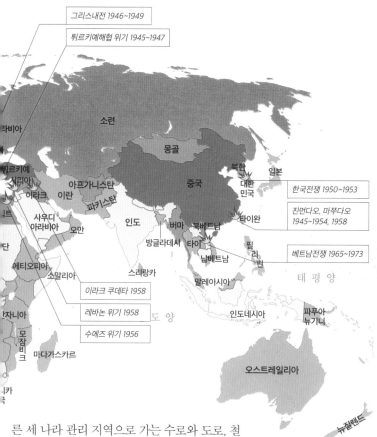

그리스내전 1946~1949

튀르키예해협 위기 1945~1947

소련

몽골

라비아

북한

일본

튀르키예

아프가니스탄

이란

중국

대한
민국

이라크

파키스탄

타이완

사우디
아라비아

오만

인도

버마

북베트남

한국전쟁 1950~1953

진먼다오, 마쭈다오
1945~1954, 1958

단

방글라데시

타이

에티오피아

소말리아

스리랑카

남베트남

필
리
핀

베트남전쟁 1965~1973

자니아

이라크 쿠데타 1958

태 평 양

도 양

레바논 위기 1958

말레이시아

모
잠
비
크

수에즈 위기 1956

마다가스카르

인도네시아

파푸아
뉴기니

카

오스트레일리아

뉴질랜드

른 세 나라 관리 지역으로 가는 수로와 도로, 철도를 봉쇄했다. 그러자 세 나라는 다음 해 5월까지 230만 톤의 물자를 서베를린 지역에 공수하며 버텼고, 결국 소련은 베를린 봉쇄를 풀 수밖에 없었다. 얼마 후 영국, 프랑스, 미국이 점령한 지역은 독일연방공화국(서독, 1949. 9.)을 수립하고, 소련이 점령한 지역은 독일민주공화국(동독, 1949. 10.)을 수립하며 독일은 분단되었다. 동독 지역에 위치한 베를린의 영국, 프랑스, 미국 3개국 관리 지역(서베를린)은 이후 40년간 '냉전의 상징'으로 남았다.

이후 미소 양 진영은 본격적인 냉전에 돌입했다. 자본주의 진영은 1949년 북대서양조약기구(NATO)라는 군사방어동맹을 결성했다. 미국, 캐나다와 서유럽 여러 국가들이 창설했고, 3년 후에는 튀르키예와 그리스가 가입했다. 공산주의 진영은 1955년 바르샤바조약기구를 설립하여 NATO에 대응했으며, 유고슬라비아를 제외한 모든 동유럽 국가가 이곳으로 결집했다.

냉전은 아시아에도 여러 분단국을 만들었다.

한반도는 1948년 남과 북에 각각 정부가 들어섰고, 그 여파로 한국전쟁(1950~1953)을 겪었다. 중국에서는 국공내전에서 승리한 공산당이 1949년 중화인민공화국을 수립했고 국민당은 타이완섬으로 이동하여 중화민국을 유지했다. 이 나라들의 갈등은 현재까지 지속되고 있다. 베트남의 경우는 프랑스로부터 독립한 뒤 남(자본주의)과 북(사회주의)으로 분단되었다가 베트남전쟁(1965~1973)을 통해 북베트남 중심으로 통일을 이루고 1976년 베트남사회주의공화국을 수립했다.

미국과 소련은 핵무기를 포함하는 군비 경쟁을 벌였지만 직접 충돌하지는 않았다. 그 대신 서로 우방을 지원하며 전 세계에서 크고 작은 대리전쟁을 벌였다. 한국전쟁, 쿠바 미사일 위기, 베트남전쟁이 그 결과였다. 그러나 1960년대 중반 이후 냉전질서가 변하기 시작했다. 동유럽 국가들의 자유화운동, 중국과 소련의 국경 분쟁, 닉슨 독트린과 미중수교 등으로 국제관계가 변화한 것이다. 결국 1989년 12월 지중해 몰타섬에서 미국 대통령 조지 H. W. 부시와 소련 공산당 서기장 고르바초프가 만나 냉전 종식을 선언했다. 그리고 1991년 소련은 붕괴하여 역사의 무대에서 사라졌다.

**베를린 위기, 1948~1949년**

▦ 영국 관리 지역

▤ 미국 관리 지역

▥ 프랑스 관리 지역

■ 소련 관리 지역

⟷ 항공로

✈ 베를린 내 공항

▨ 1945년 이후 폴란드 영토

■ 1945년 이후 소련 영토

덴마크

칼리닌그라드

함부르크

베를린

네덜란드

하노버

폴란드

벨기에

서독

동독

룩셈부르크

본

체코슬로바키아

프랑크푸르트

테겔

베를린

프랑스

가토

템펠호프

스위스

오스트리아

# 첨단 과학의 격돌,
# 달 탐사

**아폴로 11호 달 착륙** 1969년 7월 20일, 닐 암스트롱과 버즈 올드린, 마이클 콜린스가 약 6억 명의 지구인이 TV를 통해 생중계로 지켜보는 가운데 달에 착륙했다. 사진은 올드린이 달에서 지구까지 거리를 측정하고 태양풍의 화학성분을 분석하고 달의 지진활동을 측정할 장비를 설치하는 모습.

현재 6000~1만 대의 인공위성이 지구궤도를 가득 채우고 있다. 수십 대의 우주망원경은 물론 여러 대의 행성탐사선이 지구 밖 우주에서 활동하고 있다. 그런데 인류의 우주탐험은 아이러니하게도 전쟁 중에 시작되고 발전했다.

2차 세계대전이 한창이던 1942년, 독일의 과학자 베르너 폰 브라운은 A-4 로켓 발사에 성공했다(상승고도 85킬로미터, 발사거리 191킬로미터). 그리고 이 로켓은 V-2라는 이름으로 1944년 9월 영국 런던으로 발사됐다. 이로 인해 약 9000명의 민간인 사상자가 발생했다. 전쟁이 끝난 후 폰 브라운은 미국으로 가서 미사일 및 우주 발사체 개발을 위해 일했다. 한편 소련은 폰 브라운이 로켓을 연구하던 독일 페네뮌데연구소를 점령하고 거기에 있던 자료와 완성품 및 로켓 부품들을 본국으로 가져갔다. 이후 냉전이 시작되면서 두 나라는 과학기술 분야에서도 치열하게 경쟁했다.

1950년대 중반 냉전이 심화하면서 미국과 소련은 '우주개발 경쟁'에 착수했다. 당면한 과제는 누가 먼저 달에 도착하느냐였다. 당시 우주 경쟁에서 뒤지던 미국은 항공우주국(NASA)을 설립하고 머큐리계획(1958~1963)을 수립하며 소

련을 추격하기 시작했다. 폰 브라운은 1955년 미국 시민권을 취득하고 1958년 창설된 NASA 마셜우주비행센터 책임자로 임명됐다. 하지만 인간을 가장 먼저 우주로 보낸 나라는 소련이었다. 1961년 4월 12일, 소련의 우주비행사 유리 가가린이 보스토크 1호를 타고 지구궤도를 108분간 돌고 왔다. 미국은 약 1개월 뒤인 1961년 5월 5일 앨런 셰퍼드가 프리덤 7호를 타고 우주비행에 성공했다.

## 달에서의 첫 걸음을 향한 경쟁

| | | |
|---|---|---|
| 1957년 | 10월 4일 | 소련, 스푸트닉 1호 발사, 지구궤도 비행 성공 |
| | 11월 3일 | 소련, 스푸트닉 2호 발사, 최초로 생명체(개 '라이카')가 우주비행 |
| 1959년 | 1월 2일 | 소련, 태양궤도 인공위성 루나 1호 발사 |
| | 9월 12일 | 소련, 루나 2호 발사, 이튿날 달 표면에 충돌 |
| | 10월 4일 | 소련, 루나 3호 발사, 달궤도 공전하며 달 뒷면 촬영 |
| 1960년 | 8월 18일 | 미국, 카메라가 장착된 첫 첩보위성 디스커버리 14호 발사 |
| 1961년 | 4월 12일 | 소련, 보스토크 1호 발사, 최초의 우주비행사 유리 가가린 탑승 |
| | 5월 5일 | 미국, 프리덤 7호에 우주비행사 앨런 셰퍼드 탑승 |
| 1962년 | 7월 10일 | 미국, 인공위성 텔스타 1호, 최초로 대서양 횡단 생중계 성공 |
| | 12월 14일 | 미국, 금성 탐사 위성 매리너 2호 발사 |
| 1963년 | 6월 16일 | 소련, 보스토크 6호 발사, 최초의 여성 우주비행사 발렌티나 테레시코바 지구 48바퀴 공전 |
| 1964년 | 7월 31일 | 미국, 레인저 7호, 4300여 장의 달 사진 전송 |
| 1965년 | 3월 18일 | 소련, 알렉세이 레오노프, 인류 최초로 우주 유영 성공 |
| | 11월 16일 | 소련, 금성 탐사 위성 비너스 3호 발사, 이듬해 3월 1일에 금성과 충돌 |
| 1966년 | 2월 3일 | 소련, 루나 9호, 최초로 달 착륙 |
| | 3월 | 소련, 루나 10호, 달궤도 공전 성공 |
| | 6월 2일 | 미국, 서베이어 1호, 달 착륙 |
| | 8월 1일 | 미국, 루나 오비터 1호, 달궤도 공전 성공 후 지구로 사진 전송 |
| 1967년 | 4월 3일 | 소련, 소유즈 1호 우주비행사 코마로프 태우고 발사, 이튿날 폭발(최초의 우주비행 사고) |
| 1969년 | 1월 | 소련, 소유즈 4호와 5호, 최초의 우주 도킹 성공 |
| | 7월 16일 | 미국, 달 탐사선 아폴로 11호 발사, 닐 암스트롱과 버즈 올드린, 마이클 콜린스 탑승 |
| | 7월 20일 | 닐 암스트롱과 버즈 올드린, 달 표면 '고요의 바다'에 착륙 |

## 우주 발사대와 탄도미사일 발사대

🛰 우주 발사대
🚀 탄도미사일 발사대

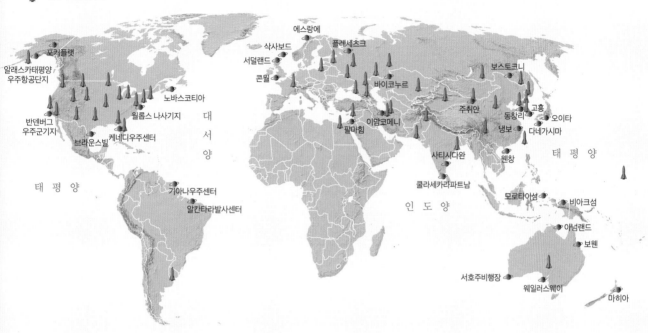

1961년 존 F. 케네디 대통령은 취임 연설에서 "미국은 10년 안에 달에 도착할 것"이라고 선언했다. "이것은 한 사람이 아니라 국가 전체가 달에 가는 일"이라는 케네디의 의지에 따라 미국은 막대한 인적·물적 자원을 우주개발에 투입했다. 반면 소련은 경제난으로 새로운 기술을 개발하지 못하고 기존 기술을 활용해야 했다. 그럼에도 1965년 3월 18일, 소련은 '인류 최초 우주 유영'에 성공했다. 또한 최초의 여성 우주비행사 배출과 금성 대기권 진입 같은 결과를 만들어내며 계속해서 미국보다 한 걸음 앞서나갔다.

그러나 1969년 미국이 추월에 성공했다. 아폴로계획(1961~1972)이 결실을 맺어, 7월 20일 닐 암스트롱과 버즈 올드린, 마이클 콜린스가 탑승한 아폴로 11호가 인류 최초로 달 착륙에 성공한 것이다. 이후 미국은 우주왕복선 개발에 착수하여, 1977년 엔터프라이즈호를 시작으로, 컬럼비아호, 챌린저호, 디스커버리호 등을 차례로 발사했다.

소련은 유인 달 탐사나 우주왕복선 분야에서는 미국에 선두 자리를 내주었지만, 우주정거장 건설에서 다시 미국을 앞질렀다. 1971년 4월 세계 최초의 우주정거장 살류트를 발사한 데 이어, 1986년 2월 영구 정거장인 미르도 성공적으로 발사했다. 하지만 소련 몰락 이후 심각한 자금난에 직면해 연간 2억 달러 이상의 우주정거장 운용비용을 감당하기 어려워진 러시아는, 결국 2001년 3월 미르를 폐기했다. 대신 냉전 종식 이후 미국과 러시아 양국이 협력을 강화하면서 NASA가 진행하는 국제우주정거장(International Space Station, ISS) 건설에 러시아가 참여하게 됐다. ISS는 미국과 러시아를 중심으로 캐나다, 일본 및 유럽우주기관(ESA) 등이 협력하는 다국적 우주정거장으로, 지상 400킬로미터 궤도에서 90분에 한 번씩 지구를 순회하며 관측 및 다양한 연구와 실험을 수행하고 있다. 그 밖에도 NASA는 2019년 '인류의 새로운 미래 개척'을 목표로 달에 여성 우주인과 남성 우주인을 보내고 유인 정착기지를 건설하는 아르테미스 계획을 수립했다(2026년 9월 달 착륙 예정).

한편 우주발사체에 사용한 로켓의 원리는 '대륙간탄도미사일'이라는 무기의 개발로도 이어졌다. 1957년 8월 21일 소련이 첫 발사에 성공한 이래 냉전 기간 내내 그 수가 증가했고, 냉전이 끝난 오늘날에도 미국, 러시아, 중국, 인도, 영국, 프랑스, 북한, 이스라엘 등이 대륙간탄도미사일을 운용하며 세계 각지에서 군사적 긴장이 이어지고 있다.

# 유럽 통합의 길

15세기 이후 승승장구하던 유럽은 20세기로 접어들면서 하향세를 보였다. 특히 두 차례의 세계대전이 결정타였다. 2차 세계대전이 끝난 뒤 시작된 냉전 시기에는 유럽 여러 나라가 자본주의의 맹주 미국 또는 공산주의의 맹주 소련의 보호나 지배를 받았다. 이와 같은 상황에서 유럽인들은 다시 도약하기 위해 힘을 합쳐야 한다고 각성했다.

그 시작이 유럽석탄철강공동체(ECSC)였다. 프랑스와 서독의 국경지대에는 다량의 석탄과 철광석이 매장되어 있다. 역사적으로 이 지역을 둘러싸고 갈등과 분쟁이 잦았던 배경도 바로 이것이었다. 국경의 자연광물로 인한 갈등을 조정하기 위해 두 나라가 1951년 파리조약을 맺었

는데, 네덜란드, 벨기에, 룩셈부르크, 이탈리아가 가세하여 1952년 공식 출범했다. ECSC의 여섯 회원국은 모두 '프랑크왕국'이라는 역사적 경험을 공유한 나라들로, 유럽 재통합의 가능성과 초국가주의 원리에 기반한 국제기구라는 새 모델을 보여주었다. 6년 뒤인 1957년에는 회원국들이 로마조약을 맺고 기구를 유럽경제공동체(EEC)로 확대했다. EEC가 회원국 간의 관세를 철폐하자, 1973년에는 덴마크(그린란드 제외), 아일랜드, 영국이 합류했다. 1979년에는 프랑스 스트라스부르에서 최초로 유럽의회 선거를 실시했다. 한편 1974년 그리스에서 우익 군사정권이 붕괴되고, 그해 말 포르투갈에서 카네이션혁명이 일어났으며, 이듬해 에스파냐에서

## 유럽연합의 성장,
## 1952년~현재

**회원국(가입 시기별)**

■ 1952년 ECSC 창설 당시

**ECC 창설(1957) 이후**

■ 1973년
■ 1981년
■ 1986년

**EU 창설(1992) 이후**

■ 1995년
■ 2004년
■ 2007년
■ 2013년

*2025년 2월 현재 가입국: 27개국 (영국은 2020년 탈퇴)

*2025년 2월 가입 신청국: 세르비아, 몬테네그로, 알바니아, 북마케도니아, 몰도바, 우크라이나, 조지아, 보스니아헤르체고비나

*잠재적 가입 후보국: 코소보

독재자 프랑코가 사망함에 따라 유럽에서 극우 독재정권이 사라졌다. 이와 같은 정세 변화 속에서 1981년 그리스, 1986년 에스파냐와 포르투갈이 차례로 EEC에 가입했다. 1989년 베를린 장벽의 붕괴는 동유럽 공산주의 정권의 몰락과 소련의 해체로 이어졌고, 1990년 서독과 동독이 통일되었다.

1992년 마스트리흐트조약으로 EEC는 유럽연합(EU)으로 이름을 바꾸었다. EU는 유럽에 속한 나라들의 통합체로, 하나의 국가처럼 의회·행정·사법 기능을 가진 정치체제다. 동시에 사람, 상품, 자본, 서비스의 자유로운 이동을 목표로 하는 경제통합체의 성격도 지녔다. 1995년 오스트리아, 스웨덴, 핀란드가 가입하면서 회원국이 15개국으로 늘어났다. 그리고 과거 동유럽 사회주의 국가와 소련 해체 이후 독립한 나라도 EU에 가입했다. 2004년 지중해의 섬 몰타와 키프로스를 비롯하여 동유럽의 에스토니아, 라트비아, 리투아니아, 폴란드, 체코, 슬로바키아, 헝가리, 슬로베니아가 합류했으며, 2007년에는 루마니아와 불가리아, 2013년에는 크로아티아가 EU에 가입했다. 그러나 EU에 가입하지 않거나 가입하지 못한 나라도 적지 않다. 서유럽의 아이슬란드, 노르웨이, 스위스, 동유럽의 세르비아, 몬테네그로, 벨라루스, 우크라이나, 조지아 등이 여기에 해당한다. 유럽과 아시아에 걸쳐 있는 튀르키예도 마찬가지다.

유럽연합은 회원국 사이의 자발적 협력을 강화하고 확대했다. 1995년 발효된 셴겐협정이 효력을 미치는 '셴겐지역' 안에서는 국가 간의 통행을 제한하지 않는다. 2024년 현재 아일랜드와 키프로스를 제외한 25개 EU 회원국과 스위스, 노르웨이, 아이슬란드, 리히텐슈타인 등 29개국이 이 조약을 이행하고 있다. 또한 EU는 2002년에 단일 통화인 '유로화'를 출시했다. 현재 유로존(유로화 사용 지역)에 속하는 인구는 중국, 인도에 이어 세 번째로 많고, 유로화는 달러 다음으로 규모가 큰 준비통화다.

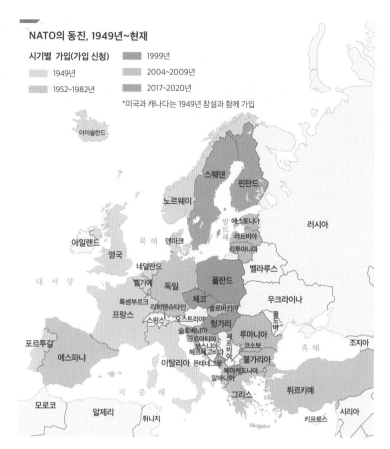

**NATO의 동진, 1949년~현재**

시기별 가입(가입 신청)
1949년
1952~1982년
1999년
2004~2009년
2017~2020년

*미국과 캐나다는 1949년 창설과 함께 가입

이처럼 유럽연합은 출범 이후 지금까지 지속적으로 확장했지만, 그에 따른 관리의 어려움도 점점 커졌다. 2007년 리스본조약으로 EU의 기능과 의사결정 체계를 개선했으나, EU에 대한 회의론 또한 계속 커졌다. 결국 2016년 영국은 국민투표로 탈퇴를 결정했고, 2020년 1월 공식적인 '브렉시트'가 진행되었다.

EU는 새로운 위기를 맞고 있다. 회원국 간 경제 격차가 커지면서, 프랑스와 독일 같은 서유럽 국가 국민들은 "왜 우리가 가난한 이웃 국가들을 먹여 살려야 하는가"라는 불만을 제기하고 있다.

**우크라이나전쟁, 2022년~현재**
2023년 7월 NATO 정상회의에서 우크라이나 지원을 선언하는 모습. 2014년 이후 미국과 NATO는 우크라이나에 군사 장비 및 자원을 제공하며 러시아를 견제했다. 2022년 2월 24일 새벽 6시 푸틴 러시아 대통령이 우크라이나의 무장 해제와 나치즘 제거, 동남부 지역의 주민 보호를 목표로 '특수 군사작전'을 명령하며 전쟁이 시작됐다.

# 소련과 동유럽의 정세 변화

1922년 12월 30일 소비에트사회주의공화국연방(소련)이 역사에 등장했다. 처음에는 러시아를 중심으로 벨라루스, 우크라이나, 캅카스(조지아, 아르메니아, 아제르바이잔) 등 여섯 개의 공화국으로 구성되어 있었지만 1945년까지 15개 공화국으로 늘어났다. 그중 인구와 영토의 절반 이상을 차지하는 '러시아소비에트연방사회주의공화국'이 모스크바를 수도로 정하고 여타 공화국을 모두 장악했다. 1924년 레닌이 사망하고 스탈린이 집권했다. 2차 세계대전 전야에 독일과 불가침조약을 체결한 스탈린은 1939

년 9월 독일이 폴란드를 침공하자 이에 호응해 폴란드 동부를 점령하고, 이듬해 에스토니아, 라트비아, 리투아니아를 합병했다. 1941년 6월 독일은 불가침조약을 파기하고 소련을 침공했다. 1943년 2월 스탈린그라드에서 독일군에 승리한 소련은 이후 독일 본토 방면으로 진공했고, 1945년 5월 독일의 수도 베를린을 점령하고 승전국이 되었다.

소련의 승리는 동유럽의 운명에 큰 영향을 미쳤다. 2차 세계대전이 끝나갈 무렵, 소련이 베를린을 향해 진군하는 과정에서 폴란드, 체코슬로

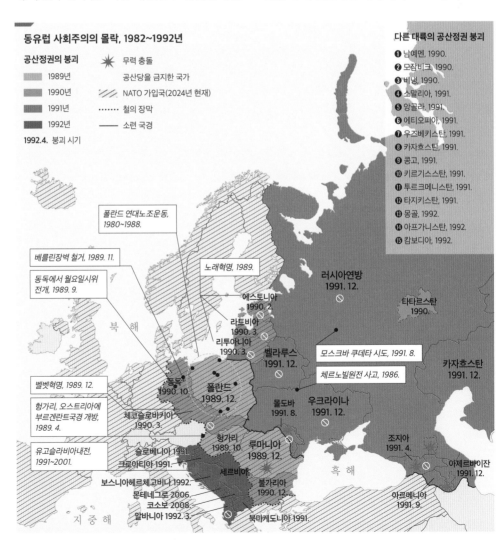

**동유럽 사회주의의 몰락, 1982~1992년**

공산정권의 붕괴
- 1989년
- 1990년
- 1991년
- 1992년

1992.4. 붕괴 시기

✴ 무력 충돌
공산당을 금지한 국가
／／／ NATO 가입국(2024년 현재)
⋯⋯⋯ 철의 장막
─── 소련 국경

**다른 대륙의 공산정권 붕괴**
❶ 남예멘, 1990.
❷ 모잠비크, 1990.
❸ 베냉, 1990.
❹ 소말리아, 1991.
❺ 앙골라, 1991.
❻ 에티오피아, 1991.
❼ 우즈베키스탄, 1991.
❽ 카자흐스탄, 1991.
❾ 콩고, 1991.
❿ 키르기스스탄, 1991.
⓫ 투르크메니스탄, 1991.
⓬ 타지키스탄, 1991.
⓭ 몽골, 1992.
⓮ 아프가니스탄, 1992.
⓯ 캄보디아, 1992.

폴란드 연대노조운동, 1980~1988.

베를린장벽 철거, 1989. 11.

동독에서 월요일시위 전개, 1989. 9.

노래혁명, 1989.

에스토니아 1990. 2.

라트비아 1990. 3.

리투아니아 1990. 3.

벨라루스 1991. 12.

러시아연방 1991. 12.

타타르스탄 1990.

모스크바 쿠데타 시도, 1991. 8.

체르노빌원전 사고, 1986.

카자흐스탄 1991. 12.

벨벳혁명, 1989. 12.

헝가리, 오스트리아에 부르겐란트국경 개방, 1989. 4.

유고슬라비아내전, 1991~2001.

동독 1990. 10.

폴란드 1989. 12.

체코슬로바키아 1990. 3.

슬로베니아 1991. 크로아티아 1991.

헝가리 1989. 10.

루마니아 1989. 12.

세르비아

몰도바 1991. 8.

우크라이나 1991. 12.

조지아 1991. 4.

아제르바이잔 1991. 12.

북 해

불가리아 1990. 12.

보스니아헤르체고비나 1992. 몬테네그로 2006. 코소보 2008. 알바니아 1992. 3.

북마케도니아 1991.

흑 해

아르메니아 1991. 9.

지 중 해

바키아, 헝가리, 루마니아, 불가리아 등은 나치로부터 해방되는 동시에 소련의 영향 아래 사회주의 국가가 됐다. 이후 이들은 바르샤바조약기구에 소속되어 서방으로부터 소련을 보호하는 장벽 역할을 맡았다.

소련은 미국이 주도하는 자본주의 진영과 냉전을 벌였다. 1962년 쿠바 미사일 위기를 넘긴 뒤 미국과 관계 개선을 시도했지만, 1979년 아프가니스탄을 침공하면서 베트남에서 미국이 그랬던 것처럼 정치적·경제적·군사적 수렁에 빠졌다. 이 무렵 중앙권력을 장악한 고르바초프는 1985년 페레스트로이카(개혁)와 글라스노스트(개방)를 시작하며 동유럽 공산권 국가에 대한 지원을 중단했다. 그 결과 1989년부터 동유럽 국가들의 공산정권이 하나둘씩 무너졌다. 가장 먼저 폴란드에 비공산주의 정부가 수립되었고, 체코슬로바키아, 동독, 불가리아, 헝가리, 루마니아에서도 공산 통치가 끝났다. 1989년 11월 베를린장벽이 무너지고 이듬해 독일이 통일되었다. 체코슬로바키아는 체코와 슬로바키아로 평화롭게 분리되었다(1993). 이후 동유럽 각국은 다당제 민주주의 국가로 변모하는 한편, 점차 경제성장을 이루어나갔다.

밖에서는 동유럽의 사회주의가 무너지고 안에서는 옐친이 연방 소속 공화국들의 독립을 허용해야 한다고 목소리를 높이자, 러시아연방을 제외한 공화국들은 독립을 선언하고 연방에서 이탈했다. 우크라이나도 이때 국민투표를 통해 독립을 결정했다. 그 결과 1991년 12월 31일 소련은 완전히 종말을 고하고 '독립국가연합(CIS)'이라는 새로운 국가기구가 출범했다. 발트3국을 제외한 구소련 12개국(조지아는 1993년부터)이 연합에 참여했다. 이후 조지아는 남오세티야전쟁을 계기로 2008년에 탈퇴했고, 우크라이나는 2014년부터 러시아와 여러 차례 분쟁을 벌인 끝에 2018년 탈퇴했다.

러시아는 1992년 옐친이 초대 대통령에 당선되었다. 1999년 옐친에 의해 총리로 임명된 푸틴은 체첸전쟁에서 거둔 성공으로 인기가 급상승했고, 결국 2000년 대통령으로 선출되었다. 이후 푸틴은 2008~2012년(총리 재임)을 제외하고 2025년 2월 현재까지 러시아 대통령직을 수행하고 있다.

**러시아연방과 독립국가연합, 1991~2024년**

— 러시아연방

  독립국가연합 회원국 (2008년 조지아, 2018년 우크라이나 탈퇴)

  러시아연방 내 공화국

**베를린장벽 붕괴** 1989년 11월 9일 베를린의 서독 구역과 동독 구역 사이에 건설된 분리벽이 철거되고 통행의 자유가 허락됐다. 그로부터 3주 뒤 몰타에서 미국 조지 W. 부시 대통령과 소련 고르바초프 서기장이 냉전 종식을 선언했고, 이듬해 10월에는 독일이 통일됐다.

# 발칸 지역의 변화와 코소보의 독립

유고슬라비아사회주의연방공화국의 구성, 1945~1992년

1차 세계대전이 끝난 뒤 발칸반도에 유고슬라비아왕국(1918~1941)이 탄생했다. 2차 세계대전 기간에 추축국에 의해 분할 점령당한 가운데 소련의 지원을 받아 각지에서 공산주의 저항운동이 일어났다. 그 결과 종전 후인 1945년 11월 슬로베니아, 크로아티아, 보스니아헤르체고비나, 몬테네그로, 마케도니아, 세르비아 등 여섯 개 공화국을 통합한 유고슬라비아사회주의연방공화국(유고연방, 1945~1992)이 탄생했다. 초대 대통령 요시프 티토(임기 1953~1980)는 소련의 스탈린과 관계를 끊고 중립적인 독자 노선을 걷기 시작했다.

유고연방은 1980년 티토가 사망하고 정치적 과도기에 접어들었다. 1980년대 후반 민주화운동의 거센 불길이 동유럽을 휩쓸면서 유고연방을 구성하는 공화국들에서도 변화를 일으켰다. 그동안 억눌려 있던 민족주의가 고조되면서 분리독립 움직임이 나타난 것이다. 슬로베니아와 크로아티아가 세르비아 주축의 유고연방을 느

슨한 형태의 국가연합체로 변경하자고 제안했지만 1987년 새 지도자로 선출된 슬로보단 밀로셰비치가 거부했다.

결국 다른 공화국들은 잇달아 독립을 선언했다. 1990년 12월 슬로베니아가 국민투표를 통해 독립을 발표한 데 이어 이듬해 5월에 크로아티아, 9월에 마케도니아가 그 뒤를 이으면서 유고연방이 분열하더니, 세르비아와 몬테네그로 중심의 유고슬라비아연방공화국(1992~2003)으로 재구성되었다. 문제는 독립을 선언한 공화국들에 다수의 세르비아계 인구가 거주하고 있었다는 점이다. 세르비아는 자민족 중심의 연방 체제를 유지하고 세르비아인을 보호하기 위해 독립을 선언한 나라들을 침공했다. 슬로베니아는 1991년 6~7월 몇 차례 전투를 치렀지만 유럽의 중재로 그해 10월 안정을 찾았다. 반면 크로아티아에서는 독립에 반대하는 세르비아계를 상대로 군대가 투입되면서 1991년 내전이 발생했다. 이 전쟁은 1995년 크로아티아군이

## 보스니아내전, 1992~1995년

▨ 1992년 3월의 보스니아헤르체고비나
▨ 1992년 12월까지 유고군 및 보스니아계 세르비아군이 점령한 지역
▨ 1992년 12월 보스니아계 크로아티아군 관할지
▨ 1992년 12월 보스니아 정부 관할지
☐ 1995년 11월 데이턴협정에 의한 보스니아헤르체고비나연방
☐ 1995년 11월 데이턴협정에 의한 스릅스카공화국
▨ 1995년 11월 에르두트협정에 의한 크로아티아 관할(1998. 1. 복귀)
UN UN이 설정한 안전지대

세르비아계에 승리하면서 끝났다.

1992년 3월 보스니아헤르체고비나에서도 내전이 발발했다. 보스니아 내 세르비아계가 유고연방의 지원을 받아 순식간에 전체 영토의 70퍼센트를 장악했다. 이어진 기간 동안 세르비아 군과 경찰, 민병대가 보스니아인을 대량 학살한 끝에, 1995년 데이턴협정으로 전쟁이 끝났다. 보스니아계와 크로아티아계 중심의 보스니아헤르체고비나연방과 세르비아계 중심의 스릅스카공화국을 병합하여 사라예보를 수도로 '보스니아헤르체고비나'라는 연합국가가 등장했다.

그럼에도 발칸반도의 긴장 상황은 끝나지 않았다. 1998~1999년 코소보에서 전쟁이 일어났다. 코소보 지역에서는 1912~1913년 발칸전쟁부터 유고연방에 이르기까지 20세기 대부분의 기간 동안 소수의 세르비아인이 다수의 알바니아인을 지배하며 그들을 탄압했다. 1991년 유고연방이 해체되면서 코소보가 독립을 선언하자 세르비아는 아동을 포함한 알바니아인에 대한 조직적 인종청소를 자행했다. 결국 1998년 10월 NATO가 무력 개입을 선언하고, 1999년 3월 병력을 파견하기에 이르렀다. 결국 그해에 러시아를 포함한 UN의 중재로 전쟁은 종료되었고, 밀로셰비치 대통령을 비롯한 세르비아 정권 인사들은 전쟁범죄로 기소되었다.

코소보는 UN의 통치를 받다가 2008년 독립을 선언했다. 그러나 세르비아, 러시아, 중국 등이 인정하지 않아서 UN에 가입하지 못하고 있다. 한편 유고슬라비아연방공화국은 2003년 세르비아몬테네그로국가연합이 되었다가, 2006

## 코소보전쟁의 인종적 배경

☐ 코소보
▨ 알바니아계 60퍼센트 이상
▨ 알바니아계 80퍼센트 이상
▨ 알바니아계 90퍼센트 이상
▨ 알바니아계 국가 및 거주 지역
▨ 세르비아계 거주 지역

년 몬테네그로가 세르비아에서 독립하면서 두 나라로 분리되었다.

**헤이그 국제전범재판소** UN 안전보장이사회 결의 제827호에 의해 1993년 5월 네덜란드 헤이그에 구유고슬라비아 전범재판소가 설치됐다. 밀로셰비치는 2001년 크로아티아독립전쟁, 보스니아전쟁, 코소보전쟁의 전범죄로 기소되었으나 재판 도중인 2006년 3월 사망했다.

# 1945년 이후의 중동

중동 국가들 가운데 영국이나 프랑스의 위임통치를 받던 여러 나라가 2차 세계대전을 거치면서 독립했다. 19세기에 영국의 식민지가 된 쿠웨이트, 바레인, 카타르, 아랍에미리트 같은 페르시아만의 군주국들도 1960~1970년대에 독립 행렬에 동참했다. 이후 중동은 미소 냉전의 영향을 받았다. 이라크와 시리아 등에 반서방 정권이 등장하고 소련이 이들을 지원하자 미국은 사우디아라비아와 이스라엘을 후원하고 이란, 요르단, 그 밖의 페르시아만 군주국들과 동맹을 강화했다.

국제정세의 이해관계가 가장 복잡하게 얽힌 지역은 팔레스타인이다. 1948년 5월 14일 유대인이 이스라엘을 건국한 그날 밤, 이집트, 요르단, 레바논, 시리아, 이라크 등 아랍연합군이 이스라엘을 침공했다(1차 중동전쟁). 전쟁에서 승리한 이스라엘은 이듬해에 UN 분할안(1947)보다 훨씬 넓은 땅을 점유하게 되었다. 1956년 10월 이집트가 수에즈운하를 국유화하자 이스라엘은 2차 중동전쟁을 전개했다. 이스라엘 군대는 곧바로 시나이반도로 진공했고, 이들과 연합한 영국과 프랑스군이 수에즈운하의 관문 포트사이드를 장악했다. 그러나 미국과 소련의 압력으로 1957년 3월 이스라엘 군대는 이집트와 휴전하고 시나이반도에서 철수했다. 10년 뒤인 1967년 6월에는 이스라엘이 6일 전쟁(3차 중동전쟁)을 일으켰다. 이집트를 기습 공격하여 시나이반도, 요르단강 서안지구, 골란고원 등을 점령함으로써 자국의 영토를 네 배나 넓혔다. 1973년 10월에는 이집트와 시리아가 유대교 명절인 속죄의 날(욤키푸르)에 이스라엘을 공격했으나(4차 중동전쟁) 역시 패배하고 말았다. 1978년 캠프데이비드협정을 통해 이스라엘은 시나이반도를 이집트에 반환하는 대신 가자지구, 골란고원, 요르단강 서안지구, 동예루살렘 등은 계속 관리하기로 했다.

한편 중동에서 이슬람 원리주의가 확산되었다. 이란에서는 친서방, 친미 성향의 팔라비왕조가 서구화를 진행했지만, 1979년 호메이니와 시아파 성직자들이 혁명을 일으켜 이슬람공화국을 수립했다. 같은 해 집권한 이라크의 후세인은 1980~1988년 이란이라크전쟁을 벌인 데 이어 1990년에는 전쟁 채무를 갚기 위해 쿠웨이트를 침공했다. 미국이 주도하는 UN군이 개입하여 전쟁 발발 42일 만에 이라크에 승리하는데 미국은 여기에서 멈추지 않았다. 2003년 이라크가 대량살상무기를 보유하고 있다는 명목으로 다시 침공하여 바그다드를 점령하고 후세인 정권을 축출했다.

2010년대로 접어들자 중동 각지에서 시위와 봉기가 발생했다(아랍의 봄). 시리아, 예멘, 리비아에서는 장기간 내전이 이어졌다. 시리아와 이라크 북부에 살고 있던 쿠르드인은 1차 세계

## 이스라엘과 팔레스타인, 1945년~현재

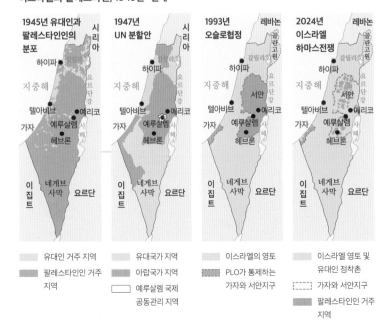

**1945년 유대인과 팔레스타인인의 분포**
시리아 / 하이파 / 지중해 / 텔아비브 / 가자 / 예루살렘 / 헤브론 / 예리코 / 요르단강 / 사해 / 이집트 / 네게브 사막 / 요르단

**1947년 UN 분할안**
시리아 / 하이파 / 지중해 / 텔아비브 / 가자 / 예루살렘 / 헤브론 / 예리코 / 요르단강 / 사해 / 이집트 / 네게브 사막 / 요르단

**1993년 오슬로협정**
레바논 / 골란고원 / 갈릴리호 / 하이파 / 지중해 / 텔아비브 / 가자 / 서안 / 예루살렘 / 헤브론 / 예리코 / 요르단강 / 사해 / 이집트 / 네게브 사막 / 요르단

**2024년 이스라엘 하마스전쟁**
레바논 / 골란고원 / 갈릴리호 / 하이파 / 지중해 / 텔아비브 / 가자 / 서안 / 예루살렘 / 헤브론 / 예리코 / 요르단강 / 사해 / 이집트 / 네게브 사막 / 요르단

유대인 거주 지역
팔레스타인인 거주 지역

유대국가 지역
아랍국가 지역
예루살렘 국제 공동관리 지역

이스라엘의 영토
PLO가 통제하는 가자와 서안지구

이스라엘 영토 및 유대인 정착촌
가자와 서안지구
팔레스타인인 거주 지역

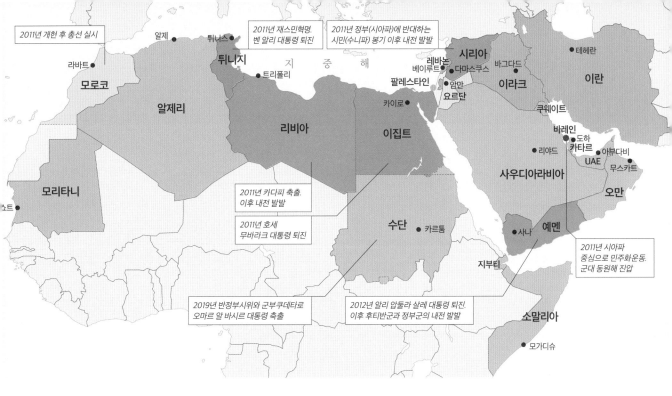

아랍의 봄, 2011년
- 봉기 실패
- 정권 붕괴
- 내전 발발
- 체제 개혁
- 제한적 민주화
- 관망

2011년 개헌 후 총선 실시

2011년 재스민혁명. 벤 알리 대통령 퇴진

2011년 정부(시아파)에 반대하는 시민(수니파) 봉기 이후 내전 발발

2011년 카다피 축출. 이후 내전 발발

2011년 호세 무바라크 대통령 퇴진

2019년 반정부시위와 군부쿠데타로 오마르 알 바시르 대통령 축출

2012년 알리 압둘라 살레 대통령 퇴진. 이후 후티반군과 정부군의 내전 발발

2011년 시아파 중심으로 민주화운동. 군대 동원해 진압

대전이 끝난 뒤 연합국으로부터 독립국가 건설을 약속받았지만, 그것은 이행되지 않았다. 현재도 튀르키예, 이란, 이라크, 시리아에 걸쳐 넓게 분포하면서 각국 정부를 상대로 독립국가 건설을 위한 투쟁을 지속하고 있다.

한편 팔레스타인 문제는 1993년 9월 이스라엘과 팔레스타인해방기구가 오슬로협정을 맺고 1994년 가자지구와 요르단강 서안지구를 기반으로 팔레스타인 자치정부가 출범하면서 해결의 실마리가 보이는 듯했다. 그러나 2006년 팔레스타인 총선에서 강경파 하마스가 집권당 파타당에 승리하여 가자지구를 관할하게 되었고(요르단강 서안지구는 파타당 관할) 이스라엘도 강경파가 득세하면서 양측의 갈등이 고조되었다. 최근 들어 2023년 10월 이스라엘이 하마스에 선전포고하고 가자지구를 공격하며 전쟁이 발발했다. 2025년 1월 휴전했으나 평화가 얼마나 지속될지는 미지수이다.

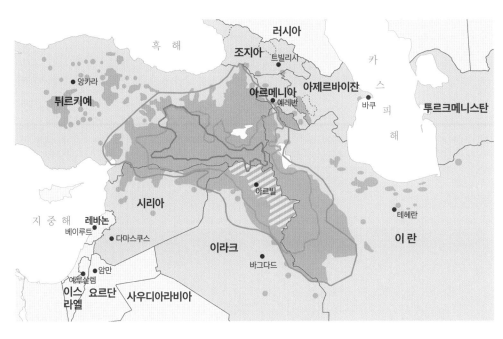

쿠르드인의 독립 시도
- 1919년 파리평화회의에서 쿠르드인 대표단이 제안한 국경
- 1920년 세브르조약에서 설정한 국경
- 1945년 제1회 UN 총회에서 쿠르드인 대표단이 제안한 국경
- 이라크령 쿠르드자치구
- 쿠르드인 거주 지역

■ 쿠르드인은 오랫동안 건국을 위해 투쟁했지만 그들이 몇 차례 제안한 국경선은 국제사회에서 받아들여지지 않았다. 1991년 미국의 이라크 침공에 참전한 대가로 이라크 북부의 자치권을 얻었다.

# 현대 아프리카의 재구성

**케이프타운** 1652년 네덜란드동
인도회사가 케이프식민지를 건
설한 이래로 1869년 수에즈운하
가 건설될 때까지 유럽과 아시아
를 연결하는 무역로의 중요한 거
점이었다. 현재는 남아프리카공
화국의 수도로, 약 500만 명의
인구가 거주하고 있다.

아프리카 대부분 지역은 1차 세계대전 전야에
40개 식민지로 분리된 상태로 유럽 열강의 지
배를 받고 있었다. 전후에도 패전국 독일의 영
토가 프랑스(카메룬)와 영국(남서아프리카와
동아프리카)으로 이양된 것을 제외하면 기존의
구도가 유지됐다. 아프리카 식민지들은 두 차례
의 세계대전에서 식민지배국 편에서 싸워 승리
에 일조했으나 독립은 요원했고, 서구 열강은
오히려 지배체제를 강화했다. 그러자 아프리카
각지에서 독립운동이 일어났다.

북아프리카에서는 영국 식민지 이집트가 가
장 먼저 독립을 이루었고(1947), 패전국 이탈리
아의 식민지배에서 벗어난 리비아는 영국과 프
랑스의 위임통치를 거쳐 1951년 독립했다. 프
랑스 식민지 튀니지와 모로코는 1956년에, 알
제리는 8년간의 전쟁 끝에 1962년에 독립했다.
서아프리카는 대부분이 프랑스령이었으며, 해
안을 따라 나이지리아, 가나 등 일부 지역에 영
국 식민지가 분포해 있었다. 이 가운데 프랑스
식민지는 1958년 기니를 시작으로, 1960년에
는 프랑스령 수단이 세네갈과 말리로 분리독립
했다. 같은 해에 니제르, 오트볼타(1984년 부르
키나파소), 코트디부아르, 다호메이(1975년 베
냉), 모리타니 역시 독립에 성공했다. 영국 식민
지들은 1957년 골드코스트, 아샨티, 노던준주와
독일령 토고의 서쪽 지역이 합쳐져 가나로 독립
하고, 나이지리아(1960), 시에라리온(1961), 감
비아(1965)가 뒤를 이었다. 포르투갈령 카보베
르데(1974)와 기니비사우(1975)도 각각 독립
을 이루었다. 중앙아프리카에서는 벨기에령 콩
고가 콩고공화국(1960)으로 독립했다가 자이
르(1971)를 거쳐 콩고민주공화국(1997)이 됐
다. 그리고 1960년 프랑스령 카메룬, 차드, 가봉,
1962년 벨기에령 르완다와 부룬디, 1968년 에

스파냐령 적도기니, 1975년 포르투갈령 앙골라
가 모두 독립했다.

동아프리카에서는 에티오피아가 가장 먼저
독립했다(1941). 수단은 1956년 영국과 이집트
의 공동 통치를 종료하고 독립국가를 수립했다.
수단 남부는 기독교도와 애니미즘을 믿는 흑인
이 다수이고 북부는 이슬람교도인 아랍인이 다
수였는데, 긴 내전 끝에 2011년 남부 지역이 남
수단으로 분리되었다. 영국령 소말리아는 1960
년에 독립하고 이탈리아령 소말리아와 합쳐 소
말리아공화국을 구성했다. 프랑스령 소말리아
는 1977년 지부티로 독립했고, 에리트레아는
1993년 독립전쟁을 전개하여 에티오피아로부
터 독립했다. 그 아래 지역에서는 우간다(1962)
와 케냐(1963)가 차례로 독립했고, 탕가니카와
잔지바르는 각기 독립한 직후 탄자니아연합공
화국(1964)이 성립했다. 남아프리카에서는 남
아프리카연방이 1961년 영연방에서 탈퇴하고
남아프리카공화국으로 독립했다. 영국령 니아
살랜드, 남로디지아, 북로디지아는 1953년 로디
지아니아살랜드연방을 결성했다가 1964년에
각각 말라위, 짐바브웨, 잠비아로 분리되었다.
보츠와나는 1966년 영국령 베추아날란드에서
독립했다. 포르투갈령 모잠비크는 1975년 독립
을 이루었다. 독일령 서남아프리카는 2차 세계
대전 종전과 함께 영국에 병합되었다가 1988년
나미비아로 독립했다.

신생 아프리카 국가의 대부분이 독재나 쿠데
타로 혼란을 경험했다. 냉전 시기에는 미국과
소련이 세력 경쟁을 벌이면서 아프리카 각국의
정세가 더욱 혼란스러워졌다. 무엇보다 서구 열
강이 인위적으로 그어놓은 국경선으로 인해 한
나라 안에서는 물론 주변국 간에도 민족, 종교,
정치 갈등이 극심했다. 1970년대 남수단, 1980

## 현대 아프리카의 생태환경과 21세기 주요 갈등

포르투갈 · 에스파냐 · 이탈리아 · 그리스 · 튀르키예 · 시리아 · 이라크 · 이 란

흑 해 · 카 스 피 해

지 중 해

요르단 · 이집트 · 사우디아라비아 · 카타르 · UAE · 오 만

모로코와 사하라아랍민주공화국
영토분쟁

모로코 · 튀니지 · 리비아

2011년 카다피 축출
2014년 내전 발발

2011년 무바라크 퇴진

알제리

2013년 이슬람 무장단체
천연가스공장 테러

서사하라

2005년, 2008년 쿠데타

2012년 북부에서
분쟁·쿠데타 발생
2013년 프랑스군 개입

모리타니 · 말 리 · 니제르 · 차 드 · 수 단 · 에리트레아 · 예 멘

홍 해 · 아덴만

2005~2010년 내전

2006년 다르푸르 평화협정(실패)
2011년 남수단 분리 독립

카보베르데 · 세네갈 · 감비아 · 기니비사우 · 기니 · 부르키나파소 · 나이지리아 · 중앙아프리카공화국 · 남수단 · 에티오피아 · 소말리아 · 지부티

2012년부터 현재까지 내전

2013~2020년 내전

시에라리온 · 코트디부아르 · 가나 · 베냉 · 토고 · 카메룬 · 적도기니 · 우간다 · 케 냐

적도

2002년 내전 종식

1989~2003년 내전
2006년 민주정부 집권

2002년 내전

2005년 냐싱베 부자 권력 세습

가봉 · 콩고 · 콩고민주공화국 · 르완다 · 부룬디 · 탄자니아

1991년 시작된 내전으로
사실상 무정부 상태,
이슬람 반군·해적 기승

2012년 보코하람의 테러와 영토 점령
2023년 모하마두 부하리 대통령 당선
(민주적 권력 이양)

2007년 대선 뒤 유혈사태

2009년 오마르 봉고·알리 봉고 부자 권력 세습

내전 종료 후 2006년
민주선거로 새 정부 출범

2002년 내전 종식

앙골라 · 잠비아 · 말라위 · 코모로 · 마다가스카르

### 현대 아프리카의 생태환경과 21세기 주요 갈등

- 열대우림 기후
- 사바나 기후
- 스텝 기후
- 사막 기후
- 온난습윤 기후
- 서안해양성 기후
- 온대겨울건조 기후
- 지중해성 기후
- 냉대습윤 기후
- 툰드라 기후

2008년 제이콥 주마 대통령 취임
2013년 넬슨 만델라 사망

짐바브웨 · 모잠비크 · 나미비아 · 보츠와나 · 에스와티니 · 레소토 · 남아프리카공화국

2009년 부정선거로
유혈사태 발생

2017년 무가베 철권 통치 종식

---

년대 에티오피아에서 분리독립 전쟁이 일어났고, 르완다에서는 1994년에 일어난 후투족과 투치족 간 폭력사태로 80만 명이 죽고 200만 명의 난민이 발생했다. 라이베리아와 시에라리온도 내전을 겪었다.

냉전이 종료되면서 아프리카에 변화의 바람이 불기 시작했다. 1990년대에는 사하라 이남 대부분의 국가에 민주정부가 수립되었다. 남아프리카공화국은 1994년에 넬슨 만델라가 대통령에 당선되면서 아파르트헤이트를 완전 폐지했다. 그러나 이러한 긍정적 변화가 일어나는 와중에도 아프리카 일부 지역은 빈곤과 전염병, 전쟁과 내전 등으로 어려움을 겪고 있다.

중국 · 멕시코 · 남·서·중유럽 · 인 도 · 동유럽 · 이베리아반도 · 미국 · 일본

### 아프리카의 실제 면적

■ 흔히 극지방의 북쪽과 남쪽의 넓이가 비대하게 왜곡되는 메르카토르 도법 지도로 인해 아프리카 대륙의 크기를 실제와 다르게 인식하는 경우가 많다. 그러나 아프리카의 넓이는 아시아 다음으로 큰 3037만 제곱킬로미터이며, 그 땅에 아시아 다음으로 많은 13억 4000만 명이 살고 있다.

# 난민과 UN의 구호 활동

UN의 정의에 따르면 '난민'이란 정치적·종교적 전쟁이나 박해로 인해 태어나 자란 나라를 떠나 다른 나라로 간 사람들이다. 1939년 2차 세계대전이 발발하면서 유럽에서만 120만 명의 난민이 발생했다. 그러자 국제연맹(League of Nations)은 고등판무관을 임명하여 난민 구호를 시작했다. 종전 후 국제연맹을 계승한 UN도 1947년 국제난민기구를 창설했다. 현재의 UN난민기구(UN난민고등판무관사무소)는 1950년에 설립되었다. 본래 2차 세계대전으로 고향을 잃은 수백만 명의 유럽인을 돕기 위해 3년간 한시적으로 운영할 계획이었으나, 1951년 UN난민의 지위에 관한 조약, 1967년 난민의 지위에 관한 의정서, 1969년 아프리카단결기구 등을 거치면서 역할을 점차 역할을 확대해나갔다. 오늘날에는 전쟁과 민족 갈등뿐 아니라 환경오염과 기후변화 등으로 발생한 강제 실향민을 보호하는 가장 중요한 국제기구로서 그들의 생명과 안전, 인권을 보호하며 그들이 더 나은 미래를 건설할 수 있도록 안전한 장소를 마련하기 위해 국제사회의 행동을 주도하고 있다.

인류 역사는 전쟁과 혼란으로 점철되었고, 그때마다 수많은 난민이 발생했다. 오늘날과 유사한 '난민구호'의 개념은 1648년 베스트팔렌조약이 체결되고 유럽 내의 종교적 소수자에게 다른 나라로 이주할 수 있는 권리를 인정하면서 등장했다. 한참 후 두 차례의 세계대전을 겪으면서 현대적 의미의 난민이 국제문제로 떠올랐다. 2차 세계대전을 전후하여 연합국들 간에 유럽의 대규모 난민을 보호하기 위한 대응·방안을 논의하기 시작하면서부터 현재와 같은 국제난민 레짐이 태동했다. 1950년대 초반에 북아프리카(민족 및 종교 갈등으로 인한 유럽 방면으로의 이주)와 중국(1949년 중국공산당의 내전 승리로 인한 홍콩 방면으로의 이주), 그리고 한반

## | 난민 보호 상위 5개 국가, 2023년

■ 전 세계 난민 및 기타 국제적 보호가 필요한 인구 중 5분의 2를 아래 다섯 나라가 보호하고 있다.

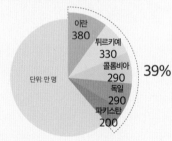

이란 380
튀르키예 330
콜롬비아 290
독일 290
파키스탄 200
단위: 만 명
39%

## | 세계 강제 실향민 동향, 2023년

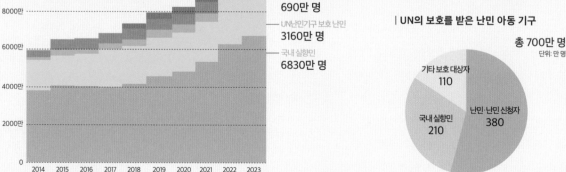

세계 강제 실향민 수
1억 1730만 명

기타 국제적 보호 필요 인구
640만 명

팔레스타인난민구호기구 보호 난민
600만 명

난민 신청자
690만 명

UN난민기구 보호 난민
3160만 명

국내 실향민
6830만 명

## | UN의 보호를 받은 난민 아동 기구

총 700만 명
단위: 만 명

기타보호 대상자
110

국내 실향민
210

난민·난민 신청자
380

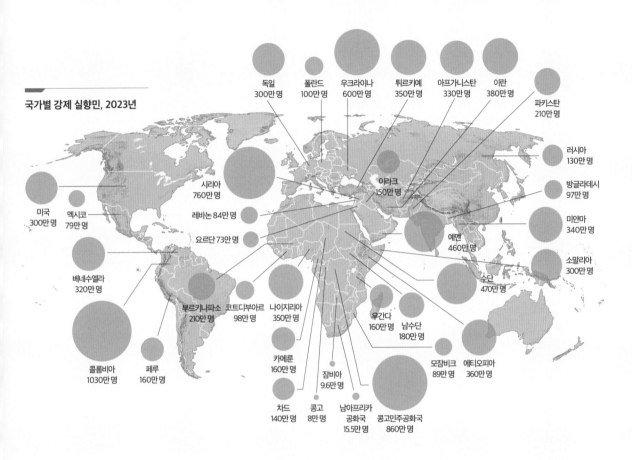

**국가별 강제 실향민, 2023년**

독일 300만 명
폴란드 100만 명
우크라이나 600만 명
튀르키예 350만 명
아프가니스탄 330만 명
이란 380만 명
파키스탄 210만 명
러시아 130만 명
방글라데시 97만 명
미얀마 340만 명
소말리아 300만 명
시리아 760만 명
이라크 150만 명
레바논 84만 명
요르단 73만 명
예멘 460만 명
수단 470만 명
미국 300만 명
멕시코 79만 명
베네수엘라 320만 명
부르키나파소 210만 명
코트디부아르 98만 명
나이지리아 350만 명
우간다 160만 명
남수단 180만 명
콜롬비아 1030만 명
페루 160만 명
카메룬 160만 명
잠비아 9.6만 명
모잠비크 89만 명
에티오피아 360만 명
차드 140만 명
콩고 8만 명
남아프리카 공화국 15.5만 명
콩고민주공화국 860만 명

도(1950~1953년 한국전쟁으로 인한 국내 이주)에서 대규모 난민이 발생하면서 UN난민기구는 권한과 조직을 확대했다. 1960년대에는 난민구호의 영역을 아프리카와 남아메리카 지역으로까지 확대한 끝에 1967년 의정서를 채택했다.

난민 문제는 냉전이 종식된 이후 또 다른 양상을 보이는데, 1990년대에 접어들며 분쟁과 개발 등으로 발생한 국내 실향민이 새로운 문제로 등장했다. UN은 국가 전복 혹은 정부의 방임 등으로 인해 삶의 근거지를 잃고 실향민이 되었지만 외국으로 탈출하지 못한 국내 실향민까지 난민 보호대상자로 지정했다. 최근에는 쓰나미나 식수 부족 같은 자연재해와 기후위기로 인해 발생한 실향민도 보호하려는 움직임이 점점 커지고 있다. 2001년 9·11테러 이후에는 복합적 원인에 따른 이주가 확산되면서 인신매매 등 초국가적 범죄와의 연관성, 테러집단이나 범죄조직 등 비국가 행위자들로 인해 발생하는 이주민은 물론, 환경난민이나 도시난민까지 보호대상으로

확대했다. 하지만 한국은 기후변화에 관한 파리협정 및 1951년 난민협약과 시민적 및 정치적 권리에 관한 국제규약의 협약국임에도 불구하고 난민 지위 인정에 소극적이며, 해외 난민의 국내 정착을 사실상 거부하고 있다(2023년 기준 법원의 난민심사 1심 원고 승소 비율 1.3퍼센트).

UN난민기구에 따르면, 2023년 말을 기준으로 박해, 분쟁, 폭력, 인권 유린 또는 공공질서를 심각하게 무너뜨리는 일로 전 세계 1억 1730만 명이 강제로 집을 떠나 생활하고 있다. 이 가운데 약 4340만 명이 고전적 의미의 '난민'이며, 전체의 약 40퍼센트가 18세 이하의 어린이와 청소년이다. 이와 같은 상황에서 2024년 파리에서 열린 하계올림픽에는 국제올림픽위원회(IOC)가 처음 난민팀을 구성(2016년 리우올림픽)한 이래 가장 큰 규모인 36명의 선수가 12개 종목에 출전했다. 복싱 종목에 출전한 카메룬 출신의 신디 은감바는 난민팀 최초로 올림픽 메달을 획득했다.

# 남아시아와 동남아시아의 독립과 성장

인도는 1947년 8월 영국령 인도제국에서 영연방의 자치령으로 독립했다. 이 과정에서 이슬람 계통의 파키스탄이 힌두 계통의 인도에서 분리되었다. 파키스탄은 서쪽의 펀자브(서파키스탄)와 동쪽의 벵골(동파키스탄)로 구성되었는데 두 지방 사이의 거리가 무려 1700킬로미터나 떨어져 있었다. 인도와 파키스탄의 국경선 또한 기존 인구의 계통적, 언어적, 종교적 구성과는 상관없이 정치적으로 확정되었기 때문에 커다란 혼란이 발생했다. 파키스탄에 속하게 된 힌두교인이 인도로, 인도에 속하게 된 무슬림이 파키스탄으로 이주했는데, 그 수가 1500만 명에 달했으며, 그 과정에서 종교박해로 50만 명

이상이 학살을 당했다.

이후 인도와 파키스탄 국경 곳곳에서 빈번하게 무력 충돌이 발생했는데, 특히 카슈미르 지역의 상황이 심각했다. 이 지역에서 권력을 장악한 힌두교인들은 인도연방에 가입하기로 결정했는데, 문제는 이 지역 인구의 다수가 무슬림이었다는 점이다(60퍼센트 이상). 파키스탄은 카슈미르의 인도 병합에 반발했고, 결국 1947~1949년에 인도와 전쟁을 벌였다. UN의 중재로 두 나라가 카슈미르를 분할했지만, 현재까지 갈등과 분쟁이 지속되고 있다.

한편 펀자브 지역에는 다수의 이슬람교도와 시크교도가 거주하고 있었다. 인도와 파키스탄이 분리될 때 파키스탄에서 인도로 탈출한 시크교도들은 이후 독립을 요구하며 분리주의운동을 전개했다. 1971년에는 벵골 지역의 파키스탄령 동파키스탄이 독립해 방글라데시를 건국했다. 1948년 독립한 실론은 1972년에 국명을 스리랑카로 바꾸었다.

동남아시아는 20세기가 시작되었을 때 타이(시암)를 제외한 대부분이 서구 열강의 지배를 받고 있었다. 내륙부의 라오스, 캄보디아, 베트남은 프랑스령 인도차이나에 속했으며, 도서부

## 인도와 파키스탄의 분리

| | |
|---|---|
| 인도 | —— 영국인 래드클리프가 정한 국경선 |
| 파키스탄 | → 힌두교와 시크교 이주민 |
| 분리로 인한 분쟁 지역 | → 무슬림 이주민 |
| 1948년 당시 독립 토호국 | ✳ 무력 충돌 |

1948년 파키스탄에 병합

1958년 파키스탄에 병합

이슬라마바드 · 카슈미르

펀자브

서파키스탄

칼라트토호국

과다르

주나가드

파키스탄에 가입하려
했으나, 1948년 인도의
침공으로 병합

다만 디우

1961년 포르투갈에서
인도로 병합

1961년
포르투갈에서 인도로
병합

고아

다드라 나가르하벨리

하이데라바드토호국

· 뉴델리

네팔

· 카트만두

1971년 방글라데시로 분리

1975년 인도가 합병

시킴토호국

팀부 · 부탄

벵골
· 다카

동파키스탄

1954년 포르투갈에서
인도로 병합

1948년 인도에 병합

풍디셰리

1954년 프랑스가 인도에 반환

1948년 영국에서 독립

스리랑카
· 스리자야와르데네푸라코테

파키스탄이 중국에 양도한 영토

중국-인도 영유권 갈등

**카슈미르 지역**

길기트

중국

**파키스탄 자치구역**

스카르두
발티스탄

시아첸고원

악사이친

아자드
카슈미르

이슬라마바드
(수도)

스리나가르

라다크

· 레

**인도 카슈미르 연방직할지**

잠무카슈미르

파키스탄

인도

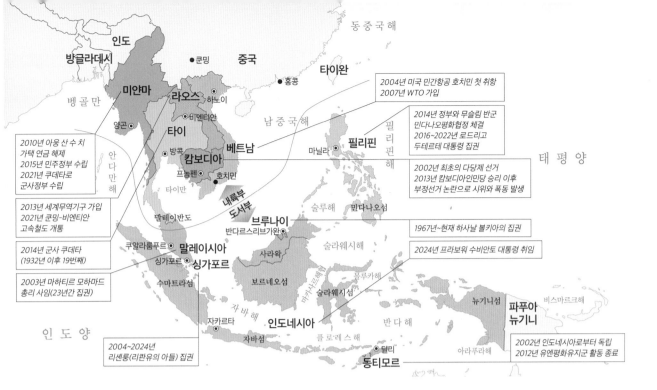

동 중 국 해

인도
방글라데시
미얀마
라오스
타이완
쿤밍
홍콩
중국

2004년 미국 민간항공 호치민 첫 취항
2007년 WTO 가입

2014년 정부와 무슬림 반군
민다나오평화협정 체결
2016~2022년 로드리고
두테르테 대통령 집권

벵골 만
양곤
하노이
비엔티안
타이
베트남
남 중 국 해
필리핀
필리핀
마닐라

2010년 아웅 산 수 치
가택 연금 해제
2015년 민주정부 수립
2021년 쿠데타로
군사정부 수립

방콕
캄보디아
프놈펜
호치민

안다만해

2002년 최초의 다당제 선거
2013년 캄보디아인민당 승리 이후
부정선거 논란으로 시위와 폭동 발생

태 평 양

내륙부
도서부

술루 해
민다나오섬

2013년 세계무역기구 가입
2021년 쿤밍-비엔티안
고속철도 개통

타이만
말레이반도
브루나이
반다르스리브가완

1967년~현재 하사날 볼키아의 집권

2014년 군사 쿠데타
(1932년 이후 19번째)

쿠알라룸푸르
말레이시아
싱가포르
싱가포르
사라왁
술라웨시해

2024년 프라보워 수비안토 대통령 취임

2003년 마하티르 모하마드
총리 사임(23년간 집권)

수마트라섬
보르네오섬
말루쿠해
술라웨시섬

뉴기니섬
파푸아
뉴기니
비스마르크해

인 도 양

자바해
자카르타
인도네시아
반 다 해

2004~2024년
리센룽(리콴유의 아들) 집권

자바섬
플로레스 해
딜리
동티모르
아라푸라해

2002년 인도네시아로부터 독립
2012년 유엔평화유지군 활동 종료

**21세기 동남아시아**

**타이** 11개국의 영토

—— 도서부·내륙부의 경계

◉ 수도

---

의 말레이반도와 보르네오 북부는 영국, 인도네시아는 네덜란드, 필리핀은 미국의 식민지였다. 그러나 2차 세계대전이 발발하고 프랑스 본토가 독일에게 함락되자 일본이 프랑스령 인도차이나를 침공하고, 말레이시아, 필리핀, 네덜란드

**베트남전쟁**

—→ 호치민의 진공로
---▶ 공산진영의 지원
—→ 미군의 공세

난판강
홍수이강

중국
북베트남
하노이
하이퐁

괌과 오키나와에서
출격한 미국 공군 공습

통킹만

라오스
국 공군의 공습

하이난섬

비엔티안

동허이
DMZ
후에
다낭

메콩강
호치민루트
남 중 국 해

타이

방콕
캄보디아
톤레사프호
프놈펜
꾸이년
남베트남
나짱

타이만
시한욱빌
사이공

메콩강 삼각주

1964년 미국 7함대 도착

령 동인도제도를 모두 점령했다.

종전 이후 유럽의 종주국들이 식민지배를 재개하려 하자 동남아시아인들은 민족운동을 벌이며 저항했다. 그 결과 1940~1960년대에 대부분 국가가 독립을 이루었다. 우선 1946년 미국의 식민지 필리핀이 독립했다. 영국령 인도제국에 속해 있던 버마(1989년 미얀마로 변경)는 1948년 독립을 인정받았다. 1949년에는 인도네시아가 네덜란드로부터 독립하고 뉴기니 서부(네덜란드령 뉴기니, 1895~1962)를 병합했다. 프랑스령 인도차이나의 캄보디아, 라오스, 베트남은 1차 인도차이나전쟁을 거쳐 1954년 독립했다. 그러나 베트남은 북위 17도선을 기준으로 남베트남(자본주의 진영)과 북베트남(공산주의 진영)으로 분단되었다. 영국령 말레이시아는 1957년 독립하여 말라야연방을 형성하고 1963년에 싱가포르와 사라왁까지 범위를 확대했다. 1965년 싱가포르는 연방에서 탈퇴하고 독립국가를 설립했다. 1984년 브루나이가 영국으로부터 독립하면서 동남아시아에서 서구 열강의 식민통치가 종료되었다. 이후 2002년에 동티모르가 인도네시아에서 독립하면서 동남아시아에는 현재 11개국이 분포해 있다.

# 동아시아의 현대

**국공내전 시기 공산당의 중국 장악**

▨▨▨ 1947년 6월 공산당 점령 지역
➤ 공산당의 진출로
◯ 국민당군 집결지 및 방어지
✳ 공산당군 승리
🚩 봉기를 통해 공산당이 점령한 지역
〜〜〜 장성
⋯⋯ 운하

1945년 8월 일본이 항복을 선언한 이후, 중국에서는 국민당과 공산당의 내전이 재개됐다. 1948년 황허 이북 지역을 완전히 장악한 공산당은 1949년 10월 중화인민공화국을 수립하고, 12월에 타이완섬을 제외한 중국 전역을 차지했다. 결국 국민당이 50만 명의 군대와 함께 타이완으로 패주하면서 내전이 종식됐다. 일본으로부터 독립한 한반도는 미국과 소련에 의해 38도선으로 분단된 뒤 1948년 남(대한민국)과 북(조선민주주의인민공화국)에 두 개의 정부가 수립되었다. 그리고 1950년 북한의 남침으로 한국전쟁이 발발했다. 미군을 필두로 유엔군이 남한을 돕기 위해 참전했고, 중국은 북한을 도와 인민해방군을 파견했다. 패전 이후 1952년까지 연합군의 통치를 받은 일본은 전쟁 기간 동안 미군의 병참기지 역할을 하면서 경제를 재건했다. 1953년 전쟁이 끝났지만, 휴전선이 기존 38도선을 대신하면서 한반도의 분단이 이어졌다.

중화인민공화국 수립 이후 중국은 내부 소수민족을 단속했다. 신장과 티베트를 행정구역으로 편입시키고, 소련의 영향으로 사회주의국가가 된 몽골인민공화국을 제외한 내몽골 지역도 영토화했다.

중국은 인도 및 소련과도 분쟁했다. 1962년 인도 카슈미르의 악사이친을 점령하고 자국 행

**공산당군의 광저우 입성** 1946년 6월 2차 국공내전이 시작되었다. 초기에는 연합국의 군사 지원을 받은 국민당의 국민혁명군이 우세하였으나, 1948년 가을부터 전세가 역전되었다. 1949년이 되자 공산당의 인민해방군이 베이징, 난징, 상하이를 차례로 장악했고, 10월 1일 베이징에서 마오쩌둥이 중화인민공화국 수립을 선포했다. 사진은 1949년 11월 인민해방군의 광저우 입성을 환영하는 시민대회.

정구역에 편입했다. 신장위구르자치구와 티베트자치구를 연결하는 도로가 지나가는 악사이친은 중국에게 지정학적으로 매우 중요했다. 1969년에는 소련과 국경 문제로 충돌했다. 양국 간에 균열이 생기자, 중국은 1979년 미국과 수교하고 외교 및 무역 채널을 다변화했다. 이후 자본주의 시장경제를 도입하고 외국 자본을 받아들여 급속한 경제성장을 이룩하며 2010년에 세계 2위의 경제대국으로 발돋움했다.

1990년대 후반에 중국은 작지만 매우 중요한 두 지역을 되찾았다. 과거에 청은 난징조약(1842)으로 홍콩섬, 톈진조약(1858)과 베이징조약(1860)으로 홍콩섬 건너편의 주룽반도, 1898년 2차 베이징조약으로 신제를 차례로 영국에 할양했다. 그로부터 99년 뒤인 1997년 이 땅을 돌려받았다. 1888년 청·포르투갈 통상우호조약에 따라 포르투갈령이 되었던 마카오도 1999년에 반환됐다. 현재 중국은 홍콩과 마카오를 '특별행정구'로 관리하고 있다.

중국은 동아시아 해상 곳곳에서 영토분쟁을 벌이고 있다. 1953년 남중국해에 '남해 9단선'이라는 아홉 개의 해상경계선을 그었는데, 모두 연결했을 때 U자 모양이 되는 이 지역을 자국의 바다라고 주장하면서 주변국들과 갈등하기 시작했다. 남중국해는 석유, 가스 등 천연자원이 풍부할 뿐 아니라 해상 무역의 중심지다. 그런데 남중국해를 둘러싼 필리핀, 말레이시아, 싱가포르, 인도네시아, 베트남에서는 미국의 영향력이 강하기 때문에 중국과 미국 사이에 마찰이 생겼다. 중국은 일본이 실효지배하고 있는 센카쿠열도(오키나와현 이시가키시 소속)의 영유권도 주장하고 있다. 한편 일본은 러시아가 실효지배하고 있는 쿠릴열도의 남부를 자국의 '북방영토'라 부르며 영유권을 주장한다. 동시에 대한민국 최동단의 섬 독도에 대한 영유권도 주장하고 있다.

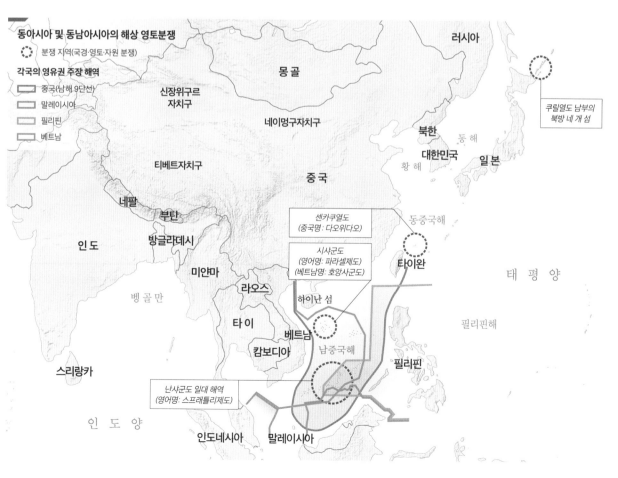

동아시아 및 동남아시아의 해상 영토분쟁

분쟁 지역(국경·영토·자원 분쟁)

각국의 영유권 주장 해역
중국(남해 9단선)
말레이시아
필리핀
베트남

러시아
몽골
신장위구르자치구
네이멍구자치구
북한
동해
대한민국
황해
일본
티베트자치구
네팔
부탄
방글라데시
인도
미얀마
중국
동중국해
타이완
태평양
라오스
벵골 만
타이
하이난 섬
베트남
캄보디아
남중국해
필리핀해
필리핀
스리랑카

쿠릴열도 남부의 북방 네 개 섬

센카쿠열도
(중국명: 댜오위다오)

시사군도
(영어명: 파라셀제도)
(베트남명: 호앙사군도)

난샤군도 일대 해역
(영어명: 스프래틀리제도)

인 도 양
인도네시아
말레이시아

# 중국의 소수민족

**중국의 인구, 2020년**
전체: 14억 977만 2724명
한족: 12억 8445만 8742명

조선족 170만 명
몽골족 629만 명
만주족 1042만 명
위구르족 1177만 명
후이족 1138만 명
티베트족 706만 명
먀오족 1108만 명
이족 983만 명
좡족 1957만 명

신장위구르자치구 · 우루무치
네이멍구자치구
닝샤후이족자치구 · 인촨
간쑤성
칭하이성 · 시닝 · 란저우
티베트자치구 · 라싸
허베이성
산시성(山西) · 타이위안 · 스자좡
산시성(陝西) · 시안
헤이룽장성 · 하얼빈
지린성 · 창춘 · 선양
랴오닝성
베이징시 · 톈진시
산둥성 · 지난
허난성 · 정저우
장쑤성 · 난징
안후이성 · 허페이
상하이시
쓰촨성 · 청두
충칭시
후베이성 · 우한
저장성 · 항저우
구이저우성 · 구이양
후난성 · 창사
장시성 · 난창
푸젠성 · 푸저우
윈난성 · 쿤밍
광시좡족자치구 · 난닝
광둥성 · 광저우
홍콩특별행정구
마카오특별행정구
하이커우 · 하이난성

**위성지도로 확인한 신장수용소의 확대 추세, 2015-2020년** 2018년 중국 정부는 신장 지역에 100만 명 이상의 위구르인, 카자흐인, 기타 무슬림 집단을 수용할 시설을 건설했다. 중국 정부는 이를 애국주의교육과 직업훈련 시설이라고 주장하지만, 실상은 민족주의운동을 탄압하는 수용소이다.

**한족과 주요 소수민족의 인구 분포, 2020년**

**한족의 비율**
- 95퍼센트 이상
- 90~95퍼센트
- 80~90퍼센트
- 60~80퍼센트
- 40~60퍼센트
- 10퍼센트 이하

**티베트 봉기, 1959년** 1959년 3월 10일 중국공산당의 강압 통치에 반발한 티베트인들은 라싸에서 반중국, 반공산주의 봉기를 일으켰다. 중국공산당은 즉시 인민해방군을 동원해 시위를 진압했다. 이 과정에서 약 8만 6000명의 티베트인이 사망한 가운데 달라이 라마가 인도로 망명했다.

**홍콩 송환법 시위, 2019년** 2019년 캐리 람 홍콩 행정장관이 범죄인 송환법 초안을 입법회에 제출하면서 격렬하고 장기적인 시위가 발생했다. 이 법률은 중국 정부가 홍콩 시민을 범죄혐의로 기소할 경우 홍콩 정부가 이들을 인도할 수 있다는 내용으로, 홍콩 시민들은 이 법안이 홍콩의 권리와 자유를 훼손할 것이라고 우려했다.

현대 중국은 한족(漢族)과 55개 소수민족으로 구성된 '통일적 다민족국가'로, 2020년 기준 인구 약 14억 977만 명(2024년 약 14억 967만 명으로 감소) 가운데 한족이 약 12억 8445만 명(91.1퍼센트), 소수민족은 약 1억 2532만 명(8.9퍼센트)이다. 중국의 민족정책은 1949년 중화인민공화국 성립 직전 소집된 중국인민정치협상회의 공동강령에 기반을 두고 있다.

이때의 선언을 1954년 헌법 제정에서 논의했고, 1982년 개혁개방 후 수정된 헌법에 다시 규정했다. 무엇보다도 중국의 민족정책을 법률적으로 이론화한 것은 1952년 2월 통과된 중화인민공화국 민족구역자치실시요강에 기초하여 1984년 개정된 민족구역자치법이다.

전통적인 공산주의 국가에서 민족은 소멸될 존재였다. 하지만 식민지 문제에 직면한 레닌은 민족주의를 사회운동의 일부로 중시하며 '민족자결원칙'을 제시했다. 이어서 스탈린은 민족발전의 단계를 구상하고 '현대민족'이라는 개념을 도출하여 민족의 궁극적인 소멸을 주장했다.

중국 전역이 공산당에 의해 해방이 되고 치안이 안정된 후, 중국 정부는 1950년부터 스탈린의 민족이론에 기초하여 민족 식별을 시작했다. 그 결과 1978년까지 모두 55개의 민족을 소수민족으로 분류했다. 이들을 중화민족에 속하는 사람은 '인(人)'으로, 중화민족의 여러 구성 집단은 '족(族)'으로 개념화했는데, 인이 족의 상위 개념이다. 중요한 것은 '인'이 국적을 의미하지 않는다는 점이다. 이로써 민족의 개념을 포괄하며 일반 민족을 초월한 '중화민족' 개념이 탄생했다. 그리고 이전 시기 중국의 '이민족'들은 이제 중화민족 내의 소수민족으로 포섭되었다.

이후 개혁개방 시기에 정교한 이론화 과정을 거치면서 '통일적 다민족국가'로 개념이 확장되었다. 기존 한족 중심의 민족주의는 국가 중심의 중화민족주의로 확대되었고, 현재 중국 국경 안에 존재하는 모든 민족의 조상과 그들의 역사적 성취는 '중화민족'의 역사에 포섭됐다. 이를 위해 중원 지역에서 단대공정과 탐원공정, 몽골 지역에서 북방공정, 윈난을 비롯한 미얀마·타이·베트남 접경에서 남방공정 그리고 만주를 포함한 한반도 접경에서 동북공정을 실시했다.

한편 개혁개방 이후 동부 중심의 불균형발전 전략을 펼쳐 지역·민족·도농·계층 간의 경제 격차를 초래했다. 문화대혁명 시기부터 개혁개방 시기에 이르기까지 네이멍구자치구, 광시좡족자치구, 구이저우성, 윈난성, 티베트자치구, 칭하이성, 닝샤후이족자치구, 신장위구르자치구 등 소수민족 8성의 1인당 GDP는 특히 더 낮았다. 중국의 경제성장률이 고공행진을 하던 1990년대 중반에서 2000년대 초반 사이에 이 지역의 1인당 GDP는 전국 평균의 70퍼센트에 불과할 정도로 경제적 격차가 심화되었다. 이 문제를 해결하기 위해 중국 정부

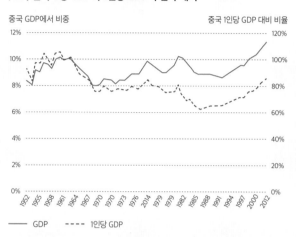

**| 소수민족 8성 GDP와 1인당 GDP의 전국 대비**

중국 GDP에서 비중 / 중국 1인당 GDP 대비 비율

— GDP   ---- 1인당 GDP

는 1990년대에 서부와 중부에서 경제발전 전략을 시행했고, 2000년대에는 서부 대개발과 중부 굴기 등을 통해 동부와 격차를 줄이려 했다. 동시에 경제개발과 소수민족 우대라는 명목으로 정치·경제·사회·문화적으로 중국화를 강요했다. 민족문제로 갈등이 심각한 티베트와 신장에 대한 경제정책도 수립했는데, 이를 서남공정과 서북공정이라 부른다.

중화민족주의를 강조하는 현대 중국 정부에게 티베트와 신장의 소수민족운동은 매우 중요한 사안이다. 티베트인과 위구르인의 분리독립 움직임은 중국 바깥에서 보았을 때는 그들의 인권과 주권을 중국이 탄압하는 문제이지만, 중국 정부 입장에서는 '하나의 중국'과 통치체제를 위협하는 분리주의 문제다. 이 지역이 독립한다면 중국은 상당한 영토를 상실할 뿐 아니라 또 다른 소수민족 문제가 이어질 것이기 때문에, 이 지역의 소수민족운동을 원천 봉쇄하고 있다.

1997년 중국에 반환된 홍콩에서도 2014년 우산혁명과 2019년 송환법반대운동 등 중국 정부의 통제에 저항하여 민주화를 요구하는 반정부 시위가 이어졌다. 홍콩 시민들은 중국의 통제가 홍콩의 권리와 자유를 훼손할 것을 우려하며 중국에 반환될 때 약속한 일국양제(一國兩制, 한 국가 안에 공산주의와 자본주의 체제 공존)를 유지하라고 요구했다.

# 미국의 세기와 아메리카의 변화

전후 미국은 소련과 함께 냉전체제의 한 축으로서 자본주의 진영을 이끌었다. 1947년 서유럽의 공산화를 막기 위해 마셜플랜을 가동한 것이 그 출발점이었다. 마셜플랜이 서유럽 국가들의 경제성장을 촉진한 결과 서유럽에 대한 공산주의의 위협이 감소했다. 1948~1949년 소련의 베를린 봉쇄 이후 미국은 서유럽과의 관계를 군사동맹으로 확대할 필요성을 느끼고 1949년 북대서양조약기구 창설을 주도했다. 그러나 미국의 공포심은 사라지지 않았다. 소련이 핵 실험에 성공함으로써 '유일한 핵 보유국' 지위와 군사적 우위를 상실했기 때문이다. 1949년 중국이 사회주의 국가가 된 것도 위기감을 증폭시켰다. 1950년 한국전쟁이 발발하자마자 참전을 결정한 것도 이런 배경 때문이다. 그다음으로 미국은 남베트남의 공산화를 막기 위해 베트남전쟁에 참전했지만 엄청난 인적·물적 자원을 투여하고도 패배했고, 1975년 베트남이 사회주의공화국으로 통일되는 모습을 지켜봐야 했다.

라틴아메리카는 19세기를 거치며 대부분 국가가 독립했고 1차 세계대전 기간에 호황을 누리며 발전했다. 그러나 2차 세계대전 이후 미소 냉전의 소용돌이에 빠져들었다. 1959년 사회주의혁명에 성공한 쿠바는 미국의 지원을 받은 반혁명 세력의 피그스만 침공(1961)을 격퇴했으며, 1962년 소련의 미사일기지 건설 시도로 촉발된 미사일 위기를 겪고도 체제를 유지했다. 이후 미국은 라틴아메리카의 공산화를 막기 위해 각국의 우파정권을 지원했고, 브라질(1964), 칠레(1973), 우루과이(1973), 아르헨티나(1976) 등에 독재정권이 수립됐다. 그사이에 카리브해에서는 영국의 지배를 받던 자메이카와 트리니다드토바고(1962), 바하마(1973), 그레나다(1974), 도미니카(1978), 세인트루시아

## 20세기 후반 CIA의 비밀공작

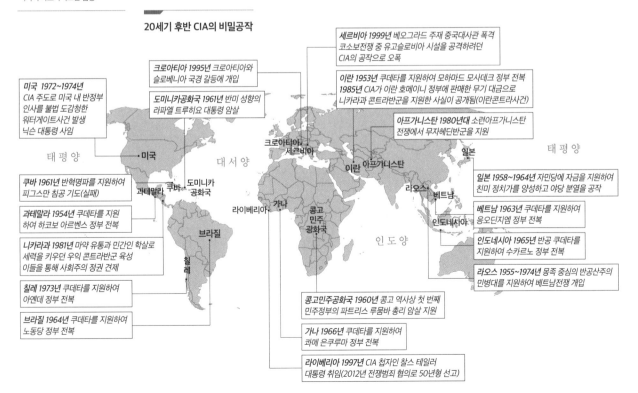

**세르비아** 1999년 베오그라드 주재 중국대사관 폭격 코소보전쟁 중 유고슬로비아 시설을 공격하려던 CIA의 공작으로 오폭

**크로아티아** 1995년 크로아티아와 슬로베니아 국경 갈등에 개입

**미국** 1972~1974년 CIA 주도로 미국 내 반정부 인사를 불법 도감청한 워터게이트사건 발생 닉슨 대통령 사임

**도미니카공화국** 1961년 반미 성향의 라파엘 트루히요 대통령 암살

**이란** 1953년 쿠데타를 지원하여 모하마드 모사데크 정부 전복 1985년 CIA가 이란 호메이니 정부에 판매한 무기 대금으로 니카라과 콘트라반군을 지원한 사실이 공개됨(이란콘트라사건)

**아프가니스탄** 1980년대 소련아프가니스탄 전쟁에서 무자헤딘반군을 지원

**일본** 1958~1964년 자민당에 자금을 지원하여 친미 정치가를 양성하고 야당 분열을 공작

**쿠바** 1961년 반혁명파를 지원하여 피그스만 침공 기도(실패)

**과테말라** 1954년 쿠데타를 지원하여 하코보 아르벤스 정부 전복

**니카라과** 1981년 마약 유통과 민간인 학살로 세력을 키우던 우익 콘트라반군 육성 이들을 통해 사회주의 정권 견제

**칠레** 1973년 쿠데타를 지원하여 아옌데 정부 전복

**브라질** 1964년 쿠데타를 지원하여 노동당 정부 전복

**베트남** 1963년 쿠데타를 지원하여 응오딘지엠 정부 전복

**인도네시아** 1965년 반공 쿠데타를 지원하여 수카르노 정부 전복

**라오스** 1955~1974년 몽족 중심의 반공산주의 민병대를 지원하여 베트남전쟁 개입

**콩고민주공화국** 1960년 콩고 역사상 첫 번째 민주정부의 파트리스 루뭄바 총리 암살 지원

**가나** 1966년 쿠데타를 지원하여 콰메 은쿠루마 정부 전복

**라이베리아** 1997년 CIA 첩자인 찰스 테일러 대통령 취임(2012년 전쟁범죄 혐의로 50년형 선고)

태평양     대서양     태평양     인도양

미국   과테말라   쿠바   도미니카 공화국   라이베리아   가나   브라질   칠레   크로아티아   세르비아   이란   아프가니스탄   콩고 민주 공화국   라오스   베트남   인도네시아   일본

**라틴아메리카의 독재와 혁명,
1959~1979년**

- 군사독재 지역
- 혁명정부 수립 지역
- 민주주의 또는 제한적 민주주의 국가
- 독립 국가
- 멕시코(권위주의적 정당국가, 제도혁명당 통치)
→ 체 게바라의 이동, 1966년
🌿 반군의 활동

멕시코
국가혁명시민회의
1968~1972

1954~1984년 군사독재

사회주의혁명

공산혁명 쿠바
1959

1963~1978년
호아킨 발라게르 집권

도미니카
공화국

1957~1986년
뒤발리에 부자 독재

벨리즈

과테말라

아이티

자메이카

대 서 양

온두라스

빈민의당
1967~1974

카 리 브 해

1937~1979년
소모사 가문 집권

좌익반군
1962~1996

니카라과

엘살바도르

코스타리카

베네수엘라

1966년 영국에서 독립

무장혁명군
1964~현재

혁명좌파운동
1960~1988

가이아나

1975년 네덜란드에서
독립

파나마

1963~1982년 군사독재

국민해방군
1964~현재

수리남

프랑스령 기아나

콜롬비아

1968~1990년 군사독재

1964~1985년 군사독재

에콰도르

1963~1966년,
1972~1979년
군사독재

태 평 양

1968~1975년 군사
쿠데타를 통한 좌파혁명

페루

민족해방동맹
1964~1985

브라질

빛나는 길(공산당)
1980~1990

볼리비아

아라과이아
(브라질공산당 게릴라조직)
1967~1974

국민해방군
1966~1967

1952~1964년
볼리비아 국민혁명
1964년 군사 쿠데타
1967년 체 게바라 암살

파라과이

1954~1989년
알프레도 스트로에스네르 집권

칠레

몬테비로
(좌파 무장조직)
1970~1979

투파바로스
(마르크스주의 혁명조직)
1973~1985

1970~1973년 아옌데 인민연합 집권
1973~1990년 피노체트 군사독재

아르헨티나

우루과이

1973~1985년 군사독재

인민혁명군
1970~1977

1966~1973년,
1976~1983년 군사독재

(1979)가 독립했다.

미국은 1960년대 중후반까지 전 세계를 대상으로 반공활동에 엄청난 비용을 지불했고, 이 과정에서 쌓인 채무로 1970년대 초 경제위기를 겪었다. 국내에서 인플레이션이 극심해지고 해외에서 산유국의 석유 공급 중단으로 오일쇼크가 발생하자 미국은 위기를 타개하기 위해 중국 및 소련과 관계 개선을 시도했다. 1972년 2월 닉슨 대통령이 중국을 방문하여 마오쩌둥 주석과 정상회담을 개최한 데 이어 1979년 1월 1일을 기하여 양국은 수교조약을 발효했다. 소련과도 1974년 블라디보스토크협정과 1975년 헬싱키협정으로 화해 분위기를 조성했다. 1979년 소련의 아프가니스탄 침공과 1980년대 양국의 군비 경쟁 확대로 다시 냉전이 심화하는 듯했다. 그러나 1989년 양국 정상이 냉전 종식을 선언한 데 이어 소련이 해체되면서 미국은 세계 유일의 초강대국으로 남게 되었다.

라틴아메리카 국가들은 1980년대부터 민주화를 시작한 결과, 아르헨티나(1983), 브라질(1985), 칠레(1988), 파라과이(1993) 등이 민주정부를 회복했다. 대부분 국가는 20세기 후반에 세계금융위기가 촉발한 경제위기를 겪었는데, 브라질과 칠레 등은 개혁을 통해 위기를 극복한 반면 페루, 콜롬비아, 에콰도르 등은 상대적으로 더 큰 어려움을 겪었다.

2001년 9·11테러가 발생하자 미국은 그해 알카에다 소탕을 명목으로 아프가니스탄을 침공했다. 그리고 이듬해에는 이라크에서도 전쟁을 개시했다. 그러나 최근 들어 미국은 아프가니스탄에서 철수(2022)하고 세계의 주요 이슈에 미온적인 태도를 보이는 등 자국 우선주의·일방주의로 선회하고 있다.

**칠레 실종자가족협회의 집회**
칠레에서는 피노체트 독재정권 시기에(1974~1990) 국가폭력에 의해 약 4300여 명이 사망 또는 실종되고 4만여 명이 인권 탄압을 받았다. 이후 1990년 진실과 화해위원회를 구성하고 과거사 진상규명을 실시했다.

# 인류세와 기후위기

냉전 해체와 신자유주의, 세계화와 미국 단극 패권으로 정의되는 1990년대가 저물고 2000년대가 시작되자 지구의 미래에 먹구름이 끼기 시작했다. 2003년 무렵부터는 학문과 예술은 물론 대중문화 분야에서도 현실에 대한 절망과 분노가 표출됐다. 이와 같은 현상은 2001년 9·11테러나 2003년 이라크전쟁 같은 국제정치 요인에서 촉발된 동시에 심층적인 원인도 있었으니, 사회 질서의 균열과 현실에 대한 불안이 미래에 대한 낙관을 압도하기 시작한 것이다. 미국의 과학자이자 작가인 재레드 다이아몬드는 이를 붕괴(collapse)라고 설명했다. 특히 기후변화와 생태 파괴로 인한 지구의 붕괴 가능성이 무엇보다 심각한 문제로 대두했다. 전쟁뿐 아니라 대규모 개발, 과도한 인프라 공사나 상품 생산 등의 경제활동은 물론 사회 갈등, 수탈에 의한 축적, 폭력과 테러, 정치적 갈등도 환경 파괴를 유발했다. 토착민, 식민지 및 탈식민지의 구성원, 페미니스트와 사회운동가, 그리고 문화적 소수자들에게 전쟁 혹은 개발은 그 자체로 삶의 터전과 환경을 파괴하는 행위이기 때문이다.

환경오염은 매우 오래전부터 시작됐다. 런던의 경우 산업혁명 이전인 18세기 초에도 하늘이 석탄을 태운 연기에 뒤덮일 정도로 대기오염이 극심했다. 이후의 산업혁명은 불과 200년 만에 지난 수백만 년간 유지해온 인간과 자연의 균형을 붕괴시켰다. 1952년 런던 스모그로 1만 명 이상이 사망했으며, 미국 피츠버그와 로스앤젤레스, 벨기에 뮤즈계곡, 멕시코 포자리카 같은 공업지대에서도 대기오염으로 수많은 사망자가 발생했다. 이후 서구 국가들은 이른바 '공해산업'을 식민지·저개발국가로 이전하는 방식으로 대응했다.

많은 학자들이 위기를 맞은 오늘날을 지질시대로 구분하여 인류세(Anthropocene)로 정의한다. 이는 오존층 연구로 노벨화학상을 수상한 네덜란드의 기상학자 파울 크뤼천이 2000년에 처음 제안한 용어다. 그에 따르면 지구는 산업혁명 시기에 홀로세(Holocene) 조건에서 벗어났으며, 18세기 후반 유럽에서 석탄 연소가 증가하면서 환경이 급속히 변화했고 이러한 변화는 20세기 중반에 더욱 뚜렷해졌다. 인류세의 주요 특징으로 대기의 화학구조 변화, 온난화, 빙상 용해와 해수면 상승, 해안의 침식과 퇴적 가속화, 플라스틱 등 인공 재료로 만든 공산품의 확산, 생물 종 멸종, 인간이 고안한 기술

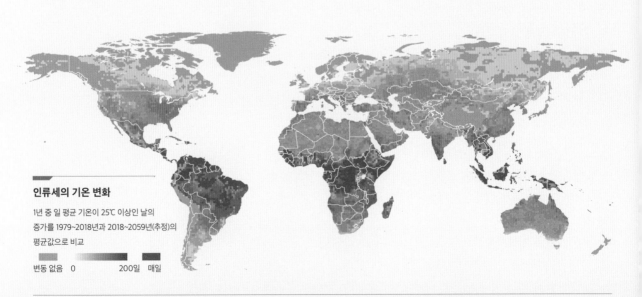

**인류세의 기온 변화**

1년 중 일 평균 기온이 25℃ 이상인 날의
증가를 1979~2018년과 2018~2059년(추정)의
평균값으로 비교

변동 없음　0　　　　　　200일　매일

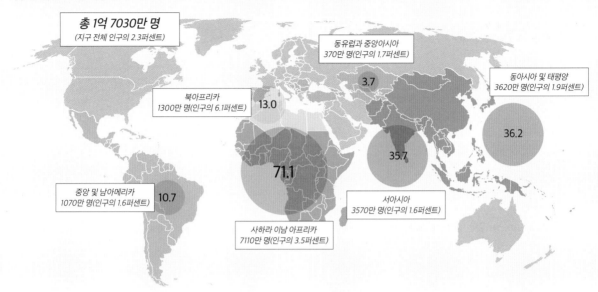

**기후 난민, 2050년 예상 수치**

**총 1억 7030만 명**
(지구 전체 인구의 2.3퍼센트)

동유럽과 중앙아시아
370만 명(인구의 1.7퍼센트) — 3.7

동아시아 및 태평양
3620만 명(인구의 1.9퍼센트) — 36.2

북아프리카
1300만 명(인구의 6.1퍼센트) — 13.0

서아시아
3570만 명(인구의 1.6퍼센트) — 35.7

35.7

중앙 및 남아메리카
1070만 명(인구의 1.6퍼센트) — 10.7

71.1

사하라 이남 아프리카
7110만 명(인구의 3.5퍼센트)

시스템인 '기술권'의 급성장을 들 수 있다.

대량생산·대량소비의 경제체제는 인간의 자원 소비량을 증가시켰고, 이에 따라 발생한 폐기물이 폭발적으로 늘면서 지구가 스스로 회복할 수 있는 한계치를 뛰어넘고 말았다. 지구는 앞으로 더욱 뜨거워질 것이고, 더욱 오염될 것이며, 생물학적으로 더욱 파괴될 것으로 예측된다. 기후위기의 가장 심각한 문제는 이전 상태로 회복이 불가능하다는 점이다. 이로 인한 변화는 곧 자연 전체의 파멸을 뜻하며 인종, 성, 연령, 계급, 계층 등의 구분 없이 누구도 이 위험에서 벗어날 수 없다.

기후위기에 대한 인류의 대응은 1992년 6월 리우환경회의를 계기로 본격화되었다. 그러나 그 성과는 미미했는데, 미국의 이산화탄소 배출 규제 거부가 결정적이었다. 더불어 1990년대 이후 최다 탄소 배출국인 중국과 신흥 성장국 인도 등에는 아예 규제 의무가 부과되지 않았다. 그러다 2009년 1월 미국 대통령에 취임한 버락 오바마가 그해 3월 「미국 청정에너지안보법」을 발의하면서 온난화에 대한 대응을 강화한 결과, 2015년 12월 13일 마침내 파리협정이 체결되었다(2017년 6월 1일 도널드 트럼프가 탈퇴를 선언했으나, 조 바이든이 2021년 1월 20일 재가입했다). 그러나 2025년 1월 21일 다시 미국 대통령이 된 트럼프는 파리협정 재탈퇴 행정명령을 내렸다.

이처럼 기후위기는 불확실성, 지구적 정의(justice) 및 세대 간 정의 문제까지 얽히고설킨 난제다. 우리는 이 위기를 극복하기 위해 환경 파괴가 초래할 불확실성을 최소화하는 한편 미래를 책임질 수 있는 결정을 내리기 위해 최선을 다해야 한다. 또한 기후위기에 제도적으로 대응하기 위해 반드시 전 지구적 협력체제를 구성해야 한다.

**| 역대 UN기후변화회의**

| | |
|---|---|
| UN기후변화협약<br>(리우환경협약, 1992. 6.) | 온실가스의 인위적 배출 규제 |
| 교토의정서<br>(1997. 12.) | 선진국의 온실가스 감축 목표 규정 |
| 발리행동계획<br>(2007. 12.) | 기후변화협약 당사국 총회에서 선진국 탄소 절감 및 신흥국 감축 지원 결의 |
| 코펜하겐합의<br>(2009. 12.) | 2050년까지 지구 평균 기온의 상승폭을 2℃ 이내로 제한 |
| 칸쿤합의<br>(2010. 12.) | 온실가스 감축, 기후변화 적응, 산림 보호, 신흥국에 대한 재정 및 기술 지원 |
| 더반플랫폼<br>(2011. 12.) | 새 기후의정서를 2015년까지 도출, 2020년 발효하기로 약속 |
| 도하게이트웨이<br>(2012. 12.) | 교토의정서 2차 유효 기간을 2020년까지 연장 |
| 바르샤바결과<br>(2013. 11.) | 기후변화 취약국의 손실과 피해 위험 관리 결의 |
| 리마선언(2014. 12.) | 선진국 및 신흥국 구분 없이 온실가스 감축 초안 채택 |
| 파리협정<br>(2015. 12.) | 리마선언 발효 및 2050년 탄소중립(배출량 0) 선언 |
| 샤름엘셰이크이행계획<br>(2022. 11.) | 기후변화에 가장 취약한 국가를 위한 기금의 설립 합의 |

# 참고자료

## 도서

강성주 지음, 『피를 부르는 영토분쟁』, 아웃룩, 2022

강희정·김정호 외 지음, 『키워드 동남아』, 한겨레출판, 2022

구로카와 유지 지음, 안선주 옮김, 『유럽 최후의 대국, 우크라이나의 역사』, 글항아리, 2022

기쿠치 요시오 지음, 김숙이 옮김, 『용병 2000년의 역사』, 사과나무, 2011

기쿠치 요시오 지음, 이경덕 옮김, 『결코 사라지지 않는 로마, 신성로마제국』, 다른세상, 2010

김승렬 지음, 『유럽의 영토 분쟁과 역사 분쟁』, 동북아역사재단, 2008

김용덕 지음, 『이야기 폴란드사』, 한국외국어대학교출판부 지식출판원, 2013

김윤진, 『동아프리카사』, 미래엔, 1994

김정위, 『이슬람사전』, 학문사, 2002

김준석 지음, 『국제정치의 탄생: 근세 초 유럽 국제정치사의 탐색, 1494-1763』, 북코리아, 2018

김철민 지음, 『역사와 인물로 동유럽 들여다보기』, 한국외국어대학교출판부 지식출판원, 2021

김학래 지음, 김종익 옮김, 『전범이 된 조선 청년』, 민족문제연구소, 2017

김호동 지음, 『아틀라스 중앙유라시아사』, 사계절출판사, 2016

김호동 지음, 『몽골제국과 세계사의 탄생』, 돌베개, 2010

김효순, 『나는 전쟁범죄자입니다』, 서해문집, 2020

남기원 지음, 『대학의 역사』, 위즈덤하우스, 2021

남종국 지음, 『중세 해상제국 베네치아』, 이화여자대학교출판문화원, 2020

남종국 지음, 『천년의 바다: 중세 지중해 교류사』, 이화여자대학교출판문화원, 2022

노명식 지음, 『프랑스 혁명에서 파리코뮌까지, 1789~1871』, 책과함께, 2011

노용석·최명호·구경모 지음, 『라틴아메리카의 이해』, 한국학술정보, 2019

다마키 도시아키 지음, 서수지 옮김, 『이주, 이동, 식민, 이민의 세계사』, 2021

다케다 다쓰오 지음, 조영렬 옮김, 『이야기 북유럽 역사』, 글항아리, 2022

댄 존스 지음, 이재황 옮김, 『중세인들』, 책과함께, 2023

데이비드 메이슨 지음, 김승완 옮김, 『처음 읽는 유럽사: 유럽을 만든 200년의 이야기』, 사월의책, 2024

데이비드 허버트 로렌스 지음, 채희석 옮김, 『D. H. 로렌스 유럽사 이야기』, 페이퍼로드, 2021

데즈먼드 수어드 지음, 최파일 옮김, 『백년전쟁 1337~1453』, 미지북스, 2018

도널드 쿼터트, 이은정 옮김, 『오스만 제국사: 적응과 변화의 긴 여정,

1700~1922』, 사계절출판사, 2008

디오니시오스 스타타코풀로스 지음, 최하늘 옮김, 『비잔티움의 역사』, 더숲, 2023

라스 브라운워스 지음, 김홍옥 옮김, 『바다의 늑대: 바이킹의 역사』, 에코리브르, 2018

라이너-K. 랑너 지음, 배진아 옮김, 『남극의 대결, 아문센과 스콧』, 생각의나무, 2004

로버트 팔콘 스콧 지음, 박미경 편역, 『남극일기』, 세상을여는창, 2005

로버트 D. 카플란 지음, 이순호 옮김, 『지리의 복수』, 2017

로저 크롤리 지음, 이종인 옮김, 『대항해시대 최초의 정복자들: 포르투갈 제국의 해외 원정기』, 책과함께, 2022

리처드 오버리 엮음, 이종경 외 옮김, 『더 타임스 세계사』(개정판), 예경, 2019

마셜 호지슨 지음, 이은정 옮김, 『마셜 호지슨의 세계사론: 유럽, 이슬람, 세계사 다시 보기』, 사계절출판사, 2006

마이클 하워드 지음, 안두환, 『유럽사 속의 전쟁』

마이클 해그 지음, 이광일 옮김, 『템플러: 솔로몬의 성전에서 프리메이슨까지, 성전기사단의 모든 것』, 책과함께, 2015

마크 갈레오티 지음, 이상원 옮김, 『짧고 굵게 읽는 러시아 역사』, 미래의창, 2021

마크 마조워 지음, 이순호 옮김, 『발칸의 역사』, 을유문화사, 2014

마틴 래디 지음, 박수철 옮김, 『합스부르크, 세계를 지배하다』, 까치, 2022

메리 풀브룩 지음, 김학이 옮김, 『분열과 통일의 독일사』, 개마고원, 2000

모리스 로사비 지음, 강창훈 옮김, 『수성의 전략가 쿠빌라이 칸』, 사회평론, 2015

미할 비란 외 엮음, 이재황 옮김, 『몽골제국, 실크로드의 개척자들』, 책과함께, 2021

박윤덕 지음, 『서양사강좌』, 아카넷, 2022

배영수 외 지음, 『세계화 시대의 서양 현대사』, 아카넷, 2010

백승종 지음, 『도시로 보는 유럽사』, 사우, 2020

뱅상 르미르 지음, 크리스토프 고티에 그림, 장한라 옮김, 『예루살렘의 역사』, 서해문집, 2023

벤 윌슨 지음, 박수철 옮김, 『메트로폴리스』, 매일경제신문사, 2021

볼프강 E. J. 베버 지음, 김유경 옮김, 『유럽 대학의 역사』, 경북대학교출판부, 2020

브라이언 캐틀러스 지음, 김원중 옮김, 『스페인의 역사』, 길, 2022

브라이언 타이어니·시드니 페인터 지음, 이연규 옮김, 『서양중세사』, 집문

당, 2019.

브랜든 심스 지음, 곽영완 옮김, 『유럽: 1453년부터 현재까지 패권투쟁의 역사 1·2』, 애플미디어, 2014

빌 로스 지음, 이지민 옮김, 『철도, 역사를 바꾸다』, 예경, 2014

사이먼 시백 몬티피오리 지음, 유달승 옮김, 『예루살렘 전기』, 시공사, 2012

사이먼 젠킨스 지음, 임웅 옮김, 『짧은 유럽사』, 한울아카데미, 2022

소병국 지음, 『동남아시아사: 창의적인 수용과 융합의 2천년사』, 책과함께, 2020

손선홍 지음, 『도시로 떠난 독일 역사 문화 산책』, 푸른길, 2020

수잔 와이즈 바우어 지음, 왕수민 옮김, 『수잔 와이즈 바우어의 세상의 모든 역사: 중세편 1·2』, 부키, 2021

슈테판 츠바이크 지음, 안인희 옮김, 『광기와 우연의 역사』, 휴머니스트, 2020

시오노 나나미 지음, 김석희 옮김, 『로마 멸망 이후의 지중해 세계 (상·하)』, 한길사, 2009

신윤환 외, 『도시로 보는 동남아시아사 1·2』, 사우, 2023

쑨룽지 지음, 오수현 옮김, 『신세계사 1·2』, 흐름출판, 2022.

아리아노스·오브리 드 셀린코트 지음, 박우정 옮김, 『알렉산드로스 원정기』, 글항아리, 2017

안인희, 『중세 이야기: 신들과 전쟁, 기사들의 시대』, 지식서재, 2021

알렉산더 미카베리즈 지음, 최파일 옮김, 『나폴레옹 세계사』, 책과함께, 2022

앙드레 모루아 지음, 신용석 옮김, 『프랑스사』, 김영사, 2016

앤드루 로빈슨 지음, 박재욱 옮김, 『문자 이야기』, 사계절출판사, 2003

앨리스 로버츠 지음, 진주현 옮김, 『인류의 위대한 여행』, 책과함께, 2011

야마모토 노리오 지음, 최용우 옮김, 『페퍼로드』, 사계절출판사, 2017

에드워드 돌닉 지음, 이재황 옮김, 『신의 기록』, 책과함께, 2022

에드워드 J. 라슨 지음, 임종기 옮김, 『얼음의 제국』, 에이도스, 2012

오승은 지음, 『동유럽 근현대사』, 책과함께, 2018

올랜도 파이지스 지음, 홍우정 옮김, 『러시아, 그 역사와 진실』, 커넥팅, 2023

우야마 다쿠에이 지음, 전경아 옮김, 『왕실로 읽는 세계사』, 책밥, 2019

윌리 레이 지음, 타임라이프 편집부 펴냄, 『라이프-대자연 시리즈: 양극』, 한국일보 타임라이프, 1978

유발 하라리 지음, 조현욱 옮김, 『사피엔스』, 김영사, 2023

유희수 지음, 『낯선 중세: 잃어버린 세계, 그 다채로운 풍경을 거닐다』, 문학과지성사, 2018

윤소영 지음, 『종의 기원, 자연선택의 신비를 밝히다』, 사계절출판사, 2004

이동민 지음, 『발밑의 세계사』, 위즈덤하우스, 2023

이승훈 지음, 『한자의 풍경』, 사계절출판사, 2023

이용재 외 지음, 『프랑스를 만든 나날, 역사와 기억: 로마령 갈리아에서 절대왕정 프랑스까지』, 푸른역사, 2023.

이정록·송예나 지음, 『분쟁의 세계지도』, 푸른길, 2019

이주엽 지음, 『몽골제국의 후예들』, 책과함께, 2020

이주형 지음, 『간다라 미술』, 사계절출판사, 2015

이준갑·김병준·박한제·이근명·김형종 지음, 『아틀라스 중국사』, 사계절출판사, 2015

이희수 지음, 『인류본사: 오리엔트-중동의 눈으로 본 1만 2,000년 인류사』, 휴머니스트, 2022

이희수·이평래·이옥순·조흥국·서성철·정혜주·노용석 지음, 『더 넓은 세계사』, 삼인, 2022

이희철 지음, 『오스만 제국 600년사: 1299~1922』, 푸른역사, 2022

일본사학회 지음, 『아틀라스 일본사』, 사계절출판사, 2011

장대익, 「『종의 기원』의 지성사적 의의」, 『고전 강연 5: 근대 사상과 과학』, 민음사, 2018

장 셀리에·앙드레 셀리에 지음, 임영신 옮김, 『시간여행자의 유럽사』, 청어람미디어, 2015

재레드 다이아몬드 지음, 강주헌 옮김, 『총 균 쇠: 인간 사회의 운명을 바꾼 힘』, 김영사, 2023

잭 웨더포드 지음, 정영목 옮김, 『칭기스칸, 잠든 유럽을 깨우다』, 사계절출판사, 2005

정기문 지음, 『처음부터 다시 배우는 서양 고대사』, 책과함께, 2021

정연호 지음, 『슬라브 역사 문화 기행』, 신아사, 2020

제러미 블랙 지음, 유나영 옮김, 『거의 모든 전쟁의 역사』, 서해문집, 2022

제바스티안 하프너 지음, 안인희 옮김, 『비스마르크에서 히틀러까지』, 2016

조 지무쇼 엮음, 최미숙 옮김, 『30개 도시로 읽는 세계사』, 다산초당, 2020

조르주 뒤비 지음, 채인택 옮김, 『조르주 뒤비의 지도로 보는 세계사』, 생각의나무, 2006

조르주 루 지음, 김유기 옮김, 『메소포타미아의 역사 1·2』, 한국문화사, 2013

조셉 커민스 지음, 김후·김지원 옮김, 『전쟁 연대기 1·2』, 니케북스, 2013

존 H. 엘리엇 지음, 김원중 옮김, 『대서양의 두 제국: 영국령 아메리카와 에스파냐령 아메리카, 1492~1830』, 그린비, 2017

존 리더 지음, 남경태 옮김, 『아프리카 대륙의 일대기』, 휴머니스트, 2013

존 찰스 채스틴 지음, 황보영조·강동조 옮김, 『라틴아메리카: 피와 불 속에서 피어난』, 경북대학교출판부, 2020

주경철 지음, 『대항해 시대: 해상 팽창과 근대 세계의 형성』, 서울대학교출판부, 2008

주경철 지음, 『도시 여행자를 위한 파리×역사』, 휴머니스트, 2024

주경철 지음, 『문명과 바다』, 산처럼, 2009

주경철 지음, 『바다 인류: 인류의 위대한 여정, 글로벌 해양사』, 휴머니스트, 2022

주경철 지음, 『주경철의 유럽인 이야기 1~3』, 휴머니스트, 2017.

주경철 지음, 『중세 유럽인 이야기』, 휴머니스트, 2023

줄리어스 스콧 지음, 권윤경 옮김, 『모두의 바람』, 서울대학교출판문화원, 2022

지오프리 파커 엮음, 김성환 옮김, 『아틀라스 세계사』, 사계절출판사, 2004

차용구 지음, 『중세 접경을 걷다』, 산처럼, 2022

크리스토퍼 클라크 지음, 박병화 옮김, 『강철왕국 프로이센』, 마티, 2020

크리스티안 윌마 지음, 배현 옮김, 『철도의 세계사』, 다시봄, 2019

클라아스 R. 빈호프 지음, 배희숙 옮김, 『고대 오리엔트 역사』, 한국문화사, 2015

타밈 안사리 지음, 류한원 옮김, 『이슬람의 눈으로 본 세계사』, 뿌리와이파리, 2011

토마스 R. 마틴 지음, 이종인 옮김, 『고대 그리스사: 선사시대에서 헬레니즘 시대까지』, 책과함께, 2015

토마스 R. 마틴 지음, 이종인 옮김, 『고대 로마사: 로물루스에서 유스티니아누스까지』, 책과함께, 2015

톰 홀랜드 지음, 이순호 옮김, 『페르시아 전쟁』, 책과함께, 2006

티모시 메이 지음, 권용철 옮김, 『칭기스의 교환: 몽골제국과 세계화의 시작』, 사계절출판사, 2020

팀 마샬 지음, 김미선 옮김, 『지리의 힘 1·2』, 사이, 2022

파올로 노바레시오 지음, 정경옥 옮김, 『위대한 탐험가들: 인류 탐험의 모든 역사』, 생각의나무, 2004

폴 로프 지음, 강창훈 옮김, 『옥스퍼드 중국사 수업』, 유유, 2016

피에르 발로 지음, 남윤지 옮김, 『아틀라스 20세기 세계 전쟁사』, 책과함께, 2010

피터 B. 골든 지음, 이주엽 옮김, 『중앙아시아사: 볼가강에서 몽골까지』, 책과함께, 2021

피터 퍼타도·마이클 우드 지음, 김희진·박누리 옮김, 『죽기 전에 꼭 알아야 할 세계 역사 1001 Days』, 마로니에북스, 2020

피터 프랭코판 지음, 이재황 옮김, 『실크로드 세계사』, 책과함께, 2017

피터 홉커크 지음, 정영목 옮김, 『그레이트 게임: 중앙아시아를 둘러싼 숨겨진 전쟁』, 사계절출판사, 2008

하영식 지음, 『회망을 향한 행진, 난민』, 사계절출판사, 2017

하워드 W. 프렌치 지음, 최재인 옮김, 『본 인 블랙니스: 아프리카, 아프리카인, 근대 세계의 형성, 1471년부터 제2차 세계대전까지』, 책과함께, 2023

한국교원대학교 역사교육과 교수진 지음, 『아틀라스 한국사』, 사계절출판사, 2022

헤로도토스 지음, 천병희 옮김, 『역사』, 숲, 2009

헨드릭 W. 반 룬 지음, 임경민 옮김, 『반 룬의 지리학』, 아이필드, 2011

21세기연구회 지음, 김미선 옮김, 『지도로 읽는다-한눈에 꿰뚫는 세계지명 도감』, 이다미디어, 2019

C. L. R. 제임스 지음, 우태정 옮김, 『블랙 자코뱅』, 필맥, 2007

C. V. 웨지우드 지음, 남경태 옮김, 『30년 전쟁: 오늘의 유럽을 낳은 최초의 영토 전쟁 1618~1648』, 휴머니스트, 2011

J. M. 로버츠 지음, 김기협 옮김, 『히스토리카 세계사 (1~10)』, 이끌리오, 2007

Martin Gilbert, *The Routledge atlas of American history*, London: Routledge, 2003

Martin Gilbert, *The Routledge atlas of British history*, London: Routledge, 2003

Martin Gilbert, *The Routledge atlas of Russian history*, Abingdon, OX; New York, N: Routledge, 2007

## 연구논문

공봉진, 「중국 소수민족주의와 중화민족주의」, 『국제정치연구』, 2009

권덕영, 「고대 동아시아인들의 국외여행기 찬술」, 『동국사학』, 2010

권윤경, 「아래로부터 대서양사 쓰기」, 『미국사연구』, 2019

권은용, 「아이티혁명의 역사적 의의」, 성균관대학교 석사논문, 2008

김광수, 「아프리카 중심주의적 시각에서 바라본 스와힐리 역사와 문명의 정체성 고찰」, 『국제지역연구』, 2009

김덕삼, 「중국 소수민족 문화접변 양상의 변화」, 『비교문화연구』, 2015

김기윤, 「다윈과 헉슬리 진화론, 자유주의, 그리고 제국주의」, 『역사학연구』, 2017

김민철, 「호주군의 재판자료로 본 조선인 BC급 전범」, 『동북아역사논총』, 2020

김복희, 「고대 그리스의 운동경기와 희생제의」, 『한국체육사학회지』, 2010

김성천, 「전범재판의 이념과 시사점-일본 전범재판을 중심으로」, 『비교형사법연구』, 2014

김소연, 「공생을 위한 인류세 시대의 개발협력」, 『국제개발협력연구』, 2020

김용희, 「BC급 전범재판과 조선인」, 『법학연구』, 2007

김은비, 「팔레스타인 난민의 발생 배경-1947년을 중심으로」, 『한국중동학회논총』, 2018

김종도·박현도, 「근대 이전 마드라사(Madrasa) 연구 발전과 역할」, 『아랍어와 아랍문학』, 2017

김종도, 「아프리카의 아랍어-전파와 정착요인을 중심으로」, 『아랍어와 아랍문학』, 1997

김한택, 「우주의 평화적 이용에 관한 국제법 연구」, 『항공우주정책법학회지』, 2015

김헌, 「고대 올림피아 제전과 『시민 대축전에 부쳐』」, 『인문논총』, 2018

김홍중, 「인류세의 사회이론 1: 파국과 페이션시(patiency)」, 『과학기술학연구』, 2019

남동신, 「현장의 인도 구법과 현장상의 추이」, 『불교학연구』, 2008

민영기, 「우주과학(상)-우주탐색의 기술」, 『과학과 기술』, 1976

박병철, 「대학의 중세유럽 기원론에 대한 고찰」, 『건지인문학』, 2023

박혜정, 「역사, 기후, 교육-인류세 시대 기후사 연구와 교육」, 『역사교육논집』, 2022

서사범, 「여명기의 철도 토목과 기술·사회·문화적 배경」, 『철도저널』, 2002

송재두, 「중국 소수민족지역의 경제적 격차에 대한 분석」, 『동북아경제연구』, 2015

송재두, 「중국의 소수민족정책과 경제격차」, 『중국과 중국학』, 2014

신희석, 「제1차 세계대전과 제2차 세계대전 이후의 전범재판」, 『서울국제법연구』, 2015

안경식, 「중국 소수민족교육의 과거와 현재」, 『교육사상연구』, 2007

안광운, 「고대 올림픽경기의 변천 과정에 관한 고찰」, 『한국교통대학교 논문집』, 1998

양천수, 「뉘른베르크 국제전범재판의 역사적 법적 문제와 그 의미」, 『군사』, 2006

유하영, 「2차 세계대전 이후 극동지역 전시범죄 재판 개관」, 『동북아연구』, 2019

윤혜섭 외, 「일반생물학 수업을 위한 『종의 기원』 탄생에 대한 연구」, 『교양교육연구』, 2020

이나미, 「생태폭력 개념의 등장 배경과 특징」, 『평화와 종교』, 2024

이상호, 「우주개발의 역사」, 『항공산업연구』, 1996

이은선, 「소코트라의 1-6세기 동서문명 교류에서의 위치와 기독교 수용」, 『한국교회사학회지』, 2021

이은선, 「아프리카 악숨 왕조의 기독교 수용과 로마제국-인도양의 무역로의 역할」, 『역사신학논총』, 2020

이정민, 「파리대학의 역사적 의미에 관한 고찰」, 『통합유럽연구』, 2015

이정은, 「국가와 종족의 상호작용을 통해 본 조선족의 종족정체성」, 『비교문화연구』, 2010

이진영, 「중국의 소수민족 정책」, 『민족연구』, 2002

장용규, 「16세기 이전 인도양 교역과 스와힐리 경제권의 형성」, 『한국아프리카학회지』, 2014

장용규, 「스와힐리 신화를 넘어서-이주와 현대적 스와힐리 정체성의 형성」, 『국제지역연구』, 2009

장훈태, 「서부 아프리카 민간신앙과 이슬람」, 『복음과 선교』, 2015

진소영, 「북서아프리카의 이슬람 확산과 마라부트에 관한 연구」, 『한국아프리카학회지』, 2021

최원근, 「국제정치와 유엔난민최고대표사무소(UNHCR)」, 『통일과 평화』, 2016

최진우, 「난민위기와 유럽통합」, 『문화와 정치』 3(1), 2016

최종삼 외, 「고대 희랍의 제전경기에 관한 고찰」, 『용인대학교 무도연구소지』, 1991

하영준, 「카리브의 탈식민화와 아이티 혁명의 기억」, 『Home Migrans』, 2022

홍미정, 「아랍 지역의 팔레스타인 난민」, 『지중해지역연구』, 2008

홍성태, 「생태위기와 미국의 책임과 대응-기후변화를 중심으로」, 『시민사회와 NGO』, 2017

## 웹사이트

http://explorethemed.com

https://en.wikipedia.org/wiki/List_of_treaties

https://en.wikipedia.org/wiki/Template:Territorial_evolution_of_the_world

https://en.wikipedia.org/wiki/Timeline_of_geopolitical_changes

https://espace-mondial-atlas.sciencespo.fr/en/index.html

https://etc.usf.edu/maps/galleries/europe

https://exploration.marinersmuseum.org

https://interactive-history.app

https://istanbulclues.com

https://omniatlas.com

https://pages.uoregon.edu/mapplace

https://timemaps.com/history

https://web.cocc.edu/cagatucci/classes/hum213/Maps/Maps2HistoryAncient.htm

https://worldinmaps.com/history

https://www.britannica.com

https://www.mapsofindia.com/history

https://www.mapsofworld.com

https://www.the-map-as-history.com

https://www.unhcr.org/kr

https://www.worldatlas.com/maps

https://www.worldhistory.org/mapselect

https://www.worldhistorymaps.info

## 01 고대

010 초기 인류의 기원_Rene J. Herrera·Ralph Garcia-Bertrand, Ancestral DNA, Human Origins, and Migrations, Academic Press, 2018, p.33~55, 호모 사피엔스의 이동_김상태, 『단단한 고고학』, 사계절출판사, 2023; atlasofthehumanjourney.com 012 수메르인의 활동 무대, 기원전 2500년경_www.worldhistory.org/sumer 013 히타이트제국의 전성기_Map Hittite rule en.svg, 아카드제국과 고대바빌론왕국_지오프리 파커 엮음, 김성환 옮김, 『아틀라스 세계사』, 사계절출판사, 2004, 30~31쪽 015 고왕국과 중왕국_web.cocc.edu/cagatucci/classes/hum213/Maps/Maps2HistoryAncient.htm, 신왕국의 최대 영역_리처드 오버리 엮음, 이종경·왕수민·이기홍 옮김, 『더 타임스 세계사』, 예경, 2019, 59쪽 016 문자의 탄생_앤드루 로빈슨 지음, 박재욱 옮김, 『문자이야기』, 사계절출판사, 2003, 14쪽 018 신아시리아의 팽창, 기원전 883~627년_www.worldhistory.org/image/117, 신바빌론과 서아시아, 기원전 6세기 전반_theancientinstitute.wordpress.com/ancient-mesopotamia-maps 019 아케메네스왕조 페르시아의 발전_https://www.worldhistory.org/image/16107 020 미노아문명과 미케네문명, 기원전 1500년경_https://www.nationalgeographic.com/history/history-magazine/article/Minoan_Crete; https://linearbknossosmycenae.wordpress.com/2014/09/30/a-series-of-maps-of-the-minoan-mycenaean-empires-part-b-4-more-maps-a-quiz; Mycenaean_World_en.png 021 고대 그리스와 페니키아의 팽창, 기원전 12~8세기_www.worldhistory.org/image/68/greek-and-phoenician-colonization 022 그리스페르시아전쟁_www.worldhistory.org/image/69; Wars-en.svg 023 펠로폰네소스전쟁_www.worldhistory.org/image/12079; Kenmayer-File:Pelop_krieg1.png 024 필리포스 2세의 정복_www.worldhistory.org/image/224; Map_Macedonia_336_BC-es.svg 025 알렉산드로스 3세의 정복_MacedonEmpire.jpg; www.worldhistory.org/image/14368; www.worldhistory.org/image/130, 알렉산드로스 사후의 후계국가들, 기원전 240년경_www.worldhistory.org/image/14355 027 간다리미술의 중심지_sites.asiasociety.org/gandhara/maps 028 로마의 이탈리아 정복_www.worldhistory.org/image/2470; www.britannica.com/place/Roman-Republic 029 1차 로마카르타고전쟁, 기원전 264~기원전 241년·2차 로마카르타고전쟁, 기원전 218~기원전 202년_www.britannica.com/event/Punic-Wars, 로마의 지중해 세계 정복_https://www.worldhistory.org/image/131 030 폼페이우스의 정복, 기원전 82~63년_Pompeius wars map(Ukrainian).png; historycollection.com/growth-republic-6-battles-shaped-early-rome, 카이사르의 갈리아전쟁_ Caesar campaigns gaul-fr.svg 031 로마제국의 전성기_https://www.researchgate.net/figure/Roman-Empire-16-116-AD_fig4_374786213; RomanEmpire 117.svg. 032 로마제국의 1차 사두정체_romischesreich.de/romische-kaiser/diokletian/#google_vignette; www.worldhistory.org/Second_Triumvirate 033 동로마와 서로마 분열, 395년_http://explorethemed.com/fallrome.asp; https://mapsontheweb.zoom-maps.com/post/664928878762065920 035 사도 바울의 선교여행_www.britannica.com/biography/Saint-Paul-the-Apostle/Mission, 크리스트교의 발전_지오프리 파커 엮음, 김성환 옮김, 『아틀라스 세계사』, 사계절출판사, 2004, 52~53쪽; Henry Chadwick·G. R. Evans, Atlas of the Christian Church, Oxford: Andromeda Oxford Ltd., 1987, p.28; www.worldhistory.org/image/11713 036 4~5세기 홍해·아라비아해·인도양 무역_www.worldhistorymaps.info/history/central-asian-history; www.worldhistory.org/image/14390 037 현대 아프리카의 기독교 인구 분포_Todd M. Johnson·Gina A. Zurlo, World Christian Encyclopedia, 3rd edit., Edinburgh University Press, 2019 038쪽 상의 중심지와 세력 범위_박한제·김형종·김병준·이근명·이준갑 지음, 『아틀라스 중국사』, 사계절출판사, 2015, 18쪽; www.allchinainfo.com, 서주의 중심지와 세력 범위_박한제·김형종·김병준·이근명·이준갑 지음, 『아틀라스 중국사』, 사계절출판사, 2015, 20쪽; www.allchinainfo.com, 춘추시대, 기원전 770~453년_박한제·김형종·김병준·이근명·이준갑 지음, 『아틀라스 중국사』, 사계절출판사, 2015, 23쪽 039 진의 전국 통일 과정_박한제·김형종·김병준·이근명·이준갑 지음, 『아틀라스 중국사』, 사계절출판사, 2015, 30쪽; EN-WarringStatesAll260BCE.jpg 040 전한 초기의 지방통치·군국제에서 군현제로_박한제·김형종·김병준·이근명·이준갑 지음, 『아틀라스 중국사』, 사계절출판사, 2015, 34~35쪽 041 한 무제의 대외 팽창_GIS数据 地形圖數據; 김호동 지음, 『아틀라스 중앙유라시아사』, 사계절출판사, 2016, 44쪽 042 스키타이 이주와 페르시아의 침입_김호동 지음, 『아틀라스 중앙유라시아사』, 사계절출판사, 2016, 27, 29쪽 043 흉노제국의 최대 영역과 국가 구조, 기원전 2세기_김호동 지음, 『아틀라스 중앙유라시아사』, 사계절출판사, 2016, 38~39쪽, 북흉노의 이주_김호동 지음, 『아틀라스 중앙유라시아사』, 사계절출판사, 2016, 58~59쪽 044 실크로드 주요 노선, 2~5세기_김호동 지음, 『아틀라스 중앙유라시아사』, 사계절출판사, 2016, 70~71쪽; www.worldhistory.org/image/15772 045 장건의 서역 여행_김호동 지음, 『아틀라스 중앙유라시아사』, 사계절출판사, 2016, 46~47쪽 046 파르티아제국, 기원전 53년_www.worldhistorymaps.info/ancient/200-ad; Map of the Parthian Empire under Mithridates II.svg 047 사산왕조 페르시아, 620년경_www.worldhistory.org/Sasanian_Empire 048 아리아인의 이동과 16왕국_Indo-Aryan Movements: Migrations of Peoples and the Gestation of Cultures, PBS LearningMedia, 2015; www.worldhistorymaps.info/wp-content/uploads/2021/03/map-500bc; Schwartzberg, J. E., A Historical Atlas of South Asia, University of Oxford Press, 1992 48쪽 마우리아제국의 발전, 기원전 3세기_지오프리 파커 엮음, 김성환 옮김, 『아틀라스 세계사』, 사계절출판사, 2004, 37쪽 049 카니슈카 치세의 쿠샨왕조, 2세기 중반_김호동 지음, 『아틀라스 중앙유라시아사』, 사계절출판사, 2016, 67쪽; Charles Joppen,

A Historical Atlas of India, London: Longman Greens, 1907, 굽타제국의 성장, 300~550년_지오프리 파커 엮음, 김성환 옮김, 『아틀라스 세계사』, 사계절출판사, 2004, 37쪽; Map of the Gupta Empire.png 051 불교의 확산_Buddhist_Expansion.svg; https://digfir-published.macmillanusa.com/strayer2e/asset/maps/8_5.html 052 초기 아프리카_www.worldhistory.org/image/10445; www.theafricologist.com/post/brief-history-of-the-bantu 053 오스트로네시아인의 이동_Chronological dispersal of Austronesian people across the Pacific.svg; Gabriela Olivares·Bárbara Peña·Johany Peñailillo·Claudia Payacán, Human mediated translocation of Pacific paper mulberry, PLOS One 14(6), June 2019 055 올림피아제전과 마라톤전투의 전개_the Battle of Marathon.svg

## 02 중세

058 군웅의 할거와 삼국 정립_박한제·김형종·김병준·이근명·이준갑 지음, 『아틀라스 중국사』, 사계절출판사, 2015, 53쪽 059 전진의 화북 통일, 370년경_Sixteen Kingdoms 326AD.jpg; Sixteen Kingdoms 376AD.jpg, 북위의 화북 통일, 439년_Sixteen Kingdoms 398AD.jpg; Sixteen Kingdoms 436AD.jpg 059 남북조시대 말기, 557~577년_Northern and Southern Dynasties 3.png; China Divisions in 572.png 060 게르만의 이동, 395~476년_https://www.britannica.com/topic/barbarian-invasions 061 서로마제국 멸망 직후 유럽과 지중해 세계_www.worldhistory.org/article/835 062 프랑크의 팽창_Frankish Empire 481 to 814-sr.svg; history-maps.com/story/History-of-France/event/Merovingian-dynasty; www.britannica.com/topic/Carolingian-dynasty 063 베르됭조약, 843년_Vertrag von Verdun en.svg, 메르센조약, 870년_Carolingian empire 870.svg 064 로마의 브리타니아 정복_Barri Jones·David J. Mattingly, Atlas of Roman Britain, Oxbow Books, 2007; Hadrians_Wall_map.png 065 7왕국시대의 브리튼, 8세기경_www.britannica.com/topic/Heptarchy; www.history.org.uk/primary/resource/3865, 데인인 침입 시기의 브리튼, 878년경_www.historic-uk.com/HistoryUK/HistoryofEngland/The-Five-Boroughs-Of-Danelaw; www.britannica.com/place/Danelaw 066 아메리카 지역 문명의 발전과 발견_지오프리 파커 엮음, 김성환 옮김, 『아틀라스 세계사』, 사계절출판사, 2004, 32~33쪽; 조르두 뒤비 지음, 채인택 옮김, 『조르주 뒤비의 지도로 보는 세계사』, 생각의나무, 2006, 286~289쪽; www.worldhistory.org/Olmec_Civilization; aztecempireexibhit.wordpress.com/maps; www.worldhistory.org/image/14113 068 유스티니아누스의 영토 확장_mapsontheweb.zoom-maps.com/post/72955320146291916 069 바실리오스 2세의 정복과 비잔티움제국의 쇠퇴_www.britannica.com/place/Byzantine-Empire; www.worldhistory.org/image/15330 070 돌궐제국, 570년경_김호동 지음, 『아틀라스 중앙유라시아사』, 사계절출판사, 2016, 78쪽; www.worldhistory.org/image/16853, 수의 대운하_박한제·김형종·김병준·이근명·이준갑 지음, 『아틀라스 중국사』, 사계절출판사, 2015, 75쪽 071 당제국과 6도호부_박한제·김형종·김병준·이근명·이준갑 지음, 『아틀라스 중국사』, 사계절출판사, 2015, 76쪽; www.worldhistory.org/image/18873; Tang Protectorates.png, 위구르제국과 티베트왕국, 8세기 중엽_김호동 지음, 『아틀라스 중앙유라시아사』, 사계절출판사, 2016, 91, 98쪽 072 이슬람교의 성립_채준채 외 지음, 『고등학교 세계사』, 미래엔, 2018, 72쪽, 이슬람의 등장과 팽창_지오프리 파커 엮음, 김성환 옮김, 『아틀라스 세계사』, 사계절출판사, 2004, 58~59쪽; www.worldhistory.org/image/14212 073 이슬람 세력의 지중해 침입, 870년경_Map of Islamic Growth in Mediterranean and Elsewhere(http://www.washburn.edu/cas/history/stucker/eurasia1200essay) 074 이슬람교의 아프리카 전파_Map of Trans-Saharan Trade by Aliyu Salisu Barau 076 바이킹의 활동_지오프리 파커 엮음, 김성환 옮김, 『아틀라스 세계사』, 사계절출판사, 2004, 62쪽; ng_Expansion.svg; ww.britannica.com/topic/Viking-people 078 교황령의 변화_지오프리 파커 엮음, 김성환 옮김, 『아틀라스 세계사』, 사계절출판사, 2004, 63쪽; www.themaparchive.com/product/the-foundation-of-the-papal-states-756814, 이탈리아, 760년경_www.britannica.com/place/Italy/The-Lombard-kingdom-584-774; longobardinitalia.it/en/longobards-in-italy; 리처드 오버리 엮음, 이종경·왕수민·이기홍 옮김, 『더 타임스 세계사』, 예경, 2019; 조르두 뒤비 지음, 채인택 옮김, 『조르주 뒤비의 지도로 보는 세계사』, 생각의나무, 2006, 162쪽, 이탈리아, 1000년경_www.worldhistory.org/image/17498; 리처드 오버리 엮음, 이종경·왕수민·이기홍 옮김, 『더 타임스 세계사』, 예경, 2019; 조르두 뒤비 지음, 채인택 옮김, 『조르주 뒤비의 지도로 보는 세계사』, 생각의나무, 2006, 163쪽 079 베네치아와 제노바의 무역_조르두 뒤비 지음, 채인택 옮김, 『조르주 뒤비의 지도로 보는 세계사』, 생각의나무, 2006, 165쪽; brilliantmaps.com/republic-of-venice-map; explorethemed.com/Venice.asp?c=1 080 신성로마제국의 확장_조르두 뒤비 지음, 채인택 옮김, 『조르주 뒤비의 지도로 보는 세계사』, 생각의나무, 2006, 110쪽; www.worldhistory.org/image/13698; www.britannica.com/place/Holy-Roman-Empire 081 프리드리히 2세 치세의 유럽, 1230년경_1230 CE, Europe-es.svg; www.thecollector.com/maps/map-holy-roman-empire-frederick-ii 082 이베리아반도의 국가들, 11~13세기_조르두 뒤비 지음, 채인택 옮김, 『조르주 뒤비의 지도로 보는 세계사』, 생각의나무, 2006, 124~125쪽; explorethemed.com/reconquista.asp 083 아라곤 연합왕국의 탄생과 확장_조르두 뒤비 지음, 채인택 옮김, 『조르주 뒤비의 지도로 보는 세계사』, 생각의나무, 2006, 126쪽; Map of the Crown of Aragon.svg 084 슬라브인의 분포, 7~9세기_Jaroslav Šlajer, Václav Tyr, Alois Sosík, Emil Stračár, Vojtěch Vrabec, Václav Žáček, History of the Middle Ages and the Modern Age, a textbook for the 7th consecutive year, p.9, 동유럽의 슬라브 국가들, 900년경_www.euratlas.net/history/europe/900/index.htm; www.czechcenter.org/blog/2022/8/19/great-moravia-part-2l 085 헝가리왕국, 14세기 중

반_www.britannica.com/place/Hungary/The-Mongol-invasion-the-last-Arpad-kings; Oligarchs in the Kingdom of Hungary 14th century.svg, 폴란드리투아니아연합왕국, 1569~1634년_www.britannica.com/place/Polish-Lithuanian-Commonwealth; Polish-Lithuanian Commonwealth (1619) 2 by Lexington Whalen 086 키예프루스의 탄생과 영토 확장_지오프리 파커 엮음, 김성환 옮김, 『아틀라스 세계사』, 사계절출판사, 2004, 64~65쪽; 조르두 뒤비 지음, 채인택 옮김, 『조르주 뒤비의 지도로 보는 세계사』, 생각의나무, 2006, 182쪽 087 주치울루스의 지배, 1300년경_김호동 지음, 『아틀라스 중앙유라시아사』, 사계절출판사, 2016, 150~151쪽, 러시아의 팽창, 14~16세기_www.britannica.com/place/Russian-Empire/The-reign-of-Peter-the-Great; 조르두 뒤비 지음, 채인택 옮김, 『조르주 뒤비의 지도로 보는 세계사』, 생각의나무, 2006, 183쪽 088 아바스왕조의 분열, 970년경_www.britannica.com/topic/Abbasid-caliphate; www.worldhistory.org/image/12001 089 셀주크튀르크의 최대 영역_www.britannica.com/topic/Seljuq; islamicus.org/archives/337, 룸술탄국의 확장_www.britannica.com/topic/Seljuq; www.worldhistory.org/image/19415 090 십자군국가, 1135년_www.britannica.com/event/Crusades/The-Crusader-states; www.worldhistory.org/Crusader_States, 1~4차 십자군전쟁_Map of Christianity and Islam during the Crusades; 조르두 뒤비 지음, 채인택 옮김, 『조르주 뒤비의 지도로 보는 세계사』, 생각의나무, 2006, 56, 58쪽 091 라틴제국과 비잔티움 후계국, 1204~1261년_www.britannica.com/place/Byzantine-Empire/The-Fourth-Crusade-and-the-establishment-of-the-Latin-Empire; LatinEmpire2.png, 5~8차 십자군전쟁_www.foreignexchanges.news/p/today-in-middle-eastern-history-the; Cinquième croisade.JPG 093 세 종교의 성전 예루살렘_사이먼 시백 몬티피오리 지음, 유달승 옮김, 『예루살렘 전기』, 시공사, 2012; 예루살렘 지도360(https://jerusalemmap360.com/jerusalem-old-map) 094 오대십국시대의 동아시아, 920년경_한국교원대학교 역사교육과 지음, 『아틀라스 한국사』, 사계절출판사, 2022, 70쪽, 거란과 송, 10~11세기 초_한국교원대학교 역사교육과 지음, 『아틀라스 한국사』, 사계절출판사, 2022, 74쪽 095 여진의 팽창_한국교원대학교 역사교육과 지음, 『아틀라스 한국사』, 사계절출판사, 2022, 77쪽 096 앙주제국, 12세기 중반_europeanroyalhistory.wordpress.com/2021/07/30/the-angevin-empire-part-i; France 1154 Eng.jpg 097 백년전쟁, 1337~1453년_조르두 뒤비 지음, 채인택 옮김, 『조르주 뒤비의 지도로 보는 세계사』, 생각의나무, 2006, 131~132쪽; Hundred years war.gif 098 오스만제국의 성장, 1281~1453년_이희수 지음, 『인류본사』, 휴머니스트, 75쪽; Murad I map.PNG 099 오스만제국의 전성기_www.britannica.com/place/Ottoman-Empire; www.worldhistory.org/image/17127 100 북아프리카의 주요 왕국_www.worldhistory.org/image/11618; www.worldhistory.org/image/9203; www.worldhistory.org/image/16003; historyatlas.fandom.com/wiki/Almoravid_dynasty; Almohad dynasty of Morocco-en.svg 101 사하라 이남의 주요 나라들, 500~1500년경_African-civilizations-map-pre-colonial.svg; www.worldhistory.org/image/10453, 서아프리카의 주요 왕국과 부족, 14~16세기_www.britannica.com/place/western-Africa/The-early-kingdoms-and-empires-of-the-western-Sudan 102 7세기 중반의 인도_지오프리 파커 엮음, 김성환 옮김, 『아틀라스 세계사』, 사계절출판사, 2004, 37쪽; 조르주 뒤비 지음, 채인택 옮김, 『조르주 뒤비의 지도로 보는 세계사』, 생각의나무, 2006, 242쪽, 가즈니왕조와 구르왕조_김호동 지음, 『아틀라스 중앙유라시아사』, 사계절출판사, 2016, 124~125쪽; Map of the Ghaznavid Empire.png; Ghurid Empire according to Schwartzberg Atlas, p.147.png, 촐라왕국, 11세기 초_주경철 지음 『바다인류』, 휴머니스트, 2022, 315쪽 104 칭기스 칸의 대외정복_김호동 지음, 『아틀라스 중앙유라시아사』, 사계절출판사, 2016, 130~131쪽 105 몽골의 서방 원정_김호동 지음, 『아틀라스 중앙유라시아사』, 사계절출판사, 2016, 133쪽, 몽골제국의 최대 세력권_김호동 지음, 『아틀라스 중앙유라시아사』, 사계절출판사, 2016, 142~143, 156~157쪽 106 중세 여행서로 보는 동서양의 연결_김호동 지음, 『아틀라스 중앙유라시아사』, 사계절출판사, 2016, 142~143, 159쪽 108 다이비엣왕국과 앙코르왕국, 13세기 후반_조르주 뒤비 지음, 채인택 옮김, 『조르주 뒤비의 지도로 보는 세계사』, 생각의나무, 2006, 235쪽; Nam Tien.PNG 109 아유타야왕국과 타웅우왕국, 16세기 후반_지오프리 파커 엮음, 김성환 옮김, 『아틀라스 세계사』, 사계절출판사, 2004, 73쪽; www.britannica.com/place/Thailand/The-Ayutthayan-period-1351-1767; Map of Taungoo Empire (1580).png, 스리위자야왕국과 마자하핏왕국_지오프리 파커 엮음, 김성환 옮김, 『아틀라스 세계사』, 사계절출판사, 2004, 73쪽; A map of the Majapahit Empire based on the Nagarakertagama manuscript; Srivijaya Empire.svg

## 03 15~18세기

112 크레시전투, 1346년_〈The West Point History of Warfare: Medieval〉 app. 114 대항해시대 초기의 포르투갈의 항해_구글(Bartolomeu Dias' Voyages, Vasco da Gama's Voyages) 115 포르투갈제국의 형성, 16세기_https://www.worldhistory.org/image/14123, 브라질 식민화 과정_New map of the Hereditary Captaincies of Brazil by Jorge Pimentel Cintra 116 콜럼버스의 항해_Viajes de colon en.svg , 에스파냐의 아메리카 정복_www.worldhistory.org/image/16218 117 에스파냐제국의 형성, 16세기_www.worldhistory.org/collection/198, 페루부왕령의 분리, 18세기 중반_Introduction to the Viceroyalty of Peru By Dr. Ananda Cohen-Aponte, Created by Smarthistory; 리처드 오버리 엮음, 이종경·왕수민·이기홍 옮김, 『더 타임스 세계사』, 예경, 2019, 179쪽 118 카를 5세 시대의 부르고뉴_조르주 뒤비 지음, 채인택 옮김, 『조르주 뒤비의 지도로 보는 세계사』, 생각의나무, 2006, 133쪽; www.themaparchive.com/product/burgundian-lands-13631477 119 아라스동맹과 위트레흐트동맹, 1579년_Tachtigjarige oorlog-1579-es.svg; Map Union of Arras and Utrecht 1579-hu.svg, 네덜란드공화국의 독립_Historical provinces c. 1350 after Rutte & IJsselstijn 2014, 174 by Anja

Fischer; The Low Countries.png, 네덜란드동인도회사_www.worldhistory.org/article/2078; www.britannica.com/place/Dutch-East-Indies 121 현대 동남아시아의 종교 분포_소병국 지음, 『동남아시아사』, 책과함께, 2020 122 카를 5세 치세의 합스부르크제국, 1544년경_지오프리 파커 엮음, 김성환 옮김, 『아틀라스 세계사』, 사계절출판사, 2004, 101쪽; Habsburg Empire of Charles V.png, 에스파냐 합스부르크와 오스트리아 합스부르크, 1700년경_www.britannica.com/topic/House-of-Habsburg/Bloodlines-and-conflict; Habsburg dominions 1700.png; Division_of_the_House_of_Habsburg_in_1556.jpg 123 1714년 이후의 합스부르크제국_조르주 뒤비 지음, 채인택 옮김, 『조르주 뒤비의 지도로 보는 세계사』, 생각의나무, 2006, 74쪽; Europe 1714.png 124 종교개혁의 확산, 16세기_https://www.worldhistory.org/uploads/images/14972.png; digfir-published.macmillanusa.com/mckayworld10e/mckayworld10e_ch15_34.html; www.britannica.com/summary/Reformation-Key-Facts 125 30년전쟁의 전개_Europe after the Congress of Vienna by Zuzana Hrdličková; internationalhistory.wordpress.com/wp-content/uploads/2013/02/map-of-30-years-war-1.jpg; Map Thirty Years War-en.svg, 베스트팔렌조약 이후의 유럽_Harald Bauder ·Rebecca Mueller, Westphalian Vs. Indigenous Sovereignty: Challenging Colonial Territorial Governance, Geopolitics 28, 2023 126 프로이센의 팽창, 1648~1795년_리처드 오버리 엮음, 이종경·왕수민·이기홍 옮김, 『더 타임스 세계사』, 예경, 2019, 214쪽; 조르주 뒤비 지음, 채인택 옮김, 『조르주 뒤비의 지도로 보는 세계사』, 생각의나무, 2006, 114쪽 127 오스트리아왕위계승전쟁 이후의 유럽_Europe 1748-1766 en.png , 폴란드리투아니아의 분할, 1772~1795년_www.britannica.com/place/Poland/The-First-Partition; Partitioned Poland & the 2nd Republic.png 128 대학의 설립 시기_남기원 지음, 『대학의 역사』, 위즈덤하우스, 2021 130 러시아의 북방 영토 확장_Okuma Atlas 1: Rusya 18.Yüzyı1 131 예카테리나 2세의 영토 확장_https://www.worldhistory.org/uploads/images/17952.png?v=1696180685-1695891587; www.britannica.com/place/Russian-Empire, 시베리아로 뻗어가는 러시아, 1581~1800년_리처드 오버리 엮음, 이종경·왕수민·이기홍 옮김, 『더 타임스 세계사』, 예경, 2019, 174쪽; www.britannica.com/place/Russian-Empire 132 쪽 스칸디나비아 국가들, 13세기 초_danmarkshistorien.dk; timemaps.com/history/scandinavia-1453ad; Norgesveldet kart, uten Grønland.png; www.britannica.com/biography/Haakon-VI-Magnusson 133 스웨덴의 팽창, 1560~1660년_Karta över stormakten Sveriges utveckling och besittningar mellan 1560 och 1815; historiesajten.se/handelser2.asp?id=45 대북방전쟁, 1700~1721년_mapsontheweb.zoom-maps.com/post/671441783058792448 134 루이 14세의 전쟁_www.lhistoire.fr/carte/les-guerres-de-louis%C2%A0xiv-1667-1713; Histoire du nord carte 3.png; The Wars of Louis XIV(r/MapPorn); France 1552 to 1798-fr.svg 135 자크 카르티에의 북아메리카 탐험, 1536~1536년_구글(Jacques Cartier's Voyages), 18세기 중반 북아메리카의 유럽 식민지_Nouvelle-France map-en.svg 136 잉글랜드내전, 1643~1651년_www.britannica.com/event/English-Civil-Wars; www.worldhistory.org/image/15295 , 7년전쟁, 1756~1763년_www.revueconflits.com/la-grande-strategie-de-langleterre; SevenYearsWar.png 137 파리조약(1763) 전후 북아메리카 식민지 변화_오프리 파커 엮음, 김성환 옮김, 『아틀라스 세계사』, 사계절출판사, 2004, 101쪽, 영국의 인도 식민지 확대_Andrew Phillips, The East India Company and the Rise of British India, 1740–1820, How the East Was Won, Cambridge University Pres, 2021, pp.207~246 138 18세기 초 북아메리카의 영국 식민지_Thirteencolonies politics cropped.jpg; cdn.britannica.com/29/180929-004-AC1DAB58.jpg 139 미국독립전쟁, 1775~1783년_www.worldhistory.org/image/17652; education.nationalgeographic.org/resource/revolutionary-war-battles 140 파리조약 이후 미국의 영토 확장, 1783~19세기 초_www.worldhistory.org/image/16880; Map of the United States' land claims and territorial cessions (1782–1802).png, 프랑스혁명전쟁, 1792~1802년_www.worldhistory.org/image/16578; mapsontheweb.zoom-maps.com/post/107099560296 141 나폴레옹전쟁, 1804~1815년_Ephemeral States of the Napoleonic Period by hahahitsagiraffe; www.britannica.com/place/France/Campaigns-and-conquests-1797-1807; Europe 1812 map en.png 142 17~18세기 오스만제국 영역의 변화_www.britannica.com/place/Ottoman-Empire; www.britannica.com/place/Ottoman-Empire/The-empire-from-1807-to-1920 143 오스트리아 합스부르크의 영토 변화, 1683~1739년_mapsontheweb.zoom-maps.com/post/742504297217015808, 오스만제국과 러시아의 영토 변화, 퀴췩카이나르자조약(1774)~야시조약(1792)_Treaty of Küçük Kaynarca-es.svg; Russo-Turkish war, 1787-1792.svg 144 티무르제국의 영토, 1404년경_김호동 지음, 『아틀라스 중앙유라시아사』, 사계절출판사, 2016, 142~143, 172~173쪽; 조르주 뒤비 지음, 채인택 옮김, 『조르주 뒤비의 지도로 보는 세계사』, 생각의나무, 2006, 210쪽; www.worldhistory.org/image/17689 145 무굴제국의 영토 확장_www.worldhistory.org/collection/186/9-maps-on-indian-history/5; www.britannica.com/topic/Mughal-dynasty; Mughal-empire-map-ar.jpg 146 이스마일 1세 치세의 사파비왕조, 16세기 초_조르주 뒤비 지음, 채인택 옮김, 『조르주 뒤비의 지도로 보는 세계사』, 생각의나무, 2006, 210쪽; Map Safavid persia.png 147 사파비왕조의 최대 영역, 아바스 1세 치세_Safavid Iran.png; www.iraniantours.com/historical-period/safavid-empire 148 카자르왕조, 1900년경_조르주 뒤비 지음, 채인택 옮김, 『조르주 뒤비의 지도로 보는 세계사』, 생각의나무, 2006, 211쪽; Map Iran 1900-en.png 148 이근명·이준갑 지음, 『아틀라스 중국사』, 사계절출판사, 2015, 146~147, 148~149쪽 149 북로남왜와 만력 삼대정_박한제·김형종·김병준·이근명·이준갑 지음, 『아틀라스 중국사』, 사계절출판사, 2015, 157, 162쪽 150 청의 중국 점령_박한제·김형종·김병준·이근명·이준갑 지음, 『아틀라스 중국사』, 사계절출판사, 2015, 171~172쪽 151 청의 영역 박한제·김형종·김병준·이근명·이준갑 지음, 『아틀라스 중국사』, 사계절출판사, 2015, 177쪽; 김호동 지음, 『아틀라스 중앙유라시아사』, 사계절출판사, 2016, 205쪽; 리처드 오버리 엮음, 이종경·왕수민·이기홍 옮김, 『더 타임스 세계사』, 예경, 2019, 191쪽 152 고대 일본의 시대별 영역 변화_www.worldhistory.org/image/16269, 여몽연

합군의 일본 원정_한국교원대학교 역사교육과 교수진 지음, 『아틀라스 한국사』, 사계절출판사, 2022, 85쪽 153 센코쿠시대 말 오다 노부나가의 성장과 전국의 다이묘_일본사학회 지음, 『아틀라스 일본사』, 사계절출판사, 2011, 105쪽 155 스와힐리해안의 주요 무역도시_www.worldhistory.org/image/10327 156 아프리카 노예무역 16~19세기_Quantitative depiction of Portuguese slave trade by Eltis and Richardson; digfir-published.macmillanusa.com/strayersources3ehs/asset/img_ch14/STR_02272_14_M04.html; African Slave Trade.png 157 17~18세기 아프리카_조르주 뒤비 지음, 채인택 옮김, 『조르주 뒤비의 지도로 보는 세계사』, 생각의나무, 2006, 259쪽; timemaps.com/history/africa-1789ad

## 04 19세기

160 빈회의 이후의 유럽, 1815년_www.worldhistory.org/image/17601; www.britannica.com/event/Congress-of-Vienna/Decisions-of-the-congress; Europe 1815 map en.png 161 유럽 주요 국가의 해외 영토, 1815년_World map 1815 (COV).jpg; historicalmapchart.net/world-1815.html 162 18세기 말 카리브해의 지리와 식민지배_줄리어스 스콧 지음, 권윤경 옮김, 『모두의 바람』, 서울대학교출판문화원, 2022 164 라틴아메리카, 1800년_www.freeman-pedia.com/latin-american-independence; cdn.britannica.com/30/108730-050-B22D0AE4/Latin-America.jpg, 라틴아메리카, 1830년_www.freeman-pedia.com/latin-american-independence; cdn.britannica.com/30/108730-050-B22D0AE4/Latin-America.jpg; digfir-published.macmillanusa.com/strayer3e/asset/img_ch16/99917_STR3E_CH16_M16_03.html 165 그란콜롬비아, 1819~1831년_www.britannica.com/place/Gran-Colombia, 멕시코와 중앙아메리카, 1821~1864년_Mexico 1821.PNG; Mapa Mexico 1823.PNG; Mapa Mexico 1836.PNG; File:Mapa Mexico 1848 1.PNG 166 1830년 유럽_Europe in 1830 by @LegendesCarto 167 1848~1849년 유럽_Revolutions of 1848 in Europe (trad fr).svg; Europe 1815 map en.png; www.worldhistory.org/image/17601 168 찰스 다윈과 비글호의 항해, 1831~1836년_www.britannica.com/topic/Beagle-ship 00~00쪽 170 1815년 이탈리아와 1848년 혁명_조르주 뒤비 지음, 채인택 옮김, 『조르주 뒤비의 지도로 보는 세계사』, 생각의나무, 2006, 168쪽 171 이탈리아 통일 과정, 1859~1870년_조르주 뒤비 지음, 채인택 옮김, 『조르주 뒤비의 지도로 보는 세계사』, 생각의나무, 2006, 169쪽 172 독일 관세동맹의 창설 과정, 1818~1843년_www.the-map-as-history.com/Europe-19th-Congress-of-Vienna/unification-of-germany 173 프로이센의 팽창과 독일 통일_지오프리 파커 엮음, 김성환 옮김, 『아틀라스 세계사』, 사계절출판사, 2004, 124쪽 174 러시아제국의 팽창_www.britannica.com/place/Russian-Empire; 조르주 뒤비 지음, 채인택 옮김, 『조르주 뒤비의 지도로 보는 세계사』, 생각의나무, 2006, 184~185쪽 176 오스만제국의 쇠퇴, 1807~1924년_지오프리 파커 엮음, 김성환 옮김, 『아틀라스 세계사』, 사계절출판사, 2004, 116쪽; www.britannica.com/summary/Decline-of-the-Ottoman-Empire; 조르주 뒤비 지음, 채인택 옮김, 『조르주 뒤비의 지도로 보는 세계사』, 생각의나무, 2006, 215쪽; Treaty of Sèvres 1920.svg 179 19세기 말~20세기 초 발칸반도의 영토 변화_www.the-map-as-history.com/Europe-19th-Congress-of-Vienna/independence-of-the-balkan-peoples 180 미국의 팽창_education.nationalgeographic.org/resource/union-confederacy | 181쪽 남북전쟁, 1861~1862년·남북전쟁, 1863~1865년_지오프리 파커 엮음, 김성환 옮김, 『아틀라스 세계사』, 사계절출판사, 2004, 112~113쪽; 조르주 뒤비 지음, 채인택 옮김, 『조르주 뒤비의 지도로 보는 세계사』, 생각의나무, 2006, 302쪽, 미국의 해외 팽창, 19세기 중반 이후_www.the-map-as-history.com/the-United-States-a-territorial-history/the-lure-of-imperialism 182 19세기 말 유럽의 주요 철도 노선_셔터스톡 183 19세기 말 북아메리카의 철도_한철호·이종대·한성욱·심원섭·이수정·김경진 지음, 『중학교 역사부도』, 미래엔, 2020, 47쪽 184 1885년 베를린회의 당시의 아프리카 식민지_www.worldhistory.org/image/19247; Scramble-for-Africa-1880-1913-v2.png 185 1차 세계대전 전야의 아프리카 식민지_지오프리 파커 엮음, 김성환 옮김, 『아틀라스 세계사』, 사계절출판사, 2004, 118쪽; Africa map 1914.svg; Fashoda Incident map-en.svg 186 영국의 인도 점령_지오프리 파커 엮음, 김성환 옮김, 『아틀라스 세계사』, 사계절출판사, 2004, 104~105쪽; 조르주 뒤비 지음, 채인택 옮김, 『조르주 뒤비의 지도로 보는 세계사』, 생각의나무, 2006, 245쪽 187 동남아시아, 1900년경_지오프리 파커 엮음, 김성환 옮김, 『아틀라스 세계사』, 사계절출판사, 2004, 97쪽; Indonesia - Conquista neerlandesa après 1824.png; mapsontheweb.zoom-maps.com/post/161770671070 188 동아시아 3국의 개항과 제국주의 열강의 침입, 1840~1905년_박한제·김형종·김병준·이근명·이준갑 지음, 『아틀라스 중국사』, 사계절출판사, 2015, 197쪽; 한국교원대학교 역사교육과 교수진 지음, 『아틀라스 한국사』, 사계절출판사, 2022, 172쪽 189 중국공산당의 대장정_박한제·김형종·김병준·이근명·이준갑 지음, 『아틀라스 중국사』, 사계절출판사, 2015, 219쪽, 만주사변과 중일전쟁_박한제·김형종·김병준·이근명·이준갑 지음, 『아틀라스 중국사』, 사계절출판사, 2015, 177, 180쪽; www.britannica.com/place/Japan/The-emergence-of-imperial-Japan 190 캐나다, 1867~1880년_지오프리 파커 엮음, 김성환 옮김, 『아틀라스 세계사』, 사계절출판사, 2004, 128쪽; 조르주 뒤비 지음, 채인택 옮김, 『조르주 뒤비의 지도로 보는 세계사』, 생각의나무, 2006, 309쪽; Geopolitical map of Canada.png 191 오스트레일리아의 과거와 현재_지오프리 파커 엮음, 김성환 옮김, 『아틀라스 세계사』, 사계절출판사, 2004, 114쪽 193 아문센과 스콧의 남극 탐험_라이너-K. 랑어 지음, 배진아 옮김, 『남극의 대결, 아문센과 스콧』, 생각의 나무, 2004; 에드워드 J. 라슨 지음, 임종기 옮김, 『얼음의 제국』, 에이도스, 2012

196 1차 세계대전 직전의 유럽_지오프리 파커 엮음, 김성환 옮김, 『아틀라스 세계사』, 사계절출판사, 2004, 132쪽; mapofeurope.com/map-europe-pre-world-war-one 197 1차 세계대전, 1914~1918년_지오프리 파커 엮음, 김성환 옮김, 『아틀라스 세계사』, 사계절출판사, 2004, 141쪽; www.britannica.com/event/Western-Front-World-War-I; www.britannica.com/event/Eastern-Front-World-War-I-history 198 러시아혁명과 적백내전, 1917~1922년_쉴라 피츠패트릭 지음, 고광열 옮김, 『러시아혁명』, 사계절출판사, 2017, 4~5쪽; 지오프리 파커 엮음, 김성환 옮김, 『아틀라스 세계사』, 사계절출판사, 2004, 142쪽; www.freeman-pedia.com/russianrevolutionrussia 199 1차 세계대전 종전 후 유럽의 재편_Map Europe 1923-en.svg; www.worldhistory.org/image/19479 201 1차 세계대전 종전 이후 중동 정세 변화_조르주 뒤비 지음, 채인택 옮김, 『조르주 뒤비의 지도로 보는 세계사』, 생각의나무, 2006, 216쪽; 셔터스톡 202 에스파냐내전, 1936~1939년_조르주 뒤비 지음, 채인택 옮김, 『조르주 뒤비의 지도로 보는 세계사』, 생각의나무, 2006, 127쪽; General map of the Spanish Civil War (1936-39).svg 203 2차 세계대전 직전의 세계, 1936년_World 1936 empires colonies territory.png 204 1차 세계대전 초 독일과 소련의 폴란드 점령_encyclopedia.ushmm.org/content/en/map/eastern-europe-after-the-german-soviet-pact-1939-1940; Polish Defensive War 1939 by Listowy 205 독일의 팽창과 연합국의 반격_지오프리 파커 엮음, 김성환 옮김, 『아틀라스 세계사』, 사계절출판사, 2004, 148~149쪽; Central Powers Victory by r/imaginarymaps, 유럽의 해방_리처드 오버리 엮음, 이종경·왕수민·이기홍 옮김, 『더 타임스 세계사』, 예경, 2019, 295쪽 206 2차 세계대전 발발 당시의 아시아 태평양 지역, 1939년 9월_Pacific Area-The Imperial Powers 1939-Map.svg 207 일본의 팽창과 연합국의 반격_한국교원대학교 역사교육과 교수진 지음, 『아틀라스 한국사』, 사계절출판사, 2022, 206~207쪽; 일본사학회 지음, 『아틀라스 일본사』, 사계절출판사, 2011, 182~183쪽 209 제네바협약 및 추가 의정서 당사국_state party to the conventions and their additional protocols by International Committee of the Red Cross 210 세계 냉전체제, 1947~1989년_지오프리 파커 엮음, 김성환 옮김, 『아틀라스 세계사』, 사계절출판사, 2004, 172~178쪽; Cold War Map(1962).svg, 쿠바 미사일 위기_지오프리 파커 엮음, 김성환 옮김, 『아틀라스 세계사』, 사계절출판사, 2004, 172쪽 211 베를린 위기, 1948~1949년_지오프리 파커 엮음, 김성환 옮김, 『아틀라스 세계사』, 사계절출판사, 2004, 155쪽; www.heraldtribune.com/story/news/2009/06/25/operation-vittles-the-berlin-airlift-1948-49/28875398007 213 우주 발사대와 탄도미사일 발사대_RONDELI FOUNDATION, https://www.gfsis.org.ge, Visual Capitalist, 'orbital and Suborbital Launch Sites of the World' 214 유럽연합의 성장, 1952년~현재_www.nationsonline.org/oneworld/europe_map.htm; 조르주 뒤비 지음, 채인택 옮김, 『조르주 뒤비의 지도로 보는 세계사』, 생각의나무, 2006, 315쪽 215 NATO의 동진, 1949년~현재_이해영 지음, 『우크라이나전쟁과 신세계질서』, 사계절출판사, 2023, 62쪽 216 동유럽 사회주의의 몰락, 1982~1992년_mapsontheweb.zoom-maps.com/post/69457533968229990 217 러시아연방과 독립국가연합, 1991~2024년_지오프리 파커 엮음, 김성환 옮김, 『아틀라스 세계사』, 사계절출판사, 2004, 176~177쪽; www.britannica.com/place/Soviet-Union 218 유고슬라비아사회주의연방공화국의 구성, 1945~1992년_SocialistYugoslavia en.svg 219 보스니아내전, 1992~1995년_지오프리 파커 엮음, 김성환 옮김, 『아틀라스 세계사』, 사계절출판사, 2004, 178~179쪽, 코소보전쟁의 인종적 배경_www.britannica.com/place/Kosovo 220 이스라엘과 팔레스타인, 1945년~현재_지오프리 파커 엮음, 김성환 옮김, 『아틀라스 세계사』, 사계절출판사, 2004, 165쪽; 조르주 뒤비 지음, 채인택 옮김, 『조르주 뒤비의 지도로 보는 세계사』, 생각의나무, 2006, 217쪽; www.economist.com/sites/default/files/images/blogs/2010w10/PalestineIsraelMap580.jpg; palestinejpn.com/en/maps/ 221 아랍의 봄, 2011년_Arab Spring(Source: https://orientalreview.org); www.economist.com/middle-east-and-africa/2020/12/16/the-arab-spring-at-ten, 쿠르드인의 독립 시도_mondediplo.com/maps/kurdistanborders 223 현대 아프리카의 생태환경과 21세기 주요 갈등_전국지리교사모임 지음, 『세계지리, 세상과 통하다 2』, 사계절출판사, 2014, 25쪽; 지오프리 파커 엮음, 김성환 옮김, 『아틀라스 세계사』, 사계절출판사, 2004, 168~169쪽, 아프리카의 실제 면적_전국지리교사모임 지음, 『세계지리, 세상과 통하다 2』, 사계절출판사, 2014, 18쪽 225 국가별 강제 실향민 인구, 2023년_UN난민기구, 「2023년 연례보고서」 226 인도와 파키스탄의 분리_Partition of India 1947 en.svg; 조르주 뒤비 지음, 채인택 옮김, 『조르주 뒤비의 지도로 보는 세계사』, 생각의나무, 2006, 246쪽; www.bbc.com/news/world-asia-37518200 227 21세기 동남아시아_Southeast Asia countries (De Koninck & Rousseau, 2013), 베트남전쟁_지오프리 파커 엮음, 김성환 옮김, 『아틀라스 세계사』, 사계절출판사, 2004, 170쪽; www.britannica.com/event/Vietnam-War; digfir-published.macmillanusa.com/roarkconcise5e/asset/image_html/ch29/map_29_2 228 국공내전 시기 공산당의 중국 장악_박한제·김형종·김병준·이근명·이준갑 지음, 『아틀라스 중국사』, 사계절출판사, 2015, 225쪽 229 동아시아 및 동남아시아의 해상 영토분쟁_채준채 외 지음, 『고등학교 세계사』, 미래엔, 2018, 124쪽 230 한족과 주요 소수민족의 인구 분포, 2020년_China's Autonomous Regions and its Designated Ethnic Minority.png 232 20세기 CIA의 비밀공작_김재천 지음, 『CIA 블랙박스』, 플래닛미디어, 2011 233 라틴아메리카의 독재와 혁명, 1959~1979년_리처드 오버리 엮음, 이종경·왕수민·이기홍 옮김, 『더 타임스 세계사』, 예경, 2019, 334~335쪽; mapsontheweb.zoom-maps.com/post/687149050442678272 234 인류세의 기온 변화_www.bas.ac.uk/media-post/climate-scientists-help-businesses-tackle-climate-change 235 기후 난민, 2050년 예상 수치_Florian Zandt, Climate Change, the Great Displacer, Climate Change Impacts, Nov 4, 2021(www.statista.com/chart/26117)

## 01 고대

008 실크로드 카라반_셔터스톡 011 석기 도구의 발전: (좌)르발루아 몸돌과 몸돌에서 떨어진 르발루아 찌르개_위키미디어 공용, (우)경기도 연천군 주먹도끼_국립중앙박물관(공공누리 제1유형) 013 함무라비 법전_프랑스 루브르박물관(CC BY SA 3.0 ©rama) 014 이집트의 농경_셔터스톡 015 테베의 룩소르신전_셔터스톡 016 마야문자_셔터스톡, 로제타석_영국박물관(셔터스톡), 크레타문자_CC BY SA 4.0 ©Zde, 길가메시 서사시_영국박물관(퍼블릭도메인) 017 인더스문자_미국 메트로폴리탄미술관(퍼블릭도메인), 갑골문자_중국국가박물관, 히타이트와 이집트의 평화조약_이집트 테베 카르나크신전(CC BY 3.0 ©Olaf Tausch) 018 기원전 728년에 제작된 티글라트필레세르 3세 부조_영국박물관(퍼블릭도메인) 019 키루스의 원통_영국박물관(CC BY 2.0 ©Gary Stevens) 020 크노소스궁전에서 발견된 뱀의 여신상_그리스 헤라클리온고고미술관(CC BY SA 4.0 ©C messier) 021 바다민족_이집트 메디나트 하부 람세스 3세의 사후신전(퍼블릭도메인) 022 고대 그리스 병사의 투구_국립중앙박물관(공공누리 제1유형) 023 네 왕의 무덤_CC BY SA 4.0 ©Diego Delso 025 알렉산드로스의 무덤_튀르키예 이스탄불 고고학박물관(CC BY 4.0_ASOR Photo Collection) 026 1896년 로리얀탕가이에서 발굴된 불상_British Library 028 오스티아 안티카_셔터스톡 031 하드리아누스의 개선문_그리스 아테네 소재(CC BY SA 3.0 ©A.Savin) 033 침입자로부터 성을 지키는 로마 병사들_독일 보데박물관(CC BY SA 3.0 ©Anagoria), 티베르강의 밀비우스다리_셔터스톡, 십자가의 환상_바티칸궁전_퍼블릭도메인 034 현존하는 가장 오래된 성경 '코덱스 바티카누스'_위키미디어 공용 037 악숨왕국 오벨리스크_셔터스톡 039 매미무늬 마름모창·짐승얼굴무늬 장창_中國國家博物館 編,『文物中國史 3 春秋戰國時代』, 山西教育出版社, 2003 041 낭야대각석_중국국가박물관, 탁본_『중국미술전집中国美术全集』 043 스키타이의 금장식: (위)미국 메트로폴리탄미술관(퍼블릭도메인), (아래)미국 클리블랜드박물관_CC0 1.0 044 파미르고원_셔터스톡 045 당삼채로 표현한 박트리아의 낙타_영국박물관(퍼블릭도메인), 장건 은 술잔_타이완 국립고궁박물원(퍼블릭도메인) 047 사산왕조 페르시아의 검_미국 메트로폴리탄미술관_퍼블릭도메인_페르시아의 바빌론 정복_영국박물관(위키미디어 공용)_ 049 마하보디사원_CC BY SA 2.5 ©Bpilgrim, 카니슈카 금화(앞, 뒤): 영국박물관(퍼블릭도메인) 050 아소카 석각 명문_이주형,『간다라미술』, 사계절출판사, 2015, 37쪽 052 고대도시 메로에_셔터스톡 053 오스트로네시아인의 항해기술_셔터스톡 054 고대 올림피아 유적지_셔터스톡 055 파피루스에 기록한 우승자 명단_영국박물관(퍼블릭도메인)

## 02 중세

056 세 종교의 성전, 예루살렘_셔터스톡 058 조조 동상_박한제 지음,『영웅 시대의 빛과 그늘』, 사계절출판사, 2003 061 훈족의 지도자 아틸라_미국 메릴랜드대학도서관(퍼블릭도메인) 062 살리카법_퍼블릭도메인 063 카롤루스의 초상_독일 게르마니아박물관(퍼블릭도메인) 064 하드리아누스 방벽_셔터스톡 065 앨프레드 왕_셔터스톡 066 테오티우아칸_셔터스톡, 올멕문명의 거석인두상_셔터스톡 067 인간 모양 담배 파이프_CC BY-SA 3.0 ©Sailko, 아스테카의 태양석_멕시코 국립인류학박물관(퍼블릭도메인), 마야의 피라미드_셔터스톡, 잉카의 수도 마추픽추_셔터스톡 069 성소피아대성당_셔터스톡, 그리스의 불_퍼블릭도메인 071 당 태종 이세민_퍼블릭도메인 073 과달레테전투_퍼블릭도메인 075 말리의 젠네모스크_셔터스톡 076 노르망디인의 시조, 롤로_CC BY SA ©2.5_Imars 077 바이킹의 최후의 날_영국 린디스판박물관(퍼블릭도메인) 079 이탈리아 해군 군기_퍼블릭도메인 080 오토 1세_퍼블릭도메인 081 예루살렘에 입성하는 프리드리히 2세_퍼블릭도메인 083 투마르수도원의 성채_셔터스톡 085 미에슈코 1세_퍼블릭도메인 086 바랑기아 친위대_퍼블릭도메인 089 룸술탄국 시기의 해안 성채 키즐 톨레(붉은 탑)_셔터스톡 091 4차 십자군의 콘스탄티노폴리스 약탈_퍼블릭도메인 095 임제사 성령탑_중국 허베이성 정딩현(퍼블릭도메인) 097 흑태자 에드워드_퍼블릭도메인 099 메흐메드 2세의 초상_영국 내셔널갤러리(퍼블릭도메인), 술탄 취임식 때 사용한 보검_미국 메트로폴리탄미술관(퍼블릭도메인) 101 아프리카 동해안의 항구도시 킬와 유적_CC BY ©David Stanley 103 쿠트브미나르_셔터스톡 107 마르코 폴로와 쿠빌라이 카안의 만남_프랑스국립도서관(퍼블릭도메인) 108 앙코르와트_셔터스톡

## 03 15~18세기

110 포토시광산_셔터스톡 113 헤이스팅스전투_프랑스 태피스트리박물관(퍼블릭도메인), 아쟁쿠르전투_프랑스 앵발리드군사박물관(퍼블릭도메인) 115 토르데시야스조약_포르투갈 국립도서관(퍼블릭도메인) 120 고아의 봄지저스성당_셔터스톡 121 마닐라대성당_셔터스톡, 메나라쿠드스_셔터스톡 122 카를 5세의 초상_프라도미술관(퍼블릭도메인) 123 마리아 테레지아_빈미술아카데미(퍼블릭도메인) 125 베스트팔렌조약 비준_암스테르담국립미술관(퍼블릭도메인) 127 브란덴부루크문_셔터스톡 129 날란다대학_셔터스톡 130 미하엘 로마노프를 새 차르로 선출하는 젬스키 소보르_퍼블릭도메인 132 칼마르성_

## 04  19세기

## 05  현대

# 찾아보기 <sup>(*은 지도)</sup>

**ㅁ**

## ㅂ

## ㅅ

## E

## ㅍ

## 기타

# 새로 쓴 아틀라스 세계사

2025년 3월 7일 1판 1쇄

지은이 | 강창훈

편집 | 이진·이창연
디자인 | Map.ing_이소영
지도 원도 및 일러스트레이션 | Map.ing
제작 | 박흥기
마케팅 | 김수진·백다희
홍보 | 조민희

인쇄 | 코리아피앤피
제책 | 책다움

펴낸이 | 강맑실
펴낸곳 | (주)사계절출판사
등록 | 제406-2003-034호
주소 | (우)10881 경기도 파주시 회동길 252
전화 | 031)955-8588, 8558
전송 | 마케팅부 031)955-8595, 편집부 031)955-8596
홈페이지 | www.sakyejul.net
전자우편 | skj@sakyejul.com
블로그 | blog.naver.com/skjmail
페이스북 | facebook.com/sakyejul
트위터 | twitter.com/sakyejul

ⓒ 강창훈 2025

ISBN 979-11-6981-359-4 03900